憲法演習サブノート 210問

宍戸常寿＋曽我部真裕 編著

George Shishido＋Masahiro Sogabe

弘文堂

はしがき

　本書は、法学部・法科大学院で法学を学んでいる学生の皆さんを念頭に、憲法の基本的な知識を確認し、より深い学習へ誘うための演習書です。

　日本国憲法は、前文とわずか 103 か条からなっており、民法や刑法などと比較すれば簡潔な法典ですが、しかし検討すべき論点は多種多様です。条文の解釈をめぐる問題は他の法分野にも共通するものですが、違憲審査制のもとで、法律や条例が基本的人権を侵害し憲法に違反するかどうかといった、憲法ならではの論点が数多くあります。さらに、統治機構や憲法総論の分野では、憲法の基礎的概念の意味を明らかにしたり、あるべき憲法の運用を検討したりすることも、求められます。憲法の論点と論じ方がこのように複雑であるために、苦手意識を持つ方も多いのではないかと思います。

　本書は、弘文堂から出版されている「演習サブノート 210 問」シリーズの一環として、憲法の学習の基礎中の基礎を押さえるための一冊です。各項目とも、短い設問（参考判例含む）1 頁と解説 1 頁で構成されています。設問は、有名な事件を単純化する等、憲法が問題となる事例や局面をできるだけ具体的に分けてイメージしやすいようにしています。解説は、基本的な判例や標準的な学説をベースにして、わかりやすく考え方の筋道を示しています。こうすることで、憲法の基本的な事項を正確に押さえるとともに、全体として、憲法を学び始めた段階での疑問や悩みに応えていると自負しています。

　本書の執筆陣は全員、法学部・法科大学院等で憲法を教えている中堅・若手の研究者です。本書の全体を通して学習していただければ、私たちが、学生の皆さんに、まずはどのような項目をどの程度まで理解して欲しいと考えているかも、感じ取っていただけるのではないかと思っています。

　本書の編集作業については、弘文堂の北川陽子さんに大変お世話になりました。この場でお礼を申し上げたいと思います。

　2021 年 5 月

編者
宍戸常寿・曽我部真裕

●編者紹介

宍戸常寿（ししど・じょうじ）

東京大学大学院法学政治学研究科教授

『憲法 解釈論の応用と展開〔第2版〕』（日本評論社・2014）、『憲法Ⅰ〔第2版〕』『憲法Ⅱ』（共著、日本評論社・2020、2023）、『憲法学読本〔第3版〕』（共著、有斐閣・2018）、『憲法演習ノート〔第2版〕』（編著、弘文堂・2020）、『憲法裁判権の動態〔増補版〕』（弘文堂・2021）、『法学入門』（共編著、有斐閣・2021）

曽我部真裕（そがべ・まさひろ）

京都大学大学院法学研究科教授

『反論権と表現の自由』（有斐閣・2013）、『古典で読む憲法』（共編著、有斐閣・2016）、『情報法概説〔第2版〕』（共著、弘文堂・2019）、『憲法論点教室〔第2版〕』（共編著、日本評論社・2020）、『憲法Ⅰ〔第2版〕』『憲法Ⅱ〔第2版〕』（共著、日本評論社・2021）

●**執筆者一覧**（五十音順・敬称略）　　＊印：編著者

青井　末帆	（あおい・みほ）	学習院大学大学院法務研究科教授
淺野　博宣	（あさの・ひろのぶ）	神戸大学法学部教授
新井　誠	（あらい・まこと）	広島大学大学院人間社会科学研究科教授
稲葉　実香	（いなば・みか）	金沢大学法科大学院教授
井上　武史	（いのうえ・たけし）	関西学院大学法学部教授
上田　健介	（うえだ・けんすけ）	上智大学法学部教授
内野　広大	（うちの・こうだい）	三重大学人文学部准教授
江藤　祥平	（えとう・しょうへい）	一橋大学大学院法学研究科教授
江原　勝行	（えはら・かつゆき）	早稲田大学法学学術院教授
大河内美紀	（おおこうち・みのり）	名古屋大学大学院法学研究科教授
大西　祥世	（おおにし・さちよ）	立命館大学法学部教授
大林　啓吾	（おおばやし・けいご）	慶應義塾大学法学部教授
尾形　健	（おがた・たけし）	学習院大学大学院法務研究科教授
奥　忠憲	（おく・ただのり）	駒澤大学法学部専任講師
奥村　公輔	（おくむら・こうすけ）	東北大学大学院法学研究科教授
片桐　直人	（かたぎり・なおと）	大阪大学大学院高等司法研究科教授
栗田　佳泰	（くりた・よしやす）	新潟大学法学部教授
小島　慎司	（こじま・しんじ）	東京大学大学院法学政治学研究科教授
宍戸　常寿＊	（ししど・じょうじ）	東京大学大学院法学政治学研究科教授
志田　陽子	（しだ・ようこ）	武蔵野美術大学造形学部教授
白水　隆	（しろうず・たかし）	千葉大学大学院専門法務研究科准教授
鈴木　敦	（すずき・あつし）	北海道大学大学院法学研究科教授
曽我部真裕＊	（そがべ・まさひろ）	京都大学大学院法学研究科教授
高畑英一郎	（たかはた・えいいちろう）	日本大学法学部教授
田代　亜紀	（たしろ・あき）	専修大学法科大学院教授
田近　肇	（たぢか・はじめ）	近畿大学法学部教授
玉蟲　由樹	（たまむし・ゆうき）	日本大学法学部教授
土屋　武	（つちや・たけし）	中央大学法学部准教授

奈須　祐治　（なす・ゆうじ）　　　西南学院大学法学部教授

西土彰一郎　（にしど・しょういちろう）　成城大学法学部教授

西村　裕一　（にしむら・ゆういち）　慶應義塾大学大学院法務研究科教授

二本柳高信　（にほんやなぎ・たかのぶ）　専修大学法学部教授

林　　知更　（はやし・とものぶ）　東京大学社会科学研究所教授

平地　秀哉　（ひらち・しゅうや）　國學院大學法学部教授

堀口　悟郎　（ほりぐち・ごろう）　岡山大学大学院社会文化科学研究科教授

巻　美矢紀　（まき・みさき）　　　上智大学法科大学院教授

松本　哲治　（まつもと・てつじ）　同志社大学大学院司法研究科教授

御幸　聖樹　（みゆき・まさき）　　同志社大学大学院司法研究科教授

村西　良太　（むらにし・りょうた）　大阪大学大学院高等司法研究科教授

村山健太郎　（むらやま・けんたろう）　学習院大学法学部教授

山崎　友也　（やまざき・ともや）　金沢大学人間社会研究域法学系教授

山田　哲史　（やまだ・さとし）　　京都大学大学院法学研究科教授

山本　龍彦　（やまもと・たつひこ）　慶應義塾大学大学院法務研究科教授

横大道　聡　（よこだいどう・さとし）　慶應義塾大学大学院法務研究科教授

憲法演習サブノート210問　contents

総論・人権

統　治

凡　例

1　本書は、210 の設例について、1 頁目（表）に設例と参考判例を載せ、2 頁目（裏）にその解説を載せている。

2　法令は、2021 年 4 月 1 日現在による。

3　判例の引用については、大方の慣例に従った。判例集等を略語で引用する場合には、以下の例によるほか、慣例に従った。

民集	最高裁判所民事判例集
刑集	最高裁判所刑事判例集
行集	行政事件裁判例集
集刑	最高裁判所裁判集刑事
高民集	高等裁判所民事判例集
訟月	訟務月報
裁時	裁判所時報
判時	判例時報
判タ	判例タイムズ
労判	労働判例

4　法令の表記についての略語は、以下の例によるほか、慣例に従った。ただし、憲法典については、法令名を省略している場合がある。

アイヌ施策推進法	アイヌの人々の誇りが尊重される社会を実現するための施策の推進に関する法律
イラク復興支援特措法	イラクにおける人道復興支援活動及び安全確保支援活動の実施に関する特別措置法
海賊対処法	海賊行為の処罰及び海賊行為への対処に関する法律
感染症予防法	感染症の予防及び感染症の患者に対する医療に関する法律
行政機関個人情報保護法	行政機関の保有する個人情報の保護に関する法律
行組法	国家行政組織法
クローン技術規制法	ヒトに関するクローン技術等の規制に関する法律
刑事施設規則	刑事施設及び被収容者の処遇に関する規則
刑事収容施設法	刑事収容施設及び被収容者等の処遇に関する法律
刑訴法	刑事訴訟法
景品表示法	不当景品類及び不当表示防止法
公選法	公職選挙法

国際平和協力法	国際連合平和維持活動等に対する協力に関する法律
国際平和支援法	国際平和共同対処事態に際して我が国が実施する諸外国の軍隊等に対する協力支援活動等に関する法律
国賠法	国家賠償法
国民審査法	最高裁判所裁判官国民審査法
国民投票法	日本国憲法の改正手続に関する法律
国有農地売払特措法	国有農地等の売払いに関する特別措置法
個人情報保護法	個人情報の保護に関する法律
国会静穏保持法	国会議事堂等周辺地域及び外国公館等周辺地域の静穏の保持に関する法律
国公法	国家公務員法
裁判員法	裁判員の参加する刑事裁判に関する法律
事態対処法	武力攻撃事態等及び存立危機事態における我が国の平和と独立並びに国及び国民の安全の確保に関する法律
児童ポルノ法	児童買春、児童ポルノに係る行為等の規制及び処罰並びに児童の保護等に関する法律
銃刀法	銃砲刀剣類所持等取締法
情報公開法	行政機関の保有する情報の公開に関する法律
少年補償法	少年の保護事件に係る補償に関する法律
所税法	所得税法
青少年インターネット環境整備法	青少年が安全に安心してインターネットを利用できる環境の整備等に関する法律
性同一性障害特例法	性同一性障害者の性別の取扱いの特例に関する法律
生保法	生活保護法
男女雇用機会均等法	雇用の分野における男女の均等な機会及び待遇の確保等に関する法律
団体規制法	無差別大量殺人行為を行った団体の規制に関する法律
地公法	地方公務員法
地自法	地方自治法
通信傍受法	犯罪捜査のための通信傍受に関する法律
道交法	道路交通法
特定電子メール送信適正化法	特定電子メールの送信の適正化等に関する法律
特定秘密保護法	特定秘密の保護に関する法律
日本芸術文化振興会法	独立行政法人日本芸術文化振興会法
入管法	出入国管理及び難民認定法
破防法	破壊活動防止法

番号法	行政手続における特定の個人を識別するための番号の利用等に関する法律
プロバイダ責任制限法	特定電気通信役務提供者の損害賠償責任の制限及び発信者情報の開示に関する法律
ヘイトスピーチ解消法	本邦外出身者に対する不当な差別的言動の解消に向けた取組の推進に関する法律
平和安全法制整備法	我が国及び国際社会の平和及び安全の確保に資するための自衛隊法等の一部を改正する法律
補助金適正化法	補助金等に係る予算の執行の適正化に関する法律
民訴法	民事訴訟法
労基法	労働基準法

5 解説中のかっこ内の条文の表記は、「条」「項」「号」を省略するほか、以下の略語を用いている。

Ⅰ・Ⅱ・Ⅲ…	項
①・②・③…	号
本	本文
但	但書
前	前段
後	後段

1 外国人の人権 (1)
——再入国の自由

アメリカ合衆国国民のＡは、日本に在留し、日本国内の企業に勤務している。またＡは、日本国民と結婚し、日本在住 10 年経過後に永住資格を得た。Ａは、自動車での出勤中に交通事故を起こし、危険運転致傷罪（自動車の運転により人を死傷させる行為等の処罰に関する法律 2 条）で懲役 1 年 6 か月、執行猶予 3 年の有罪判決を受け、確定した。

その後、Ａは、自身の親が生死に関わる手術を受けることがわかり、親が住むアメリカ合衆国に一時帰国するために、再入国許可の申請を出したところ、執行猶予期間中であることを理由に不許可とされた。

この処分に対して、Ａは損害賠償訴訟を提起した。Ａの主張は認められるか。

参考 ❶最大判昭和 53 年 10 月 4 日民集 32 巻 7 号 1223 頁（マクリーン事件）
❷最大判昭和 32 年 6 月 19 日刑集 11 巻 6 号 1663 頁
❸最一小判平成 4 年 11 月 16 日判時 1441 号 66 頁（森川キャサリーン事件）
❹最二小判平成 10 年 4 月 10 日民集 52 巻 3 号 776 頁

▶▶解説

1．外国人にも日本国憲法が保障する基本的人権が保障されるかどうかについては、否定説と肯定説に分けられる。否定説は、憲法第3章の表題や総則的規定である11条〜13条がすべて「国民」の権利であると定めていることなどを根拠とする。これに対し、多数の見解である肯定説は、人権の普遍性や憲法が国際協調主義を採用していること（前文・98Ⅱ）などを根拠とする。肯定説はさらに、保障される権利をどのように決定するかの基準により、文言説と性質説に区別される。文言説によれば、憲法の条文上「何人」にも保障するとする権利は外国人にも保障されるが「国民」に保障する権利は日本国民に対してのみ認められるとするのに対し、性質説は前国家的権利か後国家的権利かなど、権利の性質（さらには当該外国人の類型）に応じて権利保障の範囲を確定していくべきであるとする。多数説は、日本国憲法では「何人」「国民」の使い分けを厳密に行っておらず、主語が明らかでない条文も少なくないことなどから、性質説を支持している。

　❶は、「憲法第3章の諸規定による基本的人権の保障は、権利の性質上日本国民のみをその対象としていると解されるものを除き、わが国に在留する外国人に対しても等しく及ぶものと解すべきであ」るとして、性質説を採用する。

2．外国人の入国の自由については、❷以来、最高裁は国際慣習法を根拠に否定しており、学説もこれを支持する。在留外国人が出国前にあらかじめ再入国の許可を受ける憲法上の保障（再入国の自由）があるかについて、入国の自由と同様に否定されるのか、海外旅行の自由として22条の保障を受けるのかが問題となる。❸は、在留外国人には「憲法上、外国へ一時旅行する自由を保障されているものではない」とし、再入国の自由を認めなかった。

　学説では、日本社会との結びつきが強い在留外国人も存在することから、外国人の類型によっては、再入国の自由を肯定し、あるいはまた法務大臣の再入国の許否に関する裁量を限定すべきとされる。特に永住資格者や配偶者が日本国民であることなどにより日本に定住している外国人については、そのように強く主張される。この立場からは再入国不許可処分の適法性に疑義が生じえよう。なお、最高裁も❹では、法務大臣の裁量判断に際し、「その者の本邦における生活の安定という観点をしんしゃくすべき」とし、外国人の類型による差異に多少の留意を示しているように思われるが、結論的には再入国不許可処分を適法とした。

［土屋　武］

2 外国人の人権(2)
——政治活動の自由

　アメリカ合衆国国民のＡは、入管法にもとづき、語学学校の英語教師として在留期間を１年とする上陸許可を得て日本に入国した。その後、英語教師としての活動の継続と、琴・琵琶等の研究のため１年間の在留期間の更新を申請したところ、出国準備期間として 120 日の在留期間更新の許可を受けた。その後改めて１年間の更新を申請したところ、更新を適当と認めるに足りる相当な理由があるとはいえないとして、不許可処分を受けた。

　不許可処分の理由は、Ａが在留期間中に無届出で転職したこと、そして政治活動を行ったことであった。Ａは、在留期間中に語学学校を入国後 17 日で退職し、別団体の語学教師として就職していた。また、中東情勢が緊迫し、戦争勃発が強く懸念される情勢のもとで、中東の平和に向けた活動を行う外国人団体を組織し、アメリカ合衆国の中東政策への抗議運動や、日本政府の中東政策に反対し、日本政府に対しアメリカ合衆国の中東政策の変更を求める集会や集団示威行進等を行っていた。

　Ａは、反戦運動等への参加を理由に在留期間更新の不許可処分を行うことは表現の自由を侵害するなどとして、処分の取消しを求めて出訴した。この主張は認められるだろうか。

参考　　❶最大判昭和 53 年 10 月 4 日民集 32 巻 7 号 1223 頁（マクリーン事件）

▶▶解説

1. 性質説を前提とした場合、精神的自由権は前国家的な自由権であり、特に精神活動に関わるものであることから、外国人にも当然保障が及ぶ。もっとも、政治活動は表現活動であると同時に参政権的機能を持つことから、その保障範囲をどのように評価するか問題となる。

限定保障説は、国民主権の観点から外国人の参政権が認められないことに鑑み、その趣旨と矛盾すると考えられる程度に参政機能を果たすような政治活動の自由は、外国人には保障されないとする。これに対し、参政権と参政機能とでは質的に異なり、また外国人の意見を含めた多様な意見の存在が主権的意思決定に有意であることから、外国人にも国民と同様に政治活動の自由が認められるとする無限定保障説もみられる。

❶は性質説を前提に、「政治活動の自由についても、わが国の政治的意思決定又はその実施に影響を及ぼす活動等外国人の地位にかんがみこれを認めることが相当でないと解されるものを除き、その保障が及ぶものと解するのが、相当である」として、限定保障説の立場に立つ。

2. 限定保障説、無限定保障説のいずれに立ったとしても、Aの活動そのものは政治活動の自由の範囲に含まれうる。そのような活動を理由に在留更新を拒否することが許されるかどうかが問題となる。この点、憲法、とりわけ基本的人権が裁量を拘束するという立場からすれば、基本的人権の行使の一環としての政治活動を理由とする在留更新拒否は違法と判断される可能性がある。

❶は、外国人に入国・在留の権利がないこと、また在留許否に関して法務大臣の裁量が認められることを前提に、「外国人に対する憲法の基本的人権の保障は、……外国人在留制度のわく内で与えられているにすぎ」ず、「在留の許否を決する国の裁量を拘束するまでの保障、すなわち、在留期間中の憲法の基本的人権の保障を受ける行為を在留期間の更新の際に消極的な事情としてしんしゃくされないことまでの保障が与えられているものと解することはできない」として、在留更新許可を判断する際の裁量拘束事由としての基本的人権の役割を否定している。そして、日本の基本的な外交政策を非難しており、日米間の友好関係に影響を及ぼすおそれがないとはいえない活動も含まれているため、法務大臣による在留更新拒否の判断に裁量逸脱はないとした。仮に❶をそのまま維持するとすれば、Aの主張は認められない可能性もある。　　　　　　　　　　　　　　　　　　　［土屋　武］

3 外国人の人権(3)
――指紋押捺の自由

　ドイツ国籍の A は、留学生として来日し、卒業後はドイツ語教師として日本に滞在していた。その後、日本人と結婚し、一般永住許可を受けた。

　A はドイツに 1 か月ほど里帰りし、日本に帰国する計画を立てていたが、入管法 6 条 3 項にもとづき、再度入国する際に両手 1 指の指紋認証を受ける必要があることがわかった。

　A は、かつて外国人登録法のもとで存在した指紋押捺制度も、入管法にもとづく指紋認証も違憲であると考えており、これを拒否したいが、そうすると再度入国することができなくなるおそれがあるため悩んでいる。A は、指紋認証を拒否することが認められるか。

参考　❶最三小判平成 7 年 12 月 15 日刑集 49 巻 10 号 842 頁（指紋押捺事件）

▶▶解説

1. ❶によれば、指紋は、「性質上万人不同性、終生不変性をもつ」ものである。指紋は、それ単独では個人の内心等に関する情報ではないが、指紋を介して様々な個人の固有情報へとアクセスできることもあり、その利用の仕方によっては「個人の私生活あるいはプライバシーが侵害される危険性がある」ものといえる。かつての外国人登録法にもとづく外国人管理のための指紋押捺制度は、この点で外国人の権利を侵害しないかどうかが問題となっていた。

2. ❶は、13条が保障する個人の私生活上の自由の1つとして、「何人もみだりに指紋の押なつを強制されない自由」があり、正当な理由のない指紋押捺の強制は13条の趣旨に反するとし、この自由の保障は外国人にも及ぶとする。この自由は、人格的利益あるいはプライバシーの利益に関わり、また前国家的性格が認められることなどから、外国人にその保障が及ぶことについては性質説に立った場合にはほぼ異論がない。

3. ❶は、指紋押捺を強制されない自由も「公共の福祉のために必要がある場合には相当の制限を受ける」としたうえで、①外国人登録法上の指紋押捺制度は外国人の居住関係・身分関係を明確にし、在留外国人の公正な管理に資するという目的達成のため、②戸籍のない外国人の人物特定に最も確実な制度として制定されたものとして、立法目的の合理性と制度の必要性が認められるとする。さらに③押捺義務が3年に1度、1指のみであり、間接強制によるものであるとして、手段の相当性も認められるとして、合憲であると判断した。

　❶は、①目的の合理性、②制度の必要性、③具体的手段の相当性という3点を基準に検討するものであり、合理性の審査を採用したものであるとされる。学説では、指紋の持つ人格・プライバシー関連性などに留意し、より厳格な基準を用いて合憲性を判断するべきとの批判がある。

4. 設例のケースでは、21世紀以降の国際テロの続発状況に鑑みて新たに導入された入管法上の入国時指紋採取が問題となっている。❶の基準を用いた場合、個人識別情報を利用してテロ等の犯罪を未然に防ぐという目的のために入国時に指紋確認を行うというもので、①目的の合理性と②制度の必要性が認められ、また③入国時に両手1指に限定しており、手段の相当性も認められるとされよう。

［土屋　武］

4 外国人の人権(4)
──公務就任上の平等

日本で生まれ、特別永住資格を持つ韓国籍のＡは、保健師としてＢ県に採用され、公務員として勤務していた。その後、Ｂ県の課長級管理職選考試験を受験しようとした。Ｂ県の課長級管理職選考試験の対象となる管理職には様々な職種のものがあり、なかには、公権力の行使や自治体の政策形成に関与しない職種が含まれていた。このＢ県の制度は特殊なものであって、公権力の行使などに関わる管理職に就くために経るべき職をも包含する一体的な管理職の任用制度を構築しようとする趣旨で作られたものであった。保健師であるＡは基本的に公権力の行使や自治体の政策形成に関与しない後者の職種に就くことを想定していたが、受験資格として「日本国籍を有する者」であることが求められていたため、Ｂ県から受験を拒否されることになった。

そこでＡは、国家賠償（慰謝料請求）と受験資格の確認を求める訴えを提起した。Ａの主張は認められるだろうか。

参考　❶最大判昭和 39 年 11 月 18 日刑集 18 巻 9 号 579 頁
❷最大判平成 17 年 1 月 26 日民集 59 巻 1 号 128 頁

▶▶解説

1．設例は、外国人の公務就任権が問題になっているようにみえるが、既に公務員に就任しており、昇任に関する国籍による取扱いの差異が問題となっていることから、第一次的には14条1項の法の下の平等の問題とみることもできる。古い判例である❶は、14条1項の趣旨は外国人に類推されるべきとしていたが、❷はその点に特に言及せず14条1項（および労基3）に違反しないかどうかを問題にしている。

　従来、外国人の公務就任については、「公権力の行使又は国家意思の形成への参画に携わる公務員となるためには日本国籍を必要とする」といういわゆる「当然の法理」が採用されていた。本件では、このような職種以外のものについても国籍要件が定められていたため特に法の下の平等に反しないかが問題となる。

2．❷は、「国民主権の原理に基づき、……統治の在り方については日本国の統治者としての国民が最終的な責任を負うべきものであること」から、「地方公務員のうち、住民の権利義務を直接形成し、その範囲を確定するなどの公権力の行使に当たる行為を行い、若しくは普通地方公共団体の重要な施策に関する決定を行い、又はこれらに参画することを職務とする」公権力行使等地方公務員は日本国籍を持つことが想定されており、外国人の就任は「本来我が国の法体系の想定するところではない」とする（これは「想定の法理」とも呼ばれる）。

　そして、普通地方公共団体は、公権力行使等地方公務員の職とこれに昇任するのに必要な職務経験を積むために経るべき職とを包含する一体的な管理職の任用制度を構築して人事の適正な運用を図ることも可能であり、そのような制度のもとで日本国民である職員に限って管理職に昇任することができることとする措置をとることは、合理的な理由にもとづいて日本国民である職員と在留外国人である職員とを区別するものであり、法の下の平等に反しないとした。❷からすれば、B県の制度と措置には憲法上の疑義がないことになる。

3．❷は、地方公共団体による自由な制度形成を前提に、構築された制度の平等違反について検討するアプローチをとる。しかし、外国人の職業選択の自由の一環としての（昇任を含む）公務就任権や平等原則によって制度形成自体が拘束されると考えるべきとする立場からは、一体的な管理職任用制度を設けて一律に外国人を受験できないとする仕組み自体の合理性が厳しく問われることになる。

［土屋　武］

5 外国人の人権(5)
——社会保障

　日本に永住資格を有する在留外国人Ａは、同じく永住資格を有する在留外国人の夫とともに料理店を営んでいた。ところが、夫の体調が悪化したため料理店を閉店し、生活費を捻出することすら支障をきたすようになった。

　そこでＡは生保法にもとづく生活保護の申請を行ったところ、外国籍であることを理由に福祉事務所長は却下処分とした。近隣の別の地方公共団体では在留外国人でも生活保護を受給していたことを知り、Ａは処分取消しを求めて出訴した。Ａの主張は認められるだろうか。

参考　❶最一小判平成元年3月2日判時1363号68頁（塩見訴訟）
　　　　❷最二小判平成26年7月18日訟月61巻2号356頁

▶▶解説

1. 性質説を前提に外国人の人権の保障範囲を検討する場合、社会権については従来、後国家的権利であることや所属国における保障の可能性を挙げて、否定的に解する見解が有力であった。これに対し、近時では、社会権が社会構成員に対して認められるべき性質の権利である、あるいは社会権には人間の尊厳や個人の尊重から不可欠と考えられるものが含まれているなどとして、人的範囲または権利の範囲を限定したうえで、外国人にも社会権の保障が及ぶとする見解が唱えられている。

2. ❶は、外国人にも25条の生存権の保障が及ぶかどうかについて明示しないまま、国民年金法上の国籍条項の合憲性について検討した。生存権保障のための立法に関する広い裁量を前提に、限られた財源のもとで福祉的給付を行う場合には、自国民を在留外国人よりも優先的に扱うことも許されるべきことと解されるなどとして、合憲と判断していた。

3. 一方、設例は在留外国人にも生活保護受給権が認められるかに関わっている。この点、❷は、生保法の解釈問題として、同法が適用対象を「国民」と定めており、また一定の外国人に準用する旨定めた規定もないことから、外国人は適用対象にはならないとする。そして、厚生省（現在は厚生労働省）局長通知により、一定範囲の外国人に対して保護が実施されているが、これも外国人が保護対象にならないことを前提とした事実上の措置に過ぎないとした。

4. ❷は、在留外国人について、生活保護の対象となりうるかどうかも含めて裁量の問題であるとしている。❶も、受給権の存否についてすら裁量であるとしていたことからすると、判例は、外国人の25条の保障について否定説（立法裁量説）を前提にしているとも考えられる。

これに対し、人間の尊厳や個人の尊重を基礎に、その保障に不可欠な範囲であれば外国人にも社会権の保障が及びうるという立場からすれば、生存権の核心的内容である生活保護について、外国人がおよそ保護の対象外とされたとしても立法裁量の範囲内であるとするには、相当の理由づけが必要であるように思われる。また特に、日本に生活の本拠を持ち、永住資格を持つ外国人については、財政事情を理由とすることにも限度があると考えられ、保護の対象外とすることは違憲であると主張することになると思われる。

［土屋　武］

6 学校における髪型規制

(1) 公立中学校 A は、非行防止という教育目的から男子生徒の髪型を「丸刈、長髪禁止」とする校則を設けていたが、そこには違反者への措置が規定されていなかった。実際には、傷を隠す等のやむをえない事情のある者には長髪を許可し、それ以外の者が違反した場合には、校則遵守を指導し、指導に従わない者に校長 B が注意する訓告処分をしていた。また、無理矢理に丸刈りにはせず、内申書への記載等の具体的な不利益を与える制裁もしなかった。以上の校則に関し、憲法上の論点について論じなさい。

(2) 私立高校 C は、非行防止という教育目的から生徒の髪型に関しパーマを禁止する校則を設けていたが、C の生徒 D は、パーマをかけ、この校則に違反した。D は以前にも別の校則に違反し、反省せず、校則によると退学勧告相当の状態だったが、C は、D が最終学年であることを特に考慮した結果、厳重注意とし、今後校則違反があれば退学を勧告すると警告していた。C は、以上の経緯に加え、D がパーマをかけたことに関し反省の態度を示さないため、D に退学を勧告した。前記のパーマを禁止する校則、および、D への退学勧告に関し、憲法上の論点について論じなさい。

参考 ❶熊本地判昭和 60 年 11 月 13 日行集 36 巻 11=12 号 1875 頁（熊本丸刈り校則事件）
❷最一小判平成 8 年 7 月 18 日判時 1599 号 53 頁（修徳高校パーマ退学事件）

▶▶解説

1．教育目的から生徒の髪型を規制する校則は少なくない。髪型の自由につき、❶❷では憲法上の権利とはされなかった。その一方で、❷の第1審では、個人の人格的価値に結びつく13条上の権利とされており、これを支持する学説もある。

2．(1)につき、同様の事案の❶では、校則について、原告の主張を受け、髪型の自由が21条の表現の自由として保障されるかが検討されたが、「特に中学生において髪形が思想等の表現であると見られる場合は極めて希有である」ことから否定された。そのうえで、校長は、教育の実現のために、髪型を規制するものを含めた校則を定める裁量権を有するのであり、その校則については、「教育を目的として定められたものである場合には、その内容が著しく不合理でない限り……違法とはならない」という広範な裁量を前提に審査すべきとされた。校則の審査として、まず、校則が生徒の非行防止等の教育目的のものであると認定された。また、丸刈りが社会的に承認されており、特異な髪型ではないとされた。さらに、必要に応じ長髪を許可している点や、無理矢理に丸刈りにすることも、具体的な不利益を与える制裁をすることもなかった点等の謙抑的な運用が考慮された。以上に鑑み、校則につき、教育効果に疑問が呈されつつも、「著しく不合理であることが明らかであると断ずることはできない」ため、校長の裁量権を逸脱するものではないとされた。他方で、学説のなかには、髪型の自由を前記の❷の第1審と同様に理解したうえで、裁量の範囲が広範すぎると批判するものもある。

3．(2)につき、同様の事案の❷では、私立高校であるため私人間の問題とされ、加えて、「独自の伝統ないし校風と教育方針によって教育活動を行うことを目的とし、生徒もそのような教育を受けることを希望して入学する」という私立学校の特性が指摘された。そのうえで、パーマを禁止する校則につき、教育方針を具体化するものとして、「高校生にふさわしい髪型を維持し、非行を防止するためである……から、本件校則は社会通念上不合理なものとはいえず、……民法1条、90条に違反するものではない」という簡単な検討で適法とされた。また、退学勧告につき、勧告までの経緯や反省の状況といった勧告を正当化する理由に鑑み、違法ではないとされた。しかし、髪型の自由につき、❷の第1審では、前記のとおり13条上の権利とされており、そのうえで、私人間効力の問題として教育上の利益と衡量されている。この第1審の考え方を支持する学説もある。

［奥　忠憲］

7 青少年保護育成条例

　　成人男性 A は満 16 歳の女性 B と交際し、将来の婚姻を約束している。A は、何度も B と会った後に彼女の自宅に招かれ、そこで彼女の同意のうえ初めて彼女に性行為をした。この A の性行為が C 県青少年保護育成条例 10 条に違反することを理由として、A に同条例 16 条の刑事罰を科すことができるか。B の自己決定権の観点から論じなさい。

　　C 県青少年保護育成条例（抄）
　　第 1 条　　この条例は、青少年の健全な育成を図るため青少年を保護することを目的とする。
　　第 3 条　　この条例において、青少年とは、他の法令により成年者と同一の能力を有する者を除き、小学校就学の始期から満 18 歳に達するまでの者をいう。
　　第 10 条　　何人も青少年に対し、淫行又はわいせつの行為をしてはならない。
　　第 16 条　　第 10 条に違反した者は、2 年以下の懲役又は 100 万円以下の罰金に処する。

参考　　❶最大判昭和 60 年 10 月 23 日刑集 39 巻 6 号 413 頁（福岡県青少年保護育成条例事件）

▶▶解説

1．多くの都道府県では、設例における C 県のように、青少年の健全な育成と青少年の保護のために、青少年に対する淫行やわいせつ行為を禁止し、違反者に刑事罰を科す青少年保護育成条例が定められている。とはいえ、こうした条例は、青少年のために青少年の性行為に関する自己決定権を制約する側面を有するものである。

2．そこで、設例における C 県青少年保護育成条例と同様の条例の合憲性が問題となった❶では、条例の趣旨につき、「一般に青少年が、その心身の未成熟や発育程度の不均衡から、精神的に未だ十分に安定していないため、性行為等によつて精神的な痛手を受け易く、また、その痛手からの回復が困難となりがちである等の事情にかんがみ、青少年の健全な育成を図るため、青少年を対象としてなされる性行為等のうち、その育成を阻害するおそれのあるものとして社会通念上非難を受けるべき性質のものを禁止する」ものとされた。

そのうえで、条例上の「淫行」につき、「広く青少年に対する性行為一般を指すものと解するときは、……例えば婚約中の青少年又はこれに準ずる真摯な交際関係にある青少年との間で行われる性行為等、社会通念上およそ処罰の対象として考え難いものをも含むこととなつて、その解釈は広きに失することが明らか」であることを理由に、「広く青少年に対する性行為一般をいうものと解すべきではなく、青少年を誘惑し、威迫し、欺罔し又は困惑させる等その心身の未成熟に乗じた不当な手段により行う性交又は性交類似行為のほか、青少年を単に自己の性的欲望を満足させるための対象として扱つているとしか認められないような性交又は性交類似行為をいうものと解するのが相当である」とされた。

3．谷口正孝裁判官反対意見では、こうした解釈は、「身体の発育が向上し、性的知見においてもかなりの程度に達している」16 歳以上の年長青少年への「自由意思に基づく性的行為の一切を罰則を以て一律に禁止する」ことが、彼らの「性的自由に対し不当な干渉を加えるもの」であることを考慮したものとされている。

4．設例における A の性行為は、「婚約中の青少年又はこれに準ずる真摯な交際関係にある青少年との間で行われる性行為」であると認められることから、C 県青少年保護育成条例 10 条において禁止されている行為に該当するものではなく、したがって、同条例 16 条の刑事罰は適用されないと考えられる。　　［**奥　忠憲**］

8 企業の採用の自由と 思想・信条の自由

　Aは、B株式会社の入社試験にて、学生運動への参加の有無について質問された。Aは、実際のところは大学在学中に学生運動に熱心に参加していたが、そのような事実を述べると不利になると思い、学生運動をしたことはないと回答した。Aは、B社に3か月間の試用期間を設けて採用されたが、虚偽の回答をしていたことが判明したため本採用を拒否された。

　B社がAに対して学生運動への参加の有無について申告を求めることは違法か、私人間効力論を踏まえて論じなさい。

参考　❶最大判昭和48年12月12日民集27巻11号1536頁（三菱樹脂事件）

▶▶解説

1. 憲法上の権利は私人間の関係にどのように適用されるか。もちろん、明文または解釈上、対公権力との関係に限定される憲法上の権利（国家賠償請求権（17）など）や、私人間の関係にも当然に及ぶとされる憲法上の権利（労働基本権（28）など）は存在する。問題となるのは、自由権や法の下の平等（14）である。

2. 学説上、①直接適用説（憲法上の権利の保障は、対公権力のみならず私人相互間にも妥当すると解する説）、②間接適用説（憲法上の権利の保障は、直接には対公権力に妥当するが、その保障の趣旨に背馳する私人の行為は私法の一般条項などを通じて排除されると解する説）、③無効力説（憲法上の権利の保障は、憲法に特別の定めのない限り、対公権力にのみ妥当すると解する説）が伝統的に主張されてきた。

　しかし、①直接適用説に対しては、私的自治の原則が害されるなどの批判が強い。また、③無効力説に対しては、私人間の権利侵害を放置してしまうことにつながるとの批判がなされる。そのため、②間接適用説が通説的な地位を占めることとなった（もっとも、これらのほか、現在では様々な学説が主張されている）。

3. 判例は、伝統的な理解としては②間接適用説に立つと説明される。すなわち、リーディングケースである❶は、直接適用説を否定したうえで、「私的支配関係においては、個人の基本的な自由や平等に対する具体的な侵害またはそのおそれがあり、その態様、程度が社会的に許容しうる限度を超えるとき」は、立法措置による是正や私的自治に対する一般的制限規定である民法1条・90条や不法行為に関する諸規定等によって適切な調整を図ることができると述べており、②間接適用説に立つものと一般的には理解されている。

　なお、❶の判例法理は、企業の契約の自由（22・29）と労働者の思想・良心の自由（19）等の等価値的衡量ではなく、原則は前者と関連する私的自治の原則を尊重しつつ、例外的に後者の思想・良心の自由等の侵害が「社会的に許容しうる限度を超えるとき」に初めて公序良俗違反等によって調整がなされるとしている点に注意を要する。

4. 設例のような労働者（A）の思想・信条に関わる事項について企業（B社）が申告を求めることについて、❶は、調査対象は思想・信条そのものではなく直接には過去の行動に対してなされたものであること等を理由として、適法とした。しかし、学説上は、外部的行動と内心の結びつきを軽視することに疑問が呈されている（項目47参照）。

[御幸聖樹]

9 大学の学則による政治活動の制限

　Aは、保守的な校風を持つB私立大学の学生である。B大学の学則では、「学内外を問わず署名運動をしようとするときは事前に学校当局に届け出てその指示を受けなければならない」と定められている。Aは、事前に学校当局に届け出ることなく、ある法案に対する反対運動のためにB大学のキャンパス内にて署名を集めたところ、上記学則に反するとしてB大学から注意を受けた。

　B大学の学則の適法性について、私人間効力論を踏まえて論じなさい。

参考　❶最三小判昭和49年7月19日民集28巻5号790頁（昭和女子大事件）
　　　　❷最大判昭和48年12月12日民集27巻11号1536頁（三菱樹脂事件）
　　　　❸最三小判昭和56年3月24日民集35巻2号300頁（日産自動車事件）

▶▶解説

1． 憲法上の権利が私人間の関係にどのように適用されるかについて、学説上、間接適用説が通説と評価されてきた。また、私人間の契約関係が問題となった判例（❷❸など）の判示を踏まえて、判例も間接適用説の立場に立つと評価するのが一般的である（項目 8 参照）。

2． 設例の事案と類似する❶においても、❷が引用されている。そして、表現の自由（政治的活動の自由を含む）を保障する 21 条等の規定は「私人相互間の関係について当然に適用ないし類推適用されるものでない」ため、私立大学である昭和女子大学の学則の細則としての性質を持つ生活要録の規定について、直接 21 条等に反するかどうかを論ずる余地はないとする。

3． それでは、どのような基準によって私立大学の学則の適法性が判断されるか。設例の事案と類似する❶は、大学は学生の教育と学術の研究を目的とする公共的な施設であり、その設置目的を達成するために在学する学生を規律する「包括的権能」を有するとしたうえで、この包括的権能は「在学関係設定の目的と関連し、かつ、その内容が社会通念に照らして合理的と認められる範囲においてのみ是認される」とする。

ここで留意すべきは、❶の判例法理は、大学の学問の自由（23）と学生の政治的活動の自由（21）等との等価値的衡量をしているわけではない点である。すなわち、あくまで大学に広範な裁量を認めたうえで、例外的に、在学関係設定の目的と関連しない場合や、その内容が社会通念に照らして合理的と認められる範囲にない場合には大学の権能が是認されないとする。

4． 上記の基準を踏まえて、❶では、政治的活動の重要性について言及しつつも、①学生の政治的活動を放任すると学生が学業を疎かにする等の弊害が生じ、大学の設置目的の実現を妨げるおそれがあること、②比較的保守的な校風を有する大学が、その教育方針に照らし学生の政治的活動を広範に制限することをもって直ちに社会通念上不合理とはいえないとして、学生の政治的活動を規制する生活要録の合理性を認めた。

この判例法理を踏まえると、設例の B 大学の学則も同様に合理性が認められる。

5． しかし、❶には批判も強い。特に、私立大学が公教育の一環を担う公の性質を有し、それゆえに国から助成金を得ていることからすると、学生の政治的活動に対する私立大学の権能はより限定的であるべきと解される。　　　［御幸聖樹］

10 企業の就業規則と 男女平等

　A株式会社の事業は、自動車の生産および販売である。産業の種類としては重工業に属するが、その従業員の職種は必ずしも重労働に限られず、広範囲の職種がある。また、女性従業員の担当職務は相当広範囲にわたっていて、従業員の努力とA社の活用策いかんによっては貢献度を上げうる職種が数多く含まれている。

　Bは、A社の女性従業員である。A社の就業規則では「従業員は、男子満70歳、女子満65歳をもって定年」と定められている。A社は、同就業規則を踏まえて、近日中に満65歳に達するBに対して退職を命ずる旨の予告を行った。

　A社の就業規則の効力について、私人間効力論を踏まえて論じなさい。

| 参考 | ❶最三小判昭和56年3月24日民集35巻2号300頁（日産自動車事件）
❷最大判昭和48年12月12日民集27巻11号1536頁（三菱樹脂事件） |

▶▶解説

1. 憲法上の権利が私人間の関係にどのように適用されるかについて、学説上、間接適用説が通説と評価されてきた（項目**8**参照）。

2. 判例も、私人間の契約関係が問題となった❷などの判示を踏まえて、間接適用説の立場に立つと評価されてきた（項目**8**参照）。設例の事案と類似する❶においても、女性従業員の定年年齢を男性従業員よりも低く定める就業規則の規定について、「専ら女子であることのみを理由として差別したことに帰着するものであり、性別のみによる不合理な差別を定めたものとして民法90条の規定により無効であると解するのが相当である（憲法14条1項、民法1条ノ2〔現2条〕参照）」とする。このように、かっこ書で14条に言及していることから、❶も間接適用説を採用したものと理解されている（項目**32**参照）。

3. ❶では、男女で定年年齢を異ならせる上記就業規則の規定について、女子従業員の担当職務は広範囲にわたり従業員の努力と会社の活用策によって貢献度を上げうる職種が数多く含まれているところ、個人の能力等の評価を離れて、女性従業員全体を会社に対する貢献度の上がらない従業員と断定する根拠はないこと等を理由として、14条1項にかっこ書で言及しつつ、無効とする。この判例を踏まえると、設例のA社の就業規則も同様に無効である。

　ところで、原則として私的自治が尊重され、例外的に「社会的に許容しうる限度を超えるとき」に公序良俗違反等によって調整がなされるという、❷のような判断枠組みが、❶では明示的には示されていない。もっとも、両事件を整合的に理解するのであれば、男女差別は基本的に「社会的に許容しうる限度を超えるとき」と評価されるものと整理できよう。

4. なお、現在は、このような男女の定年差別は法律上禁止されている。すなわち、男女雇用機会均等法6条4号は、事業主に対し、「退職の勧奨、定年及び解雇並びに労働契約の更新」につき、「労働者の性別を理由として、差別的取扱いをしてはならない」とする。

［御幸聖樹］

11 慣習上の権利と 男女平等

　入会権は、一般に、一定の地域の住民が一定の山林原野等において共同して薪炭用雑木等の採取をする慣習上の権利である（民法263条・294条）。入会権者は、共有のような持分権は有しないが、使用収益を行う権能を（内部規律に従わなければならないものの）単独で行使することができる。

　「A山」と呼称される林野（以下、「本件入会地」という）の管理を行う入会団体Bの会則は、C部落の慣習にもとづいて入会権者とされる者を会員と定める。そして、C部落の慣習には、入会権者の資格を原則として男子孫に限り、C部落民以外の男性と婚姻した女子孫は離婚して旧姓に復しない限り入会権者の資格を認めないとする要件（以下、「男子孫要件」という）があった。

　本件入会地の入会権者の女子孫であるDは、男子孫要件のために入会権者の資格を認められなかった。

　C部落の慣習およびそれにもとづくBの会則（以下、「本件慣習」という）のうち男子孫要件の効力について、私人間効力論を踏まえて論じなさい。

参考　　❶最二小判平成 18 年 3 月 17 日民集 60 巻 3 号 773 頁（入会資格事件）
❷最大判昭和 48 年 12 月 12 日民集 27 巻 11 号 1536 頁（三菱樹脂事件）

▶▶解説

1. 民法上、「入会権については、各地方の慣習に従う」（民263・294）とされているところ、入会権者の資格要件に関する本件慣習の男子孫要件について、公序良俗に反するため無効（民90）となるかどうかが問題となる。そして、間接適用説（項目**8**参照）を前提とすると、憲法14条1項の趣旨に照らして一般条項である民法90条の解釈がなされる。

2. 設例の事案と類似する**❶**においては「本件慣習のうち、男子孫要件は、専ら女子であることのみを理由として女子を男子と差別したものというべきであり」、「性別のみによる不合理な差別として民法90条の規定により無効であると解するのが相当である」とする。そして、その理由として、男子孫要件は「入会団体の団体としての統制の維持という点からも、入会権の行使における各世帯間の平等という点からも、何ら合理性を有」せず、「男女の本質的平等を定める日本国憲法の基本的理念に照らし、入会権を別異に取り扱うべき合理的理由を見いだすことはできないから」、「男子孫要件による女子孫に対する差別を正当化することはできない」とする。この「男女の本質的平等を定める日本国憲法の基本的理念に照らし」との文言をどのように評価するかは解釈に委ねられているが、間接適用説を採用していると解することができる（ただし、判決文言上は憲法の条文は挙げられていない）。

3. なお、他の事案と比べて、設例の事案（および**❶**の事案）の特殊性に留意する必要がある。すなわち、**❷**などは、両当事者の有する基本的人権に由来する価値の衡量がなされている事案であるが、設例の事案（および**❶**の事案）は、慣習と憲法的価値である法の下の平等（憲14Ⅰ）が衝突した事案である。そうであれば、判断枠組みがどのようなものとなるかが問題となる。この点、入会権について男子孫と女子孫とで別異取扱いを行うことに「合理的理由」がない限り、公序良俗に反し無効（民90）であるとした点がポイントである。すなわち、男子孫要件が公序良俗に反するかどうかの判断に際して、慣習を最大限尊重して、たとえ別異取扱いに「合理的理由」はなくとも公序良俗に反するとまではいえないとする見解（**❶**の第2審判決参照）も論理的には成り立つ。しかし、間接適用説によると憲法14条1項の趣旨が民法90条の解釈に及ぶため、別異取扱いについて「合理的理由」がない限り、公序良俗に反し無効とされるのである。

［御幸聖樹］

12 私人間における 外国人差別

　Aは公衆浴場を経営している株式会社である。その公衆浴場では、身体に石鹸を付けたまま浴槽に入る、浴槽に飛び込むなどの迷惑行為をする外国人の団体客が頻繁に来店し、他の利用客からも苦情が寄せられていた。このような状況を受けて、A社は「外国人の方の入場をお断りいたします。JAPANESE ONLY」と記載された看板を公衆浴場の正面玄関に掲げ、一律に外国人の利用を拒否することにした。

　外国人であるBは、上記公衆浴場を利用しようとしたがA社によって拒否された。B自身は、公衆浴場で迷惑行為を行ったことはこれまで一度もない。

　A社の行為の適法性について、私人間効力論を踏まえて論じなさい。

参考　❶札幌地判平成 14 年 11 月 11 日判時 1806 号 84 頁（小樽公衆浴場入浴拒否事件）
　　　❷最大判昭和 48 年 12 月 12 日民集 27 巻 11 号 1536 頁（三菱樹脂事件）

▶▶解説

1. 憲法14条1項だけでなく、平等を規定する国際人権B規約（自由権規約）26条や人種差別撤廃条約といった条約の私人間適用も問題となる。

2. 設例の事案と類似する❶では、まず、14条1項の私人間への直接適用を否定する。次に、国際人権B規約および人種差別撤廃条約についても、国内法としての効力を有するとしても「公権力と個人との間の関係を規律し、又は、国家の国際責任を規定するものであって、私人相互の間の関係を直接規律するものではない」とする。

3. しかし、❶は「私人の行為によって他の私人の基本的な自由や平等が具体的に侵害され又はそのおそれがあり、かつ、それが社会的に許容しうる限度を超えていると評価されるときは、私的自治に対する一般的制限規定である民法1条、90条や不法行為に関する諸規定等により、私人による個人の基本的な自由や平等に対する侵害を無効ないし違法として私人の利益を保護すべき」であり、憲法14条1項、国際人権B規約および人種差別撤廃条約はそのような「私法の諸規定の解釈にあたっての基準の一つとなりうる」として、間接適用説を採用する。不法行為の事案ではあるが、「社会的に許容しうる限度を超えていると評価されるとき」に調整がなされるという点で、❷の判断枠組みを想起させる。

4. ❶では、設例のA社が行ったような外国人一律の入浴拒否について、①実質的には、国籍による区別ではなく、「外見が外国人にみえるという、人種、皮膚の色、世系又は民族的若しくは種族的出身に基づく区別、制限であると認められ、憲法14条1項、国際人権B規約26条、人種差別撤廃条約の趣旨に照らし、私人間においても撤廃されるべき人種差別にあたる」こと（「人種差別」につき、人種差別撤廃条約が採用する広い定義と類似の定義を採用する）、②公衆浴場の経営主体には営業の自由が認められるものの、公衆浴場の公共性に照らすと、入浴マナーを指導し、マナーを守らない場合は違反者を退場させるなど可能な限りの方法を尽くすべきであり、外国人の利用を一律に拒否するのは明らかに合理性を欠くことを理由として、「不合理な差別であって、社会的に許容しうる限度を超えているものといえるから、違法であって不法行為にあたる」とする。この裁判例を踏まえると、設例のA社の行為も同様である。

5. なお、❶は地裁判決であるが、高裁・最高裁でも公衆浴場における外国人一律の入浴拒否が不法行為にあたるという判断は維持されている。　　[**御幸聖樹**]

13 公務員の政治活動の自由

　Aは国家公務員であり、指揮命令や指導監督等を通じて他の職員の職務の遂行に一定の影響を及ぼしうる地位（管理職的地位）にはなく、毎日上司の指示を受けて真面目に職務を行っている。Aの職務はマニュアルに沿った書類の処理が中心であり、判断に困るときには必ず上司の判断を仰ぐため、Aが独自の判断をすることはない。

　Aは個人的な政治思想としてB党を支持しており、休日にはB党の応援のため、党の新聞やチラシのポスティングを行っている。ポスティングはごく私的な行動であるので、Aは国家公務員であることを名乗ることもないし、そもそもポスティング先と顔を合わせることもなく、会話を交わすこともない。

　ところがAのこの行動は、国公法102条1項および人事院規則14-7の6項7号・13号により禁じられている政治的行為にあたるとして、国公法110条1項19号によりAは起訴された。

　Aは、公務員といえども、私的な時間に公務とは関係のない形で政治活動をすることは許されるべきであると考えている。Aのこの主張は認められ、無罪となるだろうか。

参考　❶最二小判平成24年12月7日刑集66巻12号1337頁（堀越事件）
　　　　❷最二小判平成24年12月7日刑集66巻12号1722頁（宇治橋事件）
　　　　❸最大判昭和49年11月6日刑集28巻9号393頁（猿払事件上告審）

▶▶解説

1. 憲法15条2項は、公務員を「全体の奉仕者」であると規定している。明治憲法下では、公務員は国の包括的な支配権のもとにあり、国は法律の根拠なしに公務員の権利・自由を制限することができ、この制限に対して司法審査は及ばない、とする「特別権力関係論」が該当するとされていたが、基本的人権の尊重と法の支配を旨とする日本国憲法下では、この理論はもはや該当しない。とはいえ、公務員は、民主的に決定された政策を忠実に遂行すべき立場にある。そこで、❸は、行政の中立的運営とそれに対する国民の信頼の維持は憲法の要請であり、公務員の政治的中立性の維持は国民全体の重要な利益であるので、これを損なうおそれのある公務員の政治的行為の禁止は、合理的で必要やむをえない限度にとどまるものである限り憲法の許容するところであると述べ、公務員の職種・職務権限、勤務時間の内外、国の施設の利用の有無等を問わず、また行政の中立的運営を直接・具体的に損なう行為のみに限定することなく、許容されるものとした。

2. ❶❷は、公務員の政治的行為の禁止の理由付けについては❸から大きな変更はないが、禁止される政治的行為とは公務員の職務遂行の政治的中立性を損なうおそれが観念的なものにとどまらず実質的に認められるものを指すとし、具体的には公務員の地位、職務の内容や権限等、公務員の行為の性質、態様、目的、内容等の諸般の事情を総合して判断するのが相当であると述べた。❶においては、管理職的地位になく、その職務内容や権限に裁量の余地のない公務員が、職務と無関係に、組合活動としてでもなく、公務員による行為と認識できない態様で行われたものであるため、政治的中立性を損なうおそれが実質的に認められるものとはいえないと判示した。一方❷では、管理職的地位にあり、裁量権を伴う職務権限行使において政治的傾向が表れたり、指揮命令や指導監督等を通じて他の職員の職務遂行に影響を及ぼす蓋然性があり、政治的中立性が損なわれるおそれが実質的に生ずるものであるとした。ただし、公務員といえども支持政党があっても不思議はなく、選挙における投票は許容されているにもかかわらず、管理職的地位にあるというだけで一切の私的な政治活動が制限されてしまうことについては批判もある。

3. これらの判決に沿うのであれば、本設例は、管理職的地位になく裁量権もない公務員が休日に公務員と名乗らずに行った行為であるので、無罪となることになる。

[稲葉実香]

14 死刑確定者の信書発受の自由

　Aは死刑確定者として拘置所に収容中である。刑事収容施設法139条1項は、死刑確定者が親族との間で発受する信書（1号）、婚姻関係の調整、訴訟の遂行、事業の維持その他の死刑確定者の身分上、法律上または業務上の重大な利害に係る用務の処理のため発受する信書（2号）、死刑確定者の心情の安定に資すると認められる信書（3号）の発受を許すものとしており、同条2項はそれ以外でも発受を必要とする事情があり、刑事施設の規律・秩序を害するおそれがないと認めるときはこれを許すことができる旨規定している。刑事施設規則76条1項は、刑事施設の長が、信書の発受が予想される相手について氏名・生年月日・自己との関係等を届け出るよう求めることができる旨規定しており、Aは知人Bほか10名との信書の発受を許可されていた。

　Aは、Bから届いた重要な用務に関する信書の冒頭部分および末尾部分が削除されていることに気づき、拘置所長に対し、削除を取り消すように要求するとともに、この削除が違法であるとして国家賠償を求めた。Aの請求は認められるか。

参考　❶最二小判令和元年8月9日民集73巻3号327頁
　　　　❷最大判昭和58年6月22日民集37巻5号793頁（よど号ハイジャック記事抹消事件）

▶▶解説

1. 刑事収容関係についても、明治憲法下では「特別権力関係論」が該当するとされ、明治期に制定された監獄法は広汎な人権規制を可能とする法律であった（項目 13 参照）。戦後の日本国憲法下では特別権力関係論が放棄され、国家と特別の関係にある一定の者について、基本的人権が保障されることを前提としつつも人権制限の必要性を認めるが、それは法律によらなければならず、必要最小限度のものでなければならないという考え方が広まった。しかしその後も監獄法は維持されていたため、監獄法の解釈と基本的人権の保障をめぐって多くの裁判が起こされた。なお、2005 年に刑事収容施設法が制定され、2 年後に監獄法は廃止された。

2. 被収容者の人権が制限される根拠としては、①刑罰の内容、②逃亡・罪証隠滅の防止、③教育・矯正、④施設における秩序維持、の 4 つが考えられる。一方で被収容者には、未決拘禁者、受刑者、死刑確定者の三種があるが、未決拘禁者は裁判継続中であり無罪の推定を受ける者であるので、①や③の根拠は当てはまらない。死刑確定者については、刑罰の内容としては死刑であり自由の剥奪ではないので①は当てはまらず、矯正不能ゆえに死刑判決が下されたことに鑑みると③も当てはまらない。

　未決拘禁者の新聞閲読の自由をめぐる❷において最高裁は、被拘禁者にも表現の自由およびその派生原理である新聞紙・図書等の閲読の自由を認めたうえで、②④の点からその制限が必要かつ合理的なものであると判断した。

3. ❶は設例のモデルとなったものであり、抹消部分は時候の挨拶や激励などであった。原審は、当該信書は重大用務処理のためのものであり全体の発受を許すべきであるとしたが、最高裁は、自由制限の理由として死刑確定者の心情の安定と社会からの隔離・身柄確保を挙げたうえで、死刑確定者の重大用務処理は妨げられないが、そのために必要な部分以外については削除・抹消が許されるとした。

　そこで設例は、最高裁判決に従うのであれば、削除部分が重大用務処理に関わる部分でなければ違法とはならず、国賠請求も認められないということになる。しかし、刑事収容施設法 129 条 1 項各号に信書の一部削除が認められる場合が列挙されており（同 141 条において死刑確定者に準用）、時候の挨拶や激励はこれに該当しないことが明らかであるにもかかわらず、最高裁が該当性を判断しなかったことには疑問がある。同法 129 条 1 項各号に該当しない手紙文の抹消は許されず、必要最小限度の制限であるとはいえないと考えるべきであろう。[稲葉実香]

15 受刑者の選挙権制限

A は、傷害罪で懲役 5 年の実刑判決を受け、服役していた。公選法 11 条 1 項 2 号は、懲役刑が執行中の者には選挙権および被選挙権がない旨を規定しており、A は服役中に行われた衆議院議員総選挙において、選挙権を行使することができなかった。

A は、受刑者といえども日本国民の基本的権利である選挙権が奪われることは納得がいかず、選挙権が行使できなかったことに対する国家賠償を求め、同時に自分の刑期が終わる前に行われるはずの参議院議員通常選挙において選挙権を行使できる地位の確認を求め、訴えを提起した。A の請求は認められるだろうか。

参考
❶大阪高判平成 25 年 9 月 27 日判時 2234 号 29 頁
❷東京地判平成 25 年 3 月 14 日判時 2178 号 3 頁
❸最大判平成 17 年 9 月 14 日民集 59 巻 7 号 2087 頁（在外邦人選挙権事件）

▶▶解説

1. 公選法 11 条 1 項は選挙権の欠格事由を定めているが、選挙権は国民主権の原理にもとづく国民固有の権利であり、これを制限・剥奪することがどのような場合に許されるかについて、憲法学でもかねてから議論があった。

　選挙権の制限については❸がその基準を示しており、国民の選挙権やその行使を制限することは原則として許されず、制限するためにはその制限がやむをえないと認められる事由（その制限なしには選挙の公正を確保しつつ選挙権行使を認めることが事実上不能ないし著しく困難である）がなければならない、とされた。

2. ❸が選挙権の行使ができなかった事案であるのに対し、❶❷は選挙権そのものが公選法 11 条 1 項により制限されていた事例である。1 号の成年被後見人については❷が選挙権制限を違憲と判断し、国会はすぐに本号を削除する改正を行った。2 号・3 号の受刑者、仮釈放者の欠格について争われたのが❶である。これらの条項については、懲役刑や禁錮刑などの自由刑は刑法にもとづいて宣告されるが、これとは本質的に性質の異なる選挙権剥奪が公選法によって自動的に付加されることが、罪刑法定主義の観点から正当化できるかという疑問がある。

　❶は❸の基準を引いて、やむをえないと認められるかどうかを判断した。国側の主張した、受刑者は著しく遵法精神にかけ公正な選挙権の行使を期待できない、拘禁の必要性や性質に照らし制限はやむをえない、情報取得が困難であるなどの国側の主張を丁寧に検討したうえで退け、公選法 11 条 1 項 2 号・3 号の制限にやむをえない事由があるということはできないと判断した。とりわけ、受刑者が収容されるのは犯罪に対する応報および矯正処遇による再犯防止を目的とするのであって、一律に公民権を剥奪されなければならないとする合理的根拠はないとした点は注目に値する。ただしこの判決は、受刑者の選挙権制限が違憲であるという学説や世論が一般化していなかったことを理由に、立法不作為を理由とする国賠請求は認めなかった。

3. この判決が出た後、今に至るまで国会はこれらの条項を削除する改正を行っていない。したがって、設例は、公選法に従うのであれば選挙権の行使は認められないことになる。現在、下級審の判断は割れているが、この違憲判決を機にこの制限が違憲であるという見解も有力となり、立法不作為を理由とする国賠請求および次の選挙での選挙権が行使できる地位の確認が認められる可能性もないではない。

[稲葉実香]

16 　国の私法上の行為

　国は C 市に自衛隊の基地を建設する計画を立て、土地の買取りを進めて
おり、その対象に A の土地も含まれていた。基地反対派の B は、基地の建
設を阻止しようと、A に頼みこみ当該土地を自分が買い取る契約を締結し
たが、B からの代金支払いが遅れたため、A は B との契約を解除し、国に
当該土地を売ることとした。
　B は、自衛隊の基地建設は 9 条に反しているので、その基地建設のため
に交わした国と A との契約も 98 条 1 項によって違憲・無効であると主張
した。B の主張は認められるか。

| 参考 ❶最三小判平成元年 6 月 20 日民集 43 巻 6 号 385 頁（百里基地訴訟）

▶▶解説

1. 国家の行為については、98条1項に、憲法の「条規に反する法律、命令、詔勅及び国務に関するその他の行為」が無効である旨定められている。ただしこれは、国が公権力の行使として行う行為についての規定であり、一私人と同じ立場で行う行為、たとえば庁舎で使うPCの購入などについては原則として該当しない。こうした契約にまでたとえば平等が要請されるとすれば、経費節減のために別のより安い店から購入することすら違憲ということになりかねないからである。

2. しかしながらこの議論は、国が「私法的行為」を行ったと主張するならば98条1項の制約を免れうる、ということにもなる。設例は、たしかに土地の売買契約であって私法的行為ともいえるが、しかしその目的は自衛隊の基地建設という国家の統治作用そのものである。設例のモデルとなった❶において最高裁は、98条1項にいう「国務に関するその他の行為」とは「公権力を行使して法規範を定立する国の行為」を意味しており、私人と対等の立場で行う国の行為はこれには該当しないとして98条1項の適用を否定し、自衛隊の基地建設が9条に違反するかどうかについて判断しなかった。

　しかし、仮に売買契約ではなく土地収用として所有権移転が行われたのであれば、まぎれもなく国家の公権力行使ということになる。一般論として、国民の人権尊重の観点からも公権力の行使は必要最小限度に抑えられるべきであるので、安易に土地収用をしないことは望ましいが、あえて私法的行為を選択することによって憲法の規律から免れることができる、というのは適当でない。本件は私法上の契約であるが、「公共用地の所有権を取得する」という側面でみたときには公権力の行使と捉えるべきであるし、どの方法をとるかによって憲法の規律を免れうるとすれば、立憲主義の観点からは大きな問題であると批判されており、私人間効力的に解して間接適用を認める説や、国家の行為はすべて憲法規範が適用されると解して98条1項の適用を認める説が主張されている。

3. 設例については、現在の最高裁の立場からは、98条1項の適用はなく、民法90条の公序良俗にも反しないので、国とAとの契約は有効であるということになるが、上に述べたようにこの理由付けには疑問がある。ただ、この契約に98条1項や民法90条の適用があるとしても、自衛隊の基地建設という目的が9条に違反するかどうかは、また別の議論ということになる。

[稲葉実香]

17 少数民族の権利

　A 川流域にある B 地区は、居住する者の大多数が先住少数民族に属しており、B 地区にはこの民族の重要な遺跡や聖地が含まれているほか、祭りなどの民族の伝統文化や口伝による伝承がよく保存されており、この民族の文化研究の中心地ともなっている。国は A 川の治水のために B 地区にダムの建設を計画し、土地収用法にもとづき事業認定および B 地区の土地の収用裁決が行われた。

　ダムが建設されれば、この民族はここには居住できなくなり、遺跡や聖地は水没し、民族が離散することで伝統文化や伝承も失われることになる。このようなダムの事業認定および土地収用裁決は、少数民族の権利を害して違法であるといえるだろうか。

| 参考 | ❶札幌地判平成 9 年 3 月 27 日判時 1598 号 33 頁（二風谷ダム事件）

▶▶解説

1．日本政府は長らく、日本は単一民族国家であるとしてきたが、これは正しくない。日本にもアイヌや琉球などの土着の少数民族のほか、開国以来日本各地に中華街を作り上げた華僑や、日韓併合時代に日本に根付いた在日コリアン、労働者として来日し定住したブラジル人コミュニティ（その中心は1900年代初頭より日本から移住した日系ブラジル人である）など、海外にルーツを持つ少数民族も存在する。

2．アイヌは狩猟・採集・漁労を中心とし自然と共生する生活を営んでいたが、明治以降の北海道の開拓と近代化、1899年の北海道旧土人保護法による同化政策により、その文化や独自の言語は深刻な打撃を受けた（日本におけるアイヌ政策をめぐっては、項目42参照）。アイヌは国連において1980年代より先住民作業部会に参加するなど国際法上の先住民族として扱われており、規約人権委員会や人種差別撤廃委員会も、アイヌを「先住少数民族」と認定している。2007年に国連で採択された先住民族の権利に関する宣言は、民族自決権や文化的・宗教的伝統と慣習の権利、伝統的に所有・占有・使用してきた土地や資源に対する権利などの先住民族の権利をうたっているが、規約人権委員会や人種差別撤廃委員会は、アイヌに加えて琉球・沖縄民族も先住民族と認めるべきであると勧告しており、これらの民族の権利保障の不十分さを懸念事項として指摘している。先住民族の墓から持ち出された遺骨返還をめぐって、アイヌでも沖縄でも問題が生じていたり、ユネスコの消滅危機にある言語リストにアイヌ語、琉球語も含まれていることなども、先住民族の権利の問題である。

3．設例のモデルとなった❶は、少数民族の固有の文化は民族性を維持する本質的なものであり、民族固有の文化を享有する権利は13条によって保障されると述べた。のみならず、アイヌが先住民族であることを認め、同化政策により民族独自の文化を衰退させてきた歴史的経緯に対する反省の意を込めて最大限の配慮がなされなければならないとして、ダム建設の事業認定および収用裁決は裁量権を逸脱した違法があるとしたが、すでにダム本体が完成していることから、収用裁決の取消しは公共の福祉に適合しないと判断し、違法の宣言のみにとどめる事情判決の手法を採用した。この判決に照らすならば、本設例のダムの事業認定および収用裁決は違法であると考えられる。

［稲葉実香］

18 団体の人権享有主体性

現在の政治資金規正法は、会社その他の団体は、政党など同法に所定の者に対する政治活動に関する寄附（いわゆる政治献金）を行うことを認めている（同法21条1項参照）。この点について、会社その他の団体が選挙権を有しないにもかかわらず、政治献金を通じて政治に影響を与えることは問題であるとして、会社その他の団体による政治献金を一切禁止し、違反に対して罰則を科すよう同法を改正したとする。改正後に政治献金を行ったとして、A社が起訴された場合、A社は表現の自由（憲法21条1項）の侵害だと主張できるか。なお、政治献金の自由が表現の自由としての政治活動の自由に含まれることそのものは前提としてよい。

参考　❶最大判昭和45年6月24日民集24巻6号625頁（八幡製鉄事件）

▶▶解説

1. Aが表現の自由（21 I）の侵害を主張するためには、団体（法人格の有無を問わない）に基本権（人権）享有主体性が認められる必要があるが、この問題は、①団体の基本権享有主体性が認められるかという一般論と、②政治活動の自由が団体に認められるかという各論的問題とに区別される。

2. ①について、基本権は、個人の尊重の原理（13）のもとに認められるのだから、団体には基本権が保障されないのではないかとも思われる。しかし、❶は、憲法の基本権規定は「性質上可能なかぎり、内国の法人にも適用される」として権利性質説をとり、通説も同様である。その理由について、団体の活動は自然人を通じて行われ、結局その効果が自然人に帰属するからとするものと、団体が自然人と同様の社会的実在であるからとするものとがあり、後者が有力である。しかし、社会的実在だからといって直ちに基本権が認められることにはならないし、また、団体、特に会社は、個人を抑圧する側面もあるため、団体の基本権享有主体性について慎重な立場をとる見解もある。

3. ②について❶は、上記のように、基本権規定が「性質上可能なかぎり」法人にも適用されるとする。この点については判例上の展開はみられないが、学説は、選挙権・被選挙権（15）や生存権（25）、一定の人身の自由（18・33・34・36など）を除く多くの基本権は団体にも保障されるとする。

　したがって、本設例で問題となってる政治献金の自由も含む政治活動の自由も保障されることになる。❶も「会社は、自然人たる国民と同様、……政治的行為をなす自由を有するのである。政治資金の寄附もまさにその自由の一環であ」るとする。

　ただ、とりわけ政治献金に関しては、大企業が特定政党に巨額の寄附を行うことで政治的な影響力を及ぼし、他方で個人の有権者の意思が政治に反映することを妨げているという認識のもと、団体には選挙権が認められていないことも踏まえ、団体の政治献金の自由の保障の程度は個人のそれよりも低いと考えるべきだとの主張も有力である。この点につき、❶は、企業による献金の「弊害に対処する方途は、さしあたり、立法政策にまつべきこと」だとして、「自然人たる国民による寄附と別異に扱うべき憲法上の要請があるものではない」とした。

［曽我部真裕］

19 天皇・皇族の 人権享有主体性

　天皇・皇族は、皇室典範等によって、基本権が否定され、あるいは大幅に制限されている。

　一般国民との対比では、天皇および皇族男子が婚姻をするには皇室会議の議を要することや（皇室典範10条）、選挙権・被選挙権が認められていないこと（公選法附則2項）などをはじめ、一般国民とは異なる広汎な制限がみられる。

　また、皇族の間でも区別が設けられている。皇室典範1条は、「皇位は、皇統に属する男系の男子が、これを継承する」と定めており、女性皇族は皇位に就くことができない（もっとも、憲法2条は皇位を世襲のものとするにとどまり、文言上は女性天皇を否定していない）。

　女性天皇を認めない皇室典範は、平等原則（憲法14条）に反しないのだろうか。

▶▶解説

1. 天皇・皇族の基本権享有主体性の問題は古典的な論点であるが、現在の上皇がそのために制定された退位特例法にもとづいて 2019 年に退位したことなど、近年、これに関わる現実の出来事について社会的に注目されることが増えている。

2. 天皇・皇族の基本権享有主体性に関しては、諸説がある。

肯定説としては、日本国憲法においては、明治憲法下のような天皇・皇族と臣民との区別はないはずだとして、天皇・皇族も一般国民も、ともに「国民」に含まれるものとして基本権享有主体であり、ただ、皇位の世襲と職務の性質からいって必要最小限の特例が認められるにすぎないとするものがある。また、天皇の象徴としての地位から、天皇は享有主体ではないが、皇族は享有主体である（ただし、天皇との距離に応じて特別の制約が認められる）とする中間的な説もある。

他方、否定説としては、日本国憲法が維持した世襲天皇制は近代人権思想の中核をなす平等理念とは異質の身分制にもとづくもので（身分制の名残（「飛び地」）論）、基本権保障が及ぶ領域ではなく、天皇・皇族には基本権享有主体性がないとするものがある。

3. たしかに、出発点となる考え方としては、上述の否定説が妥当である。そうすると、天皇・皇族には人権に由来する基本権はなく、皇位継承をはじめとする身分的な特権があるのみということになりそうである。

しかし、天皇・皇族も人間であることには変わりはなく、少なくとも一定の範囲で表現の自由その他の自由や、プライバシー権などの人格権が認められてしかるべきである。外国人や団体についていわれる権利性質説的な考えにもとづき、皇室制度の維持と矛盾しないような権利は憲法上享有するというべきだろう。

他方、身分的な特権そのものについては基本権保障とは無縁だといわざるをえない。近年問題となった天皇の退位の自由も、憲法上認められているとはいえない。また、設例との関係では、女性が皇位に就けないことが平等原則に反するということはできないことになる。憲法 2 条は女性天皇を禁止してはいないとする説が有力であるので、それを前提とすれば皇室典範で女性天皇を認めるか否かは立法政策の問題ということになる。ただ、合憲性とは別の次元で、女性天皇を認めないことが社会における男女平等意識に対して負のメッセージを与えることは否定できない。

[曽我部真裕]

20 警察による顔情報の収集管理

　20XX 年、警察庁は、「顔認証機能付きカメラおよび顔情報等の取扱いに関する規則」（国家公安委員会規則）にもとづき、犯罪発生率の高い全国の繁華街（公道上）に、顔認証システムを搭載した録画機能付きの防犯カメラを約 500 台設置することとした（カメラは公道上に設置される。なお、撮影画像は 3 週間で自動消去される）。このシステムでは、被撮影者の顔情報（3 次元化された顔の形状ないし特徴に関するデータ）と、既にデータベース化されている被疑者の顔情報とがリアルタイムで自動照合され、両者が同一であるとされた場合に、現場付近にいる警察官にその旨が即座に通知される。

　このようなカメラの設置・運用に含まれる憲法上の問題について論じなさい。

参考　❶最大判昭和 44 年 12 月 24 日刑集 23 巻 12 号 1625 頁（京都府学連事件）
　　　❷大阪地判平成 6 年 4 月 27 日判時 1515 号 116 頁（釜ヶ崎監視カメラ事件）
　　　❸最二小決平成 20 年 4 月 15 日刑集 62 巻 5 号 1398 頁
　　　❹最大判平成 29 年 3 月 15 日刑集 71 巻 3 号 13 頁（GPS 捜査事件）
　　　❺最一小判平成 20 年 3 月 6 日民集 62 巻 3 号 665 頁（住基ネット事件）

▶▶解説

1. 設例の検討にあたっては、①顔認証機能の付いたカメラ撮影であること（しかも一定期間録画され、「防犯」のみならず、被疑者の追跡などの「捜査」にも利用される）、②カメラの設置場所などを考慮しながら、参考に掲げた事案との異同を丁寧に分析していく必要がある。

2. ①については、まず警察官による公道上での写真撮影（許可条件に違反したデモ行進の撮影）が問題とされた**❶**が思い浮かぶだろう。**❶**は、13条は「国民の私生活上の一つとして」、「その承諾なしに、みだりにその容ぼう・姿態……を撮影されない自由」を保障しているとし、「警察官が、正当な理由もないのに、個人の容ぼう等を撮影することは、憲法13条の趣旨に反し、許されない」と述べている。設例でも、かかる自由を起点に検討を始めるべきだが、設例では単に容ぼうを撮影されるだけでなく、顔認証システムを通じて、カメラに写り込む全ての者が、データベースに事前登録された人物と自動照合されるという点を考慮に入れなければならない。瞬時の同一性確認がシステム上可能であることは、特定個人の行動把握を容易にし、行動への萎縮効果を高めうるため、通常の写真撮影を問題にした**❶**や、通常の防犯カメラの設置を問題にした**❷**とは異なる視点が必要になろう。

3. 他方で、②については、カメラが公道上に設置されていることをいかに評価するかが問題となる。**❸**は、公道は「通常、人が他人から容ぼう等を観察されること自体は受忍せざるを得ない場所」であるとし、公道上で容ぼう等を撮影されることによる被侵害利益を小さく見積もったが、設例では全国の繁華街に約500台設置されているうえ、本システムと互換性のある民間設置カメラとの連携が必ずしも排除されていないことから、利用方法次第では、GPS捜査のように「個人の行動を継続的、網羅的に把握すること」（**❹**）につながる。

　以上のように考えると、警察による顔認証機能付きカメラの設置・運用は、従来型のカメラの設置・運用の場合よりも、政治活動を含む個人の行動に及ぼす萎縮効果が大きく、厳格な正当化が求められる可能性がある。少なくとも、法律上の根拠、迅速に被疑者の身柄を確保する高度の必要性（したがって、事前登録の対象は重大犯罪等の被疑者に限定され、かつ、不起訴または無罪になった者の情報は消去され、追跡対象から排除される必要がある）、濫用等を防ぐ制度的な仕組み・ガバナンスの有無（**❺**）について慎重に検討される必要があろう。　　　　　[山本龍彦]

　A 社は、検索サービス（ユーザーが入力した言葉と関連するウェブサイトの
URL 等を表示するサービス）や、GPS 測位を用いた地図データの提供サービ
スなどを行うプラットフォーム事業者である。ある研究によると、A 社が
大量に保有しているユーザーの位置情報（人の移動に関する情報）や検索履
歴は、感染症のクラスター分析等に役立ち、感染拡大の防止対策に資する
側面があるという。

　20XX 年、日本で、新型インフルエンザ（致死率は 3 ％程度とされる）の感
染が拡大した。そこで政府（厚生労働省）は、新型インフルエンザの感染状
況を調査し、その感染拡大を防ぐために、A 社に対して、ユーザーの位置
情報等を提供するように要請（任意）した。これに対し A 社は、ユーザー
の氏名や住所等、個人を直接特定できる情報を除去し、ユーザーの同意な
く、その位置情報等を政府に提供した。

　A 社のユーザーである B は、この情報提供がプライバシー侵害にあたる
として A 社に対して損害賠償を請求した。

　この請求は認められるか。

参考　❶最二小判平成 15 年 9 月 12 日民集 57 巻 8 号 973 頁（江沢民講演会事件）
　　　❷最一小判平成 20 年 3 月 6 日民集 62 巻 3 号 665 頁（住基ネット事件）
　　　❸最三小判昭和 56 年 4 月 14 日民集 35 巻 3 号 620 頁（前科照会事件）

▶▶解説

1. ❶は、氏名や住所のような個人識別のための単純な情報で、秘匿性が高いものでなくても、「本人が、自己の欲しない他者にはみだりにこれを開示されたくないと考えることは自然なことで」、「そのことへの期待は保護されるべきもの」だから、かかる個人情報も「プライバシーに係る情報として法的保護の対象となる」と述べた。また❷は、13条は「個人に関する情報をみだりに第三者に開示又は公表されない自由」を保障すると述べている。ポイントは、設例でA社は「個人を直接特定できる情報」を除去しており、ここで提供されている情報が、「個人に関する情報」ないし「個人情報」にあたるかである。この検討に際しては、提供される情報が位置情報や検索履歴で、一定期間集積されれば個人の特定可能性が高まるという点を考慮する必要がある。❶は、「プライバシーに係る情報は、取扱い方によっては、個人の人格的な権利利益を損なうおそれのあるもの」で、「慎重に取り扱われる必要がある」と述べており、本設例の情報がこれにあたるかも問われる（位置情報や検索履歴の分析から、信条や病歴といった属性が容易に、かつ高精度で予測できるとすれば、本設例の提供情報を、❸で問題とされた前科情報と同様、「その取扱いには格別の慎重さが要求される」センシティブ情報と解する余地がないではない）。

2. 仮に本設例の提供情報が法的保護の対象になるものだとすれば、次に、その提供につき本人の同意がなかったことが問題となる。自己情報コントロール権説に立てば、特にこの点が強調されよう。❶は、同意取得が困難である「特別の事情」がない限り、無断提供はプライバシー侵害を構成すると述べた。個人情報保護法23条1項3号も、「公衆衛生の向上……のために特に必要がある場合であって、本人の同意を得ることが困難であるとき」に、同意なしでの第三者提供を認めている。そうすると、本設例の情報が感染症の拡大防止に具体的にどのように資するのか、これを同意なく提供する必要性・緊急性がどの程度あるのかが検討されなければならない。仮に提供情報のセンシティブ性を高く見積もる場合、特に慎重な衡量が求められよう。またA社が、提供先の情報管理体制を十分に確認せず、漏えい・濫用の具体的危険を放置するような相手に提供した場合、「みだりに開示した」と解される余地もある（❶のいう、「プライバシーに係る情報の適切な管理についての合理的な期待を裏切るもの」とみなされうる）。

[山本龍彦]

22 マイナンバー制度

番号法にもとづいて創設されたマイナンバー制度は、国民一人ひとりに12桁の個人番号を付し、国の機関や地方公共団体等が分散して保有している個人情報と関連付けて（番号法上、このような個人情報と個人番号によって構成される情報を「特定個人情報」と呼ぶ）、行政機関等の間での情報連携を促進しようとするものである。その目的として、(1)行政運営の効率化、(2)より公正な給付と負担の確保（たとえば、正確な所得把握と社会保障の適切な給付）、(3)手続の簡素化による国民負担の軽減等の利便性向上が掲げられる。番号法上、特定個人情報は、同法の別表に掲げられた事項のために利用・提供等されるが、同法19条14号および16号は、政令および個人情報保護委員会規則で定められる場合に特定個人情報の提供を認めている。また、番号法は、行政機関個人情報保護法等の法律よりも、個人情報等に対する不正行為の罰則を強化し、個人情報保護委員会を情報取扱いの監視機関としている。

Aらは、マイナンバー制度の構築・運用はAらのプライバシー権を侵害し、憲法に違反するなどと主張し、B（国）に対して個人番号の削除と損害賠償を請求した。

Aらの主張は認められるか。

参考 ❶最一小判平成20年3月6日民集62巻3号665頁（住基ネット事件）
❷東京地判令和2年2月25日裁判所ウェブサイト（マイナンバー訴訟）

▶▶解説

1. 行政による個人情報の広範なネットワーク・システムの構築・運用の合憲性については、住基ネットの合憲性を扱った❶が参考になる。❶は、13条は「個人に関する情報をみだりに第三者に開示又は公表されない自由」を保障しているとしながら、住基ネットで扱う「本人確認情報」（氏名・生年月日・性別・住所から成る4情報に住民票コード等を加えたもの）は、「個人の内面に関わるような秘匿性の高い情報」ではなく、既に行政で扱われてきたものであるなどとして、①その利用等が「法令等の根拠に基づき」「正当な行政目的」の範囲に限定され、②住基ネットの構造ないしアーキテクチャの堅牢性から「正当な」範囲を超えて（みだりに）本人確認情報が開示等される「具体的な危険」がなければ（構造審査）、前記自由は侵害されているとはいえないとした。

2. マイナンバー制度についても同様の判断枠組みが一応妥当しようが、同制度では、住基ネットと異なり、社会保障や納税に関する個人情報も取り扱われるため、この差異をいかに判断枠組みに反映させるかがポイントとなる。同制度の合憲性について判断した❷は、そこに「個人識別情報以上に慎重に取り扱われるべき個人に関する情報が含まれる」ことを認めつつ、❶と何ら変わらない判断枠組みを用いてその合憲性を導いた。しかし、住基ネットと異なり、その取扱いにより慎重な態度が求められる情報を扱うならば、①に関して、「法律」の根拠を厳格に求めたうえ、「正当」以上の目的を要求するという考えも成り立つ。後者については、設例中の(2)で掲げた目的が「正当」以上の（重要な）目的を提供するかもしれないが、前者については、番号法19条14号等が政令等への白紙委任規定となっていないかが問題となりうる（法律の根拠を厳格に求める場合、委任を許すとしても法律上具体的な指示が必要だろう）。また、②に関して、個人情報保護委員会が、監視機関として実質的な権限を与えられているか、実際上十分な機能を果たしうるかなどを検討する必要がある。

3. ❷は、❶が提示した自由に"加筆"し、13条は「個人に関する情報をみだりに収集若しくは利用され、又は第三者に開示若しくは公表されない自由」を保障すると述べたが、「現状においては」その内実の不明確性ゆえに自己情報コントロール権までは承認できないとした。仮に同権利までを認める場合、同意を欠く個人情報の利用等は端的に権利侵害となり、その侵害を正当化できるかに論証のポイントが置かれることになる。　　　　　　　　　　　　　　　　［山本龍彦］

23 被疑者 DNA 型データベース

　警察庁は、逮捕等した被疑者から任意に、または令状を根拠に DNA サンプルを採取し、その分析から得られた DNA 型記録（特定の塩基配列の有無や繰り返しの回数等で表される個人識別情報）を、「DNA 型記録取扱規則」（国家公安委員会規則。以下、「本件規則」という）にもとづいてデータベース（被疑者 DNA 型データベース）に登録し、犯罪捜査のために活用している。対象となる罪種には軽微なものも含まれる。また、本件規則によれば、DNA 型記録に係る者が死亡した場合のほか、「DNA 型記録を保管する必要がなくなったとき」に当該記録は抹消される（2019 年末の時点で、被疑者 DNA 型データベースの登録件数は約 130 万件にのぼる）。

　20XX 年、A は、行方不明となった犬の情報を求めるチラシを電柱に貼ったことが B 市屋外広告物条例に違反するとして警察の取調べを受けた。警察は、その際に任意で採取した A の DNA サンプルから DNA 型記録を抽出し、この記録を被疑者 DNA 型データベースに登録した。結局この条例違反事件は不起訴となったが、A の DNA 型記録は消去されずに同データベースに残ったため、A は、プライバシー侵害を主張してその抹消等を求めて出訴した。

　A の主張は認められるか。

参考　❶最三小判平成 7 年 12 月 15 日刑集 49 巻 10 号 842 頁（指紋押捺事件）
　　　　❷最一小判平成 20 年 3 月 6 日民集 62 巻 3 号 665 頁（住基ネット事件）
　　　　❸仙台地判平成 24 年 3 月 26 日判時 2149 号 99 頁

▶▶解説

1． 設例では、警察による DNA サンプル採取の適法性も問題にされうる。任意での採取とされているが、警察により採取の目的等について適切な説明がなされたのか、本件事件の解決のために同採取および DNA 型鑑定が本当に必要なのかどうかが問われるからである。しかし A は、このような採取の任意性等が認められるとしても、本件事件が不起訴になった後に、なお当該 DNA 型記録を登録し続け、別の事件の捜査のために利用することには正当性はなく、この点に関してプライバシー侵害を主張している。

2． 自己情報コントロール権説をとれば、本人の意に反して個人に関する情報を保有・利用することは、それ自体で権利侵害を構成する。違憲かどうかは、これを正当化する事由があるかによろう。DNA 型記録は、従来は DNA 配列のなかでも、タンパク質に翻訳されない「非コード領域」の分析を経て抽出された、指紋類似の単なる個人識別情報で（❶参照）、遺伝性疾患に関する情報のような秘匿性・センシティブ性を持つものではないとされていたが、近年では科学的見地からの有力な反論もある。個人識別機能しか有しないとしても、DNA 型は終身不変性を持ち、識別能力も高いために、遺留 DNA の鑑定等を通じて特定個人の行動を網羅的・継続的に把握することも可能となる（それによる行動への萎縮効果も生じる）。この点から DNA 型記録の秘匿性を一定程度認めた場合、その保有等の正当化には、法律の根拠と、保有等を必要とする実質的な根拠が必要となろう。さらに❷を踏まえれば、濫用・漏えい等を防ぐ構造ないし制度的仕組みも求められる。再犯性の高い重大犯罪の被疑者であれば、当該事件の解決後もこれを一定期間登録しておく実質的な必要性を認めることができるかもしれないが、A はビラ貼りの罪の被疑者であり、しかも不起訴とされている。その保有に法律の根拠を欠くことも問題だが、不起訴後になお保有し続ける実質的理由があるかも疑わしいといえよう。また、本件規則をみるに、DNA 型データベースの適切な運用を担保する制度的な仕組みが備わっているかも問題とされうる。

3． 自己情報コントロール権説を否定する場合でも、❸の趣旨にならって、13条から「個人に関する情報をみだりに保有又は利用されない自由」を導き、その保有等の正当性を審査することは可能である。❷がいう「開示又は公表されない自由」にとどまるならば、漏えい等の具体的危険が認められない限りは、当該自由の侵害自体がないと判断される可能性もある。

[山本龍彦]

24 自衛隊の情報保全隊による情報収集

　A党が自衛隊関係者から入手した内部文書によると、自衛隊において、秘密保全、隊員保全、施設保全等の情報保全業務を行う情報保全隊（以下、「保全隊」という）は、日本国内における自衛隊イラク派遣反対活動の実態や関係団体について広く調査・分析しており、かかる反対活動に関わった者の氏名、職業、所属政党等の個人情報も収集・保有していた（なお、保全隊の組織規範は存在するが、保全隊のこのような情報収集活動を具体的に根拠づける法律上の明文規定は存在しない）。そこで、イラク派遣反対活動に参加していたBらは、その活動等を保全隊によって監視され、個人情報を収集・保有されたことにより精神的苦痛を受けたとして、国に対し、国賠法1条1項にもとづく損害賠償等を請求した。

　Bらの主張は認められるか。

参考　❶最一小判平成 20 年 3 月 6 日民集 62 巻 3 号 665 頁（住基ネット事件）
　　　　❷最大判昭和 44 年 12 月 24 日刑集 23 巻 12 号 1625 頁（京都府学連事件）
　　　　❸最三小判平成 7 年 12 月 15 日刑集 49 巻 10 号 842 頁（指紋押捺事件）
　　　　❹仙台地判平成 24 年 3 月 26 日判時 2149 号 99 頁
　　　　❺仙台高判平成 28 年 2 月 2 日判時 2293 号 18 頁

▶▶解説

1. ❶は、13条により保障される自由を、「個人に関する情報をみだりに第三者に開示又は公表されない自由」と定義するのみだが、みだりに容ぼう等を撮影されない自由を認めた❷や、みだりに指紋の押捺を強制されない自由を認めた❸に照らせば、13条が「個人の私生活上の自由の一つ」として、「個人に関する情報をみだりに収集又は利用（保有）されない自由」を保障していると解する余地もある。設例と同様の事案を判断した❹❺は、かかる自由との関係で本件情報収集活動の適法性について審査した。なお、自己情報コントロール権を承認する場合、本人の意に反する情報の収集・保管・利用等は当然に権利侵害となり、その正当化可能性が問題になる。

2. 公権力による個人情報の収集等が違憲となるかを検討する際にポイントになるのは、①法律の根拠、②収集等される情報の性質、③収集等の目的とその必要性・合理性、④情報管理の構造、である。①につき、❺は、「行政機関が行う情報収集活動について、常に個々の法律上の明文規定が必要とまでは解されない」としたが、政府による予防的な警備情報活動（監視的な活動）について民主的正統性と民主的統制が厳格に求められるとの立場からは、議論の余地がある。②につき、❺は、自衛隊イラク派遣に反対している議員の氏名や政治活動など、「一般に公にされた情報」の秘匿性を低く見積もる。しかし、公開情報でも、それが集積・分析されれば、そこから非公開情報を高度に推知（プロファイリング）することが可能であり、その収集・保有には一定の限界があると考えることもできよう。なお、❺の第1審にあたる❹は、「思想信条に直結する個人情報」について要保護性を強く認め、その収集等を必要とする具体的な根拠を求めた。③につき、❺は、イラク派遣反対活動のなかには、駐屯地付近での出兵拒否の呼びかけや派遣部隊の乗ったバスへの妨害行動など、自衛隊（員）への直接的な働きかけを伴う行動も含まれており、それらに関する情報収集活動については、自衛隊の業務保全や隊員保全という目的のために必要性が認められるとした。同論旨を踏まえると、自衛隊（員）への直接的な働きかけを伴わない反対活動の情報収集については、その必要性が否定される可能性もある。④につき、❺は、自衛隊の内部文書により管理方法等が指示されており、問題はないとの判断を示したが、❶の構造審査の趣旨に照らせば議論の余地があろう。

[山本龍彦]

25 幸福追求権の補充的性格、人格権

　ハンセン病の患者については、1953年制定の「らい予防法」により強制隔離措置がとられてきた。しかし、治療技術の発展によって、少なくとも1960年ころには同法の隔離規定には合理的な根拠が失われていた。しかし、国は長らく同法を改廃することなく、1996年に同法が廃止されるまでの間、強制隔離措置は続けられてきた。

　強制隔離措置が行われると、患者本人は、居住・移転について大幅な制限が課せられるほか、就学、就職、家族形成についても様々な制約が生じる。また、患者の家族についても、周囲からの蔑視にさらされ、結果的に就学、就職、家族形成などで社会的な差別を受け、また患者と離別を余儀なくされることで家族関係の形成を阻害されるといった弊害が生じてきた。

　このとき、次の **(1) (2)** それぞれについて検討しなさい。

(1)　同法による強制隔離措置を受けた患者らは、強制隔離措置が憲法22条1項に反すると主張するのとは別に、憲法13条にも反すると主張することは可能か。できるとして、どのような侵害を主張することができるか。

(2)　同法による強制隔離措置を受けた患者らの家族は、強制隔離措置によって生じる弊害に対して憲法13条にもとづいてどのような主張が可能か。

参考　❶熊本地判平成13年5月11日判時1748号30頁（熊本ハンセン病訴訟）
　　　　❷熊本地判令和元年6月28日判時2439号4頁（ハンセン病家族訴訟）

▶▶解説

1．憲法に明文の保障がある権利・利益は、明文規定を根拠に権利主張がなされるが、明文規定でカバーしきれない権利主張は、補充的な保障である 13 条（幸福追求権）による根拠づけが行われる。とりわけ、身体、健康、名誉といった人格的生存に必要不可欠な利益が問題となる場合、幸福追求権の一環としての人格権が主張される。ただし、人格権は包括的な権利であり、通常、それぞれの事案において具体的な内容が検討される（項目 **26**〜**28**参照）。しかし、近年、人格権が個別的な利益に還元できない権利保障として承認されるケースもみられる。

　設例では、強制隔離措置が居住・移転の自由（22 Ⅰ）を越えて、いかなる権利・利益の制約を生じるかが問題となる。旧らい予防法の合憲性が問題となった❶では、同法による隔離が「居住・移転の自由を……制限する」としつつも、人権制限はこれにとどまらないとした。すなわち「ある者は、学業の中断を余儀なくされ、ある者は、職を失い、あるいは思い描いていた職業に就く機会を奪われ、ある者は、結婚し、家庭を築き、子供を産み育てる機会を失い、あるいは家族との触れ合いの中で人生を送ることを著しく制限される」のであって、「人として当然に持っているはずの人生のありとあらゆる発展可能性が大きく損なわれる」。このため、「このような人権制限の実態は……憲法 13 条に根拠を有する人格権そのものに対するもの」だとされる。

2．患者の家族は強制隔離措置の直接の対象ではないが、患者家族に対する社会的差別や家族関係の形成の阻害によって憲法上の権利・利益が侵害されることがある。この場合も、14 条 1 項や 24 条 1 項による保障ではカバーしきれない権利の侵害については、13 条による根拠づけがありうる。

　❷において、裁判所は、患者家族に対する就学拒否、学校でのいじめ、村八分、結婚差別、就労拒否などの社会的差別を認定し、これらは「個人の尊厳にかかわる人生被害」であるとした。そのうえで、患者家族には 13 条の人格権として「社会的差別を受けることなく社会内において平穏に生活できること」が保障され、国の隔離政策等の遂行によって社会的差別を受けたことは、13 条で保障された人格権の制限であるとした。また、強制隔離措置によって家族との離別を余儀なくさせられるなどの家族関係の形成が阻害された不利益についても、24条 1 項と並んで「憲法 13 条で保障された社会内において平穏に生活する権利を制限」するものだとしている。

[玉蟲由樹]

26　自己決定権

　Aは宗教団体Bの熱心な信者であったが、Bの教義には、病気やケガになっても輸血を受けてはならないというものが含まれていた。がんを患って手術が必要となったAは、この教義に従い、無輸血手術を実施している国立病院での手術を希望した。担当医師CがAとの面談時に無輸血での手術実施に同意したため、AはCによる手術を受けることを決心した。

　ところが、手術中に予想外の出血があったため、Cは独断で輸血を行い、手術は無事に終了した。後日、この事実を知ったAはひどくショックを受け、CがAの同意がないにもかかわらず輸血を行ったことは憲法13条（幸福追求権）によりAに保障される自己決定権を侵害した不法行為であると主張して、損害賠償請求訴訟を提起した。

　このような憲法13条にもとづく主張は認められるかを検討しなさい。

参考　❶東京高判平成10年2月9日高民集51巻1号1頁（エホバの証人輸血拒否訴訟第2審）
　　　❷最三小判平成12年2月29日民集54巻2号582頁（エホバの証人輸血拒否訴訟上告審）

▶▶解説

1. 自己決定権とは、「個人の人格的生存にかかわる重要な私的事項を公権力の介入・干渉なしに各自が自律的に決定できる自由」を意味するとされる。本来、憲法上の自由はこうした自己決定を根底に持つため、表現の自由や職業選択の自由などでカバーされる自己決定は、それぞれの個別の人権規定で保障される。これに対して、個別の人権規定ではカバーしきれない自己決定については、その根拠を13条後段の幸福追求権に求めるのが一般的な理解である。

　日本国憲法上、明文で保障されない自己決定としては、①結婚・離婚・避妊・中絶・出産といった「家族形成・リプロダクション」に関するもの、②安楽死・尊厳死・治療方針の決定といった「生命・身体の処分」に関するもの、③服装・髪型、冬山登山などの危険行為といった「ライフスタイル」に関するものが挙げられてきた。設例で問題となっている治療行為としての輸血を拒否するという自己決定は、②「生命・身体の処分」に関する自己決定と関係する。問題は、かかる自己決定が憲法上保障される自己決定権の一内容をなすかどうかである。

2. 設例と同様の問題が争われた事件の控訴審❶は、手術等に対する患者の同意は「各個人が有する自己の人生のあり方（ライフスタイル）は自らが決定することができるという自己決定権に由来する」として、患者本人の同意なしに輸血を行った医師の責任を認めた。これに対して、同事件の上告審❷では、自己決定権について言及がない。ただし、「患者が、輸血を受けることは自己の宗教上の信念に反するとして、輸血を伴う医療行為を拒否するとの明確な意思を有している場合、このような意思決定をする権利は、人格権の一内容として尊重されなければならない」と述べ、人格権による保護を承認している。

　治療方針の決定が医療機関と患者との契約の問題であると考えられることや医師の不法行為責任を問うという訴訟の特性から、最高裁はあくまで民法上の人格権侵害のみを問題としていると思われる。その意味では、13条を根拠とする構成はそれほど効果がない。また、自己決定権の効果は、医師に治療方針に関する説明義務を課し、そのうえで患者の意思決定の機会を確保する（インフォームド・コンセント）ことに集約される。

　なお、❷では治療拒否が宗教上の信念にもとづくものであることが重視される。設例はこの要件を満たしうるものの、宗教上の信念にもとづかない治療拒否についてまで人格権による保護が及ぶかは明らかではない。　　　　　　　　[玉蟲由樹]

27 安楽死

　がん患者Ａは、主治医Ｂ、および、長年同居している配偶者Ｃに対し、回復の見込みがなく死期が目前に迫る場合には、強い肉体的苦痛の伴う治療をしないようにと何度も明確に意思表示していた。

　その後、Ａは、がんが末期状態に至り入院した。意識障害のため具体的な意思表示はできないが、治療による肉体的苦痛を感知でき、治療に強く苦しむ様子をみせていた。麻酔注射等の可能な限りの措置を尽くしたが、苦痛を緩和できなかった。Ｂは、回復可能性や余命を診断する検査を全て実施し、その結果にもとづき複数の医師から意見聴取をした結果、今後回復する見込みが全くなく、余命数日程度であると診断し、その診断をＣに伝えた。Ｃは、入院中も常にＡを看病し、Ａの苦しむ様子を目にしてきたため、Ａの入院前の意思を考慮し、Ａを苦痛から解放するために治療中断をＢに希望した。しかしながら、Ａは、意識障害により、治療中断に同意する意思表示ができなかった。こうしたなかで、Ｂは、Ｃの希望と入院前のＡの意思に鑑み、治療を中断し、その結果、Ａは死に至った。

　Ｂの治療中断に関し、刑法199条の殺人罪、または、刑法202条の嘱託殺人罪が免責されるかについて、Ａの人権保障の観点から論じなさい。

参考　❶最三小決平成21年12月7日刑集63巻11号1899頁（川崎協同病院事件）
　　　❷横浜地判平成7年3月28日判時1530号28頁（東海大学安楽死事件）

▶▶解説

1. 終末期において治療による苦痛の除去や緩和をしつつ患者を死に至らせることを安楽死という。死期を早める積極的な行為による積極的安楽死、および、延命治療をしないこと等による消極的安楽死に大別され、設例におけるBの治療中断は後者にあたる。いずれも、医師の行為は、患者の意思による場合には嘱託殺人罪（刑202）に、患者が意思表示できないときに家族の意思による場合には殺人罪（刑199）に原則として該当する。そのため、13条にもとづき患者に保障される終末期の治療方針に関する自己決定権が患者の利益を理由に制約されることになる。そこで、どのような場合に医師の刑事責任が免責されるかが問題となる。

2. この点、積極的安楽死に関し、まず、❶では、行為までに患者の「余命等を判断するために必要とされる脳波等の検査は実施されておらず、……回復可能性や余命について的確な判断を下せる状況にはなかった」こと、および、行為は「家族からの要請に基づき行われたものであるが、その要請は……被害者の病状等について適切な情報が伝えられた上でされたものではなく、……行為が被害者の推定的意思に基づくということもできない」ことから、免責されないとされた。以上から、①必要な検査をし、回復可能性や余命に関し的確に判断できる状況にあること、および、②家族からの要請による場合には、その要請は、家族に患者の病状等に関し適切な状況が伝えられたうえでされることという免責要件が導かれる。

　また、❷では、「〔1〕患者が耐えがたい肉体的苦痛に苦しんでいること、〔2〕患者は死が避けられず、その死期が迫っていること、〔3〕患者の肉体的苦痛を除去・緩和するために方法を尽くし他に代替手段がないこと、〔4〕生命の短縮を承諾する患者の明示の意思表示があること」という要件が示された。

3. 次に、消極的安楽死に関し、❷では、①患者が回復の見込みなく死の避けられない末期状態にあること、②患者による治療中止の意思表示が中止時に存在すること、③中止時に患者が意思表示できないときには、患者の事前の意思表示や家族の意思表示から患者の意思を推定すること、④家族の意思表示から患者の意思を推定するには、家族と医師の双方が患者の意思を適格に推定しうる立場にあり、かつ、必要な情報を得て十分な理解をしていることという要件が示された。

4. 設例におけるBの治療中断は、以上の消極的安楽死の要件のうち①③④の要件を満たしていることから免責されると考えられる。　　　　　　　　　［奥　忠憲］

28 リプロダクティブ権

　旧優生保護法は、3条1項で本人もしくは配偶者が遺伝性精神病質、遺伝性身体疾患もしくは遺伝性奇型を有し、または配偶者が精神病もしくは精神薄弱を有している場合（1号）、本人または配偶者の4親等以内の血族関係にある者が、遺伝性精神病、遺伝性精神薄弱、遺伝性精神病質、遺伝性身体疾患または遺伝性畸形を有している場合（2号）、本人または配偶者が、癩（らい）疾患に罹り、かつ、子孫にこれが伝染するおそれのある場合（3号）に、本人の同意および配偶者があるときはその同意を得て、優生手術を行うことができると定めていた。ただし、未成年者、精神病者または精神薄弱者については、この限りではないとされ、国による強制的な不妊手術が実施されてきた。

　このような強制的な不妊手術の実施は憲法13条に反するといえるか。

参考　❶仙台地判令和元年5月28日判タ1461号153頁（旧優生保護法仙台訴訟）
❷東京地判令和2年6月30日裁判所ウェブサイト（旧優生保護法東京訴訟）
❸札幌地判令和3年1月15日判タ1481号92頁（旧優生保護法札幌訴訟）
❹最二小決平成31年1月23日判時2421号4頁（性同一性障害者特例法違憲訴訟）

▶▶解説

1．設例の強制不妊手術は、妊娠・出産といったリプロダクション（生殖）の機会を奪い、家族形成にも多大な影響を与える。リプロダクションに関わる権利は憲法上明文で保障されないが、人の人格的生存と密接に関連する自己決定の問題であるとされ、憲法 13 条の人格権の一内容として理解されてきた（項目 **26** も参照）。

　ただし、わが国では、リプロダクションの問題が正面から争われた事例はこれまでほとんどなく、議論の蓄積がない状況であった。このなかで憲法上のリプロダクションに関する権利保障の存在が初めて示された判決が❶である。

　❶は、「子を産み育てるかどうかを意思決定する権利は、……人格的生存の根源に関わるものであり、……幸福追求権を保障する憲法 13 条の法意に照らし、人格権の一内容を構成する権利として尊重されるべき」だという。判決ではこの権利を「リプロダクティブ権」と呼ぶ。同じ問題に関する❷では、実子を持つかどうかについて意思決定をすることは 13 条により保護される私生活上の自由にあたるとされたが、「リプロダクティブ権」の語は用いられない。同じく❸でも「リプロダクティブ権」の語は出ないが、生殖に関する自己決定は「個人の尊厳に直結」し、「私生活上の自由の中でも特に保障される権利」とされた。

2．こうした権利は、障害の有無などにかかわらず、あらゆる人に保障されるべきものであるし、これを公権力が制限ないし剥奪することに合理的な理由があるとも思えない。このため、❶では、強制不妊手術を根拠づけていた旧優生保護法上の規定について「何人にとっても、リプロダクティブ権を奪うことが許されないのはいうまでもなく、本件規定に合理性があるというのは困難である」と述べ、「本件規定は、憲法 13 条に違反し、無効である」と断じている（❷は手術実施のみを違憲とするが、❸も規定を違憲とする）。

　また、不妊手術が本人の同意なしに強制的に行われるという点に着目すれば、このような公権力による措置は「その意思に反して身体への侵襲を受けない自由」をも制約する。この自由も 13 条によって根拠づけられる人格的な利益の 1つであろう（❹の補足意見を参照）。この自由は、正当な目的による必要最小限度の制約に服するが、旧優生保護法上の措置がこの要件を満たすとは思えない。

　したがって、旧優生保護法の規定も、それにもとづく強制不妊手術の実施も、リプロダクティブ権あるいはその意思に反して身体への侵襲を受けない自由を不当に制限するものとして憲法 13 条に反する。　　　　　　　　　　　　［玉蟲由樹］

29 環境人格権・環境権

　A国際空港の近隣に住む住民は、早朝・深夜の航空機の離着陸により生じる騒音・振動に悩まされていた。住民らの被害の程度は、睡眠不足を訴える者や精神的な不安を訴える者から耳鳴り、頭痛などの身体的な症状が現れる者まで多様であった。そこで住民らは、航空機の騒音・振動などにより身体的・精神的損害を被るとともに、生活環境悪化等の被害を受けたことを理由に、これは憲法13条および25条が保障する「良い環境を享受する権利」としての環境権を侵害する違憲・違法な行為であると主張して、空港の設置権者である国に対して損害賠償を請求する訴訟を提起した。

　このような主張は認められるであろうか。

参考　❶大阪地判昭和49年2月27日民集35巻10号1621頁（大阪国際空港公害訴訟第1審）

　　　❷大阪高判昭和50年11月27日民集35巻10号1881頁（大阪国際空港公害訴訟第2審）

　　　❸東京高判昭和62年7月15日判時1245号3頁（横田基地騒音公害訴訟）

　　　❹最一小判平成18年3月30日民集60巻3号948頁（国立高層マンション景観訴訟）

▶▶解説

1. 環境権については、13条・25条を根拠に認める見解も学説上根強いが、判例上はほとんど承認されてこなかった。とりわけ、(良好な)環境そのものを保護法益として、環境悪化などに予防措置を講ずることを国家に求める権利として環境権を構成する見方については、これを明確に否定する裁判例もみられる。❶は、環境保全の必要性は認めつつも、13条・25条によって「何らかの具体的な請求権が認められているわけではない」として、個人的法益を越えて環境破壊を阻止するためには実定法上の明文の根拠が必要だとする。環境そのものの保護を求める権利は、13条・25条から直接には導き出せないということであろう。したがって、環境悪化のみを理由とした損害賠償請求は認められない可能性が高い。

これに対して、❶の控訴審❷は、「個人の生命、身体、精神および生活に関する利益」を「人格権」という概念で説明し、「このような人格権は何人もみだりにこれを侵害することは許されず、その侵害に対してはこれを排除する権能が認められなければならない」と述べて、その憲法上の根拠を13条・25条に求めた。そのうえで、疾病をもたらす等の身体侵害行為だけでなく、「著しい精神的苦痛を被らせあるいは著しい生活上の妨害を来たす行為に対しても」排除や予防的禁止を求めることができるとした。

2. ❷で示された人格権は、環境問題との関連で侵害されうることから、「環境人格権」とも呼ばれる。「環境人格権」を環境権の一部と考えれば、設例の主張には理由がある。生命・身体への侵害行為だけでなく、精神や生活への侵害行為もまたこの権利への侵害となるのであれば、睡眠不足や精神的不安という被害も十分に考慮に値するだろう。ちなみに、私法上の権利として「平穏生活権」を承認した❸では、「騒音、振動、排気ガスなどは右の生活権に対する民法709条所定の侵害であり、これによつて生ずる生活妨害(この中には、不快感等の精神的苦痛、睡眠妨害及びその他の生活妨害が含まれる。)は同条所定の損害というべきである」としている。近年では、良好な景観に法律上保護される利益を認める判例もみられ(❹)、生活妨害からの保護は拡大傾向にある。

よって、「良い環境を享受する権利」という包括的な意味で環境権を主張することによって損害賠償などを根拠づけることは困難であるが、「個人の生命、身体、精神および生活に関する利益」への侵害行為を環境人格権に対する侵害と捉えて損害賠償を求めることは認められる余地がある。　　　　　　　　　[玉蟲由樹]

30　一般的行為自由

　Aは、かつて交際していたBに対する恋愛感情を満たすために、B宅の周辺に複数回出没するとともに、接触や連絡を要求する郵便物を約半年間で10回以上送付した。これらの行為が、「ストーカー行為等の規制等に関する法律」が禁止する「つきまとい等」の「反復」にあたるとされ、Aは同法違反で起訴された。

　Aは、恋愛感情を抱き、それを充足しようとして行動することは憲法13条の幸福追求権の一環として保障されており、これを処罰の対象とする同法は過剰な規制というほかなく、違憲の法令であると主張して争った。

　このような主張は認められるであろうか。

参考　❶最大判昭和45年9月16日民集24巻10号1410頁（被拘禁者の喫煙禁止違憲訴訟）
　　　　❷最一小判平成元年12月14日刑集43巻13号841頁（どぶろく裁判）
　　　　❸最一小判平成15年12月11日刑集57巻11号1147頁（ストーカー規制法違憲訴訟）

▶▶解説

1. 13条後段が保障する幸福追求権の保障範囲を広く理解すれば、およそ個人が欲することであれば憲法上一応の自由が認められるという、人の一般的な行為自由が保障されることになる。幸福追求権が一般的行為自由までをも保障するかについて、学説では消極に解する立場が有力であるが（人格的利益説）、判例においては積極に解するようにみえるものも散見される。

たとえば、未決拘禁者に対する監獄内での喫煙禁止が問題となった❶で、最高裁は喫煙の自由が「憲法13条の保障する基本的人権の一に含まれるとしても」、本件での自由の制限は13条に反しないとした。また、自己消費目的での酒類製造を事実上不可能とする酒税法の規制が問題となった❷においては、酒税法の規定により「自己消費目的の酒類製造の自由が制約されるとしても」、13条には違反しないとしている。いずれの判決も、一応、憲法上の「自由」が存在することを前提に、これに対する制約の正当性を審査しているようにみえる。

2. こうした判断からすれば、設例で問題となるような「ストーカー行為をする自由」も13条を根拠として主張できそうである。しかし、近時の学説においては、幸福追求権からこのような個別具体的な主観的自由が導き出されるとはせずに、幸福追求権を客観的な意味での「違憲の強制を受けないことの保障」と解する立場が有力化している。この立場では、主観的自由を特定して、その内容の正しさを主張する必要はなく、国家が正当な目的から人の行動に必要かつ合理的な範囲で制約を課しているかどうかだけを問えばよいことになる。❶での喫煙の自由についての仮定的な言い回しを、この立場から説明することもできるだろう。

設例と同様の問題が争われた❸において、最高裁は、「ストーカー行為の自由」が憲法上保障されるかについて言及せず、ただ「ストーカー規制法の目的の正当性、規制の内容の合理性、相当性」のみを問題として、同法は13条に反しないと結論づけた。本設例でも一般的行為自由が前提となっていると解する余地はあるものの、説示は近時の有力説に近い。したがって、ストーカー行為の自由が憲法上保障されるか否かにかかわらず、規制が「個人の身体、自由及び名誉に対する危害の発生を防止」するという正当な目的を追求するものであり、「社会的に逸脱したつきまとい等の行為」のみを規制の対象に、「その中でも相手方に対する法益侵害が重大で、刑罰による抑制が必要な場合に限って」刑罰を科すものである限りにおいて、Ａの主張は認められない。

[玉蟲由樹]

31　相対的平等

(1)　Aは、代々続く伝統工芸品店を経営していたが、このままでは経営が危ういと考え、SNSを活用した資金のかからない営業活動を連日行ったところ、Aの言動がネットユーザーの嗜好にマッチし、ある年の売り上げを大幅に伸ばすに至った。ところが翌年、事業所得に対する累進税率も大幅に上がってしまい、同店のブームも一段落したこともあって、かえって経営を圧迫することとなった。Aによる、自らの努力で営業を伸ばしたにもかかわらず累進税率を適用する現在の所得税法は法の下の平等に反するとの主張は認められるか。

(2)　Aの弟であるBは、C県内の企業の営業職として勤めており、日々の外回りで自前の革靴やスーツを酷使していた。ところが、靴やスーツを量販店の格安商品に買い替えると営業上の受けが悪いので、やむなく相応の値のものを百貨店で購入しており、日々の生活費を圧迫している。Aの工芸品工房では作業着などの費用が必要経費として所得から控除されるのに比べ、自身の仕事着であるスーツ代が所得から控除されないのは法の下の平等に反するとのBの主張は認められるか。

参考　❶最大判昭和39年5月27日民集18巻4号676頁（待命処分事件）
　　　❷最大判昭和48年4月4日刑集27巻3号265頁（尊属殺重罰規定違憲判決）
　　　❸最大判昭和60年3月27日民集39巻2号247頁（サラリーマン税金訴訟）

▶▶解説

1. 一般に、14条1項の定める平等とは、各人をいかなる場面においても法律上均一に取り扱う「絶対的平等」を意味するものではなく、各人の事実的・実質的差異を前提として、同一の事情のもとでは均等に取り扱うことを要請する「相対的平等」を意味すると解されている。したがって、事柄の性質に即応して合理的と認められる別異取扱いをすることは同条項に違反するものではない（❶）。

2. 一般的には、別異取扱いを定める法の目的が合理的で、かつ目的達成手段と目的との間に合理的関連性があれば、14条1項に反しないと考えられている。最高裁判決にも同種の判断枠組みを示したものがある（❷）。その意味で、設例(1)のように、所得税率は、課税標準を一定の金額ごとに区分し、高額な区分になるほど高い税率となる超過累進課税率となっている（所税89）が、合理的な別異取扱いと理解されている。

3. もっとも、具体的な場面において、別異取扱いに合理的根拠が存在するかを判断することはそう簡単ではない。実際、最高裁判所の判例も、合理的根拠の有無を問う立場を維持しながらも、その審査の手法や密度は事例によって必ずしも一様ではない。たとえば、(2)のように、所得税法上、事業所得の算定方法が総収入額から必要経費を控除した金額であるのに対し、給与所得については必要経費控除が認められていない（所税27 Ⅱ・28 Ⅱ）点が問題となりうるが、❸は、同趣旨の定めを持つ旧所得税法について、租税立法に関する広範な立法裁量を認めたうえで、租税法分野における別異取扱いは「その立法目的が正当なものであり、かつ、当該立法において具体的に採用された区別の態様が右目的との関連で著しく不合理であることが明らかでない限り」合理性を否定することはできないと判示し、単純に合理的根拠を問う審査よりも緩やかな審査を行い、14条1項に反しないとしている。

［平地秀哉］

32 年齢・性別による差別

　A町は、隣接するB市との合併に伴い、職員数が過剰となることを受けて、地公法28条1項4号にもとづき、整理解雇を行うことを決定した。
(1)　A町が、定年まで5年を切っている職員を対象に整理解雇を行った場合、年齢による差別として法の下の平等に反するといえるか。
(2)　A町が、女性職員を対象に整理解雇を行った場合、性別による差別として法の下の平等に反するといえるか。

参考　❶最大判昭和39年5月27日民集18巻4号676頁（待命処分事件）
　　　❷最三小判昭和56年3月24日民集35巻2号300頁（日産自動車事件）

▶▶解説

1. 14条1項後段は、「人種、信条、性別、社会的身分又は門地により」差別されない旨を定めている。14条1項の定める平等を、合理的根拠のない区別を禁ずる相対的平等として理解する場合、後段に列挙された事由は、区別禁止事由を限定的に列挙したものではなく、例示と理解されることになる（❶）。これに対し、憲法で禁止される区別事由が列挙事由に限られないとしても、列挙事由には特別の意味があるとする見解（「特別意味説」）も有力である。特別意味説によれば、列挙事由は歴史的に存在してきた不合理な差別事由であるから、これらにもとづく別異取扱いは原則として不合理な区別であり、その合憲性はより厳格に審査されるべきであるとされる。具体的には、単なる合理的根拠の有無を問う審査ではなく、立法目的がやむにやまれぬ公共的利益であり、この目的を達成するためにとられた手段が目的達成のために必要不可欠であることを政府側が立証しなければならないとする厳格審査か、立法目的が重要なものであり、この目的と手段との間に実質的関連性があることを政府側が立証しなければならない中間審査がなされるべきとされる。

2. したがって、(1)に関しては、特別意味説によりつつ、高齢であることが社会的身分であると認められれば（項目33参照）、厳格に合理性が問われることとなる。これに対し、最高裁判所は、14条1項後段列挙事由を例示と解しつつ、一定の年齢以上の公務員に対する待命処分につき、任命権者の裁量に属する処分であり不合理な差別とはいえないと判断している（❶）。

3. また、(2)に関しては、性別による差別の禁止が法定されている（国公27、地公13）ため、まずは法令違反が問題となる。憲法上は、判例によれば合理的根拠の有無が問われることとなると思われるが、特別意味説によれば厳格度を高めた審査がなされることになろう。もっとも、合理的根拠の審査によっても不合理な差別と理解される余地はあり（私企業における性差別を違法とした❷、項目10参照）、審査基準の選択が結論に直接結びつかない点にも留意すべきである。

［平地秀哉］

33 「社会的身分」の意義

(1)　202X 年、海外で発生した新型感染症の国内流行を阻止するため、政府は、同感染症を感染症予防法上の指定感染症と認定し、同法 44 条の 3 にもとづき、感染の疑われる者に対する健康状態の報告と外出制限協力の要請を行うこととした。特に、海外への一時渡航から帰国した日本国民が感染の疑われる者とされ、国際空港等において健康状態の報告等が求められた。同措置の対象となった A が、渡航歴と感染には直接の関係はなく、この措置は法の下の平等に反していると主張した場合、この主張は認められるか。

(2)　新型感染症は無症状感染者が数多く、(1)の対策が奏功しなかったため、政府は新たに特措法を制定し、日本国内に在住する、新型感染症の発生が報告されている国の出身者に対し、海外渡航歴や出身国からの知人等の受け入れの事実の有無について報告を求めることとした。出身国を理由にこの報告の対象者とされた B が、訪日旅行者と接触しているか否かは出身国と無関係であり、この特措法は法の下の平等に反すると主張した場合、この主張は認められるか。

参考　❶最大判昭和 39 年 5 月 27 日民集 18 巻 4 号 676 頁（待命処分事件）
❷最大判昭和 30 年 12 月 14 日刑集 9 巻 13 号 2756 頁

▶▶解説

1. 14条1項後段は差別が禁止される事由として、人種、信条、性別、社会的身分、門地を列挙している。最高裁判所のように、これらの列挙事由を単なる例示と理解すれば（❶）、個々の列挙事由の意味内容を明らかにする必要はない。これに対し、列挙事由にもとづく区別の合憲性の判断については、より厳格度を増した審査を行うべきであるとする特別意味説（項目 **32** 参照）に立つ場合には、個々の列挙事由についてその意味内容を明確にする必要がある。

2. 列挙事由のなかでも、社会的身分の具体的内容については見解が分かれている。狭義説は、出生によって決定され、自己の意思で変えられない社会的な地位であると理解する。これに対し、広義説は、広く社会においてある程度継続的に占めている地位であると理解する。また、中間説の1つによれば、社会的身分とは、人が社会的に一時的ではなく占めている地位で、本人の意思ではどうにもならないような、固定的な社会的差別観を伴うものと理解される。最高裁判所は広義説のような理解を示している（❶）が、前述の特別意味説においては、社会的身分の意味を限定的に理解し、厳格度を高めた審査を行うべき領域を確定するために、中間説や狭義説が支持される傾向にある。

3. **(1)**においては、海外渡航帰国者と海外在住邦人または海外渡航歴のない者の区別の合理性が問題となる。列挙事由について特別意味説によりつつ、かつ、海外渡航帰国者が社会的身分にあたると認めることができれば、その合理性は厳格に問われることになるが、広義説をとっても海外渡航帰国者に社会的身分性を認めることができるかは疑問の余地がある。

他方、**(2)**においては、特定国の出身者とそれ以外の者との区別の合理性が問題となる。社会的身分について狭義説に立つ場合、特定国出身者は社会的身分にあたると解しうるので、特別意味説によれば区別の合理性が厳格に問われることになる。また、出身国を理由とする区別は同じく列挙事由である人種にもとづく区別と理解する余地もある。なお、仮に設例の特措法が日本国内在住の外国籍の者を対象としていた場合は、人種にもとづく区別と理解する余地もあるが、最高裁判所は外国人に対する取扱いの区別は人種差別の問題とは理解していない（❷）。

［平地秀哉］

34 障がい者と平等

　視覚に障がいを持った A が、国立大学 B の入学試験を受験するため、B に対し、点字試験の実施を要請したところ、B は拒否した。A はどのような憲法上の主張を行えるか、次の **(1) (2)** について考えなさい。
(1) 　B が点字試験を実施することを拒否した理由が、B に障がい者を入学させたくないという動機にもとづいていた場合。
(2) 　B が点字試験を実施することを拒否した理由が、予算が不足しているという事情であった場合。

参考　❶最大判平成 20 年 6 月 4 日民集 62 巻 6 号 1367 頁（国籍法違憲判決）
　　　❷神戸地判平成 4 年 3 月 13 日判時 1414 号 26 頁（市立尼崎高校事件）
　　　❸徳島地決平成 17 年 6 月 7 日判例地方自治 270 号 48 頁

▶▶解説

1. (1)については、大学Bが、Aが視覚障がい者であることを理由に、Bへの入学を事実上不可能にしたことから、障がいにもとづく直接差別の事案である。**❶**では、①自らの意思や努力ではどうしようもできない事由により、②当該区別により制約される権利・利益が重要である場合に、審査密度が高められる可能性が示唆された（項目**37**参照）。

本設例の場合、まず、区別事由として用いられた障がいという範疇の性質が問題となるが、障がいが、自らの意思や努力ではどうしようもできないものかは1つの論点となるだろう。視覚障がいといっても、程度や内容は様々であろうが、ここでは、治療等でカバーできるものとはいえない程度の障がいであると理解して、①を満たすとしよう。他方、制約される権利・利益の重大性については、大学への入学が事実上拒否されたことは、Aの学問の自由などが制約されており、これらの権利・利益は重要なものである②として、審査密度が高められた審査が用いられると考えられる。そのうえで、仮にBに入学者の受け入れ等について裁量が認められているとしても、Bが障がい者を単に受け入れたくないという不当な動機を有していたのであれば、それを正当化することはできない（**❷**）。

2. (2)については、大学が予算不足を理由としており、そこに区別事由が明示的に用いられていないため、間接差別の事例であるといえよう。間接差別とは、一見すると中立的な区別事由を用いている、または何ら区別を定めていないにもかかわらず、それを適用した結果、特定の個人または集団に不均衡な割合で不利益を与える差別類型である。間接差別（禁止）法理は、本来であれば平等権侵害の事例と構成できないような社会に存する差別をあぶり出し、それを、直接差別の事案に構成し直すものである。

本設例の場合、点字試験を実施しない結果、不均衡な割合で視覚障がい者に不利益を与えるものであるから、それが、障がいにもとづく間接差別であると構成できる余地がある。仮にそのような構成をした場合、その後の検討は、上記**1.**と同様のプロセスを経ることになるが、予算不足が真の理由であった場合、それでもなお点字試験を実施させることが、Bにとって過度な負担となるのか、または、実施しないことが、Aに対して、「障害を理由とする差別の解消の推進に関する法律」7条2項が定める合理的配慮義務違反にならないのかといった論点が別途生じるだろう（**❸**）。

[白水　隆]

35 同性愛者と平等

次の各場合について、同性愛者であるＡとＢはどのような憲法上の主張を行えるか考えなさい。

(1) ＡとＢは、自らが同性愛者であることを公言し、同性愛者の権利を広く公衆に知らせる合宿の開催を目的とし、地方公共団体Ｃが設置および管理している公民館の利用の申請をしたところ、Ｃは、ＡとＢが同性愛者であることを理由に、その申請を受理しなかった場合。

(2) ＡとＢは、婚姻届を管轄の市役所Ｄに提出したところ、Ｄは、ＡとＢが同性カップルであることを理由に、その申請を受理しなかった場合。

参考　❶東京高判平成 9 年 9 月 16 日判タ 986 号 206 頁（東京都青年の家事件）
　　　❷札幌地判令和 3 年 3 月 17 日裁判所ウェブサイト

▶▶解説

1. (1)では、CがAおよびBの利用申請を認めないことが、憲法14条1項および自治体の施設管理権につき定める地自法244条2項違反といえるかが問われている。❶は、問題となった公の施設が、宿泊を伴う施設で、かつ、宿泊は全て相部屋の団体宿泊を前提としていたことから、同性愛者の利用が、当該施設における秩序を乱すおそれがあることなどを理由に申請を受理しなかった自治体の主張を退けた。そのうえで、同性愛者の利用を一切拒否することは、同性愛者の施設の利用権を制限するものであり、結果的および実質的に、同性愛者に対し不当な差別的取扱いをしたものであるから、地自法244条2項が定める「正当な理由」にあたらないと判示した。

❶は、あくまで法律レベルで処理し、憲法問題としなかったが、本設例を憲法14条1項の問題と構成することもできよう。その場合、区別事由は性的指向であり、これは自らの意思や努力ではどうしようもできない事由であるから、施設の利用権の重要性とともに判断され、審査密度を決することとなろう。本設例の場合、Cが申請を受理しなかった理由は、単にAおよびBが同性愛者であるということのみであるが、もしも、その意味が、たとえば、他の利用者からクレームがくるおそれがあるといったことを懸念し、未然にそうしたトラブルを防ぐことを念頭に置いていたとしても、それが、地自法244条2項の「正当な理由」にあたるとはいえないだろう（項目**93**参照）。または、仮に、何かしらのトラブルが想定されていたとしても、宿泊の日時を調整するなどの手段をとることができるのであれば、一切の利用を認めないことは手段審査において、違憲と判断できよう。

2. (2)では、同性婚を認めないことが、性的指向にもとづく差別であり、故に憲法14条1項違反であると主張することが考えられる。性的指向の法的性質については、それが先天的なもので、かつ、自らの意思や努力ではどうしようもできない範疇であり（❷）、また、婚姻する権利が重要であるならば、審査密度が高められた審査が妥当する。そのうえで、同性婚を禁止する目的が、たとえば、伝統や生殖能力といったものである場合、はたして、それが重要な目的といえるのか、また、仮に重要な目的であっても、同性婚を認めないことと当該目的との間に実質的な関連性がみられるのか（同性婚を容認すると異性婚カップルが減少するのかなど）を検討すると、同性婚の禁止は違憲であると考えられる。[白水　隆]

36 性同一性障がいと平等

次の各場合について、性同一性障がい者 A の申立てが認められるか考えなさい。

(1) A は、生物学的には女性であるが、性自認は男性であるため、性同一性障害特例法にもとづき性別変更を考えている。同法は 3 条 1 項 4 号にて、性別変更をするには、生殖腺を除去しなければならないとする規定を設けているが、A は生殖腺除去手術を受けるつもりがない場合。

(2) A は、性同一性障害特例法にもとづき、女性から男性へ性別変更の審判を受けている。その後、女性 B と婚姻し、B との間に生殖補助医療（非配偶者間人工授精）を用いて子をもうけたが、生物学上の親子でないことから、当初、父の欄を空欄とされた。そこで、子の戸籍の記載につき、従前の非嫡出子から嫡出子とするよう希望している場合。

参考　❶最二小決平成 31 年 1 月 23 日判時 2421 号 4 頁
　　　❷最三小決平成 25 年 12 月 10 日民集 67 巻 9 号 1847 頁

▶▶解説

1. 性同一性障害特例法は、性同一性障がい者の性別変更につき、生殖腺除去手術を受けることをその要件としている。裁判例は、審判を受けた者と変更前の性別の生殖機能によって生まれた子との親子関係等により社会に混乱を生じさせたり、これまで生物学的性別にもとづき男女の区別がなされてきたなかで急激な変化を避けたりするために、本件手術は必要であることから、現在の社会状況等を総合的に衡量すると、本件規定は憲法13条・14条1項には反しないとする（❶）。

(1) をより平等権の問題に引き付けて考えるならば、まず、本設例における区別事由の検討が必要となる。日本において「性同一性障がい」とは、生物学的性別と性自認とが一致しない者を指す医学上の診断名であるが、WHO や諸外国での「性同一性障がい」の認識の変化を踏まえると、本設例における区別事由は、「性別違和」が適切であろう。そして、性別違和が自らの意思や努力でどうしようもできない範疇といえ、また、性別の自己認識が社会生活を送るにあたって重要な利益であるといえるのであれば、審査密度が高められるとすることも可能であろう。そのうえで、社会に混乱を生じさせないこととはどういう意味なのか、そして、仮に当該目的が重要であったとしても、他の要件である「現に未成年の子がいないこと」により、子が成人するまで性別変更はできないため、（当該規定の違憲性は別途検討する必要があろうが）生殖腺除去要件は、目的達成の手段として関連性を有しているとはいえないだろう。

2. **(2)** は、A と子の父子関係が主要な争点であるが、憲法の観点からは、非配偶者間人工授精（以下、「AID」という）により子をもうけた、性別変更をした者（A）と AID により子をもうけた、性別変更をしていない者との区別が平等権との関係で問題となる。裁判例は、性別変更の審判を受けた者について、一方で婚姻することを認めながら、他方で、その主要な効果である嫡出推定を A の子に認めないことは相当でないとし、嫡出子として出生の届出をすることを認めること、および、以前に非嫡出子とした戸籍の記載を訂正できると判示した（❷）。

本設例の場合、上記 1.同様に、両者を区別するのは、性別変更をした者としていない者であるから、それと密接に関わっている性別違和が本設例においても区別事由となる。そして、戸籍の記載という重要な利益が制約されていることを踏まえ、国が AID により子をもうけた性別変更をした者とその子との間に嫡出推定が及ばないとすることの合理的根拠を問うことになるだろう。　　[**白水　隆**]

37 婚外子差別(1)
——国籍法

　Aは、日本国籍の父とフィリピン国籍の母との間に日本で生まれた。父と母は、出生時に婚姻関係になかったが、2歳の時に父はAを認知していた。Aが6歳の時に、父に認知を受けたことを理由として、法務大臣に日本国籍取得届を提出したが、当時の国籍法のもとで、国籍取得の条件が備わっていないという通知を受けてしまった。

　すなわち、当時の国籍法2条1号は、出生による国籍取得要件を「出生の時に父又は母が日本国民」と定めており、同法3条1項は届出による国籍の取得要件を「父母の婚姻及びその認知により嫡出子たる身分を取得した子で20歳未満のもの」としていた。

　一方、Aと同様に日本国籍の父とフィリピン国籍の母との間に生まれたBは、出生前に父から認知を受けており、日本国籍を取得している。Aは、この制度に憲法上の疑義があると感じている。

　改正前の国籍法3条1項は、憲法14条に違反するか。

参考　❶最大判平成20年6月4日民集62巻6号1367頁（国籍法違憲判決）

▶▶解説

1. Aは、出生時に父との法律上の親子関係はなく、国籍法2条1項は適用されない。また、届出により国籍を取得しようとしても、同法3条1項が父母の婚姻「及び」認知により嫡出子たる身分を取得すること（準正）を求める以上、父の認知だけでは日本国籍を取得することはできない。

国籍法は、憲法10条の「日本国民たる要件は、法律でこれを定める」という規定を受けて、国籍取得要件を規定しており、いかなる要件を定めるかにつき立法裁量が認められている。しかし、要件により生じた区別が合理的理由のない差別的取扱いであるときは、憲法14条1項違反となる（❶）。❶は、日本国籍が「重要な法的地位」であり、父母の婚姻は子が自らの意思や努力で変えることのできない身分行為であるから、「慎重に」目的手段審査をした。まず、国籍法3条1項の立法目的が日本国籍の取得に日本国民との法律上の親子関係の存在に加えて「我が国との密接な結び付き」を求めたことは合理的で、かつ制定当時にはその目的と準正要件という手段の間に合理的関連性があった。しかし、家族生活や親子関係に関する意識や実態が多様化するなど、国内的にも国際的にも社会的環境が変化していることに照らせば、「準正を出生後における届出による日本国籍取得の要件としておくことについて、前記の立法目的との間に合理的関連性を見いだすことがもはや難しくなっている」と違憲の判断をした。

2. 国籍法2条1項によって、日本国民である父から胎児認知された子と設例のような出生後に認知された子との間で日本国籍取得につき異なる取扱いがされるが、❶は、両者が「日本国民である父との家族生活を通じた我が国社会との結び付きの程度に一般的な差異が存するとは考え難」いと述べた。また、日本国民である母の婚外子が出生により日本国籍を取得することと比較すれば、日本国民である父から出生後に認知されたにとどまる婚外子が届出による日本国籍の取得すら認められないことは、両性の平等という基本的立場に沿わないとも述べられた。

3. 国籍法3条1項は権利創設規定としての性格を持つが、それを違憲とした場合、非準正子に日本国籍を付与する規定が存在しない以上、どのように違憲状態の解消をすべきかが問われた。この点、❶の多数意見は同法3条1項の規定自体を全部無効とするのは「立法者の合理的意思として想定し難い」として、「過剰な要件」である「父母の婚姻」を除いて「合理的に解釈」、適用することで原告に日本国籍の取得を認める判断をした。　　　　　　　　　[田代亜紀]

38 婚外子差別(2)
——法定相続分

　A（母）は、風光明媚な観光地にある古い旅館を営む家庭に生まれた。A
は、一人っ子であったため、家業を継ぐ婿養子が必要であり、B（父）と婚
姻し、C（婚内子）を授かった。実は、Bが選ばれる前に、婿養子候補は何
人かおり、法律上の婚姻には至らない試婚が繰り返されていたが、Aの父
から気に入られなかったため、入籍することはなかった。そうした試婚の
相手方の1人であるDとの間には、子どもE（婚外子）も誕生していた。

　Eは、子どものころから婚外子であることの差別に苦しんでいたが、A
が亡くなり相続人となったときに、当時の民法900条4号但書が「嫡出で
ない子の相続分は、嫡出である子の相続分の2分の1」と定めていたこと
から、Cとの相続分が異なることが分かった。Eは、同じ母Aから生まれ
たのに、こうした扱いはおかしいのではないかと考えている。

　C（婚内子）とE（婚外子）との異なる取扱いは、憲法14条に違反するか。

参考　❶最大決平成7年7月5日民集49巻7号1789頁（婚外子相続分格差合憲決定）
　　　❷最大決平成25年9月4日民集67巻6号1320頁（婚外子相続分格差違憲決
　　　　定）

▶▶解説

1. 民法900条4号但書はかつて婚外子の相続分を婚内子の2分の1としていて、この異なる取扱いは憲法14条違反にあたるのではないかとたびたび争われていた。この規定は、最高裁において過去には合憲とされたが（❶）、2013（平成25）年に違憲とされ（❷）、4号但書のうち、違憲とされた部分は削除された。

❶によると同規定の立法理由は「法律婚の尊重と非嫡出子の保護の調整を図ったもの」であり、民法が法律婚主義を採用していることからそこには合理的な根拠が認められる。そして、そのために婚外子の法定相続分を2分の1とすることも、著しく不合理ではなく立法裁量の限界を超えたものではないと合憲の判断がされた。この多数意見に対しては、5名の反対意見が寄せられた。そこでは、婚姻を尊重するという立法目的についての異議はないものの、「出生について何の責任も負わない非嫡出子をそのことを理由に法律上差別することは、婚姻の尊重・保護という立法目的の枠を超えるものであり、立法目的と手段との実質的関連性は認められず合理的」ではないと述べられた。ここには、学説が憲法14条1項後段列挙事由について審査基準を厳しくする立場と同様の姿勢が窺える。

2. 設例のように、たしかに、婚外子は自分の努力や意思でその立場を克服できるわけではなく、そのことに起因する差別は道理に適わず不合理である。また、婚内子と婚外子の相続分を同等とした場合でも配偶者の相続分には影響はなく、立法目的である法律婚の尊重を果たせるとの批判も強かった。そうしたことから、同規定に対する訴えや議論は❶後も続いた。

そうしたなかで、❷が出された。そこでは、婚姻や家族の実態が変化していることや国民の意識も変化していることなど本規定を支える立法事実の変化が述べられ、「家族という共同体の中における個人の尊重」がより明確に認識されてきたことは明らかで、法律婚が制度として定着しているとしても、こうした認識の変化から「子にとっては自ら選択ないし修正する余地のない事柄を理由としてその子に不利益を及ぼすことは許されず、子を個人として尊重し、その権利を保障すべきであるという考えが確立されてきて」いるとして、本件規定は「遅くとも平成13年7月当時において」憲法14条1項に違反していたと示された。

本件規定が違憲だとしても、その効力はどこまで及ぶのかという点は、法的安定性のことを考えると❶の時から悩ましい問題であった。この点については、項目 **195** を参照。　　　　　　　　　　　　　　　　　　　　　　［田代亜紀］

39 再婚禁止期間

　Aは、19XX年4月に夫と離婚した。夫からは、いわゆるモラルハラスメントを受けており、Aの精神状態は不安定なものだった。そんなAは、ふとしたことからBと出会い、Bに話を聞いてもらっているうちに、精神的に安定し、Bとともに人生をやり直したいと考えるようになった。前婚のトラウマから早く逃れたい気持ちで、Bとすぐにでも婚姻したいとAは考え、Bも一刻も早くAをそばで支えるべく生活を共にしたいと思い、2人は同年7月に区役所に婚姻届を提出した。しかし、不受理となってしまった。

　当時の民法733条1項は女性に対して6か月の再婚禁止期間を定めていたからである。Aは同制度に憲法上の疑義を感じている。なお、Aは現在、妊娠していない。

(1)　上記の再婚禁止期間を定める民法の規定は、憲法14条に違反するか。

(2)　再婚禁止期間を定める民法の規定が侵害する他の憲法上の権利として、何が考えられるか。

参考　❶最三小判平成7年12月5日判時1563号81頁
　　　　❷最大判平成27年12月16日民集69巻8号2427頁（再婚禁止期間一部違憲判決）

▶▶解説

1. 民法733条1項は女性のみに「6か月」の再婚禁止期間を定めていたが、❷により違憲の判断がなされ、その後「6か月」は「100日」に改正された。❷では、再婚に際して男性と女性に異なる取扱いをしていることについて、合理的な根拠があるかどうか、すなわち憲法14条に違反しているかどうかが問われた。

❷は、同様のことが争われた❶を引用して、本件規定の立法目的は「女性の再婚後に生まれた子につき父性の推定の重複を回避し、もって父子関係をめぐる紛争の発生を未然に防ぐこと」であるとして合理性を認めた。立法目的を達成する手段については、民法772条2項の父親推定規定に鑑みて、「100日」であれば女性の再婚を制約することに合理性はあるが、「100日」を超える部分については、立法目的との関係で合理性を欠き、違憲であると判断した。このように、民法733条1項は憲法14条違反とされ、憲法24条2項の「個人の尊厳と両性の本質的平等」が立法裁量の限定を画すとされた。なお、本件立法不作為は国賠法上は違法と判断されなかった。

2. さて、民法733条1項は他にも憲法上の権利を侵害しているだろうか。同項は、女性が懐胎していない、または懐胎する可能性がない場合についても再婚禁止期間を課す点に、従来から問題が指摘されてきた。たとえば、設例のような状況の場合も、夫からのドメスティック・バイオレンス（DV）により長期間の退避や別居を経てようやく離婚が成立した女性が、その間に交際した人と6か月待たないと婚姻ができない（懐胎していなくても）という場合にも再婚禁止期間は課される。ここでは、当該女性の婚姻をするについての自由（憲24Ⅰ）が制約されている。❷も、同自由は「十分尊重に値する」と述べている。同時に、相手方男性の婚姻の自由（同Ⅰ）も制約されている。さらに、再婚禁止期間は婚姻当事者のみならず、子どもにも不利益や不安定な法的状況をもたらすことがある。

なお、❷の後、民法733条2項が定める再婚禁止期間の適用除外に、「女が前婚の解消又は取消しの時に懐胎していなかった場合」が加わっている。

以上のような再婚禁止期間が抱える問題から、1996年に答申された「民法の一部を改正する法律案要綱」において、再婚禁止期間を「100日」に短縮することはすでに示されていた。また、「100日」についても、技術の進歩によって妊娠の有無や父子関係確認などの医学的証明が容易になっていることから、法制審議会民法（親子法制）部会は同規定を削除する方向性を示している。　[田代亜紀]

40　夫婦同氏制

　ＡとＢは、婚姻の意思を固めた30代の男女であるが、1つの問題を抱えていた。というのは、民法750条は、婚姻の際に「夫又は妻の氏」を選ぶことを求めているが、2人はそれぞれの氏を変更したくないという意思を持っていたのである。

　Ａは高齢者施設のケアスタッフとして仕事をしていて、施設のお年寄りやその家族から「○○さん」と呼ばれて10年近く親しまれており、婚姻により氏が変わると、今までと同じように仕事ができなくなると抵抗を感じていた。

　一方、理系の研究者であるＢも、研究論文を国内や海外で発表しながらキャリアを積んできており、婚姻により氏が変わると、今までの論文実績を同一人物の連続した仕事であると評価してもらえないのではないかと気になっていた。研究所の仕事は任期付だったので、就職活動をしているＢにとっては切実な問題であった。

　そこで、ＡとＢは話し合い、婚姻届の「婚姻後の夫婦の氏」欄に何の記載もせずに、区役所に提出した。その結果、婚姻届は不受理となってしまった。

(1)　民法750条が定める夫婦同氏制度は、憲法14条に違反するか。

(2)　上記制度が侵害する他の憲法上の権利として、何が考えられるか。

(3)　上記制度よりも、憲法上の権利に対してより制限的でない手段はあるか。

参考　❶最大判平成27年12月16日民集69巻8号2586頁

▶▶解説

1. 民法750条が定める制度は、憲法14条に違反しているだろうか。民法750条は、「夫又は妻の氏」を選ぶとなっていて、夫と妻で異なる取扱いをしているわけではないから、憲法14条が要請する形式的平等を侵害しない。❶も「夫婦同氏制それ自体に男女間の形式的な不平等が存在するわけではない」とする。本設例も、女性差別が疑われる事案とは一見して思えない。この点、圧倒的に妻側が夫の氏に変更するという現状は実質的平等の侵害にあたるとの指摘がある。❶も、氏の選択に関する現状が夫婦双方の「真に自由な選択の結果によるものかについて留意が求められ」、「仮に、社会に存する差別的な意識や慣習による影響があるのであれば、その影響を排除して夫婦間に実質的な平等が保たれるように図ることは、憲法14条1項の趣旨に沿う」と述べている（項目**39**参照）。

2. このように、本件は平等権侵害の典型的な場面ではないように思えるが、他にどのような憲法上の権利を侵害していると考えられるだろうか。まず、婚姻の際に氏を変更することを争っている点で、憲法13条を根拠とする人格権としての氏名権を侵害している可能性がある。❶はこの点について、氏名は「人が個人として尊重される基礎」であり、氏名権は人格権の一内容であるとした。しかし、氏には「社会の構成要素である家族の呼称としての意義」があり、「婚姻の際に『氏の変更を強制されない自由』が憲法上の権利として保障される人格権の一内容であるとはいえない」として、憲法13条違反を認めなかった。

3. 他には、本件規定は憲法24条違反ではないかも議論される。すなわち、氏の変更をどちらかがしなければ婚姻ができないのだから、婚姻の自由（24Ⅰ）を妨げる制度といえるのではないかという指摘である。これに対して、❶は本件規定が「婚姻の効力の一つとして夫婦が夫又は妻の氏を称することを定めたもので」、「婚姻をすることについての直接の制約を定めたものではない」とした。そして、❶によれば、憲法24条のもとで婚姻に対する事実上の制約は立法裁量の問題になる。すなわち、憲法24条2項は婚姻・家族に関する具体的な制度の構築を第一次的には合理的な立法裁量に委ねるが、同条1項も前提としつつ、「個人の尊厳と両性の本質的平等」が立法裁量の限界を画するとした。

1996年には「婚姻の自由」に対してより制限的でない他に取りうる手段（LRA）として選択的夫婦別氏制度が示されている。❶は同制度を「合理性がないと断ずるものではない」と述べている。 [田代亜紀]

41 アファーマティヴ・アクション(1)
——女性

(1)　A県立大学医学部は、過去の入試において女性受験者を不利に扱っていたことが報道により明らかとなって以来、女性受験者が激減している。そこで、20XX年度入試より、過去に自らがなした女性差別を反省する趣旨で、従来の学力筆記試験に面接試験を加え、面接試験において女子であることを、各種語学検定資格やスポーツ技能などと同様に試験成績の加点要素として考慮することとした。

(2)　また、A県立大学医学部は、県内の優秀な高校生が県外の有名大学を受験する傾向や、県内農村部における医療空洞化の傾向を憂慮し、同じく20XX年度入試より、県内出身者のために入学定員100人中7名の特別入学定員枠を設け、特別枠に出願した県内出身受験生は、全受験生と同一の入学試験問題を解答しながら、一般入学枠93名分とは別個に合否判定がなされることとなった。

　20XX年度に同医学部を受験した県外出身の男子受験生Bは、女性合格者や、県内出身者枠による合格者よりも入学試験において良い得点であったにもかかわらず不合格となった。

　Bによる、**(1)** 面接における女性を理由とする加点と **(2)** 県内出身者枠が法の下の平等に反するとの主張は認められるか。

▶▶解説

　欧米諸国においては、法的に差別が禁止されても、過去に行われてきた人種差別や性差別の影響がなお社会的に残存しているため、未だ平等な社会的地位に立つことができない、過去に差別の対象となっていた少数者集団に属する人々に対し、政府が高等教育や雇用の場面で優遇する政策がなされている。こうした積極的差別是正措置は、アメリカにおいてはアファーマティヴ・アクション（affirmative action）と呼ばれ、欧州においてはポジティヴ・アクション（positive action）と呼ばれている。

　積極的差別是正措置は、過去に差別されてきた集団に属する者を有利に扱うので、この措置がなければ教育や仕事を得ることができたはずの者からすれば、自らの関与しない差別の是正を理由に不利益を課されるものであり、平等原則違反が問題となる。しかも、積極的差別是正措置は、人種的少数者や女性などを優遇する場合が多く、人種や性別にもとづく区別を原則として不合理なものと理解した場合、積極的差別是正措置の合理性は厳格に問われるべきことになる。他方で、法の下の平等が禁止しているのは、人々を区別し劣遇することで社会的地位を格下げすることであると解すれば、少数者を厚遇する積極的差別是正措置については、その合憲性は比較的緩やかに審査すべきとすることも可能である。

　もっとも、その目的や手段次第で、厳格な審査のもとでも積極的差別是正措置を合憲と理解することも可能である。たとえば、アメリカ合衆国連邦最高裁は、高等教育入学の場面で、構造的差別の救済ではなく、高い教育効果を得られる多様な学生集団の確保という目的で、入学枠を設けるなど機械的優遇ではなく、少数者集団に属する者である点を一加点要素とする措置については合憲と判断している。

　(1) の場合、女性であることを一加点要素とする手段については合理性を認めうるが、大学自身による性差別の補償という目的は、抽象的な社会的差別の補償よりは合理的といえるが、多様性の確保などの他の目的も要するかもしれない。また、**(2)** の場合、県内医療の充実という目的自体の合理性は認めうるが、県内出身卒業生が県内で医療に従事する保証はなく、また県内出身であることを一加点要素とするのではなく、特別枠を設けている点で、合理性を見出すことは困難といえよう。

［平地秀哉］

42 アファーマティヴ・アクション(2)
──先住民族

　アイヌ施策推進法は、アイヌ文化の振興等に資するような環境整備を行うことで、アイヌの人々が民族としての誇りを保ち、また、全ての国民が互いに尊重しながら共生する社会の実現を目的に制定された。そして、同法は、17条にて、農林水産大臣または都道府県知事に対し、内水面さけ採捕事業が円滑に実施されるよう適切な配慮をすることを要請している。

　A県は、アイヌの人々から、A県のある地区にて、さけの採捕の許可を求められたことから、当該申請者に対し、①一定の期間、②独占的に内水面さけ採捕を許可した。

　これに対し、アイヌではないBは、同じくA県の当該地区にて漁業を営む者であるが、このようなアイヌの人々を優遇する措置を講じることは、憲法違反であると考えている。

　Bの主張は認められるのか考えなさい。

参考　❶札幌地判平成9年3月27日判時1598号33頁（二風谷ダム事件）

▶▶解説

1. 本設例は、アファーマティヴ・アクション（積極的差別是正措置）に関する事例である。裁判例は、アイヌを先住民族であると認め（❶）、また、アイヌ施策推進法も1条にて、アイヌを北海道の先住民族であると規定している（項目17参照）。明治政府による北海道開拓政策により、土地利用権など様々な権利が制限されたり、また、アイヌ語をはじめとしたアイヌ民族独自の文化等が禁止されたりした歴史を踏まえれば、アイヌは先住民族であることに加え、長らく差別されてきた民族であることが認められよう。そこで、国が、積極的に過去の持続的な差別を解消する措置を講じることに一定の妥当性が認められる一方、いわゆる「逆差別」とならないかが、憲法上問題となる。アファーマティヴ・アクションを実施した場合の審査密度等のありように言及する裁判例はないものの、学説上、アファーマティヴ・アクションの場合であっても人種にもとづく区別である以上、厳格審査基準が適用されるとする見解と差別是正目的の特殊性に着目して、中間審査基準が適用されるとの見解がみられる。

2. アイヌ施策推進法には、アイヌの先住権は規定されておらず、また、同法17条では、内水面さけ採捕事業が円滑に実施されるよう適切な配慮を求めるものの、国の許可が必要となっている。本設例のように、国がアイヌの人々に対し、一定の期間、独占的に内水面さけ採捕を認めるという積極的な措置を講じたことを、アイヌでないBへの「逆差別」とする主張が認められるのかが問われている。Bとしては、アイヌの人々とアイヌでない人々との区別を、民族的または種族的出身という人種にもとづく区別であり、故に、最も厳格な審査基準が適用されるべきであると主張することが考えられる。もっとも、審査基準だけで結果が決定されるわけではなく、アファーマティヴ・アクションが実施される対象をはじめ、領域、実施期間、実施方法など具体的な事項を検討することが求められる。本設例の場合、アイヌ民族を対象に、歴史的に制約されてきたさけ漁につき、①一定の期間、②独占的に採捕を認めるという措置が妥当なものであると評価できるか否かで判断が変わるだろう。たしかに、本件区別は人種にもとづくものであるが、アイヌの人々の経済的自立が喫緊の課題となっている現況に鑑みて、当該アファーマティヴ・アクションが暫定的な措置であれば、国に一定程度の裁量を与え、それを中間審査基準のもと審査し、合憲であるとの結論が導かれると考えられる。　　　　　　　　　　　　　　　　　　　　　　　　　［白水　隆］

43 謝罪広告と 思想・良心の自由

　B 社発行の週刊誌の記事により名誉が毀損されたとして、A が B 社に対して謝罪広告の掲載ならびに損害賠償を求めたところ、原判決は名誉毀損を認定して、慰謝料の支払いと当該週刊誌への謝罪広告の掲載を命じた。このとき、この謝罪広告の強制が B 社の思想・良心の自由を侵害し憲法 19 条に反するかを、次の **(1) (2)** について考えなさい。

(1)　謝罪文の文面が、「週刊誌の記事は事実ではありませんでした。この記事により、A 氏の名誉を傷つけ、ご迷惑をおかけしたことをお詫びします。」であった場合。

(2)　謝罪文の文面が、**(1)** の内容に加えて、「原因は取材姿勢が杜撰だったことによるものです。今後はこのようなことが起こらないよう、取材体制を改めます。」であった場合。

参考　❶最大判昭和 31 年 7 月 4 日民集 10 巻 7 号 785 頁（謝罪広告事件）
　　　❷最一小判平成 16 年 7 月 15 日 LEX/DB28092064（大分別府遺跡ねつ造報道訴訟）
　　　❸東京地判平成 17 年 4 月 19 日判時 1905 号 108 頁（なんでも鑑定団事件）

▶▶解説

1. 19条にある「思想・良心の自由」とは、内面的精神活動（＝内心）を保障する規定である。その意義をめぐっては、従来から、「人の内心におけるものの見方ないし考え方を広く意味する」という広義説と「信仰に準ずべき世界観、人生観等個人の人格形成の核心をなすものに限定する」という信条説が対立してきた。設例では、謝罪広告の強制がこの内心の自由を侵害するかが問われている。

　この問題を扱った❶は、その内容が「単に事態の真相を告白し陳謝の意を表明するに止まる程度のもの」であれば、代替作為として強制執行の手続によることができると述べて、結論として謝罪広告を命じる判決は良心の自由を侵害しないとしている。これを前提にすると、**(1)** の内容であれば、強制執行に適するものとして良心の自由を不当に制限しないことになりそうである。

2. もっとも、❶がいかなる意味で良心の自由を侵害しないと述べているかは明確ではない。同判決の田中耕太郎裁判官の補足意見は、謝罪広告において法は「内心の状態を離れて外部的に法の命ずるところに適合することを以て一応満足する」、「内心に立ちいたつてまで要求することは法の力を以てするも不可能である」と述べて、「良心の侵害はあり得ない」としている。

　この田中補足意見の立場は、外部的行為の強制であれば、およそ内心に立ち入ることはありえないとする趣旨に解される。したがって、設例 **(1)** はもちろん、**(2)** の内容でも、良心の自由の侵害はありえないことになる。しかし、❶は、「時にはこれを強制することが……良心の自由を不当に制限することとな」ると述べており、外部的行為と内心を完全に切り離せるとまでは述べていない。

3. では、いかなる場合なら19条に反し許されないのか。この点は裁判例をみても必ずしも明確ではないが、**(2)** のように、名誉毀損に至った原因や今後の取材体制の在り方にまで踏み込むことは、加害者の意思決定を不当に制約するものとして、違法とされる可能性がある（❸）。なお、❶では加害者が自然人であったが、設例のように加害者が報道機関であるケースでは、「表現の自由」や「報道の自由」の観点から、別途の考慮を働かせる余地がある。しかし、❷はこのケースにおいても、❶と同様、「単に事態の真相を告白し陳謝の意を表明するにとどまる」かどうかを問題としており、特に報道機関であることに重きを置いてはいない。

[江藤祥平]

44 君が代斉唱の職務命令と思想・良心の自由(1)

　公立高校の教諭であるＡは、卒業式における国歌斉唱の際に、「日の丸」「君が代」に対する否定的評価を理由に、校長の職務命令に従わなかったことから、教育委員会から戒告の懲戒処分を受けた。このとき、かかる職務命令がＡの思想・良心の自由を侵害し憲法19条に反するかを、次の**(1)** **(2)** の場合について考えなさい。

(1)　Ａが音楽教諭であり、校長の職務命令が「君が代」のピアノ伴奏であった場合。

(2)　Ａは数学の教諭であり、校長の職務命令が起立斉唱を求めるものであった場合。

参考　❶最三小判平成19年2月27日民集61巻1号291頁（「君が代」ピアノ伴奏事件）
　　　❷最二小判平成23年5月30日民集65巻4号1780頁（「君が代」起立・斉唱事件）

▶▶解説

1. 思想・良心の自由は、それが内心の領域に止まる限りは絶対的に自由であるが、外部的行為として現れる場合には他の利益と衝突することがあるため、両者をどう調整するかが問題となる。設例では、「日の丸」「君が代」に対する否定的評価を有するAが、卒業式における国歌斉唱の際に職務命令を拒否したために、戒告の懲戒処分に付されている。しかし、その職務命令が思想・良心の自由を侵害するのであれば、処分は違法となるため、職務命令の合憲性が問題となる。

　この問題を最初に扱った❶は、市立小学校の音楽教諭が入学式の国歌斉唱の際に「君が代」のピアノ伴奏を行うように命じた職務命令を拒否した事案において、かかる職務命令は19条には反しないとしている。その主な理由は、「入学式の国歌斉唱の際に『君が代』のピアノ伴奏をするという行為自体は、音楽専科の教諭等にとって通常想定され期待されるものであって、上記伴奏を行う教諭等が特定の思想を有するということを外部に表明する行為であると評価することは困難」だからというものである。これによれば、**(1)** の職務命令は19条には反しないことになる。

2. 他方、**(2)** では起立斉唱命令の合憲性が問題とされている。この問題を扱った❷は、起立斉唱行為は，卒業式等の式典における「慣例上の儀礼的な所作」としての性質を有することを理由に、Aの思想・良心の自由を「直ちに」制約するものではないとしている。しかし、起立斉唱行為は、ピアノ伴奏とは違って、「教員が日常担当する教科等や日常従事する事務の内容それ自体には含まれ」ず、「国旗及び国歌に対する敬意の表明の要素を含む」行為であるから、その限りでは思想・良心の自由に対する「間接的」な制約となる面があるとする。この点で **(1)** よりも自由に対する制約は強度といえる。

　もっとも、❷は、この間接的な制約を許容しうる程度の必要性および合理性が認められれば、職務命令は19条には違反しないとする。そのうえで、①本件職務命令は関係法令等の趣旨に沿うこと、②地方公務員の地位の性質およびその職務の公共性、③教育上の行事にふさわしい秩序を確保して式典の円滑な進行を図る必要性に鑑みれば、上記制約を許容しうる程度の必要性・合理性は認められるとしている。これに従えば、**(2)** の職務命令も19条には反しないことになる。ただし、職務命令は合憲であるとしても、処分の重大性については別途の考慮が必要となる点に留意が必要である（項目45参照）。　　　　　　　　　　[江藤祥平]

45 君が代斉唱の職務命令と思想・良心の自由(2)

　　公立高校の教諭である A は、「日の丸」「君が代」に対する否定的評価を理由に、卒業式における国歌斉唱の際に起立斉唱するよう命じた校長の職務命令に従わなかったことから、教育委員会から停職 1 か月の懲戒処分を受けた。このとき、かかる処分が違法であるかを、次の **(1) (2)** について考えなさい。

(1)　A が、過去の 2 年度に 3 回の卒業式等における不起立行為による懲戒処分を受けていた場合。

(2)　A が、過去に積極的に式典の進行を妨害する行為により懲戒処分を受けていた場合。

参考　❶最一小判平成 24 年 1 月 16 日判時 2147 号 139 頁（「君が代」累積加重処分事件）

　　　　❷最二小判平成 8 年 3 月 8 日民集 50 巻 3 号 469 頁（エホバの証人剣道実技拒否事件）

　　　　❸最一小判平成 23 年 7 月 7 日刑集 65 巻 5 号 619 頁（威力業務妨害事件）

▶▶解説

1. 卒業式等の式典において教職員に対し起立斉唱を命じる職務命令は、19条には違反しないというのが判例の立場である（項目 **44** 参照）。では、職務命令は合憲である以上、懲戒処分の適法性についても通常の懲戒処分と同様に、懲戒権者の広範な裁量権に委ねられるのか。本設例はこの点を問うている。一方で、職務命令が合憲とされた以上、その違反を他の非違行為と区別する必要はないようにも思われる。しかし、上記職務命令は合憲であるとはいえ、思想・良心の自由に対する間接的な制約を伴っている以上、不利益処分を選択するレベルにおいては、別途の考慮が必要となる可能性がある。

　この点を扱ったのが❶である。それによると、①不起立行為の動機・原因は「個人の歴史観ないし世界観等に起因するもの」であり、②その性質・態様は「物理的に式次第の遂行を妨げるものではな」く、③その結果・影響も「式典の進行に具体的にどの程度の支障や混乱をもたらしたかは客観的な評価の困難な事柄である」。これらの事情を考慮すれば、「不起立行為に対する懲戒において戒告を超えてより重い減給以上の処分を選択することについては、本件事案の性質等を踏まえた慎重な考慮が必要となる」。

　上記判示は、直接には懲戒処分の適法性についての行政法の判断枠組みを示したものであり、憲法論ではない。しかし、「慎重な考慮」が必要となる理由は、不起立行為が思想・良心の自由に起因する点に求められており、行政法の判断枠組みのなかで、実質的には憲法的な価値を考慮するものとみられる。同様の判断手法は、❷においてもみられ（項目 **52** 参照）、原級留置処分および退学処分の適法性の判断枠組みにおいて、信教の自由の価値が実質的に考慮されている。

2. では、何が停職処分の相当性を基礎付ける具体的な事情といえるのか。❸によれば、**(1)** のように、「過去の１、２年度に数回の卒業式等における不起立行為による懲戒処分の処分歴がある場合に、これのみをもって直ちにその〔注：停職処分〕相当性を基礎付けるには足り」ないが、**(2)** のように、「過去の処分歴に係る非違行為がその内容や頻度等において規律や秩序を害する程度の相応に大きいものである」場合には、停職処分の相当性を基礎付ける具体的な事情があるとされている。最高裁は、従来から式典を積極的に妨害する行為については厳しい態度で臨んでおり（❸）、懲戒処分の適法性の判断においても同様の姿勢に立脚するものとみられる。

[江藤祥平]

46 内申書の記載と思想・良心の自由

Aは、公立中学校を卒業するにあたり、公立・私立の複数の高等学校を受験したが、いずれも不合格となった。Aは、その不合格の原因が、Aの通う中学校から高等学校の入学者選抜の資料として提供された内申書の記載にあるとしている。このとき、内申書の記載がAの思想・良心の自由を侵害し憲法19条に反するかを、次の **(1) (2)** について考えなさい。

(1) 内申書に「教師の指導を無視して無許可のビラを何度も配布した」と記載されていた場合。

(2) 内申書に「Aは、校内において全共闘を名乗り機関誌を発行したり、大学生 ML 派〔マルクス・レーニン主義派〕の集会に参加している」と記載されていた場合。

参考 ❶最二小判昭和 63 年 7 月 15 日判時 1287 号 65 頁（麹町中学内申書事件）

▶▶解説

1. 内申書とは、入学選抜の際の一資料として、卒業校から進学希望校宛に送付される生徒に関する調査書を指しており、成績評定や出欠の記録、特別活動や部活動の記録、総合所見を主な内容としている。この内申書は、高等学校の入学の許否を判断するための選抜資料であるから、その目的に適合するような内容のみを記述する必要がある。たとえば、生徒の思想・信条のように、学習の評価とは無関係な事柄を記載することは、19条に反して違法と解される。

2. では、生徒の学内外の活動を記載したところ、それが生徒の思想・信条を推知させる内容の場合、当該記載は19条に反するか。この点を扱った❶では、内申書における「校内において麹町中全共闘を名乗り、機関紙『砦』を発行した。学校文化祭の際、文化祭粉砕を叫んで他校生徒と共に校内に乱入し、ビラまきを行つた。大学生ML派の集会に参加している。学校側の指導説得をきかないで、ビラを配つたり、落書をした。」との記載が問題となった。

　これについて❶は、「いずれの記載も、Aの思想、信条そのものを記載したものでな」く、「Aの思想、信条を了知し得るもの」ではなく、また「それを評価の対象とするものとはみられない」と述べて、19条違反を否定した。つまり、かかる記載は生徒の性格、行動を把握しうる「客観的事実」を記載したものに過ぎず、生徒の思想・信条自体を入学者選抜の資料に供したわけではないという理解である。この理解に従うなら、**(1)** はもちろん、**(2)** の記載も、客観的事実を記載したものにすぎないから、19条には反しないこととなる。

3. では、上記判決は、外部的行動の記載であれば、思想・信条が制限されることはおよそないという趣旨かといえば、おそらくそうではない。外部的行動の記載であっても、「思想、信条を了知し得るもの」であれば、19条違反となる可能性は残されている。しかし、もしそうであるなら、**(2)** の記載は、むしろAの思想・信条を了知させるとみる方が自然である。たしかに、校長・教師には広範な教育評価権が認められるが、不当な教育上の差別を未然に防ぐためにも、可能な限り「客観的事実」の記載にとどめて、Aの主観や内心に触れない記載をすることが19条の趣旨に沿う。とりわけ、個人情報やプライバシー保護を重視する現代社会ではそう解するのが妥当であり（13条のプライバシーの権利の侵害の問題にもなる）、その意味で **(2)** のような記載は今日では違法となる可能性がある。

[江藤祥平]

47 身辺調査と 思想・良心の自由

　A（女性）は、B社の就職面接において、憲法ゼミに所属した理由を問われ、「女性の権利」に関心があったからと答えた。すると、B社の面接官から、昨今の #MeToo 運動（性的暴行やハラスメントを告発する運動）についてどう思うか、それに何らかの形で関与したことはあるかと問われたので、Aは咄嗟に、#MeToo 運動は大切なことと思うが、自分はそれに関与したことはないと述べた。しかし、実際にはAは、SNS上で #MeToo 運動に深くコミットしており、そのなかで自身が過去に受けた性的被害についても述べるなどしていた。B社はそのことを知らないままに、Aに対し内定を伝えた。

　そうしたところ、Aは入社前にC新聞のオピニオン欄に登場し、そのなかで男性社会の日本企業は「沈黙の文化」を強制することで、女性の性的被害を暗黙の内に容認していると批判し、#MeToo 運動を通じて広く女性が声を上げることの重要性を説いた。この記事がB社の採用担当者の目にとまり、事実確認のためにAを呼び出したところ、Aは実際には #MeToo 運動に深くコミットしていることを認めたため、B社は、Aが面接の際に虚偽の説明をしたとして内定を取り消す旨の通知を行った。このとき、B社による内定取消しがAの思想・良心の自由を侵害し違法となるかについて検討しなさい。

　なお、私人間効力論に関する一般的議論についてはここでは論じなくてもよい。

参考　❶最大判昭和48年12月12日民集27巻11号1536頁（三菱樹脂事件）

▶▶解説

1. 設例では、Aが #MeToo 運動に関与していたにもかかわらず、関与していないという虚偽の説明をしたことから、B社から内定を取り消されている。B社からしてみれば、「契約締結の自由」の一環として「雇用の自由」を有しており、いかなる者を雇い入れるかは自由にこれを決定できる以上、採否の決定にあたりB社が重要と考える事項についてAが虚偽の説明をしたとなれば、内定を取り消すのは当然ということになろう。しかし、こと事態はAの思想・良心の自由に関わるゆえに、かかる取消しの妥当性が問題となる（私人間適用の問題については、項目 **8** を参照）。

　この問題を扱った❶は、採用面接において学生運動への関与の有無等について事実と異なる説明をしたために本採用を拒否されたという事案において、雇用の自由を理由に「企業者が特定の思想、信条を有する者をそのゆえをもつて雇い入れることを拒んでも、それを当然に違法とすることはできない」とし、そうである以上、「企業者が、労働者の採否決定にあたり、労働者の思想、信条を調査し、そのためその者からこれに関連する事項についての申告を求めることも、これを法律上禁止された違法行為とすべき理由はない」と述べている。この考え方をそのまま踏襲すれば、設例のAの内定取消しも合法とされることになる。

2. しかし、この判例は今から 40 年以上も前のものであり、この間プライバシーや個人情報の重要性は飛躍的に高まった。労働者の思想・信条を調査し、これについて申告を求めることが適法であるとする先の判示が、今日でもそのまま妥当するとは考え難い。現に、厚生労働省も、職務遂行に必要となる適正・能力とは関係ない事柄、たとえば学生運動のような思想・信条に関わることを面接で把握することは、就職差別につながるおそれがあると述べている。これを踏まえるなら、設例のB社が #MeToo 運動に関与したことがあるか否かを調査することは違法行為に該当し、それを理由とする内定取消しは違法とされる可能性がある。

　これにより採否の自由が制約されることになるが、それに必要となる情報を調査する自由を一定の範囲で制限するにとどまるから、契約締結の自由に対する制約は限定的といえよう。もっとも、職務と関係のある事項しか質問できないとなると、企業としては応募者の適正・能力を十分に把握しえない可能性があり（たとえば、尊敬する人物を尋ねることもできない）、どの範囲の調査を許容すべきかはケースバイケースの難しい判断を迫られることになる。　　　　　　　［江藤祥平］

48 団体内部関係における 思想・良心の自由(1) ──団体の統制権

　三井美唄炭坑事件は、労働組合Aの幹部Bらが組合員Cに対して地方議会選挙への立候補をやめさせようとした行為が選挙の自由妨害罪（公選法225条3号）に該当するのではないかが争われた刑事事件である。Aは統一候補を決めて選挙活動を行おうとしていたところ、Cは統一候補に選ばれなかったにもかかわらず独自に立候補しようとしたので、BはAの選挙運動が妨害されると考えてそのような行為に及んだものであった。

　最高裁は、「およそ、組織的団体においては、一般に、その構成員に対し、その目的に即して合理的な範囲内での統制権を有するのが通例であるが、憲法上、団結権を保障されている労働組合においては、その組合員に対する組合の統制権は、一般の組織的団体のそれと異なり、労働組合の団結権を確保するために必要であり、かつ、合理的な範囲内においては、労働者の団結権保障の一環として、憲法28条の精神に由来するものということができる」と述べて労働組合の統制権を認めた。他方で、「立候補の自由」を憲法15条1項が保障する重要な基本的人権の1つとして認めた。そのうえで、労働組合が、「当該組合員に対し、勧告または説得の域を超え、立候補を取りやめることを要求し、これに従わないことを理由に当該組合員を統制違反者として処分するがごときは、組合の統制権の限界を超えるものとして、違法といわなければならない」と判断した。

　ここでは、以上の最高裁の判示のうち、前提として述べられている「およそ、組織的団体においては、一般に、その構成員に対し、その目的に即して合理的な範囲内での統制権を有する」という部分に注目したい。この部分で述べられている見解の当否について憲法の観点から考えなさい。

参考　❶最大判昭和43年12月4日刑集22巻13号1425頁（三井美唄炭鉱事件）

▶▶解説

1. 人間は、1人ではできないことがあるときに、団体を結成しようとする。それゆえ、団体は、構成員を統制できなければならない。個々の構成員にバラバラな行動を許していては、1人のとき以上のことは実現できないからである。

団体に統制権がつきものであるとすれば、21条が結社の自由を保障している以上、団体の統制権は21条に由来すると考えることができる。

しかし、結成目的実現のための統制権なのだから、団体の「目的に即して」行使されなければならない。そして、何が目的に即した統制権の行使かを具体的に考え始めると、構成員の間で意見の違いが生じることは当然に予想される。統制権の内容だけでなくその決め方についても対立が生じるだろう。さらに、権力は濫用される危険が常に伴うが、それは団体の統制権についても当てはまる。

それゆえ、結社の自由は、結社に加入する自由だけではなく、結社から脱退する自由も含むと解されてきた。構成員が団体の行動や統制を受け容れられないときは、脱退すればよい。1人でできる範囲で満足するか、あるいは、別の団体を結成すればよい。脱退しないなら、団体の統制に従わなければならない。

2. ただ、現実はそう単純ではない。団体は結成目的以外にも様々な人間のつながりを作り出すものであるから、脱退してそれらすべてを捨ててしまうことを躊躇するのが普通だろう。新たな団体を結成することも実際は難しい。とりわけ、現代社会のように既存の団体が大きな地位を占めている場合は尚更である。

そこで、構成員には、脱退の自由だけではなく、団体にとどまりつつ団体に対抗しうる権利が認められなければならないと考えられるようになる。そして、その権利の手がかりが、憲法に求められるようになる。

ここで、団体と構成員との関係は私人間関係ではないかと思われるかもしれない。しかし、無適用説に立ったとしても、ある価値が私人間において保護されるべき「自然権」であるかを考える場合に、憲法が権利として保護しているということを考察の手がかりとすることまで否定されるわけではないと考えられる。

団体に対抗する構成員の権利が認められる場合、団体の統制権も構成員の権利もともに重要であるのだから、統制権の「合理的な範囲」を一刀両断的に判断することはできない。どのような団体・構成員か（❶では労働組合と組合員）、団体のどのような活動か（選挙運動）、構成員に何が求められどのような権利が関わるか（立候補の自由）、など個別的な事情を考慮することが必要になる。[**淺野博宣**]

49 団体内部関係における 思想・良心の自由(2)
——会社による調査

　A社は、原子力発電所を運営する電力会社である。A社は、震災により停止していた原子力発電所の再稼働を計画していたが、それに対して、原発ゼロを掲げる政党B党の再稼働反対運動も活発になっていた。そのようななか、A社が公開すべきでないとしていた情報が外部に漏れ、マスコミによって報道されるという事件が起きた。A社は、従業員にB党の関係者がいて、その者が情報を漏えいしたのではないかという疑いを持った。

　以下の **(1) (2)** の場合について、A社の行為は許されるだろうか。憲法の観点から考えなさい。

(1)　A社は、今後B党の関係者が入社するのは適切ではないと考えて、入社試験の際に志望者に所属団体・政党や学生運動経験の有無・内容について質問することとした、という場合。

(2)　A社は、情報の漏えい源を特定するため、全従業員を対象として所属団体・政党を顕名で記入させるアンケート調査を行うこととした、という場合。

参考　❶最大判昭和48年12月12日民集27巻11号1536頁（三菱樹脂事件）
　　　❷最二小判昭和63年2月5日労判512号12頁（東京電力事件）

▶▶解説

1. (1)は、入社試験における調査に関する事案である❶が参考になる。最高裁は、入社志望者については、団体加入や学生運動について調査されることが思想・信条の自由に関わることを認めた。他方で、企業には、22条・29条を参照して「契約締結の自由」があるとした。企業は「いかなる者を雇い入れるか、いかなる条件でこれを雇うか」を自由に決定することができる。そのうえで、最高裁は、「企業者が特定の思想、信条を有する者をそのゆえをもつて雇い入れることを拒んでも、それを当然に違法とすることはできない」、「企業者が、労働者の採否決定にあたり、労働者の思想、信条を調査し、そのためその者からこれに関連する事項についての申告を求めることも、これを法律上禁止された違法行為とすべき理由はない」と述べた。ただ、❶の事案は試用期間経過後の本採用拒否であったことから、雇入れの拒否とは同視できない、とした（項目 **8**・**47** 参照）。

(2)は、入社後の労働者に関する事案である❷が参考になる。労基法 3 条は「使用者は、労働者の……信条……を理由として、……労働条件について、差別的取扱をしてはならない」と定めており、最高裁も、「企業内においても労働者の思想、信条等の精神的自由は十分尊重されるべきである」ことを認めた。ただ、❷の事案については、「社会的に許容し得る限界」を超えて精神的自由を侵害した違法行為であるということはできない、とした。

2. ❶と❷の違いは、「雇入れの段階と雇入れ後の段階」（❶）の区別に理由がある。この区別は、脱退の自由の観点から理解することができるだろう。❶は、雇入れ時の思想調査が合理性を欠くとはいえないと判断する理由として、雇用関係が「一種の継続的な人間関係として相互信頼を要請する」からというが、「人間関係」は、雇入れ後は脱退の自由が十分な労働者保護にならない理由でもある。

しかし、雇入れの段階においても、脱退の自由（加わらない自由）が実際に入社希望者を保護しているかというと、そうではないだろう。嫌なら他の企業を志望すればよい、自分で起業すればよい、ということは、就職活動中の者にとっては非現実的に過ぎる。思想・良心を含めたプライバシー保護の必要性も、近時ますます強く認識されるようになっている。脱退の自由が十分な労働者保護にならない以上、調査の目的は労働者の思想・良心を制限してでも必要なものであるのか、その目的のために本当にその調査手段をとらなければならないのか、検討する必要があるだろう。

[淺野博宣]

50 団体内部関係における思想・良心の自由(3)
──団体による政治献金

　Ａは、団体Ｂの構成員である。Ｂは政党Ｃ党に対して政治献金を行おうとしていたが、ＡはＣ党を支持できないと考えていて政治献金に反対している。

　以下の **(1)** 〜 **(3)** の場合に、Ａの反対にもかかわらずＢがＣ党に政治献金を行うことは許されるだろうか。憲法の観点から考えなさい。

(1)　Ｂは上場会社であり、ＡはＢの株主であるという場合。

(2)　Ｂは労働組合であり、ＡはＢの組合員であるという場合。

(3)　Ｂは税理士会であり、ＡはＢに所属する税理士であるという場合。

　なお、税理士法によって税理士は税理士会の会員になることが義務付けられている。

参考　❶最大判昭和 45 年 6 月 24 日民集 24 巻 6 号 625 頁（八幡製鉄事件）
　　　❷最三小判昭和 50 年 11 月 28 日民集 29 巻 10 号 1698 頁（国労広島地本事件）
　　　❸最三小判平成 8 年 3 月 19 日民集 50 巻 3 号 615 頁（南九州税理士会政治献金事件）

▶▶解説

1．団体と構成員との衝突を調整しようとする場合、検討の出発点は、嫌なら脱退すればよいという議論にどのように答えるか、である。

2．(1)については、脱退すればよいという議論が基本的には当てはまるだろう。不満がある株主は、株式を売って資金を回収するという選択肢がある以上、さらに保護されるべき必要性は小さい。❶は、株式会社の政治献金を認めた。

　ただ、実際は、政治資金規正法が会社を含む団体の政治献金について相手方や金額などを制限している。全面禁止論も古くからある。これらは、団体の政治献金が民主主義を歪めるのではないかという考慮にもとづくものであり、株主保護とは別の理由である。株主との内部的関係の問題ではなくて、外部（公衆）に対する関係での問題である（項目 18 参照）。

　(2)については、❷は、「今日の社会的条件のもとでは、組合に加入していることが労働者にとって重要な利益で、組合脱退の自由も事実上大きな制約を受けている」と述べた。脱退の自由は組合員を十分に保護しない。しかし、かといって組合員が 1 人でも反対すれば労働組合は行動できないと考えることも、労働組合の行動の自由（こちらも憲法上の価値である）を大きく制約することになる。最高裁は、「問題とされている具体的な組合活動の内容・性質、これについて組合員に求められる協力の内容・程度・態様等を比較考量し、多数決原理に基づく組合活動の実効性と組合員個人の基本的利益の調和という観点から、組合の統制力とその反面としての組合員の協力義務の範囲に合理的な限定を加えることが必要である」とした。選挙立候補者支援目的でその政党に寄付するため組合が組合員に臨時組合費の拠出を強制することは否定された。

　(3)について、税理士である限り税理士会を脱退する自由はない。❸は、政治献金は「税理士会の目的の範囲外の行為」であると判断した。

　構成員に協力義務がないという場合（❷）、団体は、構成員から任意の協力を得られる範囲に修正するなどして、行為がなお可能である。これに対して、目的の範囲外であるという場合（❸）、団体は行為できない。構成員 1 人の反対どころか、全員一致の賛成を得てもできないから、構成員の保護だけでは説明できないだろう。❸は、強制加入性だけを理由としているのではなく、目的の法定性・公共性といった税理士会の特殊な性格を指摘し、また、政治献金を「選挙における投票の自由と表裏を成すもの」と性格づけている。

［淺野博宣］

51 信教の自由の保護範囲

　Aは、Bの精神疾患を治癒するために、加持祈祷を行うと称して、線香護摩を焚き、嫌がるBを押さえつけ、無理矢理に終始護摩壇のすぐ傍らに据えるなどしたところ、Bは、全身に熱傷を負い、死亡してしまった。刑法205条によりAを傷害致死の罪に問うことは、憲法20条1項に違反しないだろうか。この問題について、**(1)** と **(2)** の問いを検討しなさい。

(1)　Aにとっては、この加持祈祷が宗教性のある行為と思えたとしても、客観的には、宗教的行為として憲法20条1項の保護を受けるに値しない行為というべきであるのかもしれない。そうした前提に立った場合には、どのように論じることができるか。

(2)　Aのこの加持祈祷が憲法20条1項の保護範囲に含まれると考えた場合には、どのように論じることができるか。

参考　❶最大判昭和38年5月15日刑集17巻4号302頁（加持祈祷事件）
　　　❷最一小決平成8年1月30日民集50巻1号199頁（宗教法人オウム真理教解散命令事件）

▶▶解説

1. 教科書では、信教の自由の内容は、信仰、宗教的行為、宗教的結社の自由に分けて説明されることが多い。信仰の自由とは、宗教を選択し信仰する（しない）自由であり、宗教的行為の自由とは、礼拝・祈祷などの行為を行う自由である。そして、宗教的結社の自由とは、宗教的行為や宣伝のために団体を結成する自由である。このうち、設例について問題になるのは、宗教的行為の自由であろう。

もう1つ、以上の説明でいう「宗教」の意味についても考えてみよう。何が「宗教」的行為なのかは当人がそう考えているかどうかで決まるのだろうか。それではおかしいとすれば、何を基準に判断すればよいのか（当人が真摯に信じているかどうかで決めることはできるだろうか、Aがお寺の住職であるかただの祈祷師かで答えは変わるだろうか）。これらの疑問に答えるのは難しい。(1)のような前提に立ってよいならば、その先を論じることは簡単であるが、その前提を置いてよいかも考えてみてほしい。

2. 次に、(2)の前提に立って考えてみよう。重要なのは、刑法205条の規定は直接には信教の自由を侵害するものではない、ということである。同条は、宗教的行為にもそうでない行為にも適用されるからである。設例の場合に問われているのは、そのような、宗教との関係では中立的な刑罰規定をAに適用した場合には、信仰心からなされる行為を妨げることになるから、それを理由にAが処罰されるべきではない、といえるかどうか、である。教科書に書かれている「信仰を理由に一般的法義務を拒否しうるか」という問題は、具体的にはこのようなものである。特定の宗教を狙い撃ちにするあからさまな規制は、行われたとしても、規制者が"狙い撃ちにしました"と認めることはないだろう。そのため、「一般的法義務」を免除しないという制約態様が散見されることになる。

3. では、この制約の合憲性をどう論じればよいだろうか。❶は、この点を簡単にしか論じていない。他方で、❷は、宗教法人に対してその法人格を失わせる解散命令が、礼拝施設等の処分等を通じて、信者の宗教的行為の「間接的」な支障となるとする。ここでいう「間接」性は、解散命令が直接には宗教的行為の制約を狙っていないことを意味するとも読めるだろう。同判決はそのことを、利益衡量の秤に乗せる段階で、信教の自由にとってマイナスに考慮している。これも1つの考え方であるが、他の方法はありうるだろうか。次の問題で引き続き考えてみよう。

[小島慎司]

52 信仰を理由とした 一般的法義務の免除

　市立Ａ高等専門学校では、必修の体育科目の授業の種目として剣道が採用されていた。Ａ校の学生Ｂは、聖書に固く従うことを信仰内容とする「エホバの証人」であり、その教義によると、格技である剣道の実技に参加することはできないと考えた。そのため、レポート等の代替措置を認めてほしいと申し入れたが、校長Ｃ以下Ａ校の教員は代替措置を認めなかった。Ｂは、講義や準備体操等に参加し、実技の間は道場の隅で正座をしてレポートの作成のために授業内容を記録していた。しかし、その後も代替措置をとらないＡ校の方針は変わらず、Ｂは、それが原因となって体育科目が不認定となり、当年度には原級留置処分、翌年度には同様の理由で退学処分となった。

　この事例における憲法問題について論じなさい。

参考　❶最二小判平成8年3月8日民集50巻3号469頁（エホバの証人剣道実技拒否事件）

▶▶解説

1． 本設例は❶に取材しているが、「信仰を理由に一般的法義務を拒否しうるか」という問題（項目 **51**）は、ここでより鮮明に現れている。退学処分に至る A 校長 C の措置は、信者の有無を問わず平等に適用される評価基準にもとづいている。その基準がたまたま B にとって信仰の妨げとなったのだ――こう考えるわけである。

このとき、極端な立場としては、B に免除を認めてはならないとする意見もありえよう。それを後押しするのが、市立学校が B にだけその信仰心を理由に便益を与えることは政教分離原則（項目 **55** 以下）に違反するという考え方である。国家が宗教活動に便益を与えれば、信教の自由の保障にはなるが、政教分離原則には反しうる。政教分離原則は、捉え方によっては、信教の自由と緊張関係に立つので、両者をどのように統合するかを考える必要がある。

2． 逆に、免除を認めるべきだという方向からも検討してみよう。この場合、表現の内容中立規制の項目との関係も意識してもよい。教科書では、内容中立規制のなかに、時・所・方法の規制以外に、スピーチ・プラスの規制が挙げられる。国旗を焼却・汚損する行為に対する罰則が存在する場合、その罰則を、国旗の焼却によって政治的メッセージを表現しようとする行為に適用してよいかといったモデルケースを思い出してみよう。教科書では、仮にこの場合に審査基準を緩めるとしても、類似の例が増殖して時・所・方法の規制の審査基準を掘り崩すことのないように警戒するべきだと説かれている。狙い撃ちではなかったから内容規制ではないという言い逃れは、安易に認めるべきではない、ということである。

表現規制と、設例のような宗教規制の場合とでは、この種の論法の危険性は質的に異なるかもしれないが、一般的にいっても、"狙っていないよ" という言い逃れについては、本当にそうかどうかを疑うべきだとはいえるだろう。A 校の対応も実はエホバの証人に対する嫌悪感に根ざしているのではないだろうか。❶の事案について、最高裁判所の担当調査官も、学校側がエホバの証人の学生を自主的な転校等に追い込もうとしていたふしがあると指摘している。

では、❶が厳格な審査基準を採用してそれを当てはめたのかというと、実はそうではない。最高裁は、行政裁量を統制する枠組みを採用し、C の判断過程にみられる人権問題を浮かび上がらせ、政教分離原則の問題も含めてその枠組み内部で解決した。行政法の授業を受けた後で、改めて判決文をどのように読めばよいかを考えてほしい。

[小島慎司]

53 宗教的人格権

　キリスト教徒の A は、自衛官の夫 B が公務従事中の交通事故で死亡すると、その遺骨の一部を教会の納骨堂に納め、定期的に教会で礼拝し、B の死の意味を求めてきた。

(1)　B の父 C は、仏教を信仰し、B に戒名を付してもらい遺骨の一部を仏壇に安置している。仮にこの C が A 宅を訪れて、B の死に関わって A の行う宗教的行為の内容がけしからんと批判したとすれば、A は自らの憲法上の権利が侵害されたといえるであろうか。

(2)　主に自衛官の退職者から構成される団体として隊友会というものがある。この隊友会の申請を受けて、護国神社が、B を含む殉職自衛官を新たに祭神として合祀する鎮座祭を行った。この合祀の申請にあたっては、自衛隊の窓口機関の職員も協力していた。このような場合に、A は自らの憲法上の権利が侵害されたといえるであろうか。

| 参考　　❶最大判昭和 63 年 6 月 1 日民集 42 巻 5 号 277 頁（自衛官合祀事件）

▶▶解説

1. Aはいかなる利益を侵害されたといえるのだろうか。**❶**の原審は、それは「静謐な宗教的環境の下で信仰生活を送るべき利益」（宗教上の人格権）だという。教科書には、最高裁がそのような利益を直ちに法的利益として認められないと判断したと書かれているだろう。

　では、なぜ認められないのだろうか。もともと私人がAの宗教活動を制約しても、憲法の直接の保護が及ぶわけではない。もっとも、不法行為の規定を適切に運用して保護を図る必要はある。しかし、**❶**は、強制や不利益供与を行うものでない限り、他人の宗教的行為に対して寛容でなければならない、という。上記の利益の侵害を根拠として、損害賠償や差止めを請求することができるとすると、相手方の信教の自由を簡単に侵害できてしまうからである。**(1)**のように他人から宗教に関わる批判を受けたとしても、一般論としていえば、信教の自由は自分の信仰について批判を受けないことまでは含意しないとはいえよう。

2. しかし、そうであるとすると、**(1)**と**(2)**との間では違いはないのだろうか。**❶**の実際の事案では、Aは、合祀を断ったにもかかわらず、自衛隊職員から、篤志により神楽料が奉納された、今後は永代にわたって命日祭を斎行されるという旨の通知を受けた。少数者にとって（**❶**の伊藤正己裁判官反対意見を参照）、ここに本当に強制の要素が含まれないだろうか。**(2)**のような場合には、自衛隊（国）と隊友会（私人）は共生関係に立っている。これら他人の宗教が、異なる宗教を信じていると断っている自分さえも包み込もうとしてくるとき、そこから逃れることは法的利益として保護されないだろうか。**❶**では、どちらかといえば、自衛隊職員の行為が政教分離原則に違反するかどうかが中心的に論じられており、少数意見で、近親者遺族の心の静穏や宗教上の心の静穏が問題になっているが、端的にいえば、国と私人が結びついてAの信教の自由を制約しているとみることも考えられた。

　教科書のなかには、私人間効力について、事実行為にもとづく人権侵害行為に対する救済を別立てにして、国家行為（state action）の理論を用いようとするものがある。学習上、このくだりは分かりにくい。少なくとも現在では、民法の不法行為法の活用によって広く救済を図ることができるからである。国家行為の理論の主唱者は、設例のような場合に共生関係による自由の侵害が生じていることを明るみにするところにその意義があったと指摘している。　　　　　[小島慎司]

54 信教の自由についての利益衡量のあり方

　学園紛争の時代のこと、教会の牧師Aは、高校でのバリケード封鎖（建造物侵入、凶器準備集合等）事件の主導者として警察がその所在を捜査していたBが頼ってきたのを、叱りつけたうえで、約1週間、別の教会に居住させ、労働による反省の指導にあたった。Bの母はAの教会の信徒で、Aはその相談相手になっていたからである。Bは、以前にも学校で行われていたハンストに参加していたことがあり、学校から連絡があると、Aは学校にかけつけて、説得にあたったり連れ帰ったりしていたのである。

　この間、Aは、Bとの信頼関係の維持が絶対の条件であると考え、警察官に質問されてもBの所在は知らないと答えていたが、共犯の少年が警察の取り調べを受けていることを聞き、Bも反省した様子を示しているので、説得のうえで警察署に任意出頭させた。Aは、犯人蔵匿の罪（刑法103条）に問われた。

　一般に、犯人（嫌疑者）に場所を提供して匿えば同罪の行為となる。Aの行為もこれに該当するとみることもできる。しかし、そうだとしても、Aの行為は正当業務行為（刑法35条）として違法性が阻却されると考えられるかもしれない。正当業務行為にあたるかどうかを、行為によって侵害された法益と、行為によって守られた法益とを比較し、後者が優越するかどうかで判断するとするならば、この事例についてはどのように判断したらよいだろうか。

参考　❶神戸簡判昭和50年2月20日判時768号3頁（牧会活動事件）

▶▶解説

1. 項目51〜53の設例でもそうであるが、信教の自由に対する規制の合憲性を考えるとき、最終的には、具体的に利益衡量を行うことになる。そのような場合には、規制によって得られる利益と失われる利益を示す必要が出てこよう。もっとも、いかなる経緯で、また、いかなる形式で利益衡量をすることになるのかは問題の切り取り方次第で、様々であろう。設例の場合には、違法性阻却事由の1つとしての正当業務行為に該当するかどうかを、法益の衡量によって判断するという刑法論の枠内で利益衡量をすることになる。なお、❶では、Aの行為の目的の正当性と手段の相当性（後者に法益の均衡も含まれる）を審査する枠組みを使っている。

2. 設例の場合、Aの行為によって、犯罪捜査という刑事司法作用が害されているといえよう。つまり、侵害利益（規制利益）は、刑法各論で学ぶ国家的法益の1つである。他方で、Aの行為による保全利益が、Aの信教の自由の行使であることはもちろんなのであるが、具体的には何であろうか。Aの行為は、自らに託された者の人間としての成長を導く牧師の活動（牧会活動）であり、こちらの方も、究極的には、Bを社会に奉仕させようとする、公共の福祉に沿った活動だといえそうである。このように、設例の場合、刑罰規制も規制される宗教的行為も、❶の表現を借りれば、「同じく公共の福祉を窮極の目標とし」ているわけで、公共の福祉というものさしのもとで、利益の衡量を行いやすい。

3. 宗教が、私事ではなく、このように一種の公共性を持っている（そのような意味で憲法は宗教に敵対的ではない）ということは、一部の教科書で指摘されている。たとえば、寺社が墓地を経営することや被災者の心のケアに従事することは、一定の公益性を帯びた活動なのではないか、といった点である。もっとも、自由の行使が公益性を帯びるのは通常のことであり、これらの活動に対して国家が資金を援助するなどまでして積極的に保護するべきかどうかはまた別の問題である。

［小島慎司］

55 宗教行事への国家の関与

　次の各場合について、市または市長の行為は、憲法20条3項に反するか。

(1)　市体育館の起工式が、市の主催により、神職主宰のもとで神式に則る地鎮祭（工事を始める前にその土地の神を祀って工事の無事を祈る儀式）として挙行された場合。その際、次のような事実があったものとする。

　①本件地鎮祭は、専門の宗教家である神職が所定の服装で神社神道固有の祭式に則り一定の祭場を設け一定の祭具を使用して行った。

　②地鎮祭は、土地の神を鎮め祭るという宗教的な起源を持つ儀式であったが、時代の推移とともにその宗教的な意義が次第に稀薄化し、今日では建築着工に際しての慣習化した社会的儀礼という側面を有する。

　③現実の一般的な慣行としては、地鎮祭は、特に工事の無事安全等を願う工事関係者にとっては欠くことのできない行事とされている。

(2)　市長が、地元の神社の大祭奉賛会（大祭に係る諸事業を後援することを目的とする団体）の発会式に来賓として招かれて出席し、市長として祝辞を述べた場合。その際、次のような事実があったものとする。

　①本件神社は重要な観光資源としての側面を有し、本件大祭も観光上重要な行事であった。

　②本件発会式の式次第は特に宗教的儀式を伴うものではなかった。

　③市長の祝辞の内容も特に宗教的な意味合いを有するものではなかった。

参考　❶最大判昭和52年7月13日民集31巻4号533頁（津地鎮祭事件）
　　　　❷最一小判平成22年7月22日判時2087号26頁（白山ひめ神社事件）

▶▶解説

1．政教分離原則に関して、❶は、憲法は「国家と宗教との完全な分離を理想」
としているとしつつも、これが現実の国家制度として具現される場合には「国家
は実際上宗教とある程度のかかわり合いをもたざるをえない」とし、20条3項
によって禁止される「宗教的活動」とは、「およそ国及びその機関の活動で宗教
とのかかわり合いをもつすべての行為を指すものではなく、そのかかわり合いが
……〔わが国の社会的・文化的諸条件に照らし〕相当とされる限度を超えるものに
限られ」、「当該行為の目的が宗教的意義をもち、その効果が宗教に対する援助、
助長、促進又は圧迫、干渉等になるような行為」をいうと解している（目的効果
基準）。そして、「ある行為が右にいう宗教的活動に該当するかどうかを検討する
にあたつては、……当該行為の外形的側面のみにとらわれることなく、当該行為
の行われる場所、当該行為に対する一般人の宗教的評価、当該行為者が当該行為
を行うについての意図、目的及び宗教的意識の有無、程度、当該行為の一般人に
与える効果、影響等、諸般の事情を考慮し、社会通念に従つて、客観的に判断」
すべきものとされている。

2．まず、設例 (1) についてみると、❶は、上記の判断枠組みを用いて、本件地
鎮祭の外形的な側面にかかわらず、今日では地鎮祭はその宗教的な意義が稀薄化
して建築着工に際しての慣習化した社会的儀礼という側面を有し、また、一般的
な慣行として、特に工事の無事安全等を願う工事関係者にとっては欠くことので
きない行事とされていることから、一般人の意識においては建築着工に際しての
慣習化した社会的儀礼として世俗的な行事と評価されており、また、市長以下の
関係者の意識においても、建築着工に際しての慣習化した社会的儀礼を行うとい
う世俗的な目的によるものであったと考えられ、これによって神道を援助、助
長、促進するような効果がもたらされるとも認められないとして、20条3項に
よって禁止される宗教的活動にはあたらないと判示している。

　また、設例 (2) についても、類似の事案において❷は、やはり上記の判断枠組
みを用いて、市長が本件発会式に出席して祝辞を述べた行為は、地元の観光振興
に尽力すべき立場にある市長が社会的儀礼を尽くす目的で行われたものであり、
また、宗教的色彩を帯びない儀礼的行為の範囲にとどまる態様のものであったと
して、20条3項に違反するものではないと判示している。

［田近　肇］

56 遺族会への補助金支出

　A市遺族会Bは、「戦没者の慰霊法要を行い、会員相互の親睦と福利厚生の途を図ること」を目的として、戦没者の遺族で組織された団体であり、忠魂碑（戦没者を記念するための記念碑）の清掃などの環境整備のほか、毎年、忠魂碑前における慰霊式の挙行（この慰霊式は、専門の宗教家である神職または僧侶を招いて隔年で神式または仏式によって行われる）といった事業を行っている。Bの活動に対し、A市は、遺族会補助金交付要綱にもとづき、「遺族福祉の向上に資すること」を目的として、同遺族会が実施する「戦没者に対する慰霊に関する事業」に要する経費のうち、「忠魂碑の清掃と参拝に要する経費」および「慰霊式参列に要する経費」について、毎年約20万円の補助金を交付している。この場合について、A市によるBへの補助金の交付は、憲法89条前段に反するか。

参考　❶最三小判平成5年2月16日民集47巻3号1687頁（箕面忠魂碑事件）
　　　　❷最大判平成22年1月20日民集64巻1号1頁（空知太神社事件）

▶▶解説

1. 国・地方公共団体の公金支出・公的財産の提供が 89 条前段に違反するといいうるためには、まず、公金支出・公的財産の提供が「宗教上の組織若しくは団体」に対してなされていなければならない。そこで、ここでいう「宗教上の組織若しくは団体」とは何かが問題となる。

　この点について、「宗教の信仰・礼拝ないし普及を目的とする事業ないし活動」と広く捉える見解もあるが、❶は、89 条前段にいう「宗教上の組織若しくは団体」（および 20 条 1 項後段にいう「宗教団体」）とは、「宗教と何らかのかかわり合いのある行為を行っている組織ないし団体のすべてを意味するものではなく」、「特定の宗教の信仰、礼拝又は普及等の宗教的活動を行うことを本来の目的とする組織ないし団体」を指すと解している。

　神社・寺院・教会などが「宗教上の組織若しくは団体」にあたることはいうまでもないほか、宗教法人ではない「神社付近の住民らで構成される氏子集団」もこれにあたるとされたことがある（❷）。

2. 設例で問題となっている遺族会について、「宗教上の組織若しくは団体」を広く捉えれば、毎年忠魂碑前で慰霊式を挙行しているということから、これにあたるということができるのかもしれない。

　しかし、「宗教上の組織若しくは団体」を判例のように捉えるときには、団体の設立目的に着目すれば、遺族会は「戦没者の慰霊法要を行い、会員相互の親睦と福利厚生の途を図ること」を目的として組織された団体なのであり、また、実態に着目するとしても、たしかに遺族会は毎年慰霊式を挙行しているとはいえ、この慰霊式は神式または仏式によって隔年で交互に行われているのであって、「特定の宗教の信仰、礼拝又は普及等の宗教的活動を行うことを本来の目的」としているとはいえないということになる。

　そうすると、設例のような公金支出は、「宗教上の組織若しくは団体」に対してなされたものではないから、89 条前段との関係では、そもそもこれに違反するものではないということになろう。

[田近　肇]

57 神社への公有地の無償貸与

　A市に所在するB神社は、古くから商売繁盛の神様として地域住民によって厚く信仰されてきた。今でも毎年2月には例祭が行われ、多くの参詣者で賑わっている。ところで、B神社は、かつて現在地から数百メートル離れた場所にあったが、1917（大正6）年、市道の付替工事に伴い当時の境内地が付替市道の予定地になったため、A市が市有地を無償で貸与して現在地に移転して今に至っている。A市の市有地が本殿・拝殿や社務所などが建つB神社の境内地として使用されているという事実は、現行憲法の施行後も黙認されてきたが、最近になってこれを問題視する意見が一部の住民によって出されるようになった。この場合において、A市がB神社に本件市有地を無償で貸与し続けていることは、憲法89条前段に反するか。

参考　❶最大判平成22年1月20日民集64巻1号1頁（空知太神社事件）
　　　❷最大判昭和52年7月13日民集31巻4号533頁（津地鎮祭事件）

▶▶解説

1. 設例の事案で、市有地という公の財産がB神社という宗教上の組織もしくは団体に対し、その使用のため、無償貸与という形で供されているということには異論はないであろう。つまり、本件市有地の無償貸与は、形式的には89条前段の禁止に該当するといえる。

このような無償貸与の合憲性について、同種の事案において❶は、❷以来用いてきた目的効果基準を用いずに判断をした。すなわち、❶は、89条前段は「宗教とのかかわり合いが、我が国の社会的、文化的諸条件に照らし、信教の自由の確保という制度の根本目的との関係で相当とされる限度を超えるものと認められる場合に、これを許さないとするもの」であるという大きな枠組みを再確認したうえで、「〔宗教との関わり合いが〕相当とされる限度を超えて憲法89条に違反するか否かを判断するに当たっては、当該宗教的施設の性格、当該土地が無償で当該施設の敷地としての用に供されるに至った経緯、当該無償提供の態様、これらに対する一般人の評価等、諸般の事情を考慮し、社会通念に照らして総合的に判断すべき」であると説いている。

ここで目的効果基準が用いられなかったことの1つの説明として、本件利用提供行為は、半世紀以上もの歴史を有する継続的行為であって、かつ、単に現状を放置しているという不作為の側面も併せ有するものだったからという説明がなされている。そして、事案の類型の違いに対応して、判断にあたり考慮すべき諸要素も❷とは異なる諸要素が挙げられたということであろう。

2. 設例に関していえば、たしかに本件市有地は市道の付替工事に際して代替地として提供されたという経緯があるものの、神社の本殿・拝殿などは明らかに宗教的施設であり、また長期間にわたって継続的に便益が提供され続けているという事実がある。この点を強調すれば、本件無償貸与は、市が、何らの対価を得ることなく市有地上に宗教的施設を設置させ、氏子・崇敬者等がこれを利用して宗教的活動を行うことを容易にさせているものであり、一般人の目からみて、市が特定の宗教を援助していると考えざるをえないということができる。そうすると、本件無償貸与は、社会通念に照らして総合的に判断すれば、わが国の社会的・文化的諸条件に照らし相当とされる限度を超えた、市とB神社との関わり合いをもたらすものとして89条前段に違反するということもできよう。

[田近　肇]

58 宗教法人への非課税措置

　法人税法は、4条1項において、「内国法人は、この法律により、法人税を納める義務がある」としつつも、「公益法人等……については、収益事業を行う場合……に限る」として、収益事業を営まない公益法人等は納税義務を負わない旨を定め、さらに、7条において、「公益法人等……の各事業年度の所得のうち収益事業から生じた所得以外の所得については、……各事業年度の所得に対する法人税を課さない」と定めている。そして、同法の別表第二は、公益社団法人・公益財団法人や学校法人、社会福祉法人などと並んで、「公益法人等」の1つに宗教法人を掲げており、したがって、宗教法人が収益事業から得た所得以外の所得については法人税が課されないことになる。

　この法人税法の規定は、憲法20条1項後段または89条前段に反しないか。

参考　❶最大判昭和52年7月13日民集31巻4号533頁（津地鎮祭事件）

▶▶解説

1. 法人税法の諸規定が宗教法人の収益事業から生じた所得以外の所得について非課税としていることは、まず、宗教団体に対する特権付与の禁止を定めた20条1項後段に違反しないかが問題となる。また、非課税措置は、形式的には宗教法人に対して公金を支出するものではないが、経済的な効果に着目すれば、免除された税額に相当する額の公金を補助金として支出するのと変わらないとみることもでき（いわゆる租税歳出論）、それゆえ宗教上の組織もしくは団体に対する公金支出を禁止した89条前段に違反しないかも問題にすることができる。

2. 宗教法人の非収益事業からの所得に対する非課税措置について、その合憲性を疑問視する学説もあるが、学説の多くは、たとえばこの非課税措置が「内国公益法人その他の法人に対する免税措置の一環としてのもの」であることを理由として合憲と解してきた。

3. この非課税措置の合憲性が最高裁判所その他の裁判所によって論じられたことはないが、この問題を判例の枠組みに照らして考えるとすれば、次のようなことになろう。

判例は、❶以来、ある国家行為が憲法の政教分離規定に違反するかどうかにつき、国家と宗教との関わり合いが「わが国の社会的・文化的諸条件に照らし、相当とされる限度を超えるか否か」という枠組みで判断してきた。ただし、設例のような場合、関わり合いが「相当とされる限度を超えるか否か」を判断するより具体的な基準として、最高裁が目的効果基準を用いるかどうかは明らかではない。というのは、従来、目的効果基準が用いられた事案は国家による事実行為（たとえば、地鎮祭の挙行）が問題とされた事案だったのに対し、設例では、法人税法という法律の規定の合憲性が問題となっているからである。

とはいえ、宗教法人だけが非課税措置の対象とされているのではなく、公益社団法人・公益財団法人や学校法人、社会福祉法人などと並んで対象とされていることからすれば、特に宗教団体としての性格に着目して非課税措置がとられているわけではないということができ、また、一般人の目からみて、「公益法人等」に含まれる他の種類の法人と比べて、国が宗教法人を特別に支援しているという印象を与えるものではないということができる。それゆえ、宗教法人の非収益事業所得に対する非課税を定めた法人税法の諸規定は、20条1項後段および89条前段に反しないということができよう。

[田近　肇]

59 宗教団体のみを対象とする公金支出等

　奈良時代の創建と伝えられる A 神社は、その本殿および拝殿が国宝に指定されるなど、B 市を代表する神社として全国に知られており、多くの観光客を集めている。そして、先ごろ、門前町をなす古い町並みをあわせて A 神社周囲の一帯が世界遺産に登録されることとなり、今後、国内・国外を問わずますます多くの観光客が A 神社を訪れることが見込まれている。ところで、B 市ないし A 神社へは鉄道等の公共交通手段が整備されていないため、今後観光客の自家用車や貸切バスなどの増加にも対応する必要があり、A 神社では境内地に隣接する自己の所有地に駐車場を整備することを計画している。そこで、B 市は、観光客の増加が地元経済の活性化につながることから、A 神社に対し、駐車場の整備費用（これにはトイレ等の休憩施設の整備も含まれる）の半額を補助することにした。この場合において、B 市による A 神社に対する補助金の交付は、憲法 89 条前段に反するか。

参考　❶最大判平成 22 年 1 月 20 日民集 64 巻 1 号 1 頁（空知太神社事件）
　　　❷最大判平成 9 年 4 月 2 日民集 51 巻 4 号 1673 頁（愛媛玉串料事件）
　　　❸さいたま地判平成 21 年 7 月 22 日裁判所ウェブサイト

▶▶解説

1. 設例の事案で、A神社が89条前段にいう「宗教上の組織若しくは団体」に該当することは異論の余地がなく、同神社に対して、駐車場の整備に関する補助金という形でB市の公金が支出されているのであるから、B市による本件補助金の交付が形式的に89条前段の禁止に該当することは言うまでもない。そして、政教分離原則の趣旨は宗教団体を一般の他の団体よりも優遇してはならず、また、ある宗教団体を他の宗教団体よりも優遇してはならないというところにあるところ、設例では、A神社という特定の宗教団体に対してのみ補助金が交付されているから、本件補助金交付の合憲性はいっそう疑わしいようにもみえる。

2. 89条前段違反が問題とされる事案では目的効果基準を用いるべきではないとする考え方もありうるが（❶における藤田宙靖裁判官の補足意見参照）、❷において多数意見は「公金支出行為等における国家と宗教とのかかわり合いが……相当とされる限度を超える……かどうかを検討するに当たっては、前記と同様の基準〔＝目的効果基準〕によって判断しなければならない」と説いていたのであり、下級審の裁判例のなかには、89条前段違反が問題とされる事案においても、合憲性を判断するにあたり、目的効果基準を用いたものがある（❸）。

3. さて、A神社は、宗教施設であることに疑いがないとしても、その門前町とあわせて世界遺産に登録されることになったことにもみられるように、文化的な価値を有する観光資源という側面も有するから、駐車場の整備に係る本件補助金交付も観光客の誘致というB市の観光政策の一環として行われたものとみることができる。また、トイレ等の休憩施設を含んだ駐車場はそれ自体としては宗教的意味合いを持たないといえよう。そうすると、駐車場という観光客の誘致に必要な施設の整備を後押しするという目的で、それ自体としては宗教的意味合いを持たない施設の整備に本件補助金を交付したとしても、これにより、住民に対して、A神社に対して特別の援助がされているものとの印象を与えることにはならず、したがって、本件補助金交付は、B市とA神社との間に相当な限度を超える関わり合いをもたらすものとはいえないから89条前段に反しないということができよう。

[田近　肇]

60 刑事収容施設での教誨活動

刑事収容施設法 68 条 1 項は、「刑事施設の長は、被収容者が宗教家……の行う宗教上の儀式行事に参加し、又は宗教家の行う宗教上の教誨を受けることができる機会を設けるように努めなければならない」と定めており、その結果、宗教家が刑事収容施設という国の施設内で被収容者を対象として宗教儀式等を行いまたは教誨活動（徳性の育成を目的として受刑者等に対して行われる教育活動）を行うことが可能となっている。

刑事収容施設法のこの規定は、憲法 20 条 3 項に反しないか。

参考　❶最大判昭和 52 年 7 月 13 日民集 31 巻 4 号 533 頁（津地鎮祭事件）
　　　❷最二小判平成 8 年 3 月 8 日民集 50 巻 3 号 469 頁（エホバの証人剣道実技拒否
　　　　事件）
　　　❸大阪地判昭和 33 年 8 月 20 日行集 9 巻 8 号 1662 頁
　　　❹東京地判昭和 36 年 9 月 6 日行集 12 巻 9 号 1841 頁

▶▶解説

1. 設例にも示したように、刑事収容施設法68条1項は、刑事施設の長が認めることによって、刑事収容施設内で被収容者を対象にした宗教儀式等または教誨活動を宗教家に行わせるものであるから、このことは国による宗教教育その他の宗教的活動にあたるものとして憲法20条3項に違反しないかが問題となりうる。この問題は、（強制的に）宗教教誨が行われた事案において実際に下級審で争われたことがある（**❸❹**）。

しかし、刑事施設の被収容者が宗教教誨を受けることを希望している場合、この者は当然のことながら自由に宗教施設等に出向くことができないから、刑事施設内で宗教儀式に参加しまたは宗教教誨を受けることが一切できないとしたら、かえって被収容者の信教の自由が損なわれるという別の問題が生じる。**❶**も、宗教教誨の問題を、政教分離原則を完全に貫こうとした場合に生じうる不都合の例の1つとして掲げている。

2. このように信教の自由と政教分離原則とが対立し、両者の間の調整が問題となった事案としては、**❷**が想起されよう（項目**52**参照）。知られているように、最高裁は、信仰上の理由から剣道実技に参加できない学生に対し、他の体育実技の履修やレポートの提出といった代替措置を講じたうえで、その成果に応じた評価をすることは、「その目的において宗教的意義を有し、特定の宗教を援助、助長、促進する効果を有するものということはできず、他の宗教者又は無宗教者に圧迫、干渉を加える効果があるともいえない」として、必ずしも20条3項に違反するものではないと説いていた。

これにならって考えるとすれば、被収容者の希望の有無にかかわらず強制的に宗教教誨を行うような場合であればともかく、被収容者の側が宗教儀式に参加しまたは宗教教誨を受けることを希望しているときに、それらを可能にするために宗教家に対し刑事収容施設内で宗教儀式等や教誨活動を行わせることは、被収容者の信教の自由を確保するという世俗的な目的によるものであり、被収容者の信教の自由の確保以上に特定の宗教を援助、助長、促進する効果を有するとも、他の宗教者または無宗教者に圧迫、干渉を加える効果を有するともいうことはできず、それゆえ、刑事収容施設法68条1項は憲法20条3項に反しないということになろう。

[田近　肇]

61 表現の自由と明確性の原則

　A県公安条例は、「道路その他公共の場所」で集団行進等を行おうとするときは県公安委員会の許可を受けなければならないとしたうえで、集団行進等の主催者から許可の申請があったときは、「公共の安全・安心を保持する上に直接危険を及ぼすと明らかに認められる場合」を除いて、これを許可しなければならないと定める（1条）。さらに、同条例は、集団行進等の主催者が、公共の安全・安心を保持するために遵守しなければならない事項の1つとして、「交通秩序を維持すること」を掲げる（2条）。

　Bは、県公安委員会の許可を受けたうえで、賛同者300名とともに、集団行進をした。県公安委員会の許可には、「だ行進をするなど交通秩序を乱すおそれがある行為をしないこと」という条件が付されていた。しかし、Bは、賛同者300名を指揮して、だ行進、うず巻行進、すわり込み等を行ったため、A県公安条例2条によって起訴された。

　Bが、A県公安条例1条・2条が不明確であり憲法21条1項・31条に違反すると主張した場合、その主張の当否を論じなさい。

参考 ❶最大判昭和50年9月10日刑集29巻8号489頁（徳島市公安条例事件）
❷最大判昭和59年12月12日民集38巻12号1308頁（税関検査事件）
❸最大判昭和35年7月20日刑集14巻9号1243頁（東京都公安条例事件）
❹最三小判平成7年3月7日民集49巻3号687頁（泉佐野市民会館事件）
❺最三小判平成19年9月18日刑集61巻6号601頁（広島市暴走族追放条例事件）

▶▶解説

1. 法令の不明確性と過度広汎性は、前者が規制の事前告知の不在という手続面を問題とし、後者が憲法上保護された行為の規制という実体面を問題とする点で区別される。もっとも、設例のように、法令が不明確であるがゆえに憲法上保護された行為にも規制が及びうる場合には、両者が重畳的に問題になる。ここでは、主として、法令の不明確性について論じる。

2. ❶は、「通常の判断能力を有する一般人」が、①ある規定からある基準を読みとれるか（解釈の容易性）、②当該基準によってある行為への当該規定の適用の有無を判断できるか（解釈結果の明確性）の2要件によって、法令の明確性を判断した。これとほぼ同趣旨の基準は、❷で、合憲限定解釈の可否の判断基準に転用されている。

3. 条例1条については、「道路その他公共の場所」や「公共の安全・安心」との文言が不明確ではないかが問題となる。条例1条と同様の規定につき、❸は、それが不明確とはいえないと判断した。他方、❹は、「公の秩序をみだす」との文言を「人の生命、身体又は財産が侵害され、公共の安全が損なわれる」との意味に合憲限定解釈している。また、❷の大橋進裁判官ほか補足意見は、「公安」を害するとの文言が不明確で無効となる可能性を指摘している。

　条例2条については、「交通秩序を乱す」との文言が不明確ではないかが問題となる。およそすべての集団行進は交通秩序を乱すものである。そのため、条例2条は、集団行進の許可条件を定めているにもかかわらず、すべての集団行進を許可しないという、不明確な規定であるようにも思われる。しかし、条例2条と同様の規定につき、❶は、「交通秩序を乱す」を「殊更な交通秩序の阻害をもたらす」と合憲限定解釈すれば、条例が不明確とはいえないとした。

4. なお、Bは、「だ行進、うず巻き行進、すわり込み等」を行っており、これらの行為は、整然とした集団行進と異なり、「殊更な交通秩序の阻害をもたら」し「人の生命、身体又は財産」を侵害するおそれがあると容易に理解できる。したがって、本件適用関係において、本件条例は不明確でないともいえる。しかし、判例は、21条1項が問題となる場合、当該適用関係において不明確とはいえない法令についても、法令の一般的適用関係における明確性を検討している（❶❷❺）。

[村山健太郎]

62 検閲の禁止と 税関検査(1)

　Aは、B国内で出版され日本国内では流通していない、動物が残虐に殺傷されている写真を多数掲載した書籍を、日本国内で頒布しようと考え、B国内在住の友人Cに対して、同書籍100冊を郵送するように依頼した。Cはこの依頼に応じ、同書籍100冊（以下、「本件物件」という）を包有するA宛の10通の外国郵便物（以下、「本件郵便物」という）を差し出し、本件郵便物は日本国内の郵便局に着荷した。

　本件郵便物を検査する関税法上の権限を有するD税関支所長Eは、本件郵便物中の本件物件について検査し、「図版のなかに動物を残虐に殺傷する行為を描写しているものが多数掲載されており、風俗を害するものと認められる」との理由を付したうえで、本件物件が関税法69条の11第1項7号に掲げる貨物に該当する旨、Aに通知した。そこで、Aは、Eに対し、通知処分の取消しを求めて出訴した。

　以上の事例に含まれる憲法上の問題点について論じなさい。

参考　❶最大判昭和59年12月12日民集38巻12号1308頁（税関検査事件）
　　　❷最大判昭和61年6月11日民集40巻4号872頁（「北方ジャーナル」事件）

▶▶解説

1. 表現の自由の規制態様としては、事前規制と事後規制とが区別され、前者の合憲性はより厳格に審査される。❶は、広義の事前規制を、①「検閲」、②「事前規制そのもの」、③「事前規制的なもの」（「事前規制たる側面を有するもの」）に区別する。①「検閲」は、「行政権が主体となつて、思想内容等の表現物を対象とし、その全部又は一部の発表の禁止を目的として、対象とされる一定の表現物につき網羅的一般的に、発表前にその内容を審査した上、不適当と認めるものの発表を禁止すること」であり、絶対的に禁止される。③「事前規制的なもの」については、「表現の自由が不当に制限されるという結果を招くことがないように配慮する必要」があり、ⓐ規制が「最小限度の制約」でなくてもよいが「やむを得ないもの」でなければならず、ⓑ不明確・広汎な規制には合憲限定解釈を施さなければならない。そして、合憲限定解釈の可否は、ⓒ解釈結果の明確性・合憲性とⓓ解釈の容易性の2要件によって審査される。なお、❷は、②「事前規制そのもの」について、「厳格かつ明確な要件のもとにおいてのみ許容されうる」としている。

2. ❶によれば、税関検査は、一方で、日本国内における情報受領者の知る自由を制約するが、他方で、表現物の発表の機会を全面的に奪うものではないため、③「事前規制的なもの」である。そのうえで、同判決は、ⓐ猥褻表現物に対する税関検査は「最小限度の制約」とはいえないものの「やむを得ない」制約であり、ⓑ「風俗を害すべき」との文言は「猥褻な」との意味に合憲限定解釈できるとして、猥褻な書籍・図画等の輸入規制が21条各項に違反しないと判断した。合憲限定解釈が可能であるとされた理由は、ⓒ猥褻な書籍・図画の頒布・販売は日本国内で合憲的に禁止できる点、猥褻性の概念は判例を通じて明確化されている点、ⓓ「風俗を害すべき」との文言を「猥褻な」と解釈することは「わが国内における社会通念に合致する」点にある。

3. 設例では、Eが、「風俗を害すべき書籍、図画」との文言に残虐な表現物の意味が含まれると解釈したうえで、Aに対し本件物件が関税法69条の11第1項7号の定める輸入禁止物件にあたると通知した。「風俗を害すべき」を「猥褻な」と合憲限定解釈せずになされた本件通知処分は、違法である。

［村山健太郎］

63 検閲の禁止と 税関検査(2)

　Aは、B国内で原書が出版され、日本国内でも訳書が出版され流通している写真集の日本語版（以下、「本件写真集」という）1冊を、日本からB国に出国した時から携行していたが、B国から日本に帰国する際も、同写真集を自ら鑑賞する目的で持ち帰ろうと考え、これを携行していた。本件写真集は、全体が約400頁であり、男性性器を露骨に描写した白黒の写真を約20頁収録していたが、美術評論家からその芸術性を評価され、写真芸術に高い関心を有する者による鑑賞を想定して出版された。

　C空港所在のD税関支所旅具検査場において、D税関支所長Eは、本件写真集について税関検査を実施し、「図版のなかに男性性器を露骨に描写しているものが掲載されており、風俗を害するものと認められる」との理由を付したうえで、本件写真集が関税法69条の11第1項7号に掲げる貨物に該当する旨、Aに通知した。そこで、Aは、Eに対し、通知処分の取消しを求めて出訴した。

　以上の事例に含まれる憲法上の問題点について論じなさい。

参考　❶最三小判平成20年2月19日民集62巻2号445頁（第2次メイプルソープ事件）
　　❷最大判昭和59年12月12日民集38巻12号1308頁（税関検査事件）
　　❸最三小判平成11年2月23日判時1670号3頁（第1次メイプルソープ事件）

▶▶解説

1. 本件写真集が「猥褻な書籍」に該当しない場合、通知処分は違法である（項目 **62** 参照）。問題は、本件写真集が「猥褻な書籍」に該当しうる場合でも、通知処分が憲法 21 条 1 項に違反するとされうるかどうかである。

2. まず、設例では、日本国内で出版され流通している写真集が、一度外国に持ち出され、再び国内に持ち込まれた際の、税関検査の合憲性が問題となっている。この問題について、**❶**の第 1 審判決は、憲法 21 条 1 項の趣旨を踏まえ、猥褻性が認められうる表現物であっても、それが日本国内で流通していたのであれば、再度日本国内に持ち込まれたとしても、新たに「風俗を害すべき」事態は生じず、これを税関検査による輸入規制の対象とすべきではないとした。しかし、同事件の最高裁判決は、再輸入された表現物を税関検査による輸入規制の対象としても、憲法 21 条 1 項に違反しないと判断した。猥褻表現物の再輸入によって日本国内の風俗が害されるおそれが高まるとされたためである。

3. 次に、頒布・販売ではなく個人の鑑賞を目的とする猥褻表現物の輸入規制は憲法 21 条 1 項に違反するのではないか。この問題について、**❷**は、税関検査のような「事前規制的なもの」については、規制が「最小限度の制約」でなくてもよいが、「やむを得ないもの」でなければならないとする。同判決によれば、単なる所持を目的とする輸入を規制から除外するのが「最小限度の制約」であるが、輸入目的の識別は困難であり、所持目的で輸入した猥褻表現物は容易に頒布・販売されうることから、輸入目的を区別せずに猥褻表現物を「水際で阻止することもやむを得ない」ということになる。

4. 最後に、設例のように、猥褻性の判断が容易でない文書・図画について、税関職員が一方的に審査をすることは、実質的検閲にあたり許されないのではないか。この問題について、**❸**の尾崎行信裁判官ほか反対意見は、税関検査が「事前規制そのもの」であるとの理解を前提に、それが「厳格かつ明確な要件の下においてのみ許容される」とする。そして、税関検査が許されるのは、「税関職員が本務に付随して『容易に判定し得る限りにおいて』審査する」場合に限定されるとして、「わいせつ性について見解が分かれる可能性のある書籍や図画等については、税関長に事前審査の権限がない」とした。しかし、同判決の多数意見は、税関検査を「事前規制的なもの」と位置づけ、反対意見のような理解を採用しない。

[村山健太郎]

64 通信の秘密(1)

20XX 年、通信傍受法が改正された（以下、「本件改正」という）。

本件改正の第1は、通信傍受法3条1項1号等の傍受令状発付要件である。改正前（現行の条文）3条1項1号は、窃盗・詐欺等の別表第2に掲げられた犯罪について、傍受令状が発付できるのは、「当該罪に当たる行為が、あらかじめ定められた役割の分担に従って行動する人の結合体により行われるものに限る」としていた（以下、「結合体要件」という）。本件改正は、窃盗・詐欺等の別表第2に掲げられた犯罪について、捜査機関による結合体要件の疎明がなくても、傍受令状を発付できることにした。

本件改正の第2は、通信傍受の対象犯罪の拡大である。すなわち、本件改正では、新たに、刑法197条から198条までの罪（収賄、受託収賄および事前収賄、第三者供賄、加重収賄および事後収賄、あっせん収賄、贈賄）が、通信傍受の対象犯罪として追加された。

本件改正に含まれる憲法上の問題点について論じなさい。

| **参考** ❶最三小決平成 11 年 12 月 16 日刑集 53 巻 9 号 1327 頁（電話傍受事件）

▶▶解説

1. ❶（通信傍受法制定前の判例）によれば、「電話傍受は、通信の秘密を侵害し、ひいては、個人のプライバシーを侵害する強制処分である」。したがって、電話等の通信の傍受については、憲法21条2項・13条との関係が問題となる。

❶は、電話傍受が憲法上許されるためには、「重大な犯罪に係る被疑事件について、被疑者が罪を犯したと疑うに足りる十分な理由があり、かつ、当該電話により被疑事実に関連する通話の行われる蓋然性があるとともに、電話傍受以外の方法によってはその罪に関する重要かつ必要な証拠を得ることが著しく困難であるなどの事情が存する場合において、電話傍受により侵害される利益の内容、程度を慎重に考慮した上で、なお電話傍受を行うことが犯罪の捜査上真にやむを得ないと認められる」ことが必要であるとしている。同判決は、通信傍受法制定後も、同法の合憲性を判断する基準となりうる。

2. では、本件改正後の通信傍受法は、電話等の通信の傍受が憲法上許されるための要件を満たしているといえるか。

まず、別表第2提出の犯罪について結合体要件を不要とした場合、対象犯罪が「重大な犯罪」に限定されるとはいえず、憲法21条2項・13条に違反する。たしかに、通信傍受法は、別表第2の罪について、「当該犯罪が数人の共謀によるもの」であることを通信傍受実施の要件としており、結合体要件がなくても、対象犯罪は複数人による「重大な犯罪」に限定されると考えることもできる。しかし、窃盗・詐欺等が単発の共同正犯のかたちで実行されたような場合に、これを「重大な犯罪」と評価することはできない。したがって、結合体要件は別表第2の罪のなかから「重大な犯罪」のみを選別するために不可欠であるといえる。

次に、収賄罪等は、「重大な犯罪」ではなく、第2の改正も違憲であると考えられる。通信傍受が憲法上許容されるのは、生命・身体に危害を生ぜしめるおそれのある犯罪について、犯罪の解明のために通信傍受の手段を採用しなければならない特殊な事情がある場合に限定されるといった議論も可能であろう。たしかに、収賄罪等については、贈賄者と収賄者の双方が利益を得ており、直接の被害者がいないため、犯罪の証拠を得ることが難しい。しかし、収賄罪等は、公務員の職務の公正とこれに対する社会一般の信頼を保護法益としており、個人の生命・身体に危害を生ぜしめるおそれのあるものではないから、これを通信傍受の対象とすることはできないということになる。

[村山健太郎]

65 通信の秘密(2)

　Aは、日本社会の最大の病理が不倫であると主張し、不倫なき社会の実現を公約として、市議会議員に当選した。

　『週刊B』は、芸能人等の動向に関するゴシップ記事を中心に構成される週刊誌であり、記事の一部を『週刊Bデジタル』と称されるホームページで公開している。同誌は、スクープに見せかけた飛ばし記事を連発することが多く、フィクションとしては面白いと評価されていた。

　ある日、『週刊B』の記者Cのもとに、封書が届いた。封書には、議員Aと不倫相手との電話を盗聴した旨の文書と、盗聴音声データを記録したUSBメモリが同封されていた。Cは、同音声データが電気通信事業者の加入電話によるAと不倫相手の通話内容を第三者が盗聴録音したものであると知りながら、「不倫なき社会を目指す議員Aが不倫⁉」との見出しのもと、『週刊Bデジタル』上で、同音声データを公開した。Aは、同音声データが本物であることを認めて、議員辞職した。他方、Cは、電気通信事業法4条1項・179条1項によって起訴された。

　以上の事例に含まれる憲法上の問題点について論じなさい。

参考　❶最二小決平成16年4月19日刑集58巻4号281頁（電気通信事業法104条1項事件）
　　　❷最大決昭和44年11月26日刑集23巻11号1490頁（博多駅事件）
　　　❸最三小決平成18年10月3日民集60巻8号2647頁（NHK記者取材源秘匿事件）
　　　❹最一小決昭和53年5月31日刑集32巻3号457頁（外務省秘密電文漏洩事件）

▶▶解説

1. 電気通信事業法4条1項は、「電気通信事業者の取扱中に係る通信の秘密は、侵してはならない」とし、同法179条1項は、「電気通信事業者の取扱中に係る通信……の秘密を侵した者」に罰則を科す。同法1条は、電気通信事業制度の健全性と「利用者の利益」の保護を立法目的として掲げており、同法4条1項・179条1項は、憲法上の「利用者の利益」といえる通信の秘密（21Ⅱ）を直接に保護する規定である。

2. 設例では、記者Cの報道の自由が、電気通信事業法4条1項・179条1項により、事後的・付随的に制約されている。本件の問題点は、同法の本件適用関係における合憲性にあり、①「通信……の秘密を侵した者」との構成要件を合憲限定解釈して本件適用関係を処罰対象から除外できないか、②正当業務行為として本件報道行為の違法性を阻却できないか、といった点を検討する必要がある。

3. まず、「通信……の秘密を侵した者」とは、自ら電気通信事業者の管理下にある通信を侵してその秘密を知った者であり、通信を侵すことなく知った秘密を他に漏らした者は処罰対象にならないとの解釈も、可能ではある。自ら盗聴等を行ったわけではない第三者が秘密を漏らすことまで処罰されるとすれば、盗聴によって採取された通信の内容の公開が永続的に禁じられ、報道の自由を制約しうるからである。もっとも、判例（❶）は、自ら盗聴に関与していない者も、電気通信事業法4条1項・179条1項の処罰対象になるとする。

次に、本件報道は、正当業務行為と評価できるか。正当業務行為性の認定に際し、同程度に重要な2つの人権を調整する場合は、比較衡量が合憲性判断の基調となる。判例（❷❸）は、公正な裁判を受ける権利と取材の自由との調整が必要となる事案について、当該事案に即した諸要素の衡量を基調とした判断をしている。また、❹は、「贈賄、脅迫、強要等の一般の刑罰法令」に触れない取材行為について、形式上ある法令の構成要件に該当しても、「社会観念上是認されるもの」であれば、違法性が阻却されるとする。

設例でも、本件報道の内容、性質、その持つ社会的な意義・価値、報道にいたるまでの取材の態様、将来における同種の取材・報道が妨げられることによって生ずる不利益の程度等と、本件における通信の自由侵害の内容、性質、態様、軽重等を比較衡量して、本件報道が社会観念上是認されるかを検討することになる。

[村山健太郎]

66 名誉毀損と相当性の法理

　国内の大手新聞社であるＡは、某省事務次官ＢがＣ社から違法に金銭を受け取っていたこと、同省の競争入札でＣ社を優遇するよう取り計らっていたことを報じた。ところが後の調査の結果、このような事実は確認されず、この記事の内容は虚偽であることが明らかになった。以下のそれぞれの場合に、Ａに名誉毀損の不法行為（民法709条）が成立するかを検討しなさい。

(1) 　Ａが匿名の人物による電話でのリークのみを頼りにし、特に裏付け取材をしなかった場合。

(2) 　Ｂが収賄罪（刑法197条1項）の容疑で逮捕され、捜査当局によるその旨の公式発表がなされたが、後に犯罪の容疑がないと判断されて釈放されたと仮定する。Ａがこの公式発表を待ち、さらにその後裏付け取材を行ったうえでＢが釈放される前の時点で記事を出した場合。

(3) 　(2)の場合を前提として、記事の中で、ＡがＢのことを「金の亡者」、「盗人」などと称していた場合。

参考　　❶最一小判昭和41年6月23日民集20巻5号1118頁（「署名狂やら殺人前科」事件）
❷最大判昭和44年6月25日刑集23巻7号975頁（「夕刊和歌山時事」事件）
❸最一小判昭和47年11月16日民集26巻9号1633頁（嬰児変死事件）
❹最一小判平成元年12月21日民集43巻12号2252頁（長崎教師批判ビラ事件）
❺最三小判平成9年9月9日民集51巻8号3804頁（ロス疑惑訴訟夕刊フジ事件）

▶▶解説

1. 名誉毀損とは、ある者の社会的評価を低下させる言論で、民法上の不法行為（民709）、刑法上の名誉毀損罪（刑230）を構成しうる。一方、公共的関心事に関する言論が名誉毀損とされると、憲法21条の表現の自由に抵触しうる。そこで判例上、①問題の言論が公共の利害に関する事実に係り、②専ら公益を図る目的でなされ、③摘示された事実が真実である場合、または③′真実と証明されなくても話者が真実と信じるだけの相当の理由があった場合、不法行為は成立しないとされる（❶）。刑法にはそもそも①～③に関し明文の規定があるが（刑230の2Ⅰ）、判例では③′の場合にも罪が成立しないとされる（❷）。

2. 設例の場合、発表主体や記事の内容から①②の要件は容易に充足される（なお、刑230の2Ⅲ参照）。そして、設例では記事の内容が虚偽と認められたため、③′が焦点となる。判例は、一般に③′のいわゆる相当性の抗弁の成立を容易には認めない。これには報道の自由の観点から批判があるが、判例を前提にする限り、記事を公表するメディアは慎重な裏付け取材を求められる。そのため、**(1)**のようなリーク情報のみに依拠した記事には、明らかに相当性が認められない。

3. 他方で、**(2)**のように捜査機関の公式発表がなされた後に記事を公表したが、その発表に誤りがあったケースはどうか。判例は、捜査機関の公式発表がない場合には慎重な裏付け取材が必要だというのみであるが（❸）、一般にそうした発表にもとづく報道の場合には不法行為は成立しないと考えられている（設例のようにさらなる裏付け取材があればなおさらそうである）。

4. それでは、**(3)**のような表現が用いられた場合はどうか。こうした事実を基礎とする意見や論評については、ⓐ問題の言論が公共の利害に関する事実に係り、ⓑその目的が専ら公益を図ることにあり、ⓒ当該意見・論評の前提事実の重要な部分が真実である場合、ⓓ人身攻撃に及ぶなど意見・論評の域を逸脱したものでない限り不法行為責任を問われない（❹❺）。**(3)**の場合、「金の亡者」等の表現が意見・論評の域を逸脱したかが争点となる。この判断は記事の発表主体Aや記事の対象たるBの性格、記事全体の構成や論調等の具体的要素にもとづいてなされる。記事が明らかに公共の利害に関わるものであるうえ、Bが事務次官という常に論評や批判にさらされる地位にあることを踏まえると、容易には意見・論評の域を逸脱しているとの評価は下されないだろう（❹）。　　［奈須祐治］

67 インターネット上の名誉毀損

　社会問題に関して多くの記事を書いていた有名ブロガーの A は、B 社が反社会的組織 C と密接な関係を持ち、同社の売り上げの大半が C に流れていたことをブログに書いた。ところがこの記事の内容は虚偽であることが判明した。A はこの記事の執筆にあたり、インターネット上の匿名掲示板で流布されていた B 社の噂を収集する程度の調査しかしていなかった。

(1)　A は名誉毀損罪（刑法 230 条 1 項）で起訴された。A は、個人のインターネット利用者にはマスメディアの記者と同水準の取材や調査は求められないし、インターネット上で B 社が反論することも容易にできたので、罪は成立しないと主張した。A の主張は認められるか。

(2)　①このケースで B 社が A に対して民事訴訟を提起し、不法行為（民法 709 条）の成立を主張した場合、その訴えは認められるか。②B 社がこの記事の公開後すぐに、このブログを運営する D 社に記事の公開停止を求めた。D 社はこの記事が名誉毀損に該当するかを調査したうえで、最終的に該当性を確認し、記事の公開を停止した。ただ、この措置がとられるまでに約 1 週間かかったため、B 社は D 社にも名誉毀損の不法行為責任が生じると主張した。この主張は成立するか。

参考　❶最一小決平成 22 年 3 月 15 日刑集 64 巻 2 号 1 頁（ラーメンフランチャイズ事件）
　　　❷東京高判平成 13 年 9 月 5 日判時 1786 号 80 頁（ニフティサーブ（現代思想フォーラム）事件）
　　　❸東京高判平成 14 年 12 月 25 日判時 1816 号 52 頁（2 ちゃんねる（動物病院）事件）

▶▶解説

1．サイバースペースを法規制から自由な言論空間とみなす学説もあるが、実際にはそこでも通常の法律が適用され、名誉毀損についても、通常の民・刑事の法規定が適用される。インターネット上の名誉毀損にはたいてい容易に反論可能なので、規制ではなく言論で対抗すべきとする見解もある。しかし、最高裁はインターネットでなされた名誉侵害が反論によって回復される保証があるわけではないとして、これを否定した（**❶**）。それでは、名誉毀損の免責事由である相当性の抗弁（項目**66**参照）の成立についてはどうか。インターネット上の言論は、高い取材能力を持ち、綿密な分析活動を行うマスメディアとは違い、素人が日々情報発信を行っている。そこで、インターネット上の情報の信頼性は一般に低いので、民・刑事の名誉毀損責任を免れるための相当の理由の証明にあたっては、マスメディアの記者に要求される慎重な裏付け取材は要せず、インターネットの個人利用者に要求されるレベルの調査で十分だという説もある。**❶**の第１審判決はこの立場に立ったが、最高裁は、インターネット上の言論でも信頼性の低い情報として受け取られるとは限らないので、言論を発信する側に通常の場合と同レベルの取材や調査が求められると判断した。

2．設例で、Ａはインターネット上の噂を収集する程度の調査しかせず、Ｂ社の名誉を毀損する記事をインターネット上に掲載した。**(1)**はＡの名誉毀損罪が問われた刑事事件である。上記のように刑法の名誉毀損罪はインターネットにも適用される（**❶**）。**(1)**のＡの２つの主張は、上記の最高裁が示した法理により、実際の訴訟ではいずれも退けられよう。ただ、上記の説（**❶**の第１審判決の立場）に従ってＡの無罪を主張することもできるだろう。

3．**(2)**は民事の不法行為の事件である。上記のようにインターネット上の名誉毀損でも不法行為を構成する（**❷**）。Ｄ社のような媒介者にも、権利を侵害する記事を放置した場合等に法的責任が生じることがあるが（**❸**）、これについてはプロバイダ責任制限法に定めがある。同法３条１項は、媒介者が権利侵害の事実を知っていた場合等には賠償責任を免れないと定める。**(2)**のようにＤ社が名誉毀損の事実を調査し、その事実を最終的に確認したうえで公開を停止したという場合は、権利侵害を知りながら放置したとはいえない（しかも削除までの期間は約１週間にすぎなかった）ので、Ｄ社の不法行為責任は成立しない。

[**奈須祐治**]

68 名誉毀損とプライバシー侵害に対する事前差止め

名誉毀損とプライバシー侵害に対する事前差止めに関する、次の2つの問いに答えなさい。

(1) 月刊誌Aは、日本を代表する巨大企業某社の幹部社員で、1か月後の株主総会で取締役に選任されることが見込まれていたBの過去の数々の犯罪行為を暴露する記事を、翌月の号で掲載することを予定していた（発売日は株主総会の数日前だった）。知人からこの記事が公表されることを聞いたBは、このような事実は一切身に覚えがなく、まったくの虚偽であると主張し、裁判所に販売・頒布を禁じる仮処分を求めた。なお、この記事はAの記者がBの対立候補を支援する目的で書いたもので、記事の内容は虚偽であるうえ、裏付け取材をまったく欠いていたことを示す明確な証拠があった。また、記事の論調ももっぱらBを誹謗中傷するものであった。裁判所が適正な手続を踏んだうえで、仮処分を命じることはできるか。

(2) 月刊誌Aは、別の号において、上記Bが同性愛者であることを暴露する記事を公表することを計画した。この記事もBを個人攻撃することを目的とするもので、同性愛に関する議論を喚起する等の公益目的でなされたものではなかった。また、記事全体の内容も公の議論を喚起するものではなかった。また、Bは実際に同性愛者であったが、その事実を秘匿しており、今後も公表することを欲していなかったことを、Aの記者はあらかじめ熟知していた。裁判所が適正な手続を踏んだうえで、販売・頒布を禁じる仮処分を命じることはできるか。

参考　❶最大判昭和61年6月11日民集40巻4号872頁（「北方ジャーナル」事件）
❷最三小判平成14年9月24日判時1802号60頁（「石に泳ぐ魚」事件）

▶▶解説

1．表現の事前抑制は、規制範囲が広がりすぎる、権力の濫用がおきやすい、時宜にかなった表現行為が妨げられる等の理由で、原則として許されないといわれる（この原則が21条1項に含まれるのか、検閲を禁止する2項の要請なのかについて学説上争いがある。項目**62**参照）。他方で、一部の有害な表現を事前に抑制する必要があることも確かであり、判例・学説も事前抑制を例外的に認めている。名誉毀損を理由とする事前差止めに関して、判例は、公共の利害に関わる表現の事前差止めは原則として許されないとしつつ、①表現内容が真実でなく、または②それが専ら公益を図る目的のものでないことが明白であって、かつ③被害者が重大にして著しく回復困難な損害を被るおそれがあるときには、例外的に事前差止めが許されるという定式を示した（❶）。なお❶では、①～③の要件を充足すれば、口頭弁論や債務者審尋を経ないで差止めの仮処分命令を発しうるとされたが、学説上は無審尋差止めが許されるケースは極めて例外的だとされている。プライバシー侵害の事例では最高裁は明確な定式を示していないが、少なくとも公益目的を欠き、公的関心事に関わらない表現で、かつ重大で回復困難な損害を生むおそれがあれば、差止めは認められると解されている（❷）。

2．設例**(1)**では、Aに掲載された記事は虚偽で、裏付け取材も欠いていた（①）。また、この記事はBの対立候補の支援の目的で書かれ、記事の論調ももっぱら誹謗中傷を行うものだったので、公益目的によるものとはいえない（②）。そして、Bが重要な株主総会を控えていたことを踏まえると、記事の公表により重大で回復困難な損害が生じるおそれもあったといえる（③）。裁判所が債務者審尋を含む適切な手続を踏む限り、差止めは認められよう。

3．設例**(2)**では、AはBを個人攻撃する目的で記事を公表しようとしたうえ、記事全体の内容が公的関心事に関わるものではなかった。また、同性愛者であるという事実はBにとって極めてセンシティブな私的情報であり、Bがその秘匿を望んでいたことを考えると、記事の公表がBに重大で回復困難な損害を生むおそれが高い。そのため、裁判所が適切な手続に従う限り、記事の差止めは認められよう。

　なお、両設例はいずれも保全手続による出版前の仮処分であるが、本件の文脈を踏まえると、本案訴訟による出版前の差止めや、出版後の保全訴訟・本案訴訟による差止めについても同じ結論が導かれる可能性が高い。　　　　　　　［**奈須祐治**］

69 前科の公表・実名報道とプライバシー

　表現の自由とプライバシーの衝突に関する、次の2つの問いに答えなさい。

(1)　学生運動に積極的に参加していたAは、在日米軍に抗議するデモで警官と小競り合いを起こし、傷害罪（刑法204条）などで逮捕されたことがあった。この逮捕から30年以上が経ち、Aは民間企業に就職をして家庭を持ち、平穏に生活していた（Aの名は公に広く知られるものではなかった）。ところが、作家のBが学生運動について描いたノンフィクション作品の中でAの実名を挙げたうえで、Aが逮捕されるに至った様子を克明に描いた。Bのこの著書は優れたノンフィクション作品として高い評価を受けた。AはBに対して民事訴訟を提起し、プライバシー侵害にもとづく損害賠償（民法709条）を主張した。Aの主張が認められるかを論じなさい。

(2)　Cは18歳のときに3人の少年を殺害する事件を起こした。この事件は当時メディアで広く報じられ、大きな議論を呼んだ。この事件の8年後、D社は自らの発行する週刊誌上でこの事件を取り上げた。この記事ではCの実名が用いられていた。CはDに対して民事訴訟を提起し、少年法61条に違反し不法行為（民法709条）を構成すると主張した。Cの主張が認められるかを論じなさい。

参考　❶最三小判平成6年2月8日民集48巻2号149頁（ノンフィクション「逆転」事件）

❷最二小判平成15年3月14日民集57巻3号229頁（長良川リンチ殺人事件報道訴訟）

▶▶解説

1．プライバシー侵害は民法上不法行為（民709）となりうる。プライバシー概念は広範だが、最高裁によれば、前科等に係る事実を実名をもって公表することは不法行為となりうる（❶）。もっともこうした事実が公的関心事であれば、表現の自由との調整を要する。この点について最高裁は、前科等に係る事実の公表が不法行為となるかは、事件の歴史的または社会的な意義、著作物の目的・性格等に照らした実名使用の意義や必要性等の複数の要素を総合的に衡量する方法論をとる（❶）。ところで少年法61条には罰則はないものの、同条は罪を犯して起訴された少年等の同一性を特定できる推知報道を禁じる。最高裁は、同条の違反があれば、直ちにプライバシー侵害による不法行為が成立するとは考えない。最高裁は、少年時代に罪を犯した者に関する経歴や交友関係等が実名と類似した仮名を使って公表された事件で、プライバシー侵害の成否は、❶のように、複数の要素を総合衡量して個別具体的に判断されるべきだと判示した（❷）。ただ❷では、不特定多数の一般人による推知可能性という基準が提示され、本件ではこの基準に照らして少年法61条違反はないとされた。そのため、同条に反した実名報道が利益衡量にどう影響するのかを、最高裁は明らかにしていない。

2．設例(1)では、Aの過去の犯罪は内容からして公的議論の対象になること、Bの作品がノンフィクション作品として高い評価を得たことは、表現の自由を優先させる要素となる。他方、事件から30年以上も経っていたこと、Aが私人として平穏な生活を送っていたことはプライバシーを優先させる要素である。Bの作品でAの実名を掲げる必要がないと判断されれば、不法行為の成立を認めうる。

3．設例(2)では、この事件が大きな社会的論争を呼んだこと、Cが事件当時既に18歳であったこと、報道が事件から8年も経っていることは表現の自由を優先させる要素である。他方で、本件記事はCの実名を公表しており、明らかに少年法61条に違反していた。上記のように最高裁は、少年法61条違反が直ちに不法行為となるとは述べていないが、明白な同条違反はプライバシーを優先させる要素である。本件記事の目的や意義、実名公表の必要性等を含めて総合的に判断しなければならない。

［奈須祐治］

70 煽動の規制と 表現の自由

　違法行為を煽る表現の規制に関する、次の２つの問いに答えなさい。

(1)　現政権に対する批判を繰り返してきた著名なジャーナリストで、一部の支持者から絶大な人気を得ていたＡは、首相官邸前で行われた自身の支持者が集まる大規模デモにおいて、今すぐ実力行動を起こし、政府を倒すべきだという趣旨の演説を行った。

　(a)デモ参加者は平静を保っていて、警察による警備が十分になされていた場合に、Ａを処罰することはできるか。

　(b)逆に、デモ参加者のほとんどが凶器を携えているうえ、かなりの興奮状態にあった場合で、かつ警察による警備が十分に行き届いていない場合に、破防法 40 条等の規定によりＡを処罰することは憲法上許されるか。

(2)　出版社Ｂは、世紀末の乱世を描いた漫画を単行本として発行していた。その漫画では、毎回のように暴力や殺害のシーンが生々しく描かれており、こうしたシーンが書籍の大半を占めていた。Ｃ県は青少年育成条例の規定により、この単行本のうち特に問題と思われた数巻を、青少年の暴力行為を助長するものとして、有害図書に指定し、青少年への販売を禁止した。Ｂはこの処分が憲法 21 条を侵害すると主張した。この主張の妥当性について論じなさい。

参考	❶最大判昭和 24 年 5 月 18 日刑集 3 巻 6 号 839 頁
	❷最二小判平成 2 年 9 月 28 日刑集 44 巻 6 号 463 頁
	❸最三小判平成元年 9 月 19 日刑集 43 巻 8 号 785 頁（岐阜県青少年保護育成条例事件）

▶▶解説

1. 破防法４条２項は「せん動」を、「特定の行為を実行させる目的をもつて、文書若しくは図画又は言動により、人に対し、その行為を実行する決意を生ぜしめ又は既に生じている決意を助長させるような勢のある刺激を与えること」と定義する。こうしたせん動や「そそのかし」「あおり」が、破防法や国家公務員法等で規制されている。最高裁はこうした表現は21条の保護領域外にあると解する。たとえば最高裁は、供出米の供出拒否を煽った被告人の行為は「国民として負担する法律上の重要な義務の不履行を慫慂し、公共の福祉を害するものであ」り、「言論の自由の限界を逸脱」するので、これを犯罪としても21条に反しないと判示した（❶）。後の❷でも、破防法上のせん動は「公共の福祉に反し、表現の自由の保護を受けるに値しない」とされた。これに対し学説では、煽動が政府批判として用いられうる等の理由で、アメリカの「ブランデンバーグ・テスト」（「差し迫った違法行為を煽動等することに向けられ、かつ、かかる行為を煽動等する蓋然性がある」場合を除き、煽動を禁止できない）のような、表現の自由を手厚く保護するテストを採用すべきだと論じてきた。

とはいえ、一般に書籍やインターネット等の媒体で、違法行為を煽る表現が処罰の対象になることはない。ただ、こうした表現は、残虐性を助長等する図書類の青少年への販売等を禁止する、各都道府県の青少年保護条例の規制を受ける。最高裁は、青少年が発育途上にあることを理由に、こうした条例による規制が21条の派生原理として導かれる「知る自由」等を侵害しないと判示した（❸）。ただ、学説には青少年への害悪に関する科学的根拠がない等の批判がある。

2. 判例に照らせば、設例 (1) では、デモ参加者の状況にかかわらず処罰が合憲となりうる。ただ、(a)のケースで処罰を行うことは、Ａの言動が21条で手厚く保護される政治的表現であることも踏まえると、表現の自由の観点から問題が大きく、学説上は違憲と判断されるだろう。(b)のケースでは、学説は、ブランデンバーグ・テストのような厳しいテストをパスするかを、Ａの具体的発言や当時の状況に照らして判断するだろう。

3. 設例 (2) では、暴力や殺害のシーンを生々しく描いた部分が大半を占めているなら、通常は各都道府県の条例の規制対象になりうるし、判例上こうした規制は容認される。一方、上記学説の立場から本件規制を違憲と主張することもありうる。

[奈須祐治]

71 ヘイトスピーチと表現の自由

　公益財団法人であるＡ文化センターは在日コリアンのＢが運営するもので、朝鮮語や朝鮮の伝統芸能などの講座を提供したり、地域住民の交流活動の場を設けたりしてきた。Ａ文化センターは在日コリアンが集住するＣ地区に所在し、利用者の大半は在日コリアンである地域住民だった。

(1)　かねてより過激な言葉を用いて在日コリアンの地域からの追放を唱えてきたＤは、Ａ文化センターの前で白昼にデモを行った。このデモでＤは、在日コリアンの殺害の煽動や、在日コリアンへの著しい侮辱を含む過激な言葉を、拡声器を用いて大声で叫び続けたが、デモの主目的はＢを攻撃することであり、Ｂを特定した誹謗が大半を占めていた。Ｂは、Ｄに対してどのような民事上の責任を問えるか。また、その場合どのような憲法上の問題があるか。

(2)　ＤがＣ地区全体を練り歩くデモを計画したとする。ＤはＡ付近を通過する予定だったが、Ｂを特に標的にするかは不明だった。ＤはＢを標的にしたデモ等を行ったことはなかったが、過去に近辺で在日コリアンの殺害や追放等を訴えるデモを繰り返しており、今回のデモも類似の内容になることがいくつかの証拠から明らかだった。Ｂはこのデモの差止めを請求することができるか。

参考　❶大阪高判平成 26 年 7 月 8 日判時 2232 号 34 頁（京都朝鮮学校事件）
　　　❷横浜地川崎支決平成 28 年 6 月 2 日判時 2296 号 14 頁（川崎市ヘイトデモ禁止仮処分命令申立事件）

▶▶解説

1．ヘイトスピーチは、民族等の集団的属性にもとづき、集団全体や個人・小集団を誹謗する言論である。いわゆるヘイトスピーチ解消法は、差別意識を助長等する目的で、公然と生命や身体、名誉、財産に危害を加える旨を告知することや著しく侮蔑することを不当な差別的言動と定義したうえで（2）、国や自治体に対策を行うこと等を求めるもので、刑事罰や民事救済の根拠規定を置くものではない。ただ、特定の者を標的にしたヘイトスピーチは、刑法の名誉毀損罪・侮辱罪等の罪や、民法上の不法行為に該当しうる。また裁判例によれば、これらの法規定を適用するにあたって、人種差別撤廃条約、ヘイトスピーチ解消法、憲法13条・14条等の規定が参酌される（❶❷）。たとえば排外主義団体が、朝鮮学校の校門前で拡声器を用いて過激な言葉で示威活動を行った事例で、問題の言動が人種差別撤廃条約1条1項にいう「人種差別」に該当することが、当該差別的言動の悪質性を裏付けるものとされ、高額な損害賠償が認められた（❶）。また、在日コリアン集住地区を標的としたデモに対して差止めの仮処分が請求された事例では、特定の者を標的にしていなかったにもかかわらず、ヘイトスピーチ解消法が積極的に援用されたうえで差止めが認められた（❷）。後者のタイプの事例では侵害される権利利益の特定が問題となるが、❷では、憲法13条に由来する人格権としての、住居において平穏に生活する権利等の侵害が認められた。

2．(1)では、Dが特にBを標的としているうえ、用いた言動は過激なものであるため、民法上の不法行為（民709）にあたることは容易に認められる。それに加え、Dが在日コリアンの殺害の煽動等を行っていたことを踏まえれば、Dの言動は人種差別撤廃条約上の「人種差別」やヘイトスピーチ解消法上の「不当な差別的言動」に該当しうる。また、これらとともに憲法13条・14条を援用することもできる。これにより、Bは通常よりも高額な損害賠償を求めることができよう。

3．(2)は特定人を標的にするものではないが、❷は、こうした場合でも、Bのような法人の代表者がデモの差止めを求めうるとした。その際には人種差別撤廃条約とヘイトスピーチ解消法の各規定、憲法13条・14条を援用することができよう。また❷によれば、この請求にあたり、Bのような法人の代表者はC地区住民の、憲法13条に由来する人格権としての、住居において平穏に生活する権利等の侵害を主張できる。ただ、(1)よりも侵害される権利の抽象度が高くなるため、表現の自由の観点から差止めを認めないとする結論もありえよう。　　　　［奈須祐治］

72 わいせつ規制

　海外での高評価を背景に、江戸時代の浮世絵師が描いた春画の図録が出版された。春画は江戸時代の風俗画で、露骨な性描写がある。この図録には葛飾北斎、喜多川歌麿、歌川国芳など高名な浮世絵師の作品も収録されていた。こうした出版物について、次の **(1) (2)** に答えなさい。

(1)　わいせつな書籍の出版は刑法 175 条により禁止されている。その理由を述べなさい。

(2)　この事例では、国内外で評価の高い浮世絵師たちの作品が収録されている。芸術性の高い作品であることは、刑法による当該出版規制にどのような影響を与えるのかを考察しなさい。

参考　❶最大判昭和 32 年 3 月 13 日刑集 11 巻 3 号 997 頁（チャタレイ事件）
　　　❷最二小判昭和 55 年 11 月 28 日刑集 34 巻 6 号 433 頁（四畳半襖の下張事件）
　　　❸最三小判平成 20 年 2 月 19 日民集 62 巻 2 号 445 頁（第 2 次メイプルソープ事件）

▶▶解説

1．❶は、刑法175条が規制するわいせつな文書図画等を、①徒らに性欲を興奮または刺激させ、②普通人の正常な性的羞恥心を害し、③善良な性的道義観念に反するものと定義した。こうした表現は、古くから道徳的に望ましくなく風紀が乱れるといった理由で規制されてきたが、❶は「性的秩序を守り、最少限度の性道徳を維持すること」が規制目的とした。他にも@子供の保護、ⓑわいせつ物を見たくない人の利益保護、ⓒ性犯罪の防止、ⓓ過度の性的興奮の防止、ⓔ女性差別の助長防止などが規制の理由として示されている。かつては、わいせつ表現には憲法上の保護は及ばないとの理解もあったが、文学性や芸術性の高い表現は性的な描写を伴うことや、社会風刺や政治批判が性的に表現されることもあるため、表現の自由として保障すべきといわれる。また、性的なものを禁圧してきた宗教権威に対抗する表現として、わいせつ表現は歴史的な意義があるとの見方も可能であろう。そうすると、その文学性や芸術性、思想性ゆえにわいせつ性が希釈され表現の自由として保障されるものと規制の対象となるものとを区別する線引きが、刑法175条と憲法との関係を考えるうえで必要となる。

2．わいせつな文書図画等の文学性や芸術性、思想性がそのわいせつ性を希釈するために規制対象から外れるかについて、❶は高度な芸術性といえどもそのわいせつ性を削減するとは限らないので、法的にわいせつ性を認定できるならば規制対象となると説示した。その後最高裁は文学性や芸術性などがわいせつ性を希釈する可能性を示唆し、ついに❷において、表現全体の芸術性や思想性、性表現の露骨さの程度、全体に占める比重、性的興奮の惹起を主目的とするかなどを総合的に勘案して、そのわいせつ性を判断する全体的判断を採用するに至った。今日は、芸術性の高い表現はそのわいせつ性を削減すると理解されている（❸）。

3．そこで設例を検討するに、浮世絵師たちの春画は露骨に性器を描写し性交場面を描いており上記わいせつ概念に該当するものであるが、その作品が重要文化財に指定されている葛飾北斎や喜多川歌麿などの手による画には優れた芸術性があると認められるとともに、文化財としての意義を見出すこともできるので、全体的判断のもと、わいせつ表現に該当しないと判断されよう。したがって、刑法による規制の対象外とみなされることとなる。

［高畑英一郎］

73 青少年保護育成条例と性表現

大半の都道府県は、青少年の健全な育成を図るために、道徳倫理上問題のある性的描写を含む表現物（漫画などを含む）を、有害あるいは不健全で「少年の健全な育成を阻害するおそれのあるもの」と指定して、18歳未満の者への販売を禁止し、一般書棚ではない「成人コーナー」に陳列する等の販売方法を求めている。

このような条例の販売規制について、憲法上の問題点を指摘しなさい。

参考 　❶最三小判平成元年9月19日刑集43巻8号785頁（岐阜県青少年保護育成条例事件）

▶▶解説

1．設例の条例は一般に「青少年保護育成条例」と呼ばれ、青少年の健全育成の面から問題のある暴力表現・性的描写を含む表現物を「有害図書類」あるいは「不健全な図書類」などと指定し、当該表現物の出版や成人に対する販売を規制しないものの、書店等での当該表現物の陳列に制約を課し自動販売機への納入を規制する他に、18歳未満の者への販売を禁止する。この条例は、刑法175条よりも広く性表現を制約し、さらに暴力表現等法律が規制していない表現も制約する。

2．こうした規制の憲法上の問題点としては、①青少年の性表現に接する自由（知る自由）を成人の場合よりも強く規制する点、②禁止対象の表現物の定義を「少年の健全な育成を阻害するおそれのあるもの」とすることが明確性の原則に合致しない点（条例は罰則を規定しており、罪刑法定主義の面からも問題がある）、③成人の「有害図書類」の入手を阻害することが情報流通の制約（検閲あるいは事前抑制）となりうる点などを挙げることができる。定義を詳述する条例を設ける都道府県もあるが、明確性の要件を満たしていないとの批判がある。❶は、これらの問題点は既に解決済みであるとしたうえで、「有害図書が一般に思慮分別の未熟な青少年の性に関する価値観に悪い影響を及ぼし、性的な逸脱行為や残虐な行為を容認する風潮の助長につながるものであって、青少年の健全な育成に有害であることは、既に社会共通の認識になっている」ことを前提に、上記規制は青少年を保護する目的があり、またそれが成人の当該図書の購入を阻害するものとなっても「青少年の健全な育成を阻害する有害環境を浄化するための規制に伴う必要やむをえない制約」であるとして合憲判決を下した。伊藤正己裁判官補足意見は、未成年者の判断力が未熟であることから、その「知る自由」を制約する規制の憲法適合性の判断において、成人の場合に求められるほどの厳格さをもって審査する必要はないとし、さらに規制の明確性に関しても緩和された基準で審査されることを示唆した。そして上記規制は成人による「有害図書類」等の購入を完全に禁止するわけではないため、事前抑制には該当しないとした。

3．「有害図書類」等の規制は今日インターネット上の問題にも及んでおり、青少年インターネット環境整備法は18歳未満の者がインターネットを通して有害情報に接する機会を減らすために、犯罪情報やわいせつ情報、残虐な内容の情報について、青少年がこれらを閲覧できないようプロバイダや携帯電話事業者にフィルタリングサービスの提供を義務付けている。　　　　　　［高畑英一郎］

74 児童ポルノ法と性表現

　児童ポルノ法2条3項は、18歳未満の「児童」による性交やその類似行為、全裸ほか性欲を興奮刺激する姿態を描写した写真や動画（電子データを含む）等を「児童ポルノ」と定義し、同法7条はその所持、データ保管、製造、譲渡、提供目的での運搬・輸出入を処罰対象とする。そこで以下の**(1)(2)**に答えなさい。

(1)　児童ポルノ法が実在する者の児童ポルノ写真にCG加工したデータを提供目的で作成することを処罰対象とすることは、表現の自由に反するか。

(2)　「児童を性欲の対象としてとらえる社会的風潮」を抑制するために、実在しない児童の痴態を描いた漫画を制作した者に同法を適用することは、表現の自由に対する不当な制約となるか。

参考	❶最三小決平成24年6月5日集刑308号3頁
	❷最一小決令和2年1月27日刑集74巻1号119頁
	❸東京高判平成29年1月24日判時2363号110頁

▶▶解説

1．一般的なわいせつ表現規制に比べ、18歳未満の「児童」をモデルとする児童ポルノは厳しく規制されている。児童ポルノ法は、児童に対する性的搾取および性的虐待が児童の権利を著しく侵害することの重大性に鑑み、児童ポルノに係る行為等を処罰することで児童の権利を擁護することを目的に（❶）、その所持、データ保管、製造、譲渡、提供目的での運搬・輸出入を処罰する。

　児童ポルノが他のわいせつ表現に比べて厳しい規制を受けるのは、それが児童に対する性的な虐待を記録してその性被害を恒久化するからであり、具体的には①モデルが未成年であり、本人のしっかりした意思でもってヌードになっているわけではない、②ヌード写真を撮影されることが将来自分にどのような影響をもたらすか自覚できていないケースが多く、その責任を負うほどには本人が成熟していない、③自分の幼少期のヌードが世間に出回ることは、のちに本人に思わぬ不利益をもたらす可能性が高い、といった理由による。児童ポルノ規制は一般に、表現の自由に対する内在的制約として正当化することができるだろう。

2．実在する児童の性的虐待の記録化がもたらす恒久的被害を防止することが児童ポルノ規制の主眼である以上、児童である被写体の実在性、本人との同一性を認定することが処罰対象を確定するために不可欠となる。最高裁は、児童ポルノを写真、電磁的記録に係る記録媒体その他の物で「実在する児童の姿態を視覚により認識することができる方法により描写したものをいい、実在しない児童の姿態を描写したものは含まないものと解すべきである」と説示し（❷）、実在性が要件であることを確認した。モデルが実在する写真に対して一定のCG加工を施したとしても、本人の実在性、同一性が認定でき、一般にその「姿態を視覚により認識することができる」ならば、児童ポルノ法に反するものとなる。

　❷の下級審は、児童の権利侵害を防ぐ児童ポルノ法の目的達成のためには、現実の侵害行為のみならず、児童を性欲の対象としてとらえる社会的風潮が広がるのを防ぐことにより、将来の性的搾取・虐待の防止が要請されると述べる（❸）。こうした風潮の防止を貫徹するためには、実在性を問わず小児性愛の描写が広く規制されることになろう。しかし同法は活字表現等を規制対象としておらず、そうした風潮の徹底した防止は法の求めるところとは言いがたい。❷も、架空のモデルを描いたものは児童ポルノに該当せず処罰対象ではないことを示唆する。現時点では、実在しない児童を描いた漫画等は規制されない。　　　　　　　[高畑英一郎]

75 営利的言論

東京都は、都内の消費生活相談の約2割がインターネット通信販売によるものであることから、2009年度よりインターネット上の広告に誇大・不当な表示がないか監視し、該当する表示を確認した場合に景品表示法にもとづく指導を行っている（東京都インターネット広告表示監視事業）。問題のある広告に対するこうした公的監視について、以下の **(1) (2)** に答えなさい。

(1) このような監視はなぜ正当化されるのか。その際、この監視は誰の利益を保護するのかを想定して考察しなさい。

(2) 商品の販売やサービス提供を主目的とする広告は、規制の合憲性審査にあたって他の表現物と同等に扱ってよいか。

参考 ❶最大判昭和36年2月15日刑集15巻2号347頁（あん摩師等広告制限事件）
❷最一小判平成28年12月15日判時2328号24頁（京都府風俗案内所規制条例事件）

▶▶解説

1. 広告やCMのような商業活動の宣伝を目的とした表現を営利的言論という。営利的言論の多くは、個人の主義・主張を含まない生活情報であり、物品の販売やサービスの利用を呼びかけ金銭的利益の獲得を目的とする経済活動に付随するものであるから、他の表現と比べ規制が及びやすく、ときに憲法の保障対象である「表現」ではないといわれることもあった。だが意見広告のように一定の主張を提示するものに精神的自由としての保障を及ぼす必要から、これを「表現」と理解する見解が一般的である。とはいえ、食品の原料・原産地表示の偽装や誇大広告に対する規制など消費者・利用者の利益を保護するための規制は許される（景品表示法、食品衛生法、特定電子メール送信適正化法など）。

2. 関連する判例には、あん摩師、はり師の業務・施術所の広告に関して、その無制限の宣伝が患者獲得のために「虚偽誇大に流れ、一般大衆を惑わす虞があり、その結果適時適切な医療を受ける機会を失わせるような結果を招来する」ことになるので、適応症の広告を制限する規制は利用者を保護する目的がある、公共の福祉維持のためのやむをえない措置として合憲としたものがある（❶）。また、青少年の健全な育成を図るとともに、住民の安全で安心な生活環境を確保するために、風俗案内所の外部に、または外部から見通すことのできる状態にして店内に（キャバレーなどの）接待風俗営業に従事する者を表す図画（広告）等の表示を禁止することは、公共の福祉に適合する目的を達成するための手段として必要性、合理性があるとして合憲とした判決もある（❷）。

3. 設例の場合、消費者・利用者の利益を保護するために不当表示などを制約することは、表現に対する内在的制約として正当化される。なぜなら、人を欺く行為は表現行為であっても被害者保護のため規制されるからである。こうした不当表示は健康食品・機器の広告に多くみられるものであり、その摂取・使用に起因する重篤な被害を未然に防止するための監視は表現の自由を制約するおそれがあるものの、誇大・不当表示を対象とする限り肯定されよう。また、意見広告という例外はあるものの営利的言論は直接的な金銭利益の獲得を主目的とする表現であり、制約がもたらす萎縮効果を懸念する必要が他の表現よりも少ないから規制の合憲性において政治的言論その他の表現とは区別される。実際、❷も営業規制の合憲性を問うのと同一の判断枠組みで広告規制を審査した。

[高畑英一郎]

76 屋外での広告物掲示規制

　A市屋外広告物条例は、屋外広告物法の規定にもとづき屋外広告物の規制に関する事項を定める条例であり、広告物を表示してはならない物件として、①橋りょう、②街路樹、③信号機・道路標識、④電柱・街路柱、⑤消火栓・火災報知器、⑥郵便ポスト、⑥煙突・ガスタンク、⑦銅像・記念碑を定めている。また、同条例の規定に違反して広告物を掲示した者は、30万円以下の罰金に処するとしている。

　自主制作映画を作っているBは、A市市民会館で自作映画の上映会を開催することとし、A4判のポスター20枚を作成した。ポスターの大半は所有者の許可を得たうえで住宅の塀などに掲示したが、2枚余ったため、その2枚についてはA市市民会館前の道路脇の街路柱2本にそれぞれ掲示したところ、Bは、A市屋外広告物条例違反で起訴された。A市市民会館前の道路は人通りが多く、街路柱も、市民会館の建物などと色調を合わせて景観の一部を構成している。Bは、憲法上、どのような主張をなすことができるか。

参考　❶最大判昭和43年12月18日刑集22巻13号1549頁（大阪市屋外広告物条例事件）
　　　❷最三小判昭和62年3月3日刑集41巻2号15頁（大分県屋外広告物条例事件）
　　　❸枚方簡判昭和43年10月9日判時538号25頁

▶▶解説

1. 屋外広告物法およびそれにもとづくＡ市屋外広告物条例は、広告の内容如何にかかわらず、特定の物件に広告物を表示することを一律に禁止する。これは表現の時・場所・方法などに着目した規制、いわゆる表現内容中立規制である。

　初期の判決❶は、この種の広告表示規制について「この程度の規制は、公共の福祉のため、表現の自由に対し許された必要且つ合理的な制限」だとして、単純な合理性の基準によって合憲性を肯定した。❷もこれを引き継ぐ。しかし、今日では、「たとえ思想や意見の表現の抑制を目的としなくても、実際上主としてそれらの表現の抑制の効果をもつこともありうる」（❷伊藤正己裁判官補足意見）ことが指摘されており、表現内容中立規制についても「広告物の貼付されている場所がどのような性質をもつものであるか、周囲がどのような状況であるか、貼付された広告物の数量・形状や、掲出のしかた等を総合的に考慮」（❷伊藤補足意見）し、法益侵害の程度と広告物に表れた表現の持つ価値とを比較衡量して判断すべきとする意見や、「代替措置を講じないまま……実質上殆ど絶対的且つ全面的に電柱等に対するビラ等の表示又は掲出を禁止」することは「必要にして止むをえない最少限度を超えた不当な制限」（❸）とする見方が対置される。

2. 設例の規制の目的は、「良好な景観を形成し、若しくは風致を維持し、又は公衆に対する危害を防止する」（屋外広告物１）ことである。判例（❶❷）は「国民の文化的生活の向上を目途とする憲法の下においては、都市の美観風致を維持することは、公共の福祉を保持する所以」として、美観風致の維持という目的の合理性を容易に認めるが、公衆に対する危害防止と同様に捉えるべきではなく、仮に「目的として肯認できるとしても、このことは、その目的のためにとられている手段を当然に正当化するものでない」（❷伊藤補足意見）。

　設例は①〜⑦の表出禁止物件を定めるが、そこには電柱のように美観風致の維持の観点からの要保護性が相対的に低く、また、ビラやポスターの貼付に適したパブリック・フォーラムとしての性質を帯びる物件も含まれる。そのため、Ｂは、規制が必要最小限度とはいえないとして法令違憲の主張をなすことが考えられる。また、Ａ４判２枚というポスターの数量・形状によれば侵害は必ずしも大きくないとして、適用違憲を主張することも考えられる（項目 **194** 参照）。その場合、掲出場所は人通りが多く、美観風致の維持の必要性が高いこと、ポスターの大半は他に掲示されていること等を総合的に考慮する必要がある。[**大河内美紀**]

77 他人の管理する工作物への広告物掲示規制

Aは、迷子になった飼い犬を探すため、犬の特徴や連絡先を記したA4判のチラシ30枚を作成し、自宅周辺の県道上に敷設された電柱30本にそれぞれセロテープで貼り付けた。電柱の所有者はB電力会社であるが、AはBの承諾を得ることはしなかった。Aは、軽犯罪法1条33号にもとづき、起訴された。

(1) Aは、憲法上、どのような主張をなすことができるか。

(2) Aが、木製の板にチラシを貼り付けたうえで、それを容易に外れないようにワイヤーを用いて電柱にくくりつけた場合であれば、どうか。

参考 ❶最大判昭和45年6月17日刑集24巻6号280頁（軽犯罪法事件）
❷最三小判昭和62年3月3日刑集41巻2号15頁（大分県屋外広告物条例事件）

▶▶解説

1. 軽犯罪法1条33号は「みだりに他人の家屋その他の工作物にはり札をし」た者を処罰する旨を規定する。同様にはり札を規制する屋外広告物法1条が「良好な景観を形成し、若しくは風致を維持し、又は公衆に対する危害を防止する」ことを規制目的に掲げるのに対し、軽犯罪法には規制目的に関する定めがない。そのため、表現の自由に対置される法益をいかに捉えるかが問題となる。

　❶は、この規制を「主として他人の家屋その他の工作物に関する財産権、管理権を保護する」ものと捉えたうえで「たとい思想を外部に発表するための手段であつても、その手段が他人の財産権、管理権を不当に害するごときものは、もとより許され」ず「この程度の規制は、公共の福祉のため、表現の自由に対し許された必要かつ合理的な制限」だとする。財産権および管理権が保護法益であることに異論はないが、「主として」とあることから、❶は景観等を保護法益に含んでいるとみる余地を残す。ただし、それ以上の説示もないため、街の美観はそれ自体として保護の対象とならない、または、財産権および管理権に付随する副次的なものにとどまるとみることも可能である。

2. 軽犯罪法の規制対象は、他人の工作物に「みだりに」はり札をすることであり、その射程は必ずしも明確でない。この点、❶は「『みだりに』とは、他人の家屋その他の工作物にはり札をするにつき、社会通念上正当な理由があると認められない場合を指称するものと解する」とし、それ以上対象の問題には触れない。所有権・管理権を重視する見方からは、所有者・管理者の承諾がない場合を「社会通念上正当な理由があると認められない場合」とする見方もある。しかし、「他人の工作物」には、私人の家屋のみならず、電柱のようにパブリック・フォーラムたる性質を帯びるものも含まれることを重視するならば、「広告物の貼付されている場所がどのような性質をもつものであるか、周囲がどのような状況であるか、貼付された広告物の数量・形状や、掲出のしかた等を総合的に考慮」（❷伊藤正己裁判官補足意見）することが必要となる。

3. ❶の前提となる事実は、縦54cm・横19.5cmのチラシ84枚を、糊で裏面全体を密着させる方法で電柱に貼り付けたというものである。(2)の場合は、取り外しが著しく困難な方法・態様による札はりであり、セロテープで貼り付けた(1)の場合に比して侵害が大きい。他方、❶とは広告物の数量に違いがあり、その点の考慮が必要となる。　　　　　　　　　　　　　　　　　[**大河内美紀**]

78 ビラ配布のための他人の管理地への立入規制

環境保護の観点から A 県における干潟の埋立てに反対している B は、生物多様性にとっての干潟の重要性について記載したビラを作成し、干潟の周辺にある分譲マンションの玄関ホールの奥にある無施錠のドアを開けて、マンションの 2 階から 5 階までの廊下等に立ち入り、計 20 戸の住戸のドアポストにビラを投函した。玄関ホールには、マンション管理組合の名義により、「当マンションの敷地内に立ち入り、チラシの投函を行うことは厳禁です。訪問先が特定している業者の方は、必ず管理人室で『入退館記録簿』に記帳の上、入館願います」との掲示がなされていた。

刑法 130 条前段の罪（人の看守する邸宅への侵入）に問われた B は、本件立入り行為を処罰することは、憲法 21 条 1 項に反すると主張している。

(1) B の主張はどのように評価すべきか。

(2) 同じビラを、埋立工事の施工会社の社宅に投函した場合はどうか。なお、社宅には「チラシの投函を行うことは厳禁です。」との掲示はなされていたものの、管理人は常駐せず、入退館記録簿へ記帳等も求められていない。ドアポストには、他の商業ビラが多数投函されていたものとする。

参考 ❶最二小判平成 20 年 4 月 11 日刑集 62 巻 5 号 1217 頁（立川テント村事件）
❷最二小判平成 21 年 11 月 30 日刑集 63 巻 9 号 1765 頁

▶▶解説

1. 刑法130条前段は、他人の看守する邸宅等に管理権者の意思に反して立ち入ることを禁止する。設例の建物の構造および管理状況、玄関ホール内の状況、掲示の内容、立入りの目的等からみて、Bの立入り行為は同条前段の構成要件に該当する（❷）。しかし、設例のようなビラ配布の制約は、ビラの内容を問わないものだとしても、内容中立規制の1つである「行動を伴う表現」（スピーチ・プラス）の規制にあたると考えられる。よって、その制約の合憲性が問題となる。

　判例は、「表現そのもの」の処罰と「表現の手段すなわちビラの配布のために『人の看守する邸宅』に管理権者の承諾なく立ち入ったことを処罰すること」とを区別したうえで、「思想を外部に発表するための手段であっても……他人の権利を不当に害するようなものは許され」ず、一般に人が自由に出入りできない場所に管理権者の意思に反して立ち入ることは「私生活の平穏を侵害するもの」であって規制は合憲だとする（❶）。設例の建物は私的生活を営むためのもので、パブリック・フォーラムではない。しかし、集合住宅へのビラの投函は邸宅等への立入りを伴うことが一般的で、形式的に刑法130条前段の適用を認めると、市民にとって簡便かつ効果的な表現手段であるビラの投函を実質的に不可能にするとともに、ビラを受け取ってもよいと考えている居住者の情報に接する機会を制限することになる。また、玄関ホールや廊下等の共用スペースは、物理的に開放されており、居住者以外の者の一時的な立入りが想定されている。したがって、立入りの態様や居住者による立入り禁止の意思表示の明確さ、管理の態様等に照らして刑事罰に処する程度の違法性が認められない場合に同条前段の罪を適用することは、本件規制を内容中立規制と捉え厳格審査基準によって審査しないとしても、規制目的の重要性、手段が必要最小限であること、代替する表現手段の有無といった観点からみて、適用違憲となると主張することが可能である。

2. 管理の態様からして、(2)で生じる私生活の平穏の侵害の程度は(1)より小さい。また、商業ビラの投函は問題とされておらず、Bの行為を罪に問うことは、ビラの内容に着目した狙い撃ちである可能性を検討する必要もある。ただし、刑法130条前段は、誰を立ち入らせるかについての居住者の意思を国家が保護するもので、私人である居住者が立入りの許否を内容にもとづき判断したとしても、直ちに国家による表現内容規制と捉えるべきことにはならない。公務員宿舎など、管理権が公的機関に帰属する場合（❶）とは区別される。　[大河内美紀]

79 道路でのビラ配布規制

　Aは、B県随一の繁華街にある駅前の道路上で、毎月1日にプラカードを掲げ、ビラを配布する活動を行っていた。これに対して、周辺の店舗から「客足が遠のく」との苦情が寄せられたため、B県は、当該場所に、下記の看板を掲出した。なお、B県道路交通規則は、道交法77条1項4号の規定により警察署長の許可を受けなければならないものとして定める行為として「道路において、人が集まるような方法でビラを配布すること」を挙げており、看板はそれを周知することを目的とするものである。

当該道路において、警察署長の許可なく、次の行為を行うことを禁止します。
　①販売・勧誘
　②演説・ビラの配布
　③その他交通の妨げになる行為

---

(1)　上記看板に記載された規制は、憲法上、どのように評価すべきか。
(2)　Aが、当該行為に係る場所を管轄する警察署長の許可を受けるべく申請をしたところ、「場合によっては道路交通の妨害となる可能性がないわけでもない」として不許可処分が下された。この処分は、憲法上、どのように評価すべきか。

参考　❶最一小判昭和35年3月3日刑集14巻3号253頁（街頭演説事件）
　　　　❷最三小判昭和59年12月18日刑集38巻12号3026頁（吉祥寺駅構内ビラ配布事件）
　　　　❸東京高判昭和41年2月28日判時443号26頁（有楽町ビラ配布事件）

▶▶解説

1. 道交法77条1項4号は、警察署長の許可を要する行為として「道路に人が集まり一般交通に著しい影響を及ぼすような行為」のうち公安委員会が定めたものを挙げ、B県規則はこれを受けて「人が集まるような方法でビラを配布すること」を要許可事項とする。ビラ配布は伝統的な表現手法で、表現の場所・方法に着目した内容中立規制といえる。法の目的は「道路における危険を防止し、その他交通の安全と円滑を図」ることで、この立法目的と規制手段を検討する。

2. ビラ配布の自由と道交法77条1項4号との関係を正面から論じた最高裁判決はない。初期の判例❶は、道交法の前身である道路交通取締法（1960年に廃止）および同施行規則等のもとで「演説などの方法により人寄せをすること」を警察署長の許可にかからしめることについて「公共の福祉の為め必要あるときは、その時、所、方法等につき合理的に制限できる」との前提に立ち、当該行為が「場合によつては道路交通の妨害となり……道路交通上の危険の発生、その他公共の安全を害するおそれがないでもない」という抽象的危険を理由に21条に反しないとした。しかし、今日では、内容中立規制であってもより厳格な審査が必要とされており、道交法自体も、「一般交通に著しい影響を及ぼすような行為」と要許可行為に絞りをかけたうえで、「現に交通の妨害となるおそれがない」（77条Ⅱ①）ときには警察署長に許可を義務付ける。私有地たる鉄道駅構内でのビラ配布規制につき、「配布の場所の状況、規制の方法や態様、配布の態様、その意見の有効な伝達のための他の手段の存否など多くの事情」を「具体的状況のもとで較量して、その許容性を判断すべきであり、形式的に刑罰法規に該当する行為というだけで、その規制を是認することは適当ではない」とした意見（❷伊藤正己裁判官補足意見）は、道路のパブリック・フォーラム性を鑑みれば、設例に一層妥当する。下級審には、同法にもとづき公安委員会が定めた行為でも、「一般交通に著しい影響を及ぼすような行為に該当すると解することができなければ、法定の要許可行為とならない」とし、無許可のビラ配布を無罪とした例もある（❸）。

3. **(1)**の看板は、文言上、当該道路でのビラの配布を一律に警察署長の要許可事項とするものとみえ、B県規則の規制範囲を逸脱するおそれがある。他方、**(2)**は抽象的危険を理由とする不許可処分で、道交法77条2項との適合性が問われる。21条に適合的な道交法・規則の解釈を示したうえで、それらと**(1)(2)**の規制との異同を論じることが求められる。　　　　　　　　　　　[大河内美紀]

80　拡声器の利用規制

　　A県拡声器規制条例は、①公選法の定める選挙運動または選挙における政治活動、②国または地方公共団体の業務、③災害、④学校行事のために利用する場合を除き、何人も、拡声器を使用して、90デシベルを超える音を生じさせてはならないと定めたうえで、違反行為をしている者に対し、警察官が違反行為を停止することを命じることができると定めている。また、この命令違反に対しては、罰則（20万円以下の罰金）が規定されている。

　　県政に不満を持つBは、毎日、県庁前で抗議活動を行っていた。いつもは90デシベル以下になるように調整していたが、ある日、誤って90デシベルを超える音量を生じさせてしまったところ、Bは、居合わせた警察官に条例にもとづいて違反行為の停止を命じられ、それに従わなかったことにより、起訴された。

(1)　Bは、憲法上、どのような主張をなすことができるか。なお、90デシベルとは、カラオケ店の室内程度の音量である。

(2)　A県は、この条例を改正し、「県庁周辺地域の静穏を保持し、もって県議会の審議権を確保すること」を目的として、①〜④の例外を除き、県庁周辺地域における拡声器の利用を禁止するとした。改正後の条例は、憲法上、どのように評価すべきか。

参考　❶最一小判昭和35年3月3日刑集14巻3号253頁（街頭演説事件）
❷最三小判昭和57年11月16日刑集36巻11号908頁
❸最三小判昭和62年3月3日刑集41巻2号15頁（大分県屋外広告物条例事件）

▶▶解説

1. 街頭演説は市民に開かれた重要な表現手段であるが、実際には様々な形で規制がなされており、21条との関係で慎重な検討が必要となる。初期には、道路交通取締法（1960年に廃止）等のもとで一般的許可制がとられていた。❶は、表現の時・所・方法は合理的に制限できるとしてこれを合憲とした。しかし、今日では内容中立規制であっても表現の抑制効果があることが指摘されており、具体的な状況における法益侵害の程度と表現の持つ価値との比較衡量や代替手段の有無など、より厳格な審査が求められる。

　現行法上も、道路での街頭演説の許可制は、実質的に維持されている。多くの自治体は「演説により人寄せをすること」を道交法77条1項4号の定める要許可事項としているからである（項目**79**参照）。ただし、道交法は「現に交通の妨害となるおそれがないと認められるとき」は警察署長に許可を義務付ける（77 Ⅱ①）。そのため、❷は、同条にもとづく集団示威行為の許可制を「明確かつ合理的な基準を掲げて……不許可とされる場合を厳格に制限」しており、不許可とされるのは「道路の機能を著しく害するものと認められ」る場合であるため、「表現の自由に対する公共の福祉による必要かつ合理的な制限として憲法上是認される」とした。道路の機能を害する程度において集団示威行為との違いを考慮する必要はあるが、街頭演説についても同一線上で理解することができる。

2. 道交法による規制は道路における危険防止と交通の安全・円滑を目的とする。これに対し、今日多くの自治体は、地域の静穏の保持を目的として拡声器の使用を規制する条例を定める。A県拡声器規制条例はその1つである。保護法益としての静穏は、景観と同様、その維持の必要性は一般的に承認を受けているといえるが、危険除去と同様に考えることもできない（❸）。とはいえ、改正前の条例は音量のみを規制するものであり、道路のパブリック・フォーラムとしての性質を加味したとしても、規制の合理性は数値の妥当性に依存しよう。

3. これに対し、設例**(2)**は議会の審議権の確保を目的として、特定の場所における拡声器の利用を禁止する。類似の目的の規制には国会静穏保持法がある。静穏と比較すれば、審議権の確保という目的の合理性は認められよう。他方で、パブリック・フォーラムとしての性質という点で、県庁周辺地域という「場所」をいかに評価するかが問題となる。また、拡声器の使用そのものを規制している点についても、考慮する必要がある。　　　　　　　　　　　［大河内美紀］

81 公立図書館における 蔵書と市民の知る権利

　A市が設置している図書館Bに勤務する司書Cは、自身が勤務する図書館の蔵書のなかにあったDの著作物を、市の定める図書館資料の除籍基準ではなく自身の判断によって廃棄した。この行為に対し、DはBまたはCに法的責任を問うことができるか。以下の **(1)** ～ **(3)** の場合について考えてほしい。

(1)　Cが、自身の信条に照らしてDの著作は内容が偏っており社会的に有害だと考えていた場合。

(2)　BとCが、Dの著作を置くことについて一般市民から苦情・抗議を受けていた場合。

(3)　BとCが廃棄したのが、A市の公立の美術館に展示されたDの絵画を複製収録した図録で、この絵画が一部の市民の不評を買ったためだった場合。

参考　❶最一小判平成17年7月14日民集59巻6号1569頁（船橋市西図書館蔵書破棄事件）
　　　❷名古屋高金沢支判平成12年2月16日判時1726号111頁（富山県立近代美術館天皇コラージュ事件）

▶▶解説

1．公立図書館は、博物館等と並んで市民の「知る権利」を支える文化インフラである。その蔵書を選定したり廃棄処分にしたりする際には、図書館法3条や、文部科学省の告示「公立図書館の設置及び運営上の望ましい基準」、そして自治体が定めている選定基準および除籍基準に従うのが原則である。

　図書の選定については図書館側に広い裁量が認められると考えられているが、いったん購入し一般の閲覧に提供した図書を廃棄処分することについては、図書館は各自治体が定めている除籍基準にもとづいて、汚損・破損資料や不用資料などを廃棄することとなっており、司書個人の思想信条を理由としてこの基準に合致しない特定図書を廃棄することは不公正な取扱いとなる。

　(1)はこのことが争われた実際の裁判で、最高裁は「閲覧に供されている……図書の廃棄について、……著作者又は著作物に対する独断的な評価や個人的な好みによって不公正な取扱いをしたときは、当該図書の著作者の上記人格的利益を侵害するものとして国家賠償法上違法となる」と判断した。❶では、一般利用者の「知る権利」は争点となっておらず、公立図書館の「公の施設」としての存在意義に照らした判断となっている。

2．では**(2)**のように、図書館が一部の市民から苦情を受けたという理由で、ある図書を廃棄処分にした場合はどうだろうか。**(1)**で見た基本からは、図書の廃棄は除籍基準に則って行うべきもので、利用者から苦情があったことだけを理由に廃棄処分が認められるわけではないので、一般市民に廃棄を求める請求権があるとはいえない。一方、こうした理由での廃棄を不当とする裁判については、図書の著作者の人格的利益への侵害は認められる可能性があるが、一般市民の「知る権利」等を根拠として国家賠償を求めたり、行政訴訟で廃棄の差止めや回復の義務付けを求めることは困難だろう。

3．**(3)**は、「天皇コラージュ事件」をもとにしている（❷）。この事件自体は別に扱うが（項目**85**参照）、この出来事が公立図書館にも波及した。利用者が図書館所蔵の図録中のある絵画が掲載されたページを、絵画への反感を動機として破り捨てた。その後、図書館は、当該図録は「修復する価値がない」ことと、図書館の正常な利用環境の確保を理由として、この図録を廃棄処分とした。背景事情から考えて、こうした図書廃棄に正当性があるかどうか、検討の余地はある。

[**志田陽子**]

82 囚われの聴衆

Aの運営する鉄道で通勤するBは、列車内でAが行っていた商業宣伝放送を聞かされることを苦痛に感じていた。このとき、BはAに、どのような権利ないし利益を根拠として、どのような法的請求を行うことができるだろうか。

(1) Aが公営交通だった場合はどうか。

(2) Aが民間企業だった場合、結論に違いはあるか。

参考　❶最三小判昭和63年12月20日判時1302号94頁（大阪市営地下鉄車内広告事件）

▶▶解説

1. Aは一般に、経済活動の一環として商業広告を行う自由を有している。一方、乗客Bは個人として、聞かされたくない音声を聞かない自由を有している。通常の空間では、各人は聞きたくない音声情報を聞かない選択ができるが、車内放送に、乗客にとって必要な運行情報と不必要な広告が混じっているとき、これを聞く乗客は不必要なものまで聞かされることになる。これが意に反しているとき、どのような権利にもとづいてどのような主張ができるかが問われる。

2. **(1)**のもとになった判例は❶である。ここでは原告は、この地下鉄を運営する市に対して、差止めと損害賠償とを求めていたが、裁判官全員一致ですべて棄却された。このとき伊藤正己裁判官が述べた補足意見が「囚われの聴衆」論として注目された。それによれば、Bは、「他者から自己の欲しない刺戟によって心の静穏を乱されない利益」を有しており、これは「広い意味でのプライバシー」と位置付けられる。しかしこれは憲法上の権利としての優越性を持つものとはいえず、対抗する利益との比較衡量によってその侵害の有無が判断される。他方、Aの車内放送も、21条が保障する「表現の自由」そのものとまではいえず（優越的なものではない）、対抗する利益との比較衡量に置かれる。この衡量の観点から、Bに権利侵害があったといえるためには、受忍できる限度を超えていたかが問われることになるが、この点で本件は受忍限度内と考えられ、権利侵害は認められないと判示された。しかし、Aが行った放送のあり方によっては、受忍限度を超えるためAに法的責任があると判断される余地があることが示されたといえる。

　この衡量のなかでは、空間の性質が考慮されている。Bに認められる権利は、公共の場所では希薄なものとなる、という考察が、Bの受忍限度を導く重要な要素となっている。

3. それでは、Aが自治体ではなく、民間の電鉄会社だった場合はどうだろうか（**(2)**）。Aが私企業である場合には、直接の憲法問題にはならず民事法上の問題になる。ここでBの利益が憲法的観点から認められる際の理論構成（私人間効力）も論点となる。そのうえで、**(1)**の論理をみると、衡量における重要要素となった「公共の場所」は、実質的な公共空間性をいっていると読めるため、その経営主体が公か私企業かで結論に差は出ないように思われる。

［志田陽子］

83 出演者不祥事による 助成金不交付と表現の自由

　映画作家 A および映画制作会社 B は、文化庁所管の独立行政法人 C から助成金交付内定の通知を受けて映画作品を制作した。しかし映画完成後に出演俳優の 1 人が有罪判決を受けたことから、C から「公益性の観点から不適当」との理由で助成金を不交付とする旨の通知を受けた。こうした芸術助成を含む補助金一般の交付について定めた法律である補助金適正化法には、取消しに関する規定はあるが、内定を受けた作品について上のような理由での不交付を定めた明文規定はない。この場合、**(1)** と **(2)** のそれぞれについて、A または B から C に、何らかの法的な請求ができるか。

(1)　補助金適正化法にはこうした不交付に関する明文規定が存在しないが、C が交付要綱を不交付通知の後に改正し、こうした理由を取消しの理由に追加した場合。

(2)　補助金適正化法の改正によって、補助金の取消しや不交付についてこうした理由が追加されたと仮定し、その後に出演俳優が出演後に有罪判決を受けるなどの事情を含む作品が、助成金交付を取り消されたり不交付となったり、助成金交付の対象に選定されなかった場合。

参考　❶東京地判令和 3 年 6 月 21 日判例集未登載（「宮本から君へ」事件）

▶▶解説

1. 現在、学術研究や文化芸術活動などの領域で、公的な助成による支援が行われている。その際の補助金の交付に関するルールが補助金適正化法である。

　通常の表現への規制の場面と異なり、給付の場面では、助成の対象に選別があること自体は、違憲・違法とは考えられない。しかしいったん出された決定や内定を覆す取消しや不交付決定があった場合には、法的問題となりうる。

　実際に起きた❶の事案では、設例中のＣは「日本芸術文化振興会」で、映画「宮本から君へ」についてＣからの交付が内定していた補助金1,000万円が、出演俳優が映画完成後に麻薬取締法違反で有罪判決を受けたことから「公益性の観点から適当ではない」ことを理由に、不交付となった。

　この❶の事案では、**(1)** と同じく、こうした理由での不交付決定について明文規定は存在しなかったが、Ｃがこの不交付決定後に交付要綱を改正し、「公益性の観点から不適当と認められる場合」を交付の取消理由に追加した。

2. ❶の事案で原告は助成金不交付の取消しを求めているが、その理由は以下のものである。①当該俳優の逮捕よりも後に当該内定が通知されていたのに、その事後にこれを取り消すことは違法である。②文化芸術に関する専門家で構成される委員会等でこの不交付に関する相応の考慮があったとはいえず、考慮不尽の違法となる。③ここでの「公益」の内容は日本芸術文化振興会法や文化芸術基本法の見地から決まるべきものであり、Ｃが挙げる内容はその意味での「公益」のなかに含まれない。④「公益性」といった漠然不明確な理由で事後的な不交付や取消しがありうるとなると、以後、この助成への応募者に深刻な萎縮が生じる。

　このうち①は、内定したものに対する事後的な不利益変更が根拠なく行われたことの問題であり、**(1)** の場合にのみ問題となる。②③④は、**(2)** のように、仮に何らかの法的根拠が設けられた後であっても、その運用や、規定自体・交付要綱自体の憲法適合性の問題として、争点となりうる。③は支援・給付における「違憲な条件」の理論に照らした考察、④は「表現の自由」一般の理論に照らした考察が必要となる部分である。

　併せて、原告の損害についても考察に値する。

［志田陽子］

84 情報公開

　Ａは、公の機関Ｂに情報公開請求を行ったが、Ｂはこれに対してその情報を開示しなかった。**(1)** **(2)** の場合のそれぞれについて、ＡはＢに対して、裁判でどのような法的請求を行うことができるか。
(1)　開示を求められた情報が、知事の交際費に関するもので、交際の相手方に私人が含まれる場合（開示請求は条例にもとづいて自治体に行われたものとする）。
(2)　情報公開法にもとづいて国に開示請求が行われたが、対象となる公文書は「すでに廃棄した」との理由によって開示されなかった場合。

参考　❶最一小判平成6年1月27日民集48巻1号53頁（大阪府知事交際費情報公開請求事件）
　　　❷大阪高判令和元年12月17日判時2438号27頁（行政文書不開示処分取消請求事件）
　　　❸大阪地判令和2年6月25日裁判所ウェブサイト（森友学園行政文書不開示国賠請求事件）

▶▶解説

1．情報公開制度は、「国民主権」と「知る権利」を実現するために、法律や条例によって具体化された制度である。ただ個人情報保護や企業利益保護などの観点から、請求があっても不開示となる情報がある。情報公開法では、5条1号で個人識別情報が、同条2号で法人等の事業者の不利益情報が、不開示情報として保護される。自治体の情報公開条例も、これと同種の不開示情報に関する規定がある。

　この不開示決定は行政処分であるため、これに不服がある場合には、通常まず取消訴訟（行政文書不開示処分取消請求訴訟）を起こすことになる。取消しの判決が出れば、当該の情報を開示すべきことになる。**(1)**はこの例である。**(1)**のもととなる❶では、請求された出納簿や領収書等が大阪府公文書公開等条例の8条4号の公開しないことができる文書、および9条1号の公開してはならない文書（相手方が私人の場合）に該当することから、不開示となった。これを不服とした取消訴訟で、第1審・控訴審とも、当該情報は非公開事由に該当しないとして決定を取り消す判決が出ていたが、上告審で最高裁判決はこの原審を破棄し、交際相手との信頼関係を重視して、上記不開示の判断を支持した。

2．(2)のもととなっているのは、学校法人森友学園との国有地取引に関する記録の情報公開請求に関する行政訴訟である（❷）。財務省が当該文書を不開示としたことについて、まず不開示決定への取消請求訴訟が提起されたが、提訴後に開示されたため、国賠法による損害賠償請求の訴えに変更された。その結果、本件情報は情報公開法5条には該当しない開示すべき文書であり、これについて職務上の注意義務を尽くすことなく漫然と不開示としたことが国賠法上違法であると判断された。また、この不開示の前提として国が文書を廃棄したことついては、別に国家賠償請求訴訟も提起された（❸）。

3．情報公開請求権は、国民主権や住民自治、そして憲法21条を根拠とする重要な権利であるため、「不開示」とする情報の範囲が安易に広がらないように、制度趣旨にかなう運用と緻密な裁判理論が求められる。本来の制度趣旨を汲んだ運用がされているか、また不開示規定を単純な文理解釈でよしとするか、憲法適合的に解釈するか、ということが各事例で問われている。　　　　[志田陽子]

85 文化享受者の知る権利と公立美術館の裁量

　A県内にある県立美術館Bは、所属する学芸員の判断によって作家Cの現代美術作品を購入し、B館内で展示会を行った。このときの展示作品を不快に感じたとする一部の一般市民から美術館に対して街宣車を用いた抗議活動が起こったため、Bは、購入したCの作品を非公開とし、第三者に売却した。また展示会を行ったときにA県の公立図書館に収めるという通例どおりに作成済みだった図録を、焼却処分とした。このことについて不服を感じた作家Cと一般市民Dは、次の **(1)** ～ **(3)** の場合において、AまたはBにどのような請求ができるか。

(1)　A県内の図書館や美術館を利用する住民 D_1 が訴える場合。

(2)　Bを訪れ作品鑑賞を予定していた県外の市民 D_2 が、作家Cの作品をみるために観覧券を購入していたところそれが不可能となった場合。

(3)　作家Cが著作者の人格的利益にもとづいて訴える場合。

参考　❶名古屋高金沢支判平成12年2月16日判時1726号111頁（富山県立近代美術館天皇コラージュ事件）
　　　　❷最三小判平成7年3月7日民集49巻3号687頁（泉佐野市民会館事件）
　　　　❸最一小判平成17年7月14日民集59巻6号1569頁（船橋市西図書館蔵書破棄事件）

▶▶解説

1. 美術館・博物館などの公の文化施設は、市民の「文化享受の権利」や「知る権利」に資するものとして、その公共的な存在価値が認められている。日本では、美術館は博物館の一カテゴリーとして博物館法のもとにあり、その運営は「博物館の設置及び運営上の望ましい基準」（文部科学省平成23年告示）にもとづいている。作品の選定等については、広い裁量が認められている。

　設例のもととなった❶は、こうした制度枠組みに沿って購入され展示された美術作品「遠近を抱えて」について、一部の県議会議員が不快感を示す発言をし、民間人による激しい抗議活動が起きたために、美術館がこの作品を非公開としたのちに第三者に売却し、さらに図書館に納める予定ですでに作成していた図録を焼却処分とした、というものである。作家Cと県内外の一般市民Dが原告となって、自治体（A：富山県）および富山県教育委員会に、国家賠償請求訴訟と、作品の買い戻し・図録の再発行等を求める行政訴訟を起こした。

2. 第1審の富山地裁は、このうち特別観覧請求権を持つ市民の「知る権利」を認め、国家賠償認容判決を出した。ここで認められたのは、具体的に観覧を予定していたところそれが不可能となった者（**(2)**）に発生する権利であり、市民の一般的な「知る権利」や「文化享受の権利」ではない。また原告が当該自治体の住民（**(1)**）か、県外からの来訪者かによる違いはない。また、自治体が設置した美術館等の運営のあり方は、住民の正当な関心事となるが、その意味での「知る権利」はこの件の請求とは別に情報公開請求のルートにおいて生かすべきこととなる。

　この事例では、控訴審の名古屋高裁金沢支部判決においてすべての請求が棄却され、最高裁もその判断を支持した（❶）。本件美術館の判断は、状況に照らし、平穏な環境を維持する目的から正当だった、という理由による。この判決では、公共の施設側の判断の正当性について❷の基準が下敷きとなっているが、美術館の判断を尊重する方向で判断を緩めた結果、市民の「知る権利」を後退させる結果となっている。

3. なお**(3)**の作家Cの人格的利益にもとづく訴えは、第1審から一貫して棄却されていた。これは「知る権利」や「情報公開」とは異なる問題ではあるが、❸（項目81参照）では、破棄された図書の著作者の人格的利益の侵害を認めている。この2つの判決の時間的前後関係が逆になっていたら、作家Cの主張に対する裁判所の判断は違っていただろうか。　　　　　　　　　　　　［志田陽子］

86 取材・報道の自由

報道・取材の自由は、憲法21条による保護をどの程度受けるのか、論じなさい。

参考 ❶最大決昭和44年11月26日刑集23巻11号1490頁（博多駅事件）
❷最一小決昭和53年5月31日刑集32巻3号457頁（外務省秘密電文漏洩事件）
❸最大判平成元年3月8日民集43巻2号89頁（レペタ事件）

▶▶解説

1. 21条の表現の自由は、特定の思想を表明する自由をその保障の核心としている。思想の表明の禁止は、表現者の内面活動や人格の否定に等しいからである。それでは、真偽を観念できる事実を知らせる報道の自由も、21条は保障しているのであろうか。

報道の自由は、事実と意見の明確な区別が不可能であることから、表現の自由として保障されることに争いはない。そのうえで、報道機関の報道の自由については、❶は、国民の知る権利に奉仕するものとして21条の保障のもとにあると、積極的な根拠づけを行っている。

2. 他方で❶は、報道機関の報道が正しい内容を持つために必要な取材の自由について、思想表明の自由と報道の自由とは異なり、21条により保障されているとは述べずに、「憲法21条の精神に照らし、十分尊重に値いする」と指摘するにとどめている。取材の自由の保障の程度を下げた背景には、多岐にわたる取材活動は、国民のプライバシーや国家秘密の保護など様々な権利・利益と衝突しやすく、個別事例での具体的な利益衡量が必要となるとの問題意識がある。

ただし、取材の自由は報道の自由ひいては国民の知る権利を支えるものである。こうした利益衡量は、たとえば、取材行為により私人のプライバシーが侵害されたとして訴えが提起されたように、裁判所が仲裁者として機能する場面に限られるべきである。また、取材活動を事前に規制する場合には、それは広汎なものとなるおそれが強い。したがって、裁判所は個別の利益衡量ではなく、一般的な基準を示す必要がある。この点で、❷が通常の取材活動を正当な業務行為として許容する見解を示したことの意義は大きい。この趣旨は、特定秘密保護法22条において明文化された。

報道機関の取材の自由の保障のあり方は、❷で問題になった国家秘密のみならず、取材源秘匿、取材物提出拒否との関係でもしばしば問題になる。これに対して、一般人の取材の自由が問われたともいえる❸は「筆記行為の自由は、憲法21条1項の規定の精神に照らして尊重されるべきである」と述べて、報道機関の取材の自由と比べ、「尊重」にとどめている。一般人の取材の自由の保障の程度は報道機関のそれよりも、さらに一段下にあることに注意する必要があろう。

［西土彰一郎］

87 取材源の秘匿

新聞社 A は、公立小学校の教諭 B による児童への体罰を報じる記事を自己の発行する新聞に掲載した。B は同記事により名誉が毀損されたとして慰謝料の支払いを求めて訴訟を提起した。この記事の取材を担当した記者 C は、B により、取材対象者の氏名・住所等を明らかにするよう求められたものの、取材源の秘密を理由に証言を拒絶した。C の主張は、憲法上、認められるのか論じなさい。

参考　❶最大判昭和 27 年 8 月 6 日刑集 6 巻 8 号 974 頁（石井記者事件）
　　　❷最三小決平成 18 年 10 月 3 日民集 60 巻 8 号 2647 頁（NHK 記者取材源秘匿事件）
　　　❸最大決昭和 44 年 11 月 26 日刑集 23 巻 11 号 1490 頁（博多駅事件）

▶▶解説

1. 記者は、取材源（情報源）を秘匿する。取材源を明らかにすると、情報提供者との信頼関係、将来の取材・報道活動、そして国民の知る権利が損なわれるからである。公正な裁判のため法廷で取材源の証言を求められたとしても、職業倫理上、この秘匿は妥当するが、民訴法には、記者の取材源証言拒絶を認める規定がない。では、記者の取材源秘匿は憲法21条の権利として認められるのか。

　最高裁は、❷において、記者の取材源秘匿を民訴法197条の「職業の秘密」にあたるとしたうえで、証言を拒むことのできる「職業の秘密」とは「保護に値する秘密」であり、それに該当するかどうかは、秘密の公表によって生ずる不利益と証言拒絶により犠牲になる真実発見、裁判の公正との比較衡量によって決せられるとした。その際、憲法21条の保障の趣旨を、言いたいことを言わせることに求めて、これから言いたいことの内容を作り出す取材について冷淡な態度をとった❶とは異なり、取材の自由を憲法21条の精神に照らし十分尊重に値するものとした❸を❷は引用することにより、取材源秘匿は取材の自由を確保するという重要な社会的価値を有することを指摘して、取材源についての証言が必要不可欠などの例外的事情がない限り、原則として証言拒絶が認められるとした。

　設例の場合にも、真実発見と裁判の公正の観点からCの証言が必要不可欠であるかどうかがポイントとなる。この点、報じられた体罰は公立小学校内で行われたとされるものであり、Bは同小学校の教諭や、児童・保護者に対し調査を実施するなど適切な証拠収集の措置をとることができるため、裁判の公正にとりCの証言が必要不可欠とまではいえないであろう。したがって、Cの証言拒絶を認めるべきである。

2. なお、刑訴法も民訴法と同様、記者の取材源証言拒絶を認める規定を置いておらず、前述の❶は、証言拒絶の主体を定める刑訴法149条を限定列挙と解釈した。これに対し、憲法21条は記者の取材の自由、取材源秘匿権を直接保障しており、取材源の証言を拒絶した記者に証言拒絶に対する刑罰を定めた刑訴法161条を適用することは違憲であるとの見解や、取材源秘匿は国民の知る権利の観点から裁判の公正よりも優越することを理由に、正当な業務行為として違法性を阻却する（刑35）との見解が示されている。　　　　　　　　　［西土彰一郎］

88 取材の自由と国家秘密

新聞社に勤める記者Aは、日米安全保障条約の運用を検証する記事を執筆するため、特定秘密保護法にもとづき行政機関により指定された「特定秘密」を入手すべく、特定秘密を扱う行政機関の職員の周辺を取材していた。Aは、職員Bに接近して、あまつさえ性的関係を結ぶようになり、Bの心理を利用してBの扱う特定秘密を持ち出させた。Aは、特定秘密の漏えいの教唆罪で起訴された。Aは、取材の自由の観点から無罪を主張している。このような主張は認められるべきか論じなさい。なお、特定秘密指定の違法性については論じなくてもよい。

参考　❶最一小決昭和 53 年 5 月 31 日刑集 32 巻 3 号 457 頁（外務省秘密電文漏洩事件）
　　　❷最大決昭和 44 年 11 月 26 日刑集 23 巻 11 号 1490 頁（博多駅事件）

▶▶解説

1． 特定秘密保護法は、特定秘密の取扱いの業務に従事する者（以下、「取扱業務従事者」という）が特定秘密を漏らすよう教唆した者に対し罰則を設けている（25Ⅰ）。では、設例のように、記者が報道目的での取材活動として取扱業務従事者に対し特定秘密の提供を要請することは、特定秘密保護法のいう教唆に該当するのであろうか。国民が知りえない国家秘密を公共的討議にさらすことも記者の重要な役割の1つであり、国家秘密の保護と記者の取材の自由の対立の調整が問われることになる。

　この点、❶は、取材の自由の意義を指摘した❷を引用したうえで、「公務員に対し根気強く執拗に説得ないし要請を続ける」といった取材活動については、目的の正当性（真に報道の目的からでたもの）と手段の相当性（取材の手段・方法が法秩序全体の精神に照らし相当なものとして社会観念上是認されるもの）を満たす限り、正当な業務行為として違法性阻却を認めるとした。通常の取材活動であれば国家秘密へのアクセスを承認するもので、この趣旨は特定秘密保護法22条において明文化されている。

2． もっとも、❶では、設例のような肉体関係を利用した取材活動は女性事務官の「人格の尊厳を著しく蹂躙した」ものであり、手段・方法において相当ではないとされた。この決定に対しては、事務官は判断能力のある成人であることを踏まえると人格を蹂躙したとまでいえるのか、という批判がある。とりわけ特定秘密保護法上の特定秘密指定制度は、学説が指摘するように、国民の知る権利と対立する性質を内在するものであり、取扱業務従事者に対する教唆が成立するかどうかは、❶で問題になった通常の事務官に対する秘密漏えいの教唆の場合よりも、厳格に判断されなければならないといえる。

　この観点に立てば、Ａの取材活動は、日米安全保障条約の検証という真に報道の目的からでたものであり、「専ら公益を図る目的」（特定秘密保護22Ⅱ）を満たす一方、その手段方法も、判断能力のある取扱業務従事者Ｂの人格の尊厳を著しく蹂躙したとまではいえないことから、「著しく不当な方法によるもの」（同Ⅱ）とは認められないというべきであろう。したがって、Ａの取材活動は正当な業務行為として違法性を欠き、無罪と判断されるべきである。

[西土彰一郎]

89 放送番組準則

放送法4条1項は、放送番組の編集にあたっては、「政治的に公平であること」「意見が対立している問題については、できるだけ多くの角度から論点を明らかにすること」などによらなければならないこと、すなわち番組準則を定めている。放送番組の内容に対するこのような規制は合憲といえるのか論じなさい。

参考 ❶東京高判昭和61年2月12日判時1184号70頁（「激戦区シリーズ」事件）

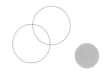

▶▶解説

1. 典型的には電波を利用した言論（放送）も、憲法21条の保障を受ける。表現の自由の法理によれば、「誤った思想」の抑止という動機にもとづくおそれの高い表現内容規制は、基本的に許されない。しかし、放送法4条1項は放送事業者に対して番組準則という表現内容規制を課している。この制約を正当化する根拠として挙げられてきたのが、周波数の稀少性である。周波数は稀少であるのにその利用希望者は多数にのぼるため、免許制が正当化されるとともに、放送免許を受けた者は、選ばれなかった者も含め国民の多様な声の代弁者として活動することが求められる。したがって、政治的公平や多角的論点の解明を課す内容規制も正当化される。そのうえで、現在の総務省の解釈と、選挙報道の文脈における下級審の❶は番組準則の法規範性を認めるものの、学説の多くは、放送免許監督を担う独立行政委員会が設置されていない現況を踏まえ、番組準則の遵守を放送事業者の自律に委ねる倫理規定として解釈する。法規範性を認めると、放送法等の違反を理由にして総務大臣は放送事業者に対し無線局の運用停止や免許取消しを行いうることを定める電波法76条により、番組準則が政府の言論統制の手段となりうるからである。独立行政委員会の設置を条件に番組準則の法規範性の合憲性を認める以上の見解は、電波法76条において以上の行政処分の根拠として挙げられている「放送法」違反のうち放送法4条1項違反を除外する一種の合憲限定解釈を行うものであるが、これに対しては、独立行政委員会のない現状に照らし、放送法4条1項を端的に違憲とすべきであるとの批判もある。

2. 情報通信技術の進展により、周波数の稀少性が解消されつつあり、放送法4条1項の正当性を疑問視する見解が有力になりつつある（現在の放送法上、放送は有線によるものも含む）。その一方で、憲法が保障する権利を「切り札」としての権利と公共財としての性格ゆえに保障されている権利に区別し、マスメディアは社会で共有すべき「基本的情報」提供のために認められる後者の権利のみを有するとして、「基本的情報」確保のために個人には認められない特権と制約が許されると説く見解もある。この見解は、部分規制論（マスメディアの一部にのみ規制を課して情報の多様性を確保する一方、規制のあり方に対する自由なメディアの批判により、「基本的情報」の実効的な提供を図る考え）を採用して、周波数の稀少性が解消されたとしても、倫理規定としての番組準則を合憲とする。

［西土彰一郎］

90 放送受信契約締結義務の合憲性

　自宅にテレビ受信機を設置している A は、民間放送の番組のみを視聴しており、日本放送協会（NHK）と受信契約を締結していなかった。NHK は A に対して再三、受信契約を締結するよう催促したものの、A は受信契約締結に応じなかった。そこで、NHK は A を相手取り、承諾の意思表示をするよう求める訴えを裁判所に提起した。A は受信契約締結義務を定める放送法 64 条 1 項は憲法で保障する契約の自由を不当に侵害するものとして違憲性を争う姿勢をみせている。かかる A の主張は認められるのか論じなさい。

参考　❶最大判平成 29 年 12 月 6 日民集 71 巻 10 号 1817 頁（NHK 受信料訴訟）

▶▶解説

1. NHKの主たる財源は受信料である（放送法上、NHKによる広告放送は禁止されている）。放送法64条1項により、テレビ等の放送受信設備を設置した者は、NHKとの受信契約締結義務を負う。では、民放の番組しか視聴しない者にもかかる義務を課すのは、契約の自由の原則に反しないか。

　受信料制度を合憲と判断した❶は、憲法21条の保障のもと、国民の知る権利を実質的に充足する放送の実現は法律による制度形成に委ねられており、NHKと民放の二本立て体制は合理的な立法裁量の範囲内であるとした。そしてNHKの番組を視聴しない者にも契約締結義務を課す放送法64条1項を合憲とした。学説も説く通り、公共放送の財源調達の方法は一義的に定まっておらず、基本的には制度の合理性の問題である。また、契約の自由は法制度に依存する自由でもある。広告料収入に依存する民放の番組内容が広告主の影響により画一化するおそれがあるなか、広告放送の禁止されているNHKの並存が放送システム全体での番組の多様性や質を維持し、視聴者全体の利益に貢献する以上、Aに契約締結義務を課す放送法64条1項は不合理とはいえない。

2. もっとも、権利の制限としてではなく、裁量的な制度形成として問題を把握すると、権利自由の制限の正当化テストの潜脱につながることは、学説により指摘されてきた。この点で注目に値する民法学説は、国家が特定の目的を実現するために取締法規で契約締結を強制することは契約の自由を侵害するものであり原則として認められないものの、比例原則の基準（適合性の原則、必要性の原則、均衡性の原則）を満たせば、例外的に以上の侵害が正当化されると指摘する。そのうえで、放送法64条1項は適合性の原則と必要性の原則を満たしているものの、均衡性の原則を満たさず、契約の自由を不当に侵害するものとして違憲と判断するか、同条1項を訓示規定として解釈するしかないと結論づけている。

　ただ、均衡性の原則では、「NHKの維持を図るために受信者が公平に負担するという目的は、契約の強制的締結を導くほどの重要性がある」といえるのかが焦点となる。前述の通り、NHKの番組は番組内容の多様化や高品質化の基準として機能し、民放番組のみを視聴する者もNHKの存在により利益を受けているため、典型的な放送受信機を設置した者に受信契約締結義務を課しても比例原則を満たすようにも思える。したがって、契約の自由の制限として把握しても、放送法64条1項は合憲として判断されうる。　　　　　　[西土彰一郎]

91 公安条例による 集団行進の制限(1)

　A県公安条例は、1条で「道路、公園、広場その他屋外の公共の場所において集団による行進若しくは示威運動又は集会（以下、「集団運動」という）を行おうとするときは、その主催者はあらかじめA県公安委員会の許可を受けなければならない」、同2条で「A県公安委員会は、前条の規定による申請があったときは、集団運動の実施が公共の安寧を保持する上に直接危険を及ぼすと明らかに認められる場合の外は、これを許可しなければならない」、同3条で無許可での集団運動に対する罰則を定めている。

　Bは、ツイッターで「○月○日＊＊時に△△公園に仮装して集合！　世間をびっくりさせようぜ！」と呼びかけたところ、実際に約200人が集まった。Bは、その場のノリで集団を先導して公園から道路に出て、奇声を挙げながら参加者を引き連れて街中を長時間練り歩き、交通渋滞を引き起こすなどしたところ、A県公安条例違反で起訴された。

　同条例違反でBを処罰することが合憲か否かを論じなさい。

参考　❶最大判昭和29年11月24日刑集8巻11号1866頁（新潟県公安条例事件）
❷最大判昭和35年7月20日刑集14巻9号1243頁（東京都公安条例事件）

▶▶解説

1. 公安条例とは、道路その他の公共の場所における集会、集団行進および集団示威運動を対象に、許可制をはじめとする各種制限を定める条例一般をいう。

2. 公安条例の合憲性について判断した❶は、「行列行進又は公衆の集団示威運動……は、公共の福祉に反するような不当な目的又は方法によらないかぎり、本来国民の自由」であるから、「単なる届出制を定めることは格別、そうでなく一般的な許可制を定めてこれを事前に抑制することは、憲法の趣旨に反し許されない」と判示した（ただし結論は合憲）。同じく公安条例の合憲性について判断した❷は、「群集心理の法則と現実の経験」から集団は暴徒化しやすいため、そうした「不測の事態に備え、法と秩序を維持するに必要かつ最小限度の措置を講ずることは、けだし止むを得ない」と判示し、集団行動に対する警戒感を強く示してはいるが、❶の基本的な考え方自体を否定しているわけではない。

3. 許されざる「一般的な許可制」かは、条例の趣旨全体を総合的に考察して判断される。その結果、「特定の場所又は方法についてのみ制限する場合があることを定めたものに過ぎない」場合（❶）や、「許可が義務づけられており、不許可の場合が厳格に制限されている」場合（❷）などには、「一般的な許可制」には該当せず、憲法に反しないと評価される。

4. 設例でBは、A県公安条例1条にいう場所で、無許可で「集会」および「集団による行進」をしている。Bの立場からは、A県公安条例は「一般的な許可制」であり、21条1項に違反するなどと主張したいだろう。しかし❷は、A県公安条例2条と同様の文言の条例の規定について、「許可が義務づけられており、不許可の場合が厳格に制限されている。従つて本条例は規定の文面上では許可制を採用しているが、この許可制はその実質において届出制とことなるところがない」と判示していた。そのため、この❷の立場を批判することが必要となる。

5. その際、❷の藤田八郎裁判官の反対意見が、「許可が義務づけられていること、不許可の場合が厳格に制限されているという、ただそれだけでこの許可制が実質的に届出制と異るところがないといえない」「行動そのものに対する許可不許可の裁量が公安委員会の権限に委ねられている以上、直にこれを届出制と同視することのできないことは当然」と批判していることなどがヒントとなろう。

6. 条例自体は合憲でも、設例の具体的事実関係のもとでBを処罰することは違憲（違法）であるという主張も考えられるが、困難であろう。　　［横大道聡］

92 公安条例による 集団行進の制限(2)

　前問 **91** と同じ A 県において、次の事例が生じたとする。各不許可処分が違法であるか否かを、憲法の観点を踏まえて論じなさい。

(1)　B は、日本との間で政治的な対立が激化している C 国を激しく批判することで知られている人物である。B は、C 国出身者が集住している地域において、C 国人を批判するためのデモ行進を計画し、A 県公安条例に基づいて申請を行った。これに対して A 県公安委員会は、B が普段行っている言動――「C 国人はうそつきだ」、「C 国人は腐っている」、「C 国人は国に帰れ」等――に鑑み、ヘイトスピーチ解消法 2 条および A 県公安条例（以下、「条例」という）2 条にもとづき、B の申請を不許可とする処分をした。

(2)　D も、C 国を激しく批判することで知られている人物であるが、B とは異なり、C 国人には罪はないと考えている。D は、C 国出身者が集住している地域において、C 国を批判するためのデモ行進を計画し、A 県公安条例にもとづいて申請を行った。これに対して A 県公安委員会は、B が普段行っている言動――「C 国政府はうそつきだ」、「C 国政府に騙されるな」、「C 国政府は日本に謝罪と賠償をせよ」等――に鑑み、**(1)** と同じ理由で、D の申請を不許可とする処分をした。

参考　❶最大判昭和 29 年 11 月 24 日刑集 8 巻 11 号 1866 頁（新潟県公安条例事件）
　　　　❷最大判昭和 35 年 7 月 20 日刑集 14 巻 9 号 1243 頁（東京都公安条例事件）
　　　　❸横浜地川崎支決平成 28 年 6 月 2 日判時 2296 号 14 頁（川崎市ヘイトデモ禁止仮処分命令申立事件）

▶▶解説

1. (1)のBの言動は、特定国の国籍保有者に向けられているのに対して、(2)のDの言動は、特定国の政策に向けられているという違いがある。

2. ヘイトスピーチ解消法2条は、「この法律において『本邦外出身者に対する不当な差別的言動』とは、専ら本邦の域外にある国若しくは地域の出身である者又はその子孫であって適法に居住するもの（以下この条において「本邦外出身者」という。）に対する差別的意識を助長し又は誘発する目的で公然とその生命、身体、自由、名誉若しくは財産に危害を加える旨を告知し又は本邦外出身者を著しく侮蔑するなど、本邦の域外にある国又は地域の出身であることを理由として、本邦外出身者を地域社会から排除することを煽動する不当な差別的言動をいう」と定める。Bの言動は、同条にいう「不当な差別的言動」に該当するが、Dの言動はこれに直ちには該当しないから、Dに対する不許可の根拠とはならない。

3. 前問91でみたように、条例2条は、デモ行進が表現の自由によって保障される行為であることを踏まえて（❶）、不許可にできる場合を厳格に制限していると解される（❷）。BとDの計画するデモ行進がC国人等を傷つけるものであることは確かだとしても、「公共の安寧を保持する上に直接危険を及ぼすと明らかに認められる場合」に該当するとはいいがたい。したがって、まず(2)のDに対する不許可処分は違法であると解される。

4. (1)の場合、「不当な差別的言動」を行う蓋然性が高いという事情は、Bのデモ行進を不許可にする根拠になるだろうか。❷は、「許可または不許可の処分をするについて、かような場合に該当する事情が存するかどうかの認定が公安委員会の裁量に属することは、それが諸般の情況を具体的に検討、考量して判断すべき性質の事項であることから見て当然」としていた。法の趣旨を踏まえて条例2条を解釈し、かつ、当該地域の情況を具体的に考慮した結果、Bのデモ行進が条例2条の定める場合に該当すると判断したA県公安委員会の判断に裁量権の逸脱濫用はなかったとする説明がありうるが、強引であることは否めない。

5. なお❸は、(1)と同様の事案で、居住者の平穏に生活する人格権に対する違法な侵害行為が甚だしい場合は、居住者らは人格権にもとづく妨害排除請求権として、不当な差別的言動の差止めを求める権利を有するとしたうえで、デモの差止めを認める仮処分をした事案である。こうした方法によってデモを止める方法も考えられる（項目71参照）。　　　　　　　　　　　　　　　　　　　　[横大道聡]

93 集会の自由と市民会館の利用

　A市は、地自法 244 条 1 項にいう「住民の福祉を増進する目的をもつてその利用に供するための施設」である「公の施設」として、集会の用に供する目的で市民会館を設置するとともに、同法 244 条の 2 第 1 項にもとづき、公の施設の設置およびその管理に関する事項について、市民会館条例（以下、「条例」という）を制定している。条例 7 条では、「市長は、次の各号の一に該当すると認めた場合は、市民会館の使用を許可してはならない」とされ、1 号で「公の秩序をみだすおそれがあると認めるとき」と定められている。

　団体Bは、講演会を開催するために市民会館の使用の許可を申請したところ、A市長は、団体Bの活動に反対している他の団体がこの講演会の開催を実力で妨害しようとして市民会館の周辺に押しかけ、これによって騒擾状態が発生し、市民生活の安全および平穏が害される具体的なおそれがあるとして、条例 7 条 1 号にもとづき、団体Bの申請を不許可とする処分をした。

　この不許可処分が違法であるか否かを、憲法の観点を踏まえて論じなさい。

参考　❶最三小判平成 7 年 3 月 7 日民集 49 巻 3 号 687 頁（泉佐野市民会館事件）
　　　　❷最二小判平成 8 年 3 月 15 日民集 50 巻 3 号 549 頁（上尾市福祉会館事件）

▶▶解説

1．集会の開催には物理的な場所が必要となるが、原則として21条1項は、国家や地方公共団体に対して、集会のための場所の提供を義務づけるものではない。

2．もっとも、地方公共団体が地自法244条1項にいう「公の施設」を設置した場合、正当な理由のない施設利用の拒否と不当な差別的取扱いが禁止され（同Ⅱ・Ⅲ）、利用者は施設の設置目的に反しない限り、施設利用が原則的に認められる。そこで、施設の使用を許可してはならない事由を定める条例の規定の解釈適用にあたっては、施設の「使用を拒否することによって憲法の保障する集会の自由を実質的に否定することにならないかどうかを検討」することが求められる。

3．以上の観点から、❶は、利用の希望が競合する場合のほかに公の施設の使用を拒否しうる場合について、おおよそ、次のように判示した。①「施設をその集会のために利用させることによって、他の基本的人権が侵害され、公共の福祉が損なわれる危険がある場合に限られ」、かつ、②「その危険を回避し、防止するために、その施設における集会の開催が必要かつ合理的な範囲で制限」のみが認められる。③制限が必要かつ合理的か否かは、「集会の自由の重要性と、当該集会が開かれることによって侵害されることのある他の基本的人権の内容や侵害の発生の危険性の程度等を較量して決せられる」。④そう解する限りにおいて、市民会館の使用の規制は21条および地自法244条に違反しない。

4．そして❶は、本設例の条例7条1号と同内容の規定について、**3**．で述べた趣旨からして、「集会の自由を保障することの重要性よりも、本件会館で集会が開かれることによって、人の生命、身体又は財産が侵害され、公共の安全が損なわれる危険を回避し、防止することの必要性が優越する場合をいうものと限定して解すべき」であり、「その危険性の程度としては、……明らかな差し迫った危険の発生が具体的に予見されることが必要」とした。

5．本設例で集会が開かれることによって生じる危険は、団体Bの活動からではなく、敵対団体の実力行使による妨害に起因している。このような場合に公の施設の利用を拒むことについて、❶は21条の趣旨に反すると判示し、❷はそれが許されるのは「警察の警備等によってもなお混乱を防止することができないなど特別な事情がある場合に限られる」としている（「敵意ある聴衆の法理」）。

6．そうした「特別な事情」がうかがえない本件における不許可処分は、条例7条1号に該当しない違法な処分とされる可能性が高いと考えられる。［横大道聡］

94 集会の自由と 公民館の利用

　A市は、社会教育法24条にもとづき、「公民館の設置及び管理に関する事項」について定める公民館条例（以下、「条例」という）を制定しているが、条例は7条で、「教育委員会は、次の各号の一に該当すると認めた場合は、公民館の使用を許可してはならない」とし、3号で「特定の政党、会派又は宗教を支持し、宣伝し、又は反対すると認めるとき」と定めている。

　宗教団体Bが、信者のみを対象に、信仰心を深めるための集会および儀式の場所として公民館の使用の許可を申請したところ、A市教育委員会は、Bによる公民館の使用を認めることは、特定の宗教を支持することになるとして、「市町村の設置する公民館は、特定の宗教を支持し、又は特定の教派、宗派若しくは教団を支援してはならない」と定める社会教育法23条2項および条例7条3号にもとづき、Bの申請を不許可とする処分をした。

　この不許可処分が違法であるか否かを、憲法の観点を踏まえて論じなさい。

参考　❶最三小判平成7年3月7日民集49巻3号687頁（泉佐野市民会館事件）
　　　　❷東京地判令和元年8月21日判タ1478号210頁（東吾妻町中央公民館使用不許可事件）

▶▶解説

1. 公民館とは、「市町村その他一定区域内の住民のために、実際生活に即する教育、学術及び文化に関する各種の事業を行い、もつて住民の教養の向上、健康の増進、情操の純化を図り、生活文化の振興、社会福祉の増進に寄与することを目的」とした社会教育法上の施設である（同20）。公民館は、前問**93**で登場した市民会館とは区別される。まず、市民会館は社会教育法上の施設ではなく、特にその設置についての根拠法律はない。また公民館は、おおむね社会教育法22条が定める事業を行う教育施設であるのに対して、市民会館は文化施設に位置付けられ、コンサートやライブなどの会場としても利用される。

2. 社会教育法23条2項および条例7条3号をどのように解釈するべきか。公民館も市民会館と同様に地自法244条1項にいう「公の施設」であり、集会の自由の重要性（さらには憲法20条1項が保障する宗教的活動の自由の重要性）を踏まえて、公民館の使用を拒否しなければならない場面を限定的に解すべきであるから（❶および項目**93**参照）、宗教団体による使用というだけで直ちに特定の宗教を支持したことにはならず、活動の内容、利用目的等を踏まえて個別具体的に判断することが憲法上求められると解される。

3. ❷は、宗教団体が信者を対象に、信仰に関する集会の様子を録画した映像を視聴するビデオ放映を行うために市民会館の使用を求めたところ、これを拒否されたため、国家賠償請求訴訟を提起したという事案であり、本設例を考察するヒントとなる。❷は、「本件ビデオ放映は、既に原告の会員である者のみを対象としたいわば閉じられた集会であって、原告の会員以外の不特定多数の者に対して広く原告の宗教的布教活動を行おうとするものではないし、また、特に大規模の集会というわけでも、その使用形態において宗教法人ではない他の団体が主催するビデオ放映会と特段の違いがあるわけでもない」などとして、使用を許可したとしても、宗教活動の支持・支援になるおそれはなかったと判示し、国家賠償請求を認容した。

4. 本設例の宗教団体Bは、信者のみを対象とした集会という点では❷と同様であるが、儀式を行おうとしている点では❷と異なる。この点を強調して、本設例の場合は特定の宗教等への「支持」「支援」に該当すると主張することも考えられるが、困難であろう。　　　　　　　　　　　　　　　　　　　　[横大道聡]

95　集会の自由と行政財産の目的外使用

　A市の市庁舎前には、公園と同等の機能を果たしている広場が設置されているが、当該広場は、A市庁舎管理規則（以下、「規則」という）上は、市庁舎の一部である公用財産として位置付けられている。公用財産は、「その用途又は目的を妨げない限度において」、その使用を許可することができる（地自法238条の4第7項）。

　毎年この広場で護憲集会を開催してきた団体Bは、今年も広場の使用の許可を申請したところ、A市長は、これまでの団体Bの集会の実態に照らして、同集会は、①規則において「何人も、庁舎等において、次に掲げる行為をしてはならない」場合に掲げられている「特定の政策、主義又は意見に賛成し、又は反対する目的で個人又は団体で威力又は気勢を他に示す等の示威行為」に該当すること、②団体Bの活動に反対している他の団体が集会の開催を実力で妨害しようとして広場に押しかけ、これによって騒擾状態が発生し、市民生活の安全および平穏が害される蓋然性があることを理由に、団体Bの申請を不許可とする処分をした。

　この不許可処分が違法であるか否かを、憲法の観点を踏まえて論じなさい。

参考　❶最三小判平成7年3月7日民集49巻3号687頁（泉佐野市民会館事件）
❷最三小判平成18年2月7日民集60巻2号401頁（呉市教研集会事件）
❸名古屋高金沢支判平成29年1月25日判時2336号49頁（金沢市庁舎前広場使用不許可事件）

▶▶解説

1. 地方公共団体の所有に属する不動産等である「公有財産」（地自238Ⅰ・Ⅱ）は、公用または公共用に供し、または供することと決定した財産たる「行政財産」と、それ以外の「普通財産」からなる（同条Ⅲ・Ⅳ）。「行政財産」は、一般公衆の共同使用に供される「公共用財産」と、行政目的遂行のための手段として行政主体自身が利用する「公用財産」とに区別される。道路や公園、そして地自法244条1項にいう「公の施設」の多くが「公共用財産」に該当する一方、庁舎や議事堂などは「公用財産」に該当する。

2. 本設例における広場は、規則上は公用財産として位置づけられており、地自法244条1項の「公の施設」ではない。団体Bによる集会のための広場の使用は、形式的には行政財産の目的外使用に該当するから、「その用途又は目的を妨げない限度において」、A市長から許可されるものである（地自238の4Ⅶ）。この点で、「公の施設」の設置目的に沿った利用の拒否に関する❶の射程は本設例には及ばないことになる。他方、❶の射程を本設例にも及ぼしたい場合、広場利用の実態面を強調して、事実上「公の施設」として機能していたことを論証することになる。本設例のモデルである❸の原告側も、この点を強調していた。

3. 行政財産の目的外使用に関する❷は、関連諸法令を通覧したうえで、「学校施設の目的外使用を許可するか否かは、原則として、管理者の裁量にゆだねられている」とし、学校教育上の支障が「ないからといって当然に許可しなくてはならないものではなく、行政財産である学校施設の目的及び用途と目的外使用の目的、態様等との関係に配慮した合理的な裁量判断により使用許可をしないこともできる」とした。本設例を公用財産の目的外使用の事案と構成した場合、❷と同様、管理者たるA市長の広い裁量が認められることになる。

4. なお、裁量が広く認められるとしても、その逸脱濫用がある場合は違法となる。実際❷は、不許可処分に至った判断過程を審査したうえで、不許可処分は社会通念に照らし著しく妥当を欠いたもので違法だとした。

5. 団体Bの申請を不許可とした理由のうち、②は、項目 **93** で述べた「敵意ある聴衆の法理」によれば違法となりそうである。しかし❷は、学校施設の使用を許可した場合に、「混乱が生じたりする具体的なおそれが認められるときには、それを考慮して不許可とすることも学校施設管理者の裁量判断としてあり得るところである」と述べ、同法理の射程を限定している。　　　　　　　[横大道聡]

96 暴走族の集会の規制

　A市では、暴走族が、特異な服装をして、顔面の一部または全部を覆い隠し、円陣を組み、または旗を立てるなどして威勢を示すなど、公衆に不安または恐怖を覚えさせるような集会が繰り返し行われていた。そこでA市は、市民生活の安全と安心が確保される地域社会の実現を図ることを目的に、①A市が管理する公共の場所で、無許可で暴走族によって上記の態様の集会が行われた場合に、②市長は、当該行為者に対して、集会の中止または当該場所からの退去を命ずることができ、③この市長の命令に違反した場合に罰則を科す、という内容の暴走族追放条例（以下、「条例」という）を制定した。

　条例に違反する行為をした暴走族の総長Bを処罰することが合憲か否かを論じなさい。なお、条例にはあいまい不明確性も過度広汎性もないものとする。

参考　❶最三小判平成 19 年 9 月 18 日刑集 61 巻 6 号 601 頁（広島市暴走族追放条例事件）

　　　❷最大判平成 4 年 7 月 1 日民集 46 巻 5 号 437 頁（成田新法事件）

▶▶解説

1. 本設例のモデルである❶では、主に、条例の定義する暴走族の広汎性が争点となったが、本設例では、広汎性の問題はないものとしている。本設例では、暴走族の集会を規制することが21条1項に照らして許されるかが問われている。

2. ❷は、（公共の場所でなく規制区域内での）集会の自由を直接制約する法律（いわゆる成田新法）の規定の合憲性に関する事例である。❷は、その合憲性の判断の方法につき、「〔集会の〕自由に対する制限が必要かつ合理的なものとして是認されるかどうかは、制限が必要とされる程度と、制限される自由の内容及び性質、これに加えられる具体的制限の態様及び程度等を較量して決めるのが相当である」と判示している。

3. ❶は、❷を引用しつつ、「広島市内の公共の場所における暴走族による集会等が公衆の平穏を害してきたこと、規制に係る集会であっても、これを行うことを直ちに犯罪として処罰するのではなく、市長による中止命令等の対象とするにとどめ、この命令に違反した場合に初めて処罰すべきものとするという事後的かつ段階的規制によっていること等にかんがみると、その弊害を防止しようとする規制目的の正当性、弊害防止手段としての合理性、この規制により得られる利益と失われる利益との均衡の観点に照らし、いまだ憲法21条1項、31条に違反するとまではいえない」と判示している。

4. ❶は、条例は、公衆の平穏を維持する等の規制目的で、集会一般ではなく公共の場所という特定の場所に限り、かつ、特定の態様の集会のみを規制対象としていること、規制対象となる行為を直接処罰するのではなく、市長が中止命令または退去命令を出し、これに従わない場合に初めて刑罰を科すという段階的かつ事後的規制であって、実効性を備えたより制限的でない他の手段は想定しにくいことなどに鑑み、規制により得られる利益は、失われる利益に比して大きいと評価したと解される。本設例の条例も基本的に同様に解されよう。

5. 他方、条例を問題視する立場からは、集会の自由という精神的自由の制約を、公衆の平穏や市民生活の安全と安心の確保といった漠然とした目的で規制することの問題、さらに段階的かつ事後的規制であるとしても、刑罰による威嚇のもとで集会の中止または当該場所からの退去を命じるものであるから、集会の自由を直接的に制約するものであることなどを指摘して、より厳しくその合憲性を審査すべきであるなどと論じられることになろう。　　　　　［横大道聡］

97 強制加入制と結社の自由

　弁護士法は、「弁護士となるには、日本弁護士連合会に備えた弁護士名簿に登録されなければならない」（8条）、「弁護士となるには、入会しようとする弁護士会を経て、日本弁護士連合会に登録の請求をしなければならない」（9条）などと規定し、弁護士となるための要件として弁護士会および日本弁護士連合会（以下、両者をあわせて「弁護士会等」という）への加入を義務付けている。

　弁護士会等の強制加入制は、結社の自由を侵害し、違憲か。

参考　❶最一小判平成 4 年 7 月 9 日判時 1441 号 56 頁（弁護士会強制加入制事件）

▶▶解説

1. 結社の自由（21 I）は、結社を結成する自由や、結社に加入する自由を保障するとともに、それらをしない自由（消極的結社の自由）も保障していると解される。結社を結成せず、結社に加入せず、あるいは加入している結社から脱退することは、消極的結社の自由によって保護された行為である。

　弁護士法8条・9条は、弁護士になるためには、必ず弁護士会等に加入しなければならないと定めている。❶は、当該強制加入制について、専ら職業選択の自由（22 I）を問題にしたうえで、「公共の福祉のため必要」という極めて簡潔な理由で、合憲と判断している。しかし、この判例を前提にしても、当該強制加入制は消極的結社の自由を侵害していないか、という問題が残る。

　こうした強制加入制が消極的結社の自由を侵害しないかという論点について、通説は、①高度の専門性・公共性を有する職業について、その専門技術水準や公共的性格を維持するために強制加入団体の設立が必要であり、②当該団体の目的および活動範囲が職務の改善や職業倫理の向上等をはかることに限定されている場合には、合憲であると解している。

2. この判断枠組みにもとづいて検討すると、①弁護士は、「法令及び法律事務に精通しなければならない」とされる高度の専門職であり（弁護士2）、「基本的人権を擁護し、社会正義を実現することを使命とする」（同1 I）、公共性の高い職業である。そして、弁護士の専門技術水準を確保するには、弁護士会等での研修等が有益であるし、弁護士が国家権力から国民の基本的人権を守るためには、弁護士自身が国家権力から独立すべきであるところ、そうした独立性を確保するには、弁護士に対する懲戒権等の規律権限を裁判所や法務省等の国家権力ではなく弁護士会等に委ねること（弁護士自治）が必要である。また、②弁護士会等は、弁護士の「品位を保持」することや「事務の改善進歩を図る」ことを目的としており（同31 I・45 II）、その活動範囲は当該目的を達成するうえで必要な事項に限定されている。以上の理由から、弁護士会等の強制加入制は、結社の自由を侵害せず、合憲であると考えられる。

　なお、弁護士会等の活動が所属弁護士の思想・良心の自由等と衝突することもありうるが、その場合には、当該活動が弁護士会等の「目的の範囲内」か否かという点が問題となる（項目 **50** 参照）。

〔堀口悟郎〕

98 破防法による解散指定処分

破防法は、団体の活動として「暴力主義的破壊活動」（内乱等および政治的目的での騒乱・放火・殺人等。4条1項）を行った団体に対して、公安審査委員会が団体活動制限および解散指定の処分をなしうると定めている。

すなわち、上記団体が「継続又は反覆して将来さらに団体の活動として暴力主義的破壊活動を行う明らかなおそれがあると認めるに足りる十分な理由があるとき」は、集団示威運動や機関紙発行等の団体活動を制限することができ（5条1項）、それらの活動制限によっては上記のおそれを「有効に除去することができないと認められるとき」は、「解散の指定を行うことができる」と規定している（7条）。

このうち解散指定処分がなされると、「当該団体の役職員又は構成員であつた者は、当該団体のためにするいかなる行為もしてはならない」という効果が生じる（8条）。

破防法上の解散指定は、結社の自由を侵害し、違憲か。

参考 ❶最一小決平成 8 年 1 月 30 日民集 50 巻 1 号 199 頁（宗教法人オウム真理教解散命令事件）

▶▶解説

1. 結社の自由は、個人が有する自由と、結社が有する自由に分けられる。このうち結社が有する自由は、結社の存立と活動を保護するものである。破防法上の解散指定のように、公権力が結社に対して解散を命じることは、こうした結社の存立・活動の自由を制限するものといえる。

破防法が制定されたのは1952年であるが、その制定過程において大規模な反対運動が巻き起こったこともあり、今日に至るまで同法にもとづく解散指定がなされた例は1件もない。したがって、その合憲性に関する判例も存在しない。ただ、類似の問題に関する判例として、❶がある。当該判例は、宗教法人「オウム真理教」に対する宗教法人法に基づく解散命令について、信者の信教の自由を侵害するものではなく、合憲であると判断した。その主な理由とされたのは、当該解散命令が宗教法人から「法人格」を奪うものにすぎず、「信者は、法人格を有しない宗教団体を存続させ、あるいは、これを新たに結成することが妨げられるわけではなく、また、宗教上の行為を行い、その用に供する施設や物品を新たに調えることが妨げられるわけでもない」こと、つまり「解散命令は、信者の宗教上の行為を禁止したり制限したりする法的効果を一切伴わない」ことである（なお、同判例はオウム真理教という宗教的結社が有する自由には言及していないが、それはおそらく、宗教的結社の自由の保護範囲に「法人格を取得・保持する自由」は含まれないと解したためであろう）。

2. これに対して、破防法上の解散指定は、「当該団体のためにする」一切の行為を禁じるものであり、結社の自由に対する極めて強度の制限といえる。また、解散権限を「公安審査委員会」に与えている点で、それを「裁判所」に与えている宗教法人法よりも手続保障が劣る。そのため、多数説は、解散指定の要件を厳格に限定し、「暴力主義的破壊活動を行う明らかなおそれ」に緊迫性・即時性が認められる場合（つまり「明白かつ現在の危険の基準」を満たす場合）でなければ、解散指定処分は違法であると解している。

なお、オウム真理教に対しては破防法上の解散指定も請求されたが、公安審査委員会は同法7条の要件を欠くとして当該請求を棄却した。これを受けて制定されたのが団体規制法である。同法は「観察処分」（5）および「再発防止処分」（8）を定めている。

[堀口悟郎]

99　政党法と結社の自由

　1994 年の「政治改革四法」をはじめとする一連の政治改革により、「政党中心の政治」が実現した。具体的には、政党本位の選挙制度が導入されるとともに（小選挙区比例代表並立制等）、政党に対して毎年 300 億円以上の政党交付金が支出されるようになった（政党助成法）。

　こうした政治改革により、政党が公的存在としての性格を強めたことを受けて、政党の組織や運営を直接規律する法律を求める世論が高まり、ついに 20XX 年、「政党法」が制定されることとなった。同法は、①党員の除名処分について、政党の規約等に処分事由を明記するとともに、処分の相手方に告知・弁解・防御の機会を与えなければならない旨や、②党首を全党員による直接選挙で選出しなければならない（ただし、議員票と一般党員票の重みづけ等、直接選挙の具体的な制度設計は各政党の自律的判断に委ねる）旨を規定している。

　本件政党法は、結社の自由を侵害し、違憲か。

参考　❶最大判昭和 45 年 6 月 24 日民集 24 巻 6 号 625 頁（八幡製鉄事件）
　　　　　❷最三小判昭和 63 年 12 月 20 日判時 1307 号 113 頁（共産党袴田事件）
　　　　　❸最一小判平成 7 年 5 月 25 日民集 49 巻 5 号 1279 頁（日本新党繰上当選事件
　　　　　　上告審）

▶▶解説

1. 政党は、結社の自由（21 I）にもとづいて組織された私的結社であると同時に、「国民の政治意思を形成する最も有力な媒体」として「議会制民主主義を支える不可欠の要素」でもある（❶）。政党に関する司法審査は、こうした二面的性格のいずれに重点を置くかによって、その結論が左右されうる。

　最高裁は、政党の行為の適法性を審査する場面において、その私的性格を重視し、司法審査に慎重な態度をとってきた。たとえば、❷は、「政党の結社としての自主性」に鑑みて、「政党が組織内の自律的運営として党員に対してした除名その他の処分の当否」は、「適正な手続に則ってされたか否かによって決すべきであり、その審理も右の点に限られる」と説いた。また、❸は、「政党等の政治結社の内部的自律権」を確保するため、「名簿届出政党等による名簿登載者の除名が不存在又は無効であることは、除名届が適法にされている限り、当選訴訟における当選無効の原因とはならない」と解した。

　もっとも、これらの判例は、政党の組織・運営について法律で規律することを禁じたものではない。むしろ、❷は、「政党の内部的自律権に属する行為は、法律に特別の定めのない限り尊重すべき」と述べ、法律による自律権の制約がありうることを想定している。また、❸も、公選法が「名簿登載者の除名について選挙長ないし選挙会の審査の対象を形式的な事項にとどめている」ことを直接的な理由として、当選訴訟における除名の有効性審査を否定したものであり、憲法自体が当該審査を禁じていると断じたわけではない。

2. では、本件政党法は、政党が有する結社の自由を侵害せず、合憲か。第一に、政党が公的性格を強めていることに鑑みれば、党員の除名処分に適正手続を求める規定①は、憲法 31 条ないし 13 条の趣旨に照らして必要性・合理性を肯定しうる。また、繰上当選の候補者が除名されるような場面を想起すれば、当該規定は民主主義の観点からも重要であるといえる。第二に、政党が議会制民主主義の不可欠の要素であることに鑑みれば、党首の選出プロセスを民主化する規定②も、その必要性を肯定しうる。また、当該規定は、「全党員による直接選挙」を義務付ける点で、政党の自律性を相当制限するものではあるが、直接選挙の具体的な制度設計を各政党の自律的判断に委ねていることを考慮すれば、なお合理性を肯定しうるだろう。したがって、本件政党法は合憲であると考えられる。

［堀口悟郎］

100 クローン技術規制と学問の自由

クローン技術規制法は、「人の尊厳の保持、人の生命及び身体の安全の確保並びに社会秩序の維持……に重大な影響を与える可能性があることにかんがみ」（1条）、人クローン個体（いわゆるクローン人間）の産出等を禁止し（3条）、それに違反した者は「10年以下の懲役若しくは1000万円以下の罰金に処し、又はこれを併科する」（16条）と規定している。

クローン技術を研究している大学教授Aは、大学において人クローン個体を産出する実験を行ったため、クローン技術規制法3条違反の罪で起訴された。

Aをクローン技術規制法にもとづいて処罰することは、学問の自由を侵害し、違憲か。

参考 ❶最大判昭和38年5月22日刑集17巻4号370頁（東大ポポロ事件）
❷最大判昭和51年5月21日刑集30巻5号615頁（旭川学テ事件）

▶▶解説

1. ❶によれば、学問の自由（23）には、①研究の自由、②研究発表の自由、③大学教員等の教授の自由が含まれる。なお、同判決は、教授の自由が「教授その他の研究者」にしか保障されないかのように説示していたが、その後に下された❷は、初等中等教育機関の教師にも「一定の範囲における教授の自由が保障される」ことを認めている。

　また、❶によれば、23条は、「一面において、広くすべての国民に対してそれらの自由〔研究の自由および研究発表の自由〕を保障するとともに、他面において、大学が学術の中心として深く真理を探究することを本質とすることにかんがみて、特に大学におけるそれらの自由を保障することを趣旨としたもの」であり、「大学における自由は、右のような大学の本質に基づいて、一般の場合よりもある程度で広く認められると解される」。つまり、同条は、大学教授等の研究者に対して「特別な学問の自由」を保障するものといえる。

　かつて、研究の自由については、内心の自由と同質的であり、それを制限する合理的理由は見出しがたい、とする見解も有力であった。しかし、研究には調査や実験等の外面的活動も含まれるため、研究の自由を内心の自由とパラレルに捉えることは妥当でない。特に、クローン技術や情報技術等の「先端科学技術研究」については、生命・身体やプライバシー等の法益に対する脅威となりうることから、必要かつ合理的な制約を加えることが許されるものと解すべきである。

2. クローン技術規制法は、ヒトクローン個体の産出を一切禁止しているため、クローン技術に関する研究の自由を強く制限するものといえる。また、大学教授であるAを、大学の自律的規制ではなく法律によって処罰することは、「特別な学問の自由」に対する制限にあたる。しかし、クローン技術は未解明な点の多い先端科学技術であるところ、当該技術に欠陥があった場合には、それによって生み出された人間の生命・身体が重大な危険にさらされかねない。また、同一の遺伝子構造を有する「同じ人間」が複数存在するという事態は、社会秩序に混乱をもたらすとともに、個人の尊厳を脅かすおそれがある。これらの法益侵害は、極めて深刻であり、かつ事後的な回復が著しく困難であるため、ヒトクローン個体の産出自体を禁じなければ、有効に防止することが難しい。したがって、本件処罰は、Aの学問の自由を侵害せず、合憲であると考えられる。

〔堀口悟郎〕

101 学長の権限強化と大学の自治

学校教育法93条2項は、「教授会は、学長が次に掲げる事項について決定を行うに当たり意見を述べるものとする」と規定したうえ、当該事項の1つとして「教育研究に関する重要な事項で、教授会の意見を聴くことが必要なものとして学長が定めるもの」（3号）を掲げている。この規定は2014年の法改正で新設されたものであり、その立法趣旨は、学長が決定権者であることを明記することで、大学運営における学長のリーダーシップを強化する点にある。

文部科学省の通知（2014年8月29日・26文科高第441号）によれば、上記の「教育研究に関する重要な事項」には、「教員の教育研究業績の審査」等が含まれ、かつ、「学長が教授会の意見を聴くことが必要である事項を定める際には、教授会の意見を聴いて定め」、「教授会の意見を参酌するよう努める」ことが求められるが、いずれの場面においても、学長は教授会の意見に拘束されるものではないという。

学校教育法の上記規定は、大学の自治を侵害し、違憲か。

参考 ❶最大判昭和38年5月22日刑集17巻4号370頁（東大ポポロ事件）

▶▶解説

1. ❶は、「大学における学問の自由を保障するために、伝統的に大学の自治が認められている」と説く。この説示は、大学の自治が「伝統的に……認められている」という事実を指摘したにとどまるものではなく、大学の自治が23条によって保障されることを認めたものであると一般に解されている。

　同判決によれば、大学の自治は、「とくに大学の教授その他の研究者の人事に関して認められ、……また、大学の施設と学生の管理についてもある程度で認められ〔る〕」という。「とくに」、「ある程度で」という副詞の使い分けにも表れているように、大学の自治の中核は、教員人事の自治にあると解されている。政府が教員人事権を握り、政府にとって都合の悪い研究活動（政府の政策を批判する論文の発表等）を行う者の採用を拒否することが許されるならば、大学における学問の自由は有名無実のものとなってしまうからである。

　他方で、大学の内部に視点を移すと、そこには学長、教員、事務職員、学生など多種多様な構成員が存在する。では、そうした構成員らのなかで、誰が教員人事等の決定権を有するのか。この点について、伝統的通説は、「教授会」（学内の教員集団）が決定権を有すると解している。教員人事等の大学運営には高度の学術的な知識・経験が必要であるところ、それを最も豊かに有しているのは、学問の専門家集団たる教授会である、というのがその論拠である。2014年改正前の旧学校教育法93条1項も、「大学には、重要な事項を審議するため、教授会を置かなければならない」と定めており、こうした解釈に概ね整合的であった。

2. ところが、2014年改正を経た現行学校教育法93条2項は、「学長」が教員人事等の決定権を有することを明記しており、教授会には学長が決定を行うにあたり「意見を述べる」権限しか与えていない。したがって、伝統的通説を貫徹するならば、当該規定は違憲無効というべきだろう。少なくとも、当該規定の憲法適合的解釈として、学長には教授会の意見を十分に尊重する義務があると解すべきである。なお、学説のなかには、教授会の意見に拘束力を認める旨の合憲限定解釈を主張するものもある。しかし、2014年改正は学長のリーダーシップの強化を立法趣旨としている以上、そこまでの解釈は困難であろう。立法者意思を探るうえで参考になる文部科学省の通知に、「学長は、教授会の意見に拘束されるものではない」旨が明示されていることも、こうした解釈の障害となる。

[堀口悟郎]

102 警察官の立ち入りと 大学の自治

　A大学の公認学生団体である「憲法研究会」は、大学の許可を得たうえで、「学問の自由の危機」と題する討論会（以下、「本件討論会」という）を開催した。本件討論会は、憲法研究会のメンバーらが学問の自由に関する研究発表をした後、討論会の参加者らで討論を行うという内容であり、A大学の学生だけが参加を認められていた。

　憲法研究会のメンバーである法学部生Bは、本件討論会の会場に警察官らしき人物Cが立ち入っていること（以下、「本件立ち入り」という）に気づいた。そこでBは、Cに近づき、「警察が何をやっているんだ」と詰め寄った。するとCは、自身が警察官であることや、過激な学生運動がなされていないか情報収集をする目的で、大学の許可を得ることなく本件討論会の会場に立ち入ったことを認めた。

　本件立ち入りは、大学の自治を侵害し、違憲か。

参考　❶最大判昭和38年5月22日刑集17巻4号370頁（東大ポポロ事件）
　　　　❷名古屋高判昭和45年8月25日判時609号7頁（愛知大学事件）

▶▶解説

1. 本設例においてまず問題となるのは、大学教員ではなく学生らが実施した本件討論会に、大学の自治の保障が及ぶか否かである。❶は、大学の学生が「〔一般の国民〕以上に学問の自由を享有し、また大学当局の自治的管理による施設を利用できるのは、……大学の教授その他の研究者の有する特別な学問の自由と自治の効果としてである」と説いており、学生を大学の自治の直接的な享有主体とは認めていない。そして、「大学における学生の集会」は、「大学の公認した学内団体であるとか、大学の許可した学内集会であるとかいうことのみによって、特別な自由と自治を享有するものではな」く、「学生の集会が真に学問的な研究またはその結果の発表のためのものでなく、実社会の政治的社会的活動に当る行為をする場合には、大学の有する特別の学問の自由と自治は享有しない」と解している。もっとも、こうした解釈を前提にしても、本件討論会は、大学公認の学内団体によって実施された、大学が許可した学内集会であるうえ、その内容も「学問的な研究」や「その結果の発表」にあたる学術的な討論会であるため、大学の自治の保障が及ぶものといえる。

2. では、本件立ち入りは大学の自治を侵害するか。❷によれば、「現行犯その他通常の犯罪捜査のための警察権の行使は、大学といえども治外法権ではないから、これを拒み得べき根拠はない」。しかし、「犯罪捜査のためといえども、学内立入りの必要性の有無はこれを警察側の一方的（主観的）認定に委ねられるとすれば、やがて、その面から実質的に大学の自主性がそこなわれるに至るおそれが出てくる」ため、「緊急その他已むことを得ない事由ある場合を除き、大学内への警察官の立入りは、裁判官の発する令状による場合は別として、一応大学側の許諾または了解のもとに行うことを原則とすべきである」。ただし、「許諾なき立入りは、必ずしもすべて違法とは限ら」ず、「結局、学問の自由、大学の自治にとつて、警察権の行使が干渉と認められるのは、それが、当初より大学当局側の許諾了解を予想し得ない場合、特に警備情報活動としての学内立入りの如き場合」であるという。これを本件に当てはめると、「過激な学生運動がなされていないか情報収集をする目的」でなされた本件立ち入りは、犯罪捜査ではなく「警備情報活動」であり、「大学当局側の許諾了解を予想し得ない場合」にあたる。したがって、本件立ち入りは、大学の自治を侵害し、違憲である。

［堀口悟郎］

103 薬局開設許可における距離制限

法律によって、薬局について、距離制限を伴った開設許可制がとられたとする。この法律は、薬局過疎の解消も目的としていないわけではないが、主要な目的は、国民の生命・健康を守ることにある。距離制限に違反すると開設は許可されないが、距離制限に反しない場所を改めて選べば、薬局自体が開設できなくなるわけではない。距離制限は、薬の安全性に貢献するかしないかについては、一切貢献しないとまでは断定できないが、事実による裏付けは与えられていないものとする。この距離制限の憲法適合性について考えなさい。

参考　❶最大判昭和 50 年 4 月 30 日民集 29 巻 4 号 572 頁（薬事法違憲判決）

▶▶解説

1. ❶は、職業を、自己の生計の維持のためと社会的分業のための意義を有すると指摘したうえで、「各人が自己のもつ個性を全うすべき場として、個人の人格的価値とも不可分の関連を有するもの」と捉える。職業は、「社会的相互関連性が大きい」ため公権力による規制の要請が強い。職業は多様であるので、その規制の許容性は、種々の事情を比較考量して決定すべきところ、それは、「第一次的には立法府の権限と責務」であり、裁判所としては、規制の目的が公共の福祉に合致するのであれば、立法府の判断を尊重すべきである。しかし、その裁量の範囲については、「事の性質上おのずから広狭がありうるのであつて、裁判所は、具体的な規制の目的、対象、方法等の性質と内容に照らして」判断すべきである。

2. ❶によれば、「一般に許可制は、単なる職業活動の内容及び態様に対する規制を超えて、狭義における職業の選択の自由そのものに制約を課するもので、職業の自由に対する強力な制限であるから」、「原則として、重要な公共の利益のために必要かつ合理的な措置であることを要し、また、それが社会政策ないしは経済政策上の積極的な目的のための措置ではなく……消極的、警察的措置である場合には、許可制に比べて職業の自由に対するよりゆるやかな制限である職業活動の内容及び態様に対する規制によつては右の目的を十分に達成することができないと認められることを要する」。このことは、許可制の内容についても要求される。

3. ❶は、主要な目的が設例のように消極目的であることから、また、特定場所における開業の不能は開業そのものの断念にもつながりうる「実質的には職業選択の自由に対する大きな制約的効果を有する」ものであることから、上の基準を適用した。距離制限は、国民の保健上まったく意義がないわけではないかもしれないが、それによる「職業の自由の制約と均衡を失しない程度において国民の保健に対する危険を生じさせるおそれのあることが、合理的に認められる」必要がある。判決は、「競争の激化―経営の不安定―法規違反という因果関係に立つ不良医薬品の供給の危険が、薬局等の段階において、相当程度の規模で発生する可能性があるとすることは、単なる観念上の想定にすぎ」ないとしてこれを否定した。いずれの点についても、設例についても同様の判断となろう。許可制であることと、消極目的であることの双方が重要である。

[松本哲治]

104 小売市場、公衆浴場開設許可における距離制限

法律によって、距離制限を伴った開設許可制が、次の **(1) (2)** の業種について、そこに記述された目的・態様でとられたとする。その憲法適合性について考えなさい。

(1) 野菜、生鮮魚介類を販売する店舗を含む小売市場について、中小企業保護政策の一環として、小売市場の乱設に伴う小売商相互間の過当競争によって発生するであろう小売商の共倒れから小売商を保護する目的。

(2) 公衆浴場について、「公衆浴場の設置の場所……が、公衆衛生上不適当であると認めるとき又はその設置の場所が配置の適正を欠くと認めるとき」は開設を不許可にできるとする態様。

参考　❶最大判昭和 47 年 11 月 22 日刑集 26 巻 9 号 586 頁（小売市場事件）
　　　❷最大判昭和 50 年 4 月 30 日民集 29 巻 4 号 572 頁（薬事法違憲判決）
　　　❸最大判昭和 30 年 1 月 26 日刑集 9 巻 1 号 89 頁（公衆浴場事件）
　　　❹最二小判平成元年 1 月 20 日刑集 43 巻 1 号 1 頁
　　　❺最三小判平成元年 3 月 7 日判時 1308 号 111 頁

▶▶解説

1. ❶は、「個人の経済活動の自由に関する限り、個人の精神的自由等に関する場合と異なつて、……社会経済政策の実施の一手段として、これに一定の合理的規制措置を講ずること」は憲法が予定・許容しているとしたうえで、「裁判所は……立法府がその裁量権を逸脱し、当該法的規制措置が著しく不合理であることの明白である場合に限つて、これを違憲と」できると判示した。そのうえで、同判決は、(1)と同様の許可制について、「小売商の共倒れから小売商を保護するためにとられた措置」と捉え、「野菜、生鮮魚介類を販売する店舗が含まれない場合」を除くなど「過当競争による弊害が特に顕著と認められる場合についてのみ、これを規制する趣旨である」ことを指摘しつつ、「その目的において、一応の合理性を認めることができないわけではなく、また、その規制の手段・態様においても、それが著しく不合理であることが明白であるとは認められない」として合憲と判示した。❷はあくまでも原則であって、許可制であっても積極目的である場合には、緩やかな審査しか受けないのである。

2. (2)のような許可制について、❸は、距離制限がないと、「その偏在により、多数の国民が日常容易に公衆浴場を利用しようとする場合に不便」であること、「浴場経営に無用の競争を生じその経営を経済的に不合理ならしめ、ひいて浴場の衛生設備の低下等好ましからざる影響を来たす」おそれがあるとして合憲とした。これは、消極目的を認定しているとも受け取れ、❷の登場によって、判例の立場が注目されたが、その後❹は、「公衆浴場業者が経営の困難から廃業や転業をすることを防止し……国民の保健福祉を維持することは……公共の福祉に適合する」として、規制は、「十分の必要性と合理性」を持つとして合憲としつつ、「積極的、社会経済政策的な規制目的」のものであり、❶にいう「著しく不合理であることの明白な場合」にあたらないとした。もっとも、❺は、❶に触れず、公衆浴場が日常生活上必要不可欠な厚生施設であること、価格統制、経営的な弾力性の乏しさ等に言及し、「既存公衆浴場業者の経営の安定を図ることにより、自家風呂を持たない国民にとって必要不可欠な厚生施設である公衆浴場自体を確保しようとすることも、その目的としている」として、規制は「必要かつ合理的な範囲内の手段」とした。❷と❶を対置して目的二分論が説かれることがあるが、判例のニュアンスはやや微妙である。

[松本哲治]

105 酒類販売業における税収目的の免許制

　酒類の販売業をしようとする者は、酒税法により、販売場ごとにその販売場の所在地の所轄税務署長の免許を受けなければならないとされており、①「経営の基礎が薄弱であると認められる場合」や、②「酒税の保全上酒類の需給の均衡を維持する必要があるため……酒類の販売業免許を与えることが適当でないと認められる場合」については、免許を与えないことができるとされている。この憲法適合性について考えなさい。

参考　❶最三小判平成 4 年 12 月 15 日民集 46 巻 9 号 2829 頁（酒税法事件）
　　　❷最大判昭和 50 年 4 月 30 日民集 29 巻 4 号 572 頁（薬事法違憲判決）
　　　❸最三小判平成 10 年 3 月 24 日刑集 52 巻 2 号 150 頁
　　　❹最大判昭和 60 年 3 月 27 日民集 39 巻 2 号 247 頁（サラリーマン税金訴訟）

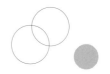

▶▶解説

1. 酒税法の酒類の製造および販売業についての免許制は、いわゆる蔵出し税方式、すなわち、酒類製造者にその納税義務を課し、酒類販売業者を介しての代金の回収を通じてその税負担を最終的な担税者である消費者に転嫁することによって、酒税の確実な徴収を確保しようとするものである。

このような仕組みの合理性には批判もあるが、❶は、許可制による職業選択の自由について、原則として、重要な公共の利益のために必要かつ合理的な措置であることを要するとした❷と、租税立法の平等原則適合性について、「立法目的が正当なものであり、かつ、当該立法において具体的に採用された区別の態様が右目的との関連で著しく不合理であることが明らかでない限り、その合理性を否定することができ」ないとした❹を先例として、「租税の適正かつ確実な賦課徴収を図るという国家の財政目的のための職業の許可制による規制については、その必要性と合理性についての立法府の判断が、右の政策的、技術的な裁量の範囲を逸脱するもので、著しく不合理なものでない限り、これを憲法22条1項の規定に違反するものということはできない」とした。

2. そのうえで、❶は、酒税の国税に占めた割合の高さと酒類の販売代金に占める割合も高率であったことに鑑み、国家の財政目的のために、このような制度を採用したことは、「当初は、その必要性と合理性があった」とし（ちなみに、明治時代には国税収入の3割以上、戦後も1割を超えていた）、さらに、それらが低下するに至った時点（平成元年以降は3％台）においてもなお、「酒類販売業について免許制度を存置しておくことの必要性及び合理性については、議論の余地があることは否定できないとしても……いまだ合理性を失うに至っているとはいえない」し、「致酔性を有する嗜好品である性質上、販売秩序維持等の観点からもその販売について何らかの規制が行われてもやむを得ない」として、①について「著しく不合理であるとまでは断定し難い」として合憲とした。

❸も、致酔性への言及はしなくなったが、❶の判断を踏襲し、②についても合憲とした。財政目的については、いわゆる目的二分論は、機械的には妥当していない。なお、国税庁通達では、酒税法の需給の均衡を維持するとの要件は適用されないことになっている。租税立法が遡及性を有する場合については、項目**117**の**4.**参照。

[松本哲治]

106 医薬品インターネット販売の規制

次の **(1) (2)** について考えなさい。

(1) 一般用医薬品について、従前、インターネット通販が特に禁止されていなかったところ、法律で、使用に関し特に注意を要する医薬品について、販売業者は、「厚生労働省令で定めるところにより……薬剤師……に販売させ、又は授与させなければなら」ず、その際、「厚生労働省令で定めるところにより、薬剤師をして、所定の事項を記載した書面を用いて、その適正な使用のために必要な情報を提供させなければなら」ないとされた。これを受けて、厚生労働省令は対面販売を義務付け、インターネット通販を禁止した。なお、政府部内でも、一般用医薬品について安全面で対面販売が優るとの知見は確立されておらず、薬剤師の不在に直接起因する副作用等による事故も報告されていないとの認識を前提に、消費者の利便性の見地からも、対面に限定する理由は乏しいとの見解が根強く存在していたものとする。この厚生労働省令は法律の委任の範囲内にあるか。

(2) 一般用医薬品のごく一部（要指導医薬品。医療用医薬品から一般用医薬品に切り換えられた直後のもの）と処方箋医薬品について、法律によって、対面販売が義務付けられることとなった（処方箋は医師が診察をしないと出せないものである）。これによって、薬局を開設している事業者は、これらの薬品をインターネット上で通信販売することはできなくなった（これらの薬品以外はネット通販可能である）。このことは憲法に適合するか。

参考 ❶最二小判平成 25 年 1 月 11 日民集 67 巻 1 号 1 頁（医薬品インターネット販売権訴訟）
❷最大判昭和 50 年 4 月 30 日民集 29 巻 4 号 572 頁（薬事法違憲判決）
❸最一小判令和 3 年 3 月 18 日裁時 1764 号 1 頁（要指導医薬品インターネット販売規制事件）

▶▶解説

1. 設例同様の事案について、❶は、新法の委任を受けたとする省令が、「旧薬事法の下では違法とされていなかった郵便等販売に対する新たな規制は、郵便等販売をその事業の柱としてきた者の職業活動の自由を相当程度制約するものであること」を指摘し、「郵便等販売を規制する内容の省令の制定を委任する授権の趣旨が、上記規制の範囲や程度等に応じて明確に読み取れることを要する」と判示し、そのような明確性は認められないとして、省令を無効であるとした。判決は、インターネットを通じた郵便等販売に対する需要は現実に相当程度存在していたこと、政府部内においてすら、消費者の利便性の見地からも、一般用医薬品の販売または授与の方法を店舗における対面によるものに限定すべき理由には乏しいとの趣旨の見解が根強く存在していたことも指摘している。判例で、法律の委任を受けたとする命令が無効とされた例は、ある時期から一定の数に上るが、この判決は、多数意見が、命令によって制約される実体的な権利について言及して、上のような意味での明確性を要求し、命令の効力を否定したという点で初めてのものである。

2. ❶を受けて、設例のような立法が行われた。つまり、その範囲で、対面販売を義務付ける国会の意思が示されたわけで、今度は実体面だけが問題となる。

　この問題について考えるには、ネット上の薬局(あるいは処方箋通販薬局、あるいは要指導医薬品通販薬局)という職業が観念できるかがまず問題となる。観念できるのであれば、設例の規制は、消極目的規制であることは疑いがないので、❷の基準が妥当することになる。そうなると、はたして対面販売でなければ回避できないリスクがあるのか、インターネット通販での危険性の把握方法を工夫すればすむ問題ではないのか、特に処方箋薬品については、医師が対面で診察(昨今の情勢下で一定程度オンライン診療が普及しているがその点はひとまず措く。コロナ禍の情勢を積極的に考慮すれば、インターネット薬局を広く普及させるべきことはむしろ公衆衛生上の自明の課題となると思われる)しなければ処方箋を出せないのに、重ねて薬剤師による対面販売が必要なのはなぜか、ということに答えるのは難しくなろう。他方、設例の規制が、狭義の職業選択の自由の問題でないとなれば、要指導医薬品に関する❸のように緩やかな審査で合憲とすることが可能となる。この点、❷の距離制限の位置付けも参照されたい。

[松本哲治]

107 資格制を前提とした登記申請代理業務の独占

　登記申請は本人が行いうるが、登記申請の代理については、司法書士法はこれを司法書士の業務と定め（3条1項1号）、司法書士会に入会している司法書士以外の者には原則として禁止し（73条1項）、違反者に刑事罰を科している（78条1項）。

　行政書士は、登記申請の前提となる登記原因証書の作成や会計等を業務とすることから、それに付随するものとして、行政書士Aは、依頼者のために登記申請の代理を行ったところ、上記規定に違反するとして起訴された。

　登記申請代理を司法書士に限定する上記規定の合憲性について論じなさい。

参考　❶最三小判平成 12 年 2 月 8 日刑集 54 巻 2 号 1 頁（司法書士法違反事件）
❷最大判昭和 34 年 7 月 8 日刑集 13 巻 7 号 1132 頁（歯科医師法違反事件）
❸最大判昭和 50 年 4 月 30 日民集 29 巻 4 号 572 頁（薬事法違憲判決）
❹福島地郡山支判平成 8 年 4 月 25 日判タ 910 号 68 頁

▶▶解説

1．そもそも資格制は、専門職能として一定の像が観念されてきた職業につい
て、国家試験等の合格者にのみ職業を許すものである。ドイツの判例とされる段
階理論によれば、資格などの主観的条件は、自分の努力によって達成可能なもの
であるのに対し、距離制限などの客観的条件はそうではないため、前者は後者に
比べ、人格（自律）との関係で、規制の強度は弱いと位置づけられ、合憲性審査
にあたって緩やかに比例原則が適用される。

2．両者の区別については、その区別の根拠に対し疑問も呈されているが、本設
例は、職業選択の自由を規制する資格制それ自体の合憲性ではなく、隣接業務を
めぐる各資格間での職務分担のあり方が問われているのであり、資格制を前提
に、職業遂行の自由を制約するものと解される。そして、一般に、職業活動の内
容および態様に対する規制は、職業選択の自由に対する規制に比べ、人格（自律）
との関係で、規制の強度は弱いことから、立法裁量を尊重して合憲性審査は緩や
かでよいと解されており、それは規制目的の性格に関係ない。すなわち、規制目
的の正当性、および規制手段の抽象的な合理性のみの審査で足り、必要性までの
審査は不要である。これを前提に審査すると、国民の権利義務に及ぼす重大な悪
影響の防止という規制目的は正当であり、この目的との関係で、登記申請の代理
につき、行政書士の職務に付随するものも含めて、登記の専門的知識を有する司
法書士に独占させることは、必ずしも専門的知識を有していない本人による申請
を認めている点で徹底していないが、抽象的には合理性がある。

3．❶は、「登記制度が国民の権利義務等社会生活上の利益に重大な影響を及ぼ
すものであることなど」を理由に、本規制が「公共の福祉に合致した合理的なも
の」で合憲であることは、❷および❸の趣旨に照らし明らかであるとして、簡単
に合憲と判断している。先例として❷を引いた理由は、本規制と同様に、資格制
を前提にした、職業遂行の自由の制約に関するものであり（歯科医師と歯科技工
士の職務分担の問題）、また❸を引いた理由は、職業の自由の規制に関する総論を
示唆するとともに、本規制と同様に規制目的が消極目的であるからと考えられる
（なお、❹が示したように本規制の目的を、「公共性」のある「登記業務を適正円滑に行
わしめて国民の登記に対する信頼を高める」目的として、積極目的のように解する余地
もある）。

[巻美矢紀]

108 医師法によるタトゥー (入れ墨) 施術業への規制

医師法 17 条は、「医師でなければ、医業をなしてはならない」と定め、違反者に刑罰を科している。エステ店でのアートメイクに関する事故が社会問題となり、これを受けて示された 2001 年の厚生労働省の通知 (医政医発第 105 号) は、「医行為」の中に、アートメイクの他、「針先に色素を付けながら、皮膚の表面に墨等の色素を入れる行為」が入ることを明示したため、タトゥーの施術行為も含まれることになった。

タトゥーを芸術と考える彫師 A は、業として客にタトゥーの施術行為を行ったところ、上記規定に違反するとして起訴された。A に上記規定を適用することの合憲性について論じなさい。

参考　❶最二小決令和 2 年 9 月 16 日刑集 74 巻 6 号 581 頁
　　　❷大阪高判平成 30 年 11 月 14 日判時 2399 号 88 頁
　　　❸大阪地判平成 29 年 9 月 27 日判時 2384 号 129 頁
　　　❹最二小判平成 24 年 12 月 7 日刑集 66 巻 12 号 1337 頁 (堀越事件上告審)

▶▶解説

1. タトゥーの施術行為に安全確保が必要だとしても、医師免許まで要求することは、職業選択の自由（22 I）を侵害し違憲ではないか問題となる。医師法17条（以下、「本規定」という）は、国民の生命・健康に対する保健衛生上の危険を防止するために、「医行為」を医師に独占させるもので、本規定それ自体は合憲と考えられている。そこで、当該行為が「医行為」にあたるか問題となる。

2. ❸は厚労省の通知と同様、「医行為」を「医師が行うのでなければ保健衛生上危害を生ずるおそれのある行為」と解し、当該行為を「医行為」にあたるとして有罪とした。これに対し、❷および❶は、❸が示した要件の前提として、「医療及び保健指導に属する行為の中で」という医療関連性の要件を追加し、これにより当該行為を「医行為」にあたらないとして無罪とした。❷および❶の解釈は、❹と同様、法の体系的解釈（通常の法令解釈）として示されているが、❷は付言して、上記のように解さないと「憲法が保障する職業選択の自由との関係で疑義が生じる」として、その理由を後述のとおり具体的に述べており、実質的には合憲限定解釈と評されている。

憲法判断回避の準則があるとはいえ、医師法の体系的解釈は専門的で、また本規定の合憲限定解釈も同様であることから、本設例では適用違憲を問うている。

3. 適用違憲の審査基準を設定するために、医師免許の要件の規制としての強度を考えてみたい。医師免許は大学6年間の修業に加え、難関の国家試験の合格が必要であり、その取得は、自分の意思や努力によって簡単に達成できるものではない。それゆえ、医師免許等の資格は既述の主観的条件にあたるものの、実際には規制の強度として強いことから、当該行為（類型）への本規定の適用の合憲性については、比較的厳格な審査が必要であり、規制目的の重要性、より制限的でない他に選びうる手段の有無を審査する、厳格な合理性の基準の適用が妥当である。

4. 本規定の規制目的は、国民の生命・健康に対する保健衛生上の危害を防止することであり、その目的は重要であるが、危害防止として具体的には、社会通念上求められる程度のもので足りると考えられる。具体的に捉えられた目的との関係では、❷が示すように、医師免許ほど広範で高水準の知識や技能は不要で、たとえば、安全知識の研修や業界による自主規制、簡易な資格制等のより制限的でない他に選びうる手段が考えられる。それゆえ、当該行為に医師免許まで要求することは過剰であり、当該行為への本規定の適用は違憲である。　　　　[巻美矢紀]

109 生糸の一元輸入措置制度 および生糸価格安定措置制度

養蚕農家を保護するため、1951年に繭糸価格安定法が制定され、生糸の売買操作により市場価格が安定させられた。しかし、その後、外国産生糸が大量に輸入されたため、上記手法では対応困難となり、1976年に法改正され、①生糸の一元輸入措置制度および②生糸価格安定措置制度がとられた。①は、生糸の輸入を日本蚕糸事業団および同事業団から委託を受けた者に限る制度であり、②は、①により輸入された外国産生糸の売渡しについて、方法・価格を規制する制度である。

Aらは、京都の西陣織工業組合に加入し、生糸を原料として絹ネクタイ用の生地を製造する絹織物業者である。①②両制度により、Aらは、外国産生糸を自由に輸入したり、生糸を国際価格と同水準で購入したりすることができなくなり、生糸を国際価格の約2倍で購入せざるをえなくなった。他方、外国産の絹ネクタイ生地の輸入は規制されなかった。そのためAらは、適正価格より安い価格で販売せざるをえず、莫大な損害を被り、倒産やその危機にさらされたことから、国に対し損害賠償請求訴訟を提起した。

①②両制度の合憲性について論じなさい。

参考 ❶最三小判平成2年2月6日訟月36巻12号2242号（西陣ネクタイ事件）
❷最大判昭和47年11月22日刑集26巻9号586頁（小売市場事件）

▶▶解説

1. 原料を市場価格で自由に購入することは、職業遂行の自由に含まれることから、独占的に価格を統制することになる①②両制度の合憲性が問題となる。

　一般に、職業活動の内容および態様に対する規制は、職業選択の自由に対する規制に比べ、人格（自律）との関係で、規制の強度は弱い。しかし、本設例で問題となる原料の価格は、利潤を左右するため、事業の存続それ自体に関わることから、原料の価格を独占的に統制する規制は、規制の強度として強いと解される。

2. また、①②両制度の規制目的は、養蚕農家の保護であり、それゆえ、積極的な社会経済政策の実施としての積極目的であるように思われる。❶はそのように解し、先例として❷を引いている。しかし、ある集団を保護するために、同じく零細でありながら経営努力をしてきた他の集団を犠牲にすることは、そもそも積極目的として認められないとする有力な見解もある。たしかに、集団間の複雑な利害調整を行うのは本来、国民代表たる国会の役割であるが、結果としてある集団に極めて強い犠牲を課し、適切な手当をしないことは、憲法上保護を必要とする社会的経済的弱者を国が自ら創出することにほかならず、積極目的の枠を超えるといえる。

3. 仮に積極目的として認められるとしても、既述のとおり本規制は、事業の存続それ自体に関わる強い規制であることから、比較的厳格な審査が必要である。たしかに、❷は、職業選択の自由を制限する許可の、厳格に審査されるべきとされる客観的条件、具体的には距離制限の合憲性について、積極目的であることを理由に、「明白の原則」を採用した。しかし、本設例の規制は、零細でありながら資本主義のもとで経営努力をしてきた、何ら罪のない業者を、廃業に追い込むもので、具体的な利益の侵害が大きく、新規参入の規制より、規制の強度として強いといえる。それゆえ、「明白の原則」ではなく、厳格な合理性の基準を採用すべきである。

4. 規制目的は、零細な養蚕農家の保護であり、重要といえる。次に、規制手段としての①②両制度は、生糸の価格を安定させ、上記目的の達成に役立つため、合理性はある。しかし、上記目的の達成手段として、そもそも規制ではなく、零細な養蚕農家に助成金を給付すること等によっても、等しく効果的に保護することはできる。したがって、①②両制度の規制は、手段としての必要性を満たさず、違憲であると考えられる。

[巻美矢紀]

110 タクシー運賃規制

タクシー事業は規制緩和により、大都市圏で大規模な増車が行われた結果として、供給過剰となった。そのため歩合制賃金の運転手は収入が減少、長時間労働を余儀なくされ、交通事故が増加した。これを受け、供給過剰地域として「特定地域」に指定されると、公定幅運賃制度が適用される旨の仕組みが、2014年に議員立法により導入された。

タクシー運賃については1997年から、一定の範囲内であれば届出のみで運賃が自動的に認可される制度がとられ、下限を割っても、個別の審査で、適正な原価に適正な利潤を加えたもので、不当な競争を引き起こす恐れがない等の基準（以下、「上記基準」という）を満たせば、認可が行われた。しかし、公定幅運賃制度では、大臣が指定した公定幅を超えた場合、大臣は運賃変更命令を出し、違反者に事業許可取消処分等を出すこともできる。

大臣の上記諸権限を委任された地方運輸局長Ａは、公定幅運賃として自動認可運賃をそのままスライドさせた。それにより、個別の審査で下限割れ運賃を認可されてきた格安タクシー会社Ｂは、Ａから運賃変更の行政指導等を受けたため、事業許可取消処分等の差止めを求めた。

公定幅運賃制度の合憲性について論じなさい。

参考　❶大阪高判平成28年6月30日判時2309号58頁（ワンコインドームタクシー事件）

▶▶解説

1. タクシー運賃の決定は、職業遂行の自由（営業の自由。22 I）に含まれるため、公定幅運賃制度は、営業の自由を侵害し違憲ではないか問題となる。

❶は、正面から憲法判断をせずに、Ａの裁量権につき判断過程統制を行い、下限割れ運賃が認められてきた事業者の原価を考慮しないことは、裁量権の逸脱濫用で、違法と判断した。

2. タクシー運賃の規制は、営業の内容に関する規制で、それは一般に、開業を始めとする営業それ自体の規制に比べ、規制の強度は弱いとされる。しかし、タクシー運賃は、経営の存続を左右する点で、経営の根幹に関わるタクシー事業の重要な要素である。しかも、上記制度では命令に違反した場合の制裁が、営業許可の取消し等、営業それ自体の規制であり、規制の強度は強い。それゆえ、上記制度は、格安運賃タクシーという新規ビジネスモデルを否定し、既得権益を擁護する機能を持つもので、事業自体の存続を危機に陥れる。

また規制目的は、最終的な目的が交通事故の防止で、いわゆる消極目的であるが、規制目的の連鎖に留意する必要がある。交通事故の増加の原因は、労働条件の悪化であり、社会的経済的弱者である運転手の保護は積極目的である。直接的には、この規制目的の達成手段として、上記制度を採用しているのである。

3. タクシー運賃の規制、とりわけ上記制度は既述のとおり、規制の強度として強いものであるから、その合憲性の審査にあたっては、規制目的の重要性、および手段の合理性・必要性（より制限的でない他に選びうる手段の有無）を審査する、厳格な合理性の基準を採用すべきである。規制の最終目的は、交通事故の増加の防止、すなわち生命・身体という人格権の保護で、重要である。また手段の合理性については、下限の運賃の設定は、歩合制賃金の運転手の収入減少を抑えることに役立つため、合理性があるようにみえるが、それは抽象的・観念的な議論にすぎない。厳格な合理性の基準は、確証度の高い立法事実を要求するところ、目的達成のための手段として、最低賃金の設定等の方がより効果的であるため、上記制度は合理性がないといえる。他方、手段の必要性については、個別審査で認められてきた下限割れ運賃をも公定幅に含めたうえで、上記基準を満たさないものにつき個別に運賃変更命令を出すという、より制限的でない代替手段もあるから、上記制度は過剰な手段といえる。以上、上記制度は、合理性・必要性ともに満たさず、違憲と考えられる。　　　　　　　　　　　　　　　　　　[巻美矢紀]

111 感染症対策のための入院強制

　海外旅行から帰国したAが、感染症予防法6条9項の「新感染症」に感染していることが判明したとして、B県知事は、Aに対して指定した医療機関への入院を勧告した（同法46条1項）。しかし、Aが自宅で療養したいとして勧告に従わなかったので、B県知事は、Aを強制的に入院させた（同条2項）。

　B県知事のAに対する入院の強制が、憲法22条1項の保障する居住・移転の自由を侵害して違憲ではないか、論じなさい。

参考　❶最大判平成4年7月1日民集46巻5号437頁（成田新法事件）
　　　❷熊本地判平成13年5月11日判時1748号30頁（熊本ハンセン病訴訟）
　　　❸最三小決平成29年12月18日刑集71巻10号570頁（医療観察法事件）

▶▶解説

1. 居住・移転の自由は、職業選択の自由とともに憲法22条1項により保障されていることからも窺えるように、歴史的には、資本主義経済の成立・発展を可能にするものとして位置付けられていた。このような位置付けからは、居住・移転の自由の規制の合憲性は、経済的自由の場合と同様に、緩やかに審査されるべきだとも考えられる。この点、居住を制限する効果を有する工作物使用禁止命令の合憲性が問題となった❶は利益衡量論を用いて合憲という結論を下していると、同判決の調査官解説は説明している。

　もっとも今日では、「自己の選択するところに従い社会の様々な事物に触れ、人と接しコミュニケートすることは、人が人として生存する上で決定的重要性を有することであって、居住・移転の自由は、これに不可欠の前提というべきものである」（❷）ことが広く認識されるようになってきている。

2. したがって、伝染病感染者に対する居住・移転の自由の制限は、単に特定の場所での居住を禁じるものではなく、特定の場所に居住することを命じるというより強度の制約であることも踏まえれば、伝染病の感染防止というその目的が公共の福祉に適うことは明白であるとしても、そのことから直ちに制限が合憲であると結論づけることは適切ではないだろう。とはいえ、「新感染症」とはその蔓延により「国民の生命及び健康に重大な影響を与えるおそれがあると認められるもの」（感染症予防6Ⅸ）とされ、そうであれば、その感染拡大防止は重要である。他方で、強制入院の期間は基本的に10日以内とされており（同46Ⅱ）、その程度の期間であれば、得られる利益が失われる利益を上回り、B県知事のAに対する入院の強制は合憲であろう（ただし、同条4項で延長が認められてはいる）。

3. また、憲法31条の定める法定手続の保障は刑事手続に限定されるものではなく（項目**121**参照）、入院強制の合憲性の検討にあたっては、実体的に適正であるかだけではなく、手続保障が十分であるかという点も問題となりうる（❸）。この点、感染症予防法は、入院勧告に際して「適切な説明を行い、その理解を得るよう努めるとともに、都道府県知事が指定する職員に対して意見を述べる機会を与えなければならない」（同46Ⅴ）といった規定を設けている。

［二本柳高信］

112 暴力団員に対する市営住宅の明渡請求

A市は、低額所得者に賃貸するための市営住宅を設置している。A市の市営住宅条例は、入居者が暴力団員であることが判明した場合には、市長は当該入居者に対し当該市営住宅の明渡しを請求することができると定めていた。A市営住宅に入居していたBが暴力団員であることが判明したので、A市長はBに対して住宅の明渡しを請求した。これについて次の**(1)**と**(2)**に答えなさい。

(1) A市長の明渡請求は憲法22条1項により保障される居住・移転の自由を侵害して違憲とならないか、論じなさい。

(2) 明渡請求に応じて市営住宅から退去したBは、隣のC市の民間住宅に転居し、C市に転入届を提出したが、C市長は、暴力団員の居住によって地域の秩序が破壊され住民の生命や身体の安全が害される危険性が高度に認められるとして、転入届を受理することを拒んだ。この不受理が居住・移転の自由を侵害して違憲とならないか、論じなさい。

参考 ❶最一小判平成15年6月26日判時1831号94頁（アレフ信者転入届不受理事件）
❷最二小判平成27年3月27日民集69巻2号419頁

▶▶解説

1. 居住・移転の自由の事案について利益衡量論で判断する場合、規制によって得られる利益と失われる利益とを同定する必要がある。明渡請求によってBが退去しなければならないとすると、Bの居住の自由（移転しない自由）が直接的に侵害されているようにもみえる。とはいえ、そもそも公営住宅の目的は、住宅に困窮する低額所得者に対して健康で文化的な生活を営むに足りる住宅を低廉な家賃で賃貸または転貸することである（公営住宅1）。❷は、設例のような明渡請求によって「制限される利益は、結局のところ、社会福祉的観点から供給される市営住宅に暴力団員が入居し又は入居し続ける利益にすぎず、当該市営住宅以外における居住についてまで制限を受けるわけではな」く、他方で、得られる利益は「当該市営住宅の他の入居者等の生活の平穏が害されるおそれ」の解消であると解している。そうだとすると、得られる利益が失われる利益を上回り、合憲であると解されよう。

2. ❶は、「地域の秩序が破壊され住民の生命や身体の安全が害される危険性が高度に認められる」場合には自治体は転入届を受理しないことが許されるという主張を退け、法定の届出事項に係る事由以外の事由を理由とした不受理は許されないとしたが、その理由としては、法律上、「住民基本台帳は、これに住民の居住関係の事実と合致した正確な記録をすることによって、住民の居住関係の公証、選挙人名簿の登録その他の住民に関する事務の処理の基礎とするものである」とされていることしか挙げられていない。

　もっとも、本件不受理が合法か違法かは法律の定め方次第であって、憲法問題とはならないということはないだろう。たしかに、転入届が受理されなかったからといって、BがC市に居住することが物理的にできなくなるわけではない。しかしながら、不受理の結果、生活に必要な各種の行政サービスが受けられないという不利益が生じるので、居住・移転の自由が著しく制約されるといえよう。この点で(1)の事案とは区別しうる。あるいは、居住・移転の自由の制約ではないとするにしても、選挙権や社会権の侵害として捉えられる。どのように説明するにせよ、不受理によって失われる利益は極めて大きく、違憲であると考えられる。

［二本柳高信］

113　海外旅行の自由

　A国政府は、国内の少数民族を迫害しているとして、国連決議にもとづく経済制裁を日本を含む各国から受けている。これに対して日本の国会議員のBは、かねてから日本とA国との間での民間の文化交流を推進する必要性を説いていたが、その準備の一環として自らA国へ渡航して現地を視察することを計画した。

　これを知った外務大臣Cは、旅券法13条1項7号の「著しく、かつ、直接に日本国の利益又は公安を害する行為を行うおそれがあると認めるに足りる相当の理由がある者」にBが該当するとして、同法19条1項にもとづき、Bの所持する旅券の返納を命じた。

　これについて、次の **(1)** と **(2)** に答えなさい。

(1)　「海外旅行の自由」を保障する明文規定はないが、憲法上、保障されていると考えられている。それはどういう論拠にもとづいているか、簡潔に説明しなさい。

(2)　CのBに対する旅券返納命令は「海外旅行の自由」を侵害するものとして憲法に違反しないか、論じなさい。

参考　❶最大判昭和 33 年 9 月 10 日民集 12 巻 13 号 1969 頁（帆足計事件）
　　　❷最二小判昭和 44 年 7 月 11 日民集 23 巻 8 号 1470 頁
　　　❸最三小判昭和 60 年 1 月 22 日民集 39 巻 1 号 1 頁

▶▶解説

1. 憲法22条1項の「移転」には、旅行のような一時的な移動も含まれると一般に解されているが、海外旅行の自由については、同条2項の保障する「外国に移住」する自由に含まれるというのが最高裁の判例である（❶）。ただし、国内旅行同様、「公共の福祉」による制約を明記する同条1項の「移転」に含まれるという見解（❷の色川幸太郎裁判官補足意見、❸の伊藤正己裁判官補足意見）や、「一般的な自由または幸福追求の権利の一部分」であるとする見解（❶の田中耕太郎裁判官・下飯坂潤夫裁判官補足意見）もある。

2. 日本人が日本を出国する際には、有効な旅券が必要であるため（入管60）、旅券の発給拒否処分や返納命令は海外への移動を禁止する効果を有する。そこで、「著しく、かつ、直接に日本国の利益又は公安を害する行為を行うおそれがあると認めるに足りる相当の理由がある者」に対する旅券の発給拒否や返納命令の合憲性が問題となりうるが、❶は、公共の福祉のために合理的な制限を定めたものであり合憲であるとしている。

　もっとも、法令が合憲であっても、具体的な処分が違法でないか、検討の余地がある。旅券法14条は、旅券発給拒否を決定したときには理由を付した書面をもって申請者にその旨を通知することを規定しているが、これは、旅券発給拒否は「基本的人権である外国旅行の自由を制限することになるため、拒否事由の有無についての外務大臣の判断の慎重と公正妥当を担保してその恣意を抑制する」ためであり、したがって、当該拒否はいかなる事実認定にもとづいて判断されたものなのか、その理由が具体的に記載されなければならない（❸）。

　そして、裁判所による審査は、外務大臣の「判断の前提とされた事実の認識について明白な誤りがあるかどうか、または、その結論にいたる推理に著しい不合理があるかどうかなどに限定」されず、外務大臣に与えられた権限が権限付与の目的に従って適法に行使されたかどうかが審査されなければならない（❷）。これについて、海外渡航の自由には精神的自由の側面があることから、害悪発生の相当の蓋然性が客観的に存在することが必要であると説かれている（❸の伊藤補足意見）。そうだとすると、設例で挙げられた事実からは本件においてそのような蓋然性が存在していることを認めるのは難しく、CのBに対する旅券返納命令は違憲であると考えられる。

[二本柳高信]

114 財産権の保障

憲法29条は「財産権は、これを侵してはならない」（1項）としつつ、「財産権の内容は、公共の福祉に適合するやうに、法律でこれを定める」（2項）としている。そうすると、憲法29条1項が保障する財産権の内容は、2項が定めるとおり、法律で自由に規定して良いということにならないか。したがって、法律が財産権を侵害しているようにみえても、それは、財産権の内容を定めているだけであって、実は憲法違反ということはありえないのではないだろうか。このような疑問を踏まえて、憲法が財産権を保障するとはどういうことか、説明せよ。

参考　❶最大判昭和62年4月22日民集41巻3号408頁（森林法違憲判決）

▶▶解説

1. 財産権は、市民革命後の自由国家の時代には、個人の不可侵の権利として理解されてきた。しかし社会国家思想が進展すると、財産権は社会的な拘束を負ったものと理解されるようになった。29条の1項と2項の関係は、このような歴史を踏まえて、理解しなければならない。

設例に挙げた疑問は、実は、29条2項を前提にして同条1項を読むならば、素直なものである。しかしこの疑問を推し進めると、憲法が財産権を保障するということは、法律の定める財産権は行政によって侵害されないということを意味するに過ぎなくなってしまう。これでは、憲法が財産権を基本的人権として保障した意味が失われよう。そこで一般的には、29条が財産権の内容を定める立法権にとっての限界を設定しており、法律が憲法上の財産権を侵害して許されない場合があると考えられてきた。

❶も、29条の1項と2項は、「私有財産制度を保障しているのみでなく、社会的経済的活動の基礎をなす国民の個々の財産権につきこれを基本的人権として保障するとともに、社会全体の利益を考慮して財産権に対し制約を加える必要性が増大するに至つたため、立法府は公共の福祉に適合する限り財産権について規制を加えることができる、としている」と述べている。

2. 憲法が財産権を保障するとは、より具体的には、①個人が現に有する具体的な財産上の権利の保障と、②制度的保障とを意味する、とされてきた。

まず、①は、個人が契約や法律の定めによって取得した財産上の権利は、公共の福祉に適合する法律によらない限り制限されない、ということを意味する。財産上の権利には、民法の定める所有権その他の物権や債権だけでなく、著作権や鉱業権、さらに水利権・河川利用権などの公法上の権利をも含む。

3. ②は私有財産制のことを指すといわれるが、それは生産手段の国有化が一切許されないという意味なのか、重要産業の国有化は憲法のもとでも許されると解するのかは、学説の間でも対立がある。

❶は、民法の定める共有物分割請求権を、森林法の規定が制限していたことが憲法上の財産権の制限にあたると判断した際に、単独所有が「近代市民社会における原則的所有形態である」ことを強調していた。近年では、憲法は所有や契約などの確立した私法上の法制度を保障しており、それらを法律がみだりに変更してならないとする見解（法制度保障論）も説かれている。　　　　　　[宍戸常寿]

115 財産権の制限の
合憲性の判断枠組み

　上場会社であるA社の主要株主であるBは、短期間にA社の株式を売買して、約2,000万円の利益を得た。そこでA社はBに対して、金融商品取引法164条1項にもとづき、この利益をBに提供すべきことを請求した。Bは、同条項は上場会社等の役員や主要株主がその職務や地位により取得した秘密を不当に利用していわゆるインサイダー取引を行うことを規制することで、一般投資家の利益を保護する趣旨の規定であるところ、そのような秘密を不当に利用しておらず、一般投資家の損害も発生していないBの売買に同条項を適用するのは憲法29条に違反すると主張している。Bの主張は認められるか。

　（参考）金融商品取引法
　　164条1項　上場会社等の役員又は主要株主がその職務又は地位により取得した秘密を不当に利用することを防止するため、その者が当該上場会社等の特定有価証券等について、自己の計算においてそれに係る買付け等をした後6月以内に売付け等をし、又は売付け等をした後6月以内に買付け等をして利益を得た場合においては、当該上場会社等は、その利益を上場会社等に提供すべきことを請求することができる。

参考　❶最大判平成14年2月13日民集56巻2号331頁（証券取引法事件）
　　　❷最大判昭和62年4月22日民集41巻3号408頁（森林法違憲判決）
　　　❸最大判昭和50年4月30日民集29巻4号572頁（薬事法違憲判決）

▶▶解説

1. 財産権を制限する法律が違憲かどうかをどのように判断すべきか。❷は、①財産権は内在的制約のほか社会全体の利益のための規制にも服する、②財産権の種類・性質も、規制目的も積極目的から消極目的に至るまで多種多様である、③財産権制限の合憲性は、規制の目的・必要性・内容、規制によって制限される財産権の種類・性質および制限の程度等を比較考量して決すべきである、④裁判所は立法裁量を尊重して、規制目的が公共の福祉に合致しないことが明らかであるか、規制手段が目的達成手段として必要性・合理性に欠けていることが明らかである場合に限り、違憲と判断できるとした。これは職業選択の自由（22）の制限に関する❸を参考にしたものである。

2. ❷を受けて、財産権を制限する目的が消極目的である場合には厳格な合理性の基準により、積極目的の場合には明白の原則により違憲審査すべきであるとの見解（目的二分論）が支配的となった。しかし❷は、森林法による共有物分割請求権の制限の目的が森林経営の安定などにあるとしながら違憲判断を下しているから、積極目的規制であるにもかかわらず、明白の原則によらずに手段の必要性・合理性を丁寧に審査した判決と読むのが自然であろう。このため、財産権について目的二分論をとるのは妥当ではないとの批判が有力になった。

3. こうしたなかで❶は、❷の①〜③を引き継ぐ一方、②については「消極的」「積極的」の語を用いず、さらに立法裁量を強調した④を引用しなかった。そして、設例の条項と同じ内容の証券取引法（当時）の規定について、インサイダー取引の防止によって一般投資家が不利益を受けないようにして証券取引市場の公平性・公正性を維持するとともに、これに対する一般投資家の信頼を確保するという経済政策にもとづく規制目的は正当であり、また目的達成手段の必要性・合理性に欠けることが明らかとはいえないとして、合憲判断を下した。❶は、目的二分論をとっているように読まれることを避け、比較考量、具体的には目的・手段審査により財産権を制限する法律の合憲性を判断する枠組みを示したものである。

なお❶は、手段の必要性を認める前提として、「類型的にみて取引の態様自体から上記秘密を不当に利用することが認められない場合」には適用されないものとして証券取引法の規定を限定解釈している。このことは、❶が幅広い立法裁量を認めて明白の原則をとったものではないことを、裏付けるものといえよう。

[宍戸常寿]

116 条例による
財産権の制限

　A県は、「ため池の破損、決かい等に因る災害を未然に防止するため、ため池の管理に関し必要な事項を定めること」を目的として、A県ため池条例（以下、「本条例」という）を制定している。本条例にいうため池とは「かんがいの用に供する貯水池であつて、えん堤の高さが三米以上のもの又は受益農地面積が一町歩以上のもの」であり、何人も「ため池の堤とうに竹木若しくは農作物を植え、又は建物その他の工作物（ため池の保全上必要な工作物を除く。）を設置する行為」を禁止し（4条2号）、違反者を罰金刑に処するとしている。

　A県の住民Bは、本条例施行後も、県内のため池の堤とうでの工作を続けたため、起訴された。Bは、本条例4条2項は憲法29条に違反すると主張している。Bの主張は認められるか。

| 参考 | ❶最大判昭和38年6月26日刑集17巻5号521頁（奈良県ため池条例事件）

▶▶解説

1. 29条2項は、財産権の内容は公共の福祉に適合するように「法律」で定めるとしている。そうすると、財産権を制限するかどうかの判断は法律に留保されており、条例が独自に財産権を制限することは許されないのではないか。これは刑罰（31）、租税（84）と同じく、条例制定権の限界に関わる問題である。

2. ❶の入江俊郎裁判官補足意見は、財産権の一般的内容と財産権の行使の自由の制限を区別する当時の有力説に立って、「財産権自体の内容をいかに定めるかということではなく、人の権利、自由の享有をいかに規制するかを定めた規定は、その規定の法的効果により、財産上の権利の行使が制限されるに至ることがあつても、それは、憲法29条2項の問題ではない」と述べた。そして、設例と同じ内容の奈良県ため池条例は財産権の内容を定める規定ではなく、ため池の破壊・決壊の原因となる堤とうの使用行為を制限することは許されるとした。

　しかし現在の学説の多くは、財産権の内容の定義と財産権の行使の制限を区別することは現実には難しいとしており、❶の多数意見もそのような区別を取っていない。

3. ❶の多数意見は、奈良県ため池条例の規制がため池の堤とうを使用する財産上の権利に著しい制限を加えることを認めながら、「ため池の破損、決かいの原因となるため池の堤とうの使用行為は、憲法でも、民法でも適法な財産権の行使として保障されていないものであつて、憲法、民法の保障する財産権の行使の埒外にあるものというべく、従つて、これらの行為を条例をもつて禁止、処罰しても憲法および法律に牴触またはこれを逸脱するものとはいえない」として、同条例が29条2項に反するものではないとした。

　「財産権の行使の埒外」という説示からすると、憲法上の財産権として保障される権利を条例で規制できるかどうかについては、❶は沈黙しているようにも読める。しかし現在の学説は、地方公共団体の事務の範囲内であれば、他の基本的人権一般と同じく、条例による財産権の制限も許されると解されている。現代社会では、公害防止や環境保全などの目的で、地方の実情に応じた財産権の制限が必要な場面が多いことから、妥当な考え方であるといえよう。

　なお❶は、「ため池の堤とうを使用し得る財産権を有する者が当然受忍しなければならない責務」であることを理由に、堤とうの使用制限に対する損失補償（29Ⅲ）も不要であるとしている。　　　　　　　　　　　　　　　　　　　［宍戸常寿］

117 財産権の内容の事後的変更

旧農地法 80 条は、農林大臣（当時）は、第二次世界大戦後の農地改革で買収した農地について、自作農の創設等の目的に供しないことを相当と認めたときは、買収対価の相当額で旧所有者に売り払わねばならない、と定めていた。

最高裁は、この規定を、買収農地について自作農の創設等の目的に供しないことを相当とする事実が生じた場合には、農林大臣がこれを相当と認めるか否かに関わりなく、直ちに、旧所有者が買収対価の相当額で農地の売払いを求める権利を取得するものと解した。

同判決を受けて、国は国有農地売払特措法（現在は廃止）等を制定し、売払いの対価を買収対価の相当額から時価の 7 割へと著しく引き上げるとともに、同法施行日以前に売払いを求められた土地にもこの対価額を適用することとした。

旧所有者である A は、国有農地売払特措法の施行前から国に売払いを求めたものの売払いを受けておらず、買収対価相当額での売払いを求めている。A の主張は認められるか。

参考　❶最大判昭和 46 年 1 月 20 日民集 25 巻 1 号 1 頁
❷最大判昭和 53 年 7 月 12 日民集 32 巻 5 号 946 頁（国有農地売払特措法事件）
❸最一小判平成 23 年 9 月 22 日民集 65 巻 6 号 2756 頁

▶▶解説

1. 既存の法律の内容が不正や不公平な結果となっている場合や社会の変化に対応すべき場合には、法律が定める権利義務の内容を後から変更することが必要になる。もっとも、変更された財産権の内容を遡及的に適用させるならば、それは憲法が禁止している遡及処罰（39）にも似て、私法関係における法的安定や個人の現に有する具体的な財産上の権利を侵害することにもなりうる。❷も、設例で示した事実関係で、①財産権の内容の事後的変更と、②変更された財産権の内容の遡及的適用の問題とをひとまず分けて論じている。

2. ①について、❷は、法律でいったん定められた財産権の内容を事後の法律で変更することも公共の福祉に適合するならば合憲であるとした。そして、いったん定められた法律にもとづく財産権の性質、内容変更の程度、変更によって保護される公益の性質などを総合的に勘案し、変更が当該財産権に対する合理的な制約として容認されるべきものかどうかによって、合憲性を判断すべきとした。

　そのうえで、旧所有者の売払いを求める権利が立法政策により認められたものであり、地価が騰貴した状況で売払いの対価を買収対価相当額のままとすることは極めて不合理であり適正を欠くこと、売払いの対価を時価ではなくその7割としたことは社会経済秩序の保持などの公益上の要請と旧所有者の権利との調和を図るものであることを理由に、国有農地売払特措法それ自体を合憲と判断した。

3. ❷の多数意見は、②が①とは独立の問題であることを認めたものの、Aの権利は既に成立した売買契約にもとづく権利ではなく、契約成立のためには国の売払いの意思表示等を必要とするような権利にすぎず、また権利侵害の程度も売払いを求める権利の剥奪ではなく売払いの対価の変更にとどまるから、①が合憲である以上、この程度の権利侵害は容認されるとした。

　しかしこの多数意見に対しては、そもそも❶の判断を疑問視する高辻正己裁判官が、その侵害によって被る損失を当該個人に甘受させることを相当とする公益上の必要性を明らかにしていない、と鋭く批判している。

4. なお❸は、暦年途中に租税法規を変更し、それを暦年当初から適用することで納税者の租税法規上の地位が変更され、課税関係における法的安定に影響が及びうる場合にも、❷と同様に解すべきだとしたうえで、所得税に関する損益通算を廃止する規定の暦年当初からの適用を84条に反しないと判断している。

[宋戸常寿]

118 正当な補償(1)

　消防法は、消防長等が「火勢、気象の状況その他周囲の事情から合理的に判断して延焼防止のためやむを得ないと認めるときは、延焼の虞がある消防対象物」につき「使用し、処分し又はその使用を制限することができる」と定めているが（同法 29 条 2 項）、それに伴って消防対象物の所有者に発生する損害を補償する規定はない。これについて、次の **(1)** と **(2)** に答えなさい。

(1)　A の所有する住宅が、隣家の火事に際して、延焼のおそれがあり、延焼防止のためにやむをえないと判断されて破壊された場合、憲法上、A は補償を求めることができるだろうか。

(2)　憲法上補償が必要だとされた場合、消防法の当該規定は、補償規定を欠いていることを理由に違憲無効となるだろうか。

参考　❶最大判昭和 38 年 6 月 26 日刑集 17 巻 5 号 521 頁（奈良県ため池条例事件）
　　　❷最大判昭和 43 年 11 月 27 日刑集 22 巻 12 号 1402 頁（河川附近地制限令事件）

▶▶解説

1．憲法29条3項は、「私有財産は、正当な補償の下に、これを公共のために用ひることができる。」と定めている。ここで「用ひる」という語が使われているが、それには、財産権を剥奪する場合のみならず、財産権の行使を制限する場合も含まれると解される。とはいえ、あらゆる制限について補償が必要とされるわけではなく、「災害を防止し公共の福祉を保持する上に社会生活上已むを得ない」制限（❶）、「公共の福祉のためにする一般的な制限」（❷）は、財産権者が当然に受忍すべきものであって、原則として補償は不要であるとされる。

　ただし、「特定の人に対し、特別に財産上の犠牲を強いる」場合には補償が必要とされる（❷）。これに関して、「社会全体が、その個人の財産上の犠牲において利益を享受するのであるから、社会全体が、その個人の損失を償うことが、社会正義の要請に合するとの考え方」が29条3項に存しているとの説明がある（❶の入江俊郎裁判官補足意見）。「特別の犠牲」にあたるかどうかは、従来、対象が広く一般人か（形式的要件）、制限が財産権に内在する社会的制約として受忍すべき限度内であるか（実質的要件）で判断されるべきだと説かれてきた。

　消防法29条3項は、延焼のおそれのない消防対象物について、「消火若しくは延焼の防止又は人命の救助のために緊急の必要があるとき」には「使用し、処分し又はその使用を制限することができる」としているが、その場合には損失が補償される旨、定めている。延焼防止という社会全体の利益のために、たまたま火災発生現場に近かった消防対象物の所有者に延焼防止のための費用を負担させることは、社会正義に反するとの考えにもとづくものといえる。

　他方で、「延焼の虞のある消防対象物」の場合は、設例にあるとおり、損失補償の規定が存在しないが、当該消防対象物自体が延焼して公共の安全に危害を及ぼしうる状態にあり、また、延焼すれば消防活動による破壊を待つまでもなく財産的価値を失うという点で消防法29条3項のケースと区別され、財産権に内在する社会的制約として補償は不要と解される。

2．損失補償に関する規定を欠く法令も、必ずしも一切の損失補償を否定する趣旨とは解されない場合があり、その場合には、憲法29条3項を根拠として補償請求をする余地があるので、直ちに違憲無効とは解されない（❷）。

［二本柳高信］

119 正当な補償(2)

新型インフルエンザ等対策特別措置法は、都道府県知事に、必要な場合には新型インフルエンザ等緊急事態措置の実施に必要な物資の所有者に売渡しを要請すること、そして、所有者が正当な理由なく要請に応じないときには特に必要があると認めるときに限り当該特定物資を収用することを、それぞれ認めている（55条1項・2項）。この収用について、次の **(1) (2)** に答えなさい。

(1)　新型インフルエンザ対策関連物資の需給が逼迫し、インターネット・オークションで高額で転売されるようになっていた場合、補償額はその価格と同じでなければならないか。

(2)　補償は収用の前になされなければならないか。

参考　❶最大判昭和 24 年 7 月 13 日刑集 3 巻 8 号 1286 頁
　　　❷最大判昭和 28 年 12 月 23 日民集 7 巻 13 号 1523 頁（農地改革事件）
　　　❸最三小判平成 14 年 6 月 11 日民集 56 巻 5 号 958 頁

▶▶解説

1．29条3項の「正当な補償」について、戦後間もない時期の❷は、「その当時の経済状態において成立することを考えられる価格に基き、合理的に算出された相当な額をいうのであつて、必しも常にかかる価格と完全に一致することを要するものでない」とした。それから半世紀後の❸でもこの判示が引用されているが、学説では、この判決は農地改革という極めて特殊な事例に関わる例外的なものであって、補償額は市場価格と一致するのが原則であると解されている。❷は一致を要しない理由として、「財産権の内容は、公共の福祉に適合するように法律で定められるのを本質とするから（憲法29条2項）、公共の福祉を増進し又は維持するため必要ある場合は、財産権の使用収益又は処分の権利にある制限を受けることがあり、また財産権の価格についても特定の制限を受けることがあつて、その自由な取引による価格の成立を認められないこともある」ことを挙げている。

　近年では、新型コロナウイルス感染拡大防止対策の一環として、国民生活安定緊急措置法にもとづき、マスク等の購入価格を超える価格での転売が禁止されたことがある。この状況下では「自由な取引による価格」が成立しないが、国民生活および国民経済に甚大な影響が及ぶ（おそれのある）緊急事態においては、このような規制は合憲であると考えられる。そうすると、設例の「新型インフルエンザ等緊急事態」においては、高騰した市場価格と一致しない高騰前の価格での補償にも、例外的に合理性を認めることができるように思われる。

2．1789年のフランス人権宣言は収用に際して「正当かつ事前の補償」が必要であるとしていたが、日本国憲法29条3項には「事前」という語がない。❶は、「憲法は……補償の時期についてはすこしも言明していないのであるから、補償が財産の供与と交換的に同時に履行さるべきことについては、憲法の保障するところではない」とする。したがって補償は事前になされなくてもよい。もっとも、補償の時期が明文化されていないからといって、補償をいつするかは補償義務者が自由に決められるというのであれば、29条3項による財産価値の保障は無意味なものとなる。それゆえ、少なくとも、「補償が財産の供与より甚しく遅れた場合には、遅延による損害をも塡補する問題を生ずる」（❶）。

［二本栁高信］

120　刑罰法規の明確性

児童福祉法 34 条 1 項 6 号によると、何人も「児童に淫行をさせる行為」をしてはならないとし、同号に違反した者は、10 年以下の懲役もしくは 300 万円以下の罰金（またはその併科）に処される（同法 60 条 1 項）。

A 高校の教師であった B は、同校の生徒である C（当時 16 歳）が 18 歳に満たない（児童福祉法上の）「児童」であることを知りながら、C をホテルに誘い性行為を行った。このため、B は、「児童に淫行をさせる行為」をしたとして、児童福祉法違反で起訴された。しかし、B は、「淫行」という概念は不明確であり憲法 31 条に違反すると主張した。B の主張は認められるか。

参考　❶最大判昭和 50 年 9 月 10 日刑集 29 巻 8 号 489 頁（徳島市公安条例事件）
❷最一小決平成 28 年 6 月 21 日刑集 70 巻 5 号 369 頁

▶▶解説

1. 刑罰法規（犯罪構成要件）の明確性の要請は、憲法で直接明記されていない。しかし、刑罰法規が不明確であれば、刑罰の対象となる行為を国民に告知する機能が果たされず、また、公権力による恣意的な刑罰権の行使を許してしまうおそれがある。そこで、学説では、刑罰法規の明確性の要請は、罪刑法定主義の1つの内容を成すものとして、31条から導かれると解されている。

判例も、「刑罰法規の定める犯罪構成要件があいまい不明確のゆえに憲法31条に違反し無効であるとされる」（❶）ことを認めている。そして、あいまい不明確であるかどうかは、「通常の判断能力を有する一般人の理解において、具体的場合に当該行為がその適用を受けるものかどうかの判断を可能ならしめるような基準が読みとれるかどうか」によって決まる。

2. 設例では、「淫行」の概念が不明確でないかが問題となる。一般用語としての「淫行」とは、「みだらな行い」あるいは「社会の性道徳から外れた行為」を意味する。しかし、「みだら」や「性道徳」が何を示すのかは人の価値観によって様々であるため、恣意的な判断が入り込む余地がある。そこで限定解釈によって明確化できるかがポイントとなる。

設例で問題となった児童福祉法34条1項6号の「淫行」について、判例は、「児童の心身の健全な育成を阻害するおそれがあると認められる性交又はこれに準ずる性交類似行為」をいうとし、「児童を単に自己の性的欲望を満足させるための対象として扱っているとしか認められないような者を相手とする性交又はこれに準ずる性交類似行為」はこれに含まれるとした（❷）。しかし、「淫行」という文言から、性行為の目的・動機や手段の不当性まで読み込む限定解釈は、「通常の判断能力を有する一般人の理解」をはるかに超えるとも考えられる。刑罰という最も厳しい法的制裁を科す刑罰法規については、法文の文言をみて禁止されるべき行為を一般人が「容易に想到することができる」（❶）ほどの明確性が要求されるというべきだろう。

［井上武史］

121 憲法31条と行政手続

　児童福祉法33条によると、児童相談所長は、必要があると認めるときは、「児童の安全を迅速に確保し適切な保護を図るため、又は児童の心身の状況、その置かれている環境その他の状況を把握するため、児童の一時保護を行い、又は適当な者に委託して、当該一時保護を行わせることができる」。一時保護は2か月を超えてはならないとされているが（同条3項）、必要があると認めるときは、引き続き一時保護を行うことができる（同条4項）。

　A市児童相談所長は、父Bと母Cによる子Dへの虐待があることを理由として、児童福祉法33条にもとづき、Dを一時保護し、児童養護施設に入所させた。B・Cらは訴訟において、児童福祉法33条の一時保護は、父母に告知聴聞の機会を与えずに親権を一方的に制約するものであるため、同法の憲法31条違反を主張した。B・Cらの主張は認められるか。

| 参考 | ❶最大判昭和37年11月28日刑集16巻11号1593頁（第三者所有物没収事件） |
| | ❷最大判平成4年7月1日民集46巻5号437頁（成田新法事件） |

▶▶解説

1. 適正手続原理を定めた 31 条は、手続の法定とともに、手続が適正でなければならないことまで含んでいる。手続の適正の内容として特に重要なのは、告知と聴聞を受ける権利である（❶）。その趣旨は、公権力が国民に刑罰などの不利益を科す場合には、当事者にその内容をあらかじめ告知し、弁解と防御の機会を与えることにある。

設例の一時保護は、行政機関の判断限りで児童を親権者から分離する措置である。一時保護が行われれば、親権者からの引渡請求が認められないなど、親権者の親権の行使を制限するにもかかわらず、親権者の同意は必要とされない。また、親権者には事前の告知聴聞の機会も与えられない。このような法の仕組みが、適正手続原理に適合するかが問題となる。

しかし、一時保護は行政処分なので、刑事手続に関する 31 条の保障が及ぶのかは明らかでない。学説では、公権力の行使は適正な手続によらなければならないという要請から、「適正な手続的処遇を受ける権利」が 13 条を根拠に認められているとする見解がある。一方、判例は、刑事手続ではないという理由のみで、行政手続のすべてが当然に 31 条の保障の枠外にあるとはいえないとして、31 条の適用範囲を拡大する解釈をとっている（❷）。

2. もっとも、行政手続は多種多様であるため、適正手続の内容は、刑事手続の場合と同じではない。判例でも、行政処分の相手方に事前の告知、弁解、防御の機会を与えるかどうかは、①行政処分により制限を受ける権利利益の内容、性質、制限の程度、②行政処分により達成しようとする公益の内容、程度、緊急性等を総合較量して決定されるべきものとされている。設例の一時保護についてみれば、児童が虐待を受けている場合、児童の生命・身体を保護することは公益的・人道的な見地から強く要請される。また、そのような場合は通常、緊急かつ迅速な対応が求められるために、事前の告知や弁解の機会を確保することは難しいだろう。

しかしその一方で、親権行使の制限は人格的利益に関わる重大なものであること、一時保護の期間は 2 か月と長く、また、行政が必要と判断すれば引き続き一時保護を行うことができるなど親権者の権利制限の程度も高い。このため、事前の手続を要求することは難しいとしても、一時保護の直後に司法審査を経るという手続が必要ではないか。

[井上武史]

122 行政手続と令状主義

団体規制法では、公安調査庁長官は、観察処分を受けている団体の活動状況を明らかにするために特に必要があると認められるときは、公安調査官に、同団体が所有しまたは管理する土地または建物に立ち入らせ、設備、帳簿書類その他必要な物件を検査させることができると定めている（同法7条2項）。また、立入りまたは検査を拒み、妨げ、または忌避した者は、1年以下の懲役または50万円以下の罰金に処される（同法39条）。

Aは、同法によって観察処分を受けている団体である。公安調査庁長官は、A団体の活動状況を明らかにするため、同法7条2項にもとづき、公安調査官に対してAが所有する土地建物内に立ち入って、設備や帳簿書類の検査を行うように命じたが、Aの代表Bは、立入検査を拒んだために起訴された。

Aは、団体規制法7条2項の立入検査は、団体が無差別大量殺人に及ぶ危険性を明らかにするという刑事責任追及に極めて密接に関連した目的を有しており、また、裁判所の事前審査も経ずに、刑訴法における捜索と同内容の処分を団体に行うものであるから、令状主義を定めた憲法35条に違反すると主張している。Aの主張は認められるか。

なお、団体規制法7条4項は、「（7条2項の）立入検査の権限は、犯罪捜査のために認められたものと解釈してはならない」と規定している。

| 参考 | ❶最大判昭和47年11月22日刑集26巻9号554頁（川崎民商事件）

▶▶解説

1．35条は、住居等の不可侵の権利を保障する。それによると、①正当な理由にもとづいて発せられ、かつ、捜索場所・押収物を明示する令状による場合と、②33条の場合以外は、住居、書類および所持品について、侵入、捜索および押収を禁止している。もっとも、35条は刑事手続に関するものであるため、設例の立入調査の場合のように、行政手続にも及ぶものかどうかが問題となる。判例は、35条の規定は主として刑事責任追及の手続における強制について司法権による事前の抑制のもとに置かれるべきことを保障した趣旨であるとしつつ、「刑事責任追及を目的とするものではないとの理由」のみで一切の強制が当然に35条の規定の保障の枠外にあると判断できないと判示し、非刑事手続での侵入・捜索・押収にも35条の適用可能性があることを認めている（❶）。

2．もっとも、同判決は、所得税法上の質問検査について令状が求められないことは35条の法意に反するものではないとしている。その理由としては、ⓐ刑事目的の手続ではない（手続の一般的性質）、ⓑ実質上も刑事資料収集に直接結びつく作用を一般に有しない（手続の一般的機能）、ⓒ強制は間接的であり、また直接的強制と同視すべきほど強いものではない（強制の態様・程度）、ⓓ質問検査制度の高度の必要性がある（公益性）、ⓔ公益性と強制との均衡が失われていない（目的、手段の均衡）、などの要素が挙げられている。

　設例の立入検査は、無差別大量殺人行為を行って観察処分を受けている団体の活動状況を明らかにするという行政目的から行われるものであり（ⓐ）、国民の生活の平穏を含む公共の安全を保護するという極めて重要な公益性が認められる（ⓓ）。強制の態様や度合いについては、団体が抵抗した場合、妨害や抵抗を直接排除する直接強制ではなく、検査妨害・検査忌避等について刑罰を科すという間接強制にとどまっており（ⓒ）、それは立入検査の実効性確保の手段として不均衡、不合理ではないと考えられる（ⓔ）。一方、立入調査は、無差別大量殺人行為に及ぶ危険性を調査するものであるともいえるために、刑事資料収集に結びつくとも考えられる（ⓑ）。この点は、調査によって得られた資料が犯罪捜査・訴追の証拠として利用されないことの担保が（団体規制7Ⅳ）、重要な要素になるだろう。

［井上武史］

123 事故報告義務、呼気検査と不利益供述拒否権

(1) 交通事故があったときは、当該交通事故に係る車両等の運転者は、警察官に、「当該交通事故が発生した日時及び場所、当該交通事故における死傷者の数及び負傷者の負傷の程度並びに損壊した物及びその損壊の程度、当該交通事故に係る車両等の積載物並びに当該交通事故について講じた措置を報告しなければならない」（道交法72条1項後段）。そしてこの報告義務に違反したときは処罰される（同法119条1項10号）。

　この交通事故に関する警察官への報告義務の規定が改正され、「当該車両等の運転者は事故の原因についても警察官に報告しなければならない」との定めが追加されたとする。この事故原因報告義務の規定は憲法38条1項に反するか。

(2) 警察官は酒気帯び運転のおそれがあるときは呼気検査をすることができ（道交法67条3項）、呼気検査を拒否したときは処罰される（同法118条の2）。この呼気検査拒否罪の規定は憲法38条1項に反するか。

参考 ❶最大判昭和47年11月22日刑集26巻9号554頁（川崎民商事件）
❷最大判昭和37年5月2日刑集16巻5号495頁（交通事故報告義務合憲判決）
❸最一小判平成9年1月30日刑集51巻1号335頁

▶▶解説

1. 道交法は、交通安全確保という行政目的を実現するために運転者等の交通事故報告義務や呼気検査に応じる義務を課し、違反行為に罰則を科している。他方、憲法38条1項の不利益供述拒否権（自己負罪拒否特権）の保障は、その沿革や憲法条規中の位置からすれば刑事手続に関する規定である。そのため、この特権の保障は事故報告や呼気検査には及ばないように思われる。けれども、いずれの手続においても、供述が犯罪発覚の端緒を与えることとなるし、交通警察官は司法警察職員でもあるから司法警察を供述相手とするものである。また、事故報告については重大な反則行為や反則行為による交通事故の場合には刑事責任が免除されることはなく、呼気検査については一定基準を超えるアルコール濃度検出の場合、酒気帯び運転罪の捜査に移行し検知結果は刑事事件の証拠として使用される。以上より、いずれの手続も「刑事責任追及のための資料の取得収集に直接結びつく作用を一般的に有する」（❶）（項目**124**参照）といえるため、上記特権の保障は事故報告および呼気検査にも及ぶと考えられる。

2. まず**(1)**では、改正道交法が「事故の原因」についても報告義務を課している点が、自己に「不利益な」供述を強要するものにあたるか否かが問題となる。事故の原因についても報告義務を課せば、過失致死傷罪等を構成しうる事実を供述させることにつながりかねないからである。交通安全確保という道交法の目的に遡り「事故の原因」の文言を合憲限定解釈するならば、事故原因報告義務の規定は合憲といえるかもしれない。実際最高裁判所は、旧道路交通取締法施行令67条2項にいう「事故の内容」という文言を限定的に解釈して交通事故の態様に関する事項を意味すると解し、刑事責任を問われるおそれのある事故の原因その他の事項を報告事項から除いた（❷）。けれども、事故原因報告義務の規定は「事故の原因」という弾力性の欠ける文言を用いているため合憲限定解釈は困難であり、違憲となると考えられる。

3. 次に**(2)**では、呼気検査にいう呼気が「供述」にあたるか否かが問題となる。判例によれば、供述と物的・非供述的証拠とは厳密に区別され、38条1項で保障されるのは供述に限られるとされる（❸）。そしてこのような解釈は母法である合衆国憲法における自己負罪拒否特権に関する判例と合致するものである。呼気検査についていえば、呼気は物的・非供述的証拠にとどまる。したがって、呼気検査拒否罪の規定は38条1項に反しない。　　　　　　　　　　［内野広大］

124 行政手続と不利益供述拒否権

医師法 21 条は、医師が、死体や妊娠 4 か月以上の死産児を検案して異状を認めた場合には 24 時間以内に警察署へ届け出なければならないと定めており、違反すれば罰金が科せられる（同法 33 条の 2 第 1 号）。

A 病院では、看護師の点滴ミスによって患者が死亡するという事件が発生した。当該患者の死体を検案した担当医 B は、監督者として自己の刑事責任が問われるかもしれないと思い、医師法 21 条の届出を行わなかったため、起訴された。

しかし、B は、自らも監督者として業務上過失致死などの刑事責任を負うおそれのある立場にあったのであり、そのような者についてまで警察への届出義務を課すことは、憲法 38 条 1 項が保障する不利益供述拒否権を侵害すると主張している。B の主張は認められるか。

参考 ❶最大判昭和 47 年 11 月 22 日刑集 26 巻 9 号 554 頁（川崎民商事件）
❷最三小判平成 16 年 4 月 13 日刑集 58 巻 4 号 247 頁（異状死体届出義務事件）

▶▶解説

1. 38条1項は、「何人も、自己に不利益な供述を強要されない」と定めている。その趣旨は、自己が刑事上の責任を問われるおそれのある事項について供述を強要されないことにあり、被疑者、刑事被告人、証人に対する不利益な供述強要の禁止を意味している。設例の場合は刑事手続ではないが、判例は、38条の保障が「純然たる刑事手続においてばかりではなく、それ以外の手続においても、実質上、刑事責任追及のための資料の取得収集に直接結びつく作用を一般的に有する手続には、ひとしく及ぶもの」とし、非刑事手続にも同条が適用されることを明らかにしている（**❶**）。

2. 医師法21条は、医師が死体の検案をして異状を認めた場合に届出を義務付けるものである。しかし、仮に医療事故を起こした医師にも届出義務が課されるとすれば、捜査機関に対して自己の犯罪が発覚する端緒を与えることになる。このため、届出の強制は、自己が刑事上の責任を問われるおそれのある事項について供述を強要するものであり、憲法38条1項に違反するのではないかが問題となる。

　最高裁は、①同条で届出の対象となっている事項は、死体を検案して死因等に異状があると認めたことであり、届出人と死体との関わり等の犯罪行為を構成する事項ではないこと（届出義務の内容・程度）、②医師免許は、人の生命を直接左右する診療行為を行う資格を付与するとともに、それに伴う社会的責務を課すものであること（医師の資格の性質）、③異状死体は、人の死亡を伴う重い犯罪にかかわる可能性があるものであるから届出義務の公益上の必要性が高いこと（公益上の高度の必要性）などの要素を考慮して、医師法21条は憲法38条1項に違反しないとしている（**❷**）。しかし、①について、医師本人が関与した異状死の警察への届出は、事実上、業務上過失致死罪についての自首に等しいとも考えられる。また、②医師資格に伴う社会的責務や③公益上の高度の必要性があるとしても、それらは刑事責任を追及されるおそれのある医師個人の憲法上の不利益供述拒否権を否定したり、制約したりする根拠とは直ちにはなりえない。このため、同条のうち、自己の診療行為における業務上過失致死等の罪責を問われるおそれのある場合にも届出義務を課す部分については、違憲と考える余地がある。

［井上武史］

125 人身保護法

　　夫Aと妻Bとの間には子C（12歳）、子D（8歳）がいた。新興宗教E
に入信していたBはある日突然、「子どもたちを連れて出家する」「あなた
とは話をすることができない」とAに言い放ち、Aに無断でC・Dを連れ
て家出し、Eの施設で生活させるに至った。その後Aは、BらがEの施設
にいることを突き止め、E側と連絡を取ったが、子どもたちと面会できな
いでいた。

　　Bは、Eの方針によりCとDを学校に通学させておらず、2人はEの施
設で独自の教育を受けている。また、Cは10歳の時、Bの強い影響でEに
入信し、それ以来Eの教えに影響を受けている。このため、Aとの別離後
も、Aのもとに戻ることを拒否し、Bとともに暮らす意向を示している。

　　そこで、Aは、BがC・Dを拘束しているとして、人身保護法2条1項
にもとづきBに対しC・Dの引渡しを求めた。Aの請求は認められるか。

参考　❶最三小判平成 5 年 10 月 19 日民集 47 巻 8 号 5099 頁
　　　❷最一小判平成 2 年 12 月 6 日判時 1374 号 42 頁

▶▶解説

1. 憲法34条後段は、「何人も、正当な理由がなければ、拘禁されず、要求があれば、その理由は、直ちに本人及びその弁護人の出席する公開の法廷で示されなければならない」と定めている。この規定は英米法のヘイビアス・コーパスに由来するものとされており、また同規定の趣旨を受けて人身保護法が制定された。同法は、「基本的人権を保障する日本国憲法の精神に従い、国民をして、現に、不当に奪われている人身の自由を、司法裁判により、迅速、且つ、容易に回復せしめることを目的とする」（同1）とし、「法律上正当な手続によらないで、身体の自由を拘束されている者は、この法律の定めるところにより、その救済を請求することができる」（同2）と定めている。もっとも、最高裁判所が定める人身保護規則4条によれば、人身保護請求ができる場合は、拘束が権限なくなされたこと、または拘束が手続に著しく違反していることが顕著である場合（拘束に顕著な違法性がある場合）に限られている。

2. 設例では、父母の一方による未成年者の監護が「拘束」にあたるのかが問題となる。判例では、父母の共同親権に服する子の引渡請求において顕著な違法性が認められるには、拘束者による監護が子の幸福に反することが明白であることを要する（❶）。設例では、Bが学齢期にあるCとDを通学させていないことを、どのように評価するかがポイントとなる。

　一方、被拘束者が自由意思にもとづいて拘束者のもとにとどまっているときは、人身保護請求を行うことはできない（人身保護規則5）。ただし判例は、意思能力がある子の監護について、自由意思にもとづいて監護者のもとにとどまっているとはいえない特段の事情があるときは、なお人身保護法2条1項の「拘束」にあたるとしている（❷）。特段の事情が認められるのは、必要な情報を十分に取得している状況にない場合や、拘束者（監護者）が子に対して不当な心理的影響を及ぼしている場合など、監護者選択の決定について自由な意思の形成が妨げられている場合である。設例の事案において、Cは意思能力が備わる以前からBの強い影響のもとにあり、またEの施設で過ごすことが多い閉鎖的な環境のなか、Bのもとにとどまるか否かの意思決定に必要とされる多面的、客観的な情報を十分に得ることが困難な状況にあると認められるため、特段の事情は肯定されると考えられる。

［井上武史］

126　緊急逮捕

　巡査部長 A は、路上で B に職務質問をしたところ麻薬を所持していたため B を現行犯逮捕した後、B を連行して麻薬入手先の C の自宅に赴いた。C は不在であったが、捜索差押許可状をとらずに C の自宅を捜索し麻薬を押収した。そして捜索が終了する間際に C が帰宅し、その場で C を緊急逮捕した。

　緊急逮捕の制度を定める刑訴法 210 条の規定は憲法 33 条に反するか。

参考　❶最大判昭和 30 年 12 月 14 日刑集 9 巻 13 号 2760 頁（緊急逮捕合憲判決）
　　　❷最大判昭和 36 年 6 月 7 日刑集 15 巻 6 号 915 頁（緊急逮捕前の捜索押収事件）
　　　❸高松高判昭和 26 年 7 月 30 日刑集 9 巻 13 号 2769 頁

▶▶解説

1．刑訴法210条は、被疑者保全に急速を要し、一定の重罪を犯したことを疑う に足りる充分な理由があるときには、事後に令状をとることを捜査機関に求めつ つも、事前令状なき逮捕を認める。これが緊急逮捕である。しかし、逮捕には裁 判官の発給する令状が必要であり（憲33）、憲法33条の文理上は現行犯の場合に 限り令状なき逮捕が許されるにとどまる。そこで、緊急逮捕規定が33条に反す るか否かが問題となる。

2．緊急逮捕規定を合憲として説明するアプローチとしては、まず、33条の例 外規定を拡張解釈するものがある。それには第一に比較法的解釈によるものがあ る。これは、その例外規定を合理的な逮捕等につき令状を不要とする合衆国憲法 修正4条と同じ趣旨に解し、緊急逮捕規定は合理的な逮捕にあたるから合憲と説 く（❶の斎藤悠輔裁判官補足意見）。

　第二に目的論的解釈によるものがある。すなわち、「現行犯」（33）逮捕の場合 に令状が不要とされるのは、被疑者保全に急速を要しかつ嫌疑が明白な場合には 不当不合理な基本権侵害のおそれが乏しいからである。そのため、「現行犯」は 現行犯に準ずる場合を含むと解しうる。そして、緊急逮捕には、犯罪の重大性、 犯罪の嫌疑の充分性、被疑者保全の緊急性、さらには逮捕理由の告知や逮捕直後 の令状請求が求められるから、緊急逮捕に要求される犯罪の嫌疑は客観的理由の ある場合であるため、緊急逮捕には現行犯の場合に準ずる明白な根拠があるとい える。こうして、この見解は、緊急逮捕規定を合憲であると結論づける（❶の小 谷勝重・池田克裁判官補足意見）。

3．次に、33条の令状主義の内容を捉え直して緊急逮捕規定を合憲と説明する ものがある。これは、同条の令状主義を、事前令状を絶対的に求めるものではな く、逮捕には裁判官の令状の裏付けを求めるものと解釈する（❷の池田克補足意 見）。そして、憲法上逮捕が被疑者の身体拘束から留置に至るまでの継続的性質 をもつ行為であることに着目し、捜査機関が被疑者拘束直後に逮捕状の発給を求 め、それが裁判官から発給されるのであれば、事後的な発給ではあるものの、逮 捕手続全体としては逮捕状にもとづく逮捕であるから、緊急逮捕規定は合憲であ ると結論づける（❶の小谷・池田補足意見。❶の原審判決である❸）。

［内野広大］

127 GPS 捜査

　警部 A は、B が覚せい剤を隠匿所持しているとの情報を入手して捜査に着手し、B の行動確認により覚せい剤の隠匿場所を突き止めようとしていた。しかし尾行による行動確認は有効ではなかったため、B の使用車両に無令状で事前承諾なく GPS 測位機および GPS ロガー（取り付けられたものが移動した軌跡を事後的に認識できる機器）を取り付ける GPS 捜査（以下、「本件 GPS 捜査」という）を開始した。本件測位機および本件ロガーによる位置情報の取得は 1 日に 100 回を超えることもあったうえ、B の親族宅や親密な関係にある女性のアパート、さらには B の立ち入った宗教団体の施設の情報にまで及んだ。本件 GPS 捜査開始から 1 年後、隠匿場所が判明したものの、B が本件測位機取り付けに気づいたため、A は本件 GPS 捜査を中止した。

　なお警察庁は、本件 GPS 捜査実施時点において、移動追跡装置の使用を任意捜査とし、その使用の要件および手続を規定する要領（以下、「本件要領」という）を定め、その保秘の徹底を求めていた。しかし A は、本件ロガーの使用につき本件要領の定める手続を履践しなかった。

(1) 　本件 GPS 捜査は憲法 35 条で保障された権利を侵害するか。

(2) 　本件 GPS 捜査により直接得られた証拠に、事実認定の資料として使用しうる証拠の法的資格、つまり証拠能力は認められるか。

参考　　❶最大判平成 29 年 3 月 15 日刑集 71 巻 3 号 13 頁（GPS 捜査事件）

　　　　　❷最一小判昭和 53 年 9 月 7 日刑集 32 巻 6 号 1672 頁（ポケット所持品検査事件）

　　　　　❸旭川地判平成 31 年 3 月 28 日判時 2441 号 86 頁

▶▶解説

1. 35条は、一見すると刑事手続上の権利保障規定であり、文言上は、住居、書類および所持品について侵入等をされない権利を保障するにとどまるけれども、判例によれば、住居等に準ずる私的領域に侵入されることのない権利という実体的権利をも保障するものとされる（❶）。

特に長期に亘るGPS捜査は私的領域における個人の行動も把握しうるため、継続的、網羅的な行動把握につながる。また、個人の私的領域における行動という要保護性の高い情報を把握できる機器を当人の知らぬ間に装着するGPS捜査は、公道でのカメラ撮影とは異なり、そのプライバシー侵害の程度は高い（❶）。

そのため本件のような機器装着型のGPS捜査は住居等に準ずる私的領域に侵入しうるから、本件GPS捜査は35条の保障する権利を侵害すると考えられる。

2. 判例によれば、証拠物の押収等の手続に令状主義の精神を没却するような重大な違法があり、これを証拠として許容することが、将来における違法な捜査の抑制の見地からして相当でないと認められる場合には、その証拠能力は否定されるべきであるとされる（❷）。

機器装着型のGPS捜査は、憲法上の権利を侵害するため重要な法的利益を侵害し、また秘かに機器を装着するものであるため合理的に推認される個人の意思に反するものであるから、「強制処分」にあたる。また、こうした捜査には、犯罪・犯人の明白性や即時に逮捕すべき緊急の必要性といった正当化事由があるため令状が不要とされる現行犯逮捕等の強制処分と同視すべき事情があるわけではないから、こうした捜査は令状を必要とする処分である（❶）。

Aは、本件GPS捜査を任意捜査として無令状で実施し、本件ロガー使用につき本件要領の手続を履践しておらず、手続違背の程度は大きい（❸）。また、本件GPS捜査は長期に亘り位置情報を多数回取得し、Bの信仰対象や交際相手の情報を取得するものでもある。それのみならず覚せい剤の隠匿場所の突き止めを目的とするものでもあり、プライバシー侵害の程度が高い。さらに、本件要領は保秘を徹底しており、結果としてGPS捜査に対する司法審査を困難にする運用を招くこととなるから（❸）、そこからは法規定潜脱の意図を読み取りうる。

以上より、本件GPS捜査の違法性は重大で、同捜査により直接得られた証拠の排除が相当であるから、その証拠の証拠能力は否定されると考えられる。

［内野広大］

128 接見交通と弁護人依頼権

　公安条例違反容疑で逮捕され警察署に引致されたAは、国家権力による被弾圧者の救援を活動目標とする人権団体Bの登録弁護士を弁護人に選任する旨を述べた。その10分後にBの所属弁護士のCが同署に赴き即時の接見を申し出た。

　これに対し捜査主任官である警部Dは、取調べ中であることを理由に接見をしばらく待つよう述べた。取調べはその5分後から開始され、夕食の時間まで1時間程度続いた。Dは取調べ中にAがB所属弁護士を弁護人に選任する意向であること、CがB所属弁護士であることを知った。またその頃には、取調べを一時中断して夕食をとらせることを予定していた。

　しかしDは、結局、取調べ中にCとの協議の場を全く設けないまま、Cを署の玄関前で待機させ、一方的に接見日時を翌日に変更した（以下、「本件接見指定」という）。取調べは夕食を挟んで継続することとしていたものの、取調べ担当の巡査部長Eが逮捕現場での実況見分の応援に赴いたため夕食終了後の取調べは行われず、DはEが同署に戻った後に、取調べが深夜に及びうると考え、その日の取調べを中止させた。

(1)　接見指定の制度を定める刑訴法39条3項本文の規定は憲法34条に反するか。

(2)　国家賠償訴訟において本件接見指定の違法性は認められるか。

参考　❶最大判平成11年3月24日民集53巻3号514頁（接見交通制限事件）
　　　　❷最三小判平成12年6月13日民集54巻5号1635頁

▶▶解説

1. 弁護人依頼権（34前）は弁護人から援助を受ける機会の被疑者への保障を目的とするから、接見交通権は憲法上保障された権利と解される。そのため、接見交通権の行使を制限する接見指定制度が34条に反しないかが問題となる。

捜査権の行使は憲法上認められているため、弁護人依頼権の保障趣旨が実質的に損なわれない限りにおいて、法律により接見交通権と捜査権間の合理的調整を図る制度を設けても34条には反しない。

接見等制限は接見の全面的拒否を捜査機関に認めるものではなく、接見交通権を制約する程度は低い。また、接見指定をなしうるのは接見等を認めると取調べの中断等により捜査に顕著な支障が生ずる場合に限られるし、その場合には捜査機関は速やかに接見等の日時を指定しなければならない。なぜならば、刑訴法39条は捜査の必要と接見交通権の行使との調整を図ることを目的とし、かつ、同条3項但書は接見指定を必要やむをえない例外的措置とするからである。

したがって、判例によれば、接見指定制度は弁護人依頼権の保障趣旨を実質的に損なうものではなく、憲法34条に反しない（❶）。

2. 逮捕直後の初回接見は、判例によれば、弁護人依頼権の保障の出発点を成すから、初回接見のための接見交通は34条に内在する本質的権利と解される。この憲法上の価値を実現するべく「不当に」という不確定概念を含む刑訴法39条3項但書を解釈すると、初回接見に関しては、即時または近接した時点での接見による捜査への顕著な支障を接見時間の指定によって回避できる場合に、捜査機関が所要手続後に即時または近接した時点での接見を認めなかったときは、防御権を不当に制限する指定権行使となり、国賠法上も違法となる（❷）。

❷は、弁護士（設例Cに相当）からの初回接見申出であり接見の必要性が大きかったこと、弁護士が被疑者（設例Aに相当）の身柄のある署に現に赴いていたため、弁護人選任のための合理的な範囲内の接見時間を確保できたこと、取調べ捜査官（設例Eに相当）が実況見分の応援に赴いた結果、夕食終了後も取調べは行われず中止されているため、接見時間のやりくりが捜査に顕著な支障をきたしたとはいえないことから、捜査官（設例Dに相当）は、即時にあるいは夕食前もしくは夕食後に接見させる義務を負い、弁護士と協議せず漫然とこれを玄関前に放置し翌日以降に一方的に接見指定をしたことは国賠法上違法となるとした。本件はこれと同様の事案のため、本件接見指定は国賠法上違法である。[**内野広大**]

129 迅速な裁判と救済

Ａら（約40名）は、放火予備等を行ったとして起訴され（甲事件）、甲事件はＢ地方裁判所刑事第一部に係属した。他方、このうち20名は同様の罪を犯したとして別に起訴され（乙事件）、乙事件は同裁判所刑事第二部に係属した。

甲事件担当の弁護人は、乙事件を優先的に審理しその結審後に甲事件の審理に入るよう要望した。そこで刑事第一部は、全証拠を調べた後に論告弁論の段階で乙事件との併合を予定し次回期日を追って指定することとせずに、弁護人の要望を容れ、Ａらの具体的行動等に関して証拠調未了のまま公判手続を中断した。ところが、乙事件の結審が予想外に長引いたため、中断から約15年経って裁判官の構成を改めて公判手続を再開することとなった。公判手続再開時には、長期に亘る審理中断のため、犯行現場とされる建物その他地理的状況が変化し証拠物も滅失していた。

中断期間においては、弁護人は甲事件の審理再開に異議なしと表明する一方で、検察官は検察官の立証段階であったにもかかわらず積極的に審理を促進するよう申出をしなかった。また、弁護人も審理促進に関する申出をしなかった。さらに中断を説明できる合理的理由は存在しなかった。

このとき、Ａらは甲事件の公判手続の打ち切りを求めることができるか。

参考　❶最大判昭和47年12月20日刑集26巻10号631頁（高田事件）
　　　❷最二小判昭和48年7月20日刑集27巻7号1322頁
　　　❸最一小判昭和50年8月6日判タ325号135頁
　　　❹最二小判昭和49年5月31日判時745号104頁

▶▶解説

1. 迅速裁判の保障条項（37 I）は、その規定形式をみる限り、国政の重要な指針を与えるにとどまるプログラム規定とも解しうる。しかし、刑事事件の審理が著しく遅延すれば、被告人は、様々な社会的不利益を受け、また、防御権行使を妨げられ、さらには刑罰法令の適正かつ迅速な適用実現といった刑事司法の理念が達成されなくなる。かかる弊害発生を防止するため、迅速な裁判を受ける権利が保障される。そのため判例によれば、審理の著しい遅延の結果、その条項が保障する被告人の諸利益が著しく害される異常な事態が生ずるに至ったときは、非常救済手段として、憲法上その審理を打ち切るべきであるとされる。

　そして、迅速裁判の保障条項に違反するか否かを判断するにあたっては、遅延の期間、遅延の原因と理由、被告人の利益侵害の程度等、諸般の状況を総合的に考慮しなければならないとされる（❶）。

2. 設例の場合、審理は 15 年もの間中断しており、A らは社会的不利益を被っている。また、審理中断が長期に亘ったため、犯行現場とされる建物その他地理的状況の変化や証拠物の滅失により、A らに有利な証拠が散逸した懸念があるし、証人尋問等により正確な供述を得ることは困難である。しかも、証拠調未了の状態で事件が放置されており、A らの訴訟上・防御上の不利益は大きい。

　もっとも、A らは積極的に審理促進を申し出ず、迅速な裁判を受ける権利を放棄しているようにも思われる。ここでは、被告人が迅速裁判を積極的に求めた場合に限り迅速な裁判の保障条項が適用されるという要求法理の適用範囲が問題となる。この点につき判例は、第 1 審の検察官の立証段階における中断の場合には同法理を及ぼさない（❶）一方、検察官立証後の被告人の反証段階（❷）や第 1 審終了後（❸）あるいは被告人控訴にかかる控訴審段階（❹）における中断の場合には同法理を及ぼす。設例では、第 1 審の検察官の立証段階における審理中断後、検察官は積極的に審理促進の申出をしていない。また、審理中断の原因は乙事件の審理長期化であり、しかも中断時点でその点につき誰も予想していなかったし、本件につき審理再開の措置をとりえなかった合理的理由は存在しなかった。そのため、A らが審理遅延の主たる原因を与えたとまではいえない。

　したがって、公判手続の更新段階で既に異常な事態に立ち至っていたものといえるから、A らは免訴の判決により審理の打ち切りを求めることができると考えられる。　　　　　　　　　　　　　　　　　　　　　　　　　　　[内野広大]

130 生存権の法的性格

　原則として、20歳以上60歳未満の者は、現在、学生含め、国民年金制度に加入する（被保険者となる）ものとされている。しかし、1989年までは、学生等は任意加入とされていた。

　Aは、21歳であった1986年に、バスケットボール部の練習試合中に転倒したことにより、身体に障がいが残った。国民年金法は、一定以上の障がいとなったことなどを要件に障害基礎年金を支給するが、Aは当時、国民年金に加入しておらず、障害基礎年金が受給できなかった。

　Aは、障害基礎年金が受給されないことが憲法25条に反するとして争おうとしている。次の**(1)**〜**(3)**の立場によると、Aの憲法上の主張はそれぞれどのようなものになるか。

(1)　憲法25条は政策目標・政治的な道徳的義務を定めたものであって、個々の国民に具体的な請求権を保障したものではない。

(2)　憲法25条は、国民に直接具体的な請求権を保障するものではないが、国に立法・予算を通じて生存権を実現すべき法的義務を課しているので、同条にもとづく立法措置が講ぜられた場合、それが同条の趣旨に照らして妥当かどうかの法的基準になりうる。

(3)　憲法25条は、国民に直接具体的な請求権を保障するものであって、同条を具体化する立法措置が存在しない場合、同条にもとづき、訴訟においてその違憲性を確認することができる。

参考　❶最大判昭和23年9月29日刑集2巻10号1235頁（食糧管理法違反被告事件）
　　　❷最大判昭和42年5月24日民集21巻5号1043頁（朝日訴訟）
　　　❸最大判昭和57年7月7日民集36巻7号1235頁（堀木訴訟）
　　　❹最二小判平成19年9月28日民集61巻6号2345頁（学生無年金障害者訴訟）

▶▶解説

1. 25条の法的性格（同条が裁判規範性を有するか）は、自由権的側面（項目 **133** 参照）と、請求権的側面に分けられる。今日、後者については裁判規範性を認める考えが支配的である。伝統的には、**(2)** のように、25条それ自体は法的権利を保障しないが、国等に一定の法的義務を課しており、同条は、その具体化立法・行政措置の合憲性審査の法的基準となるとする立場（抽象的権利説）と、**(3)** のように、25条は直接具体的な法的権利を保障するものであるとする立場があった（具体的権利説）。ただし **(3)** は、同条を具体化する立法措置がない場合、同条にもとづき具体的な給付の請求はできないが、訴訟においてその違憲性を確認することができるという。

2. 設例は、❹を素材に、こうした伝統的理解を確認するものである。**(1)** からは、そもそも憲法上の主張はできないが、**(2)(3)** からは、一定の主張が可能となる。ただし、設例の場合、1989 年までに国民年金に加入していなかった学生で障がいを負った者に障害基礎年金を支給する制度が存在していないこと（立法不作為）を問題とする点に留意が必要である。**(3)** は直截に、立法不作為の違憲性を主張することになるだろう。**(2)** は、25条はその具体化措置の合憲性を審査する際の法的基準となるとするが、その具体化措置がないので、これをどう考えるかが問われる。障害基礎年金の必要性があるのに所要の措置が講ぜられなかったので、そもそも 25条が要求する生活保障がなされていないと論ずることができるかもしれないが、それは、結論として **(3)** の立場に接近する。

3. ただし、以上のような理解には、注意が必要である。まず、❶は、25条は具体的権利を保障したものではないとし、❷❸もそれを引き継いでいる。ただし❸は、立法府の措置が著しく合理性を欠き、明らかに裁量の逸脱・濫用があった場合に司法審査の対象となるとして、その限度で 25条の裁判規範性を認める（❷は行政裁量について言及する）。このように、判例は、25条の法的性格を、その権利性と連動させて捉えていない。また、上でみたように、議論の仕方によっては **(2)(3)** との間で結論が変わらない可能性もあり、さらに、**(3)** がいうように立法不作為の違憲性確認が訴えは、権利性の問題というより、憲法訴訟論上の問題との指摘もある。結局、25条が一定の裁判規範性を有することを前提に、問題となる立法・行政措置に応じて、また、どのような訴訟類型で争うかにも留意しながら、個別的に検討することが重要となる。　　　　　　　　　　［尾形　健］

131 生存権と立法裁量

　地方公務員災害補償法は、遺族補償年金について、死亡した職員の妻については、その妻が一定の年齢に達していることは受給要件としていないが、死亡した職員の夫については、その職員が死亡した当時、その夫が一定の年齢以上（55歳以上）に達していることを受給要件としている（以下、「本件受給要件」という）。

　A（夫）は、地方公務員である妻が、公務により精神障がいを発症し自殺したため、地方公務員災害補償基金に対し、遺族補償年金等の支給請求をしたところ、妻の死亡当時、A自身51歳であったため、遺族補償年金の受給権者に該当しないとして、不支給とする処分を受けた（以下、「本件処分」という）。Aは、本件処分の取消しを求めて訴えを提起した。これに対し、国は、次のような主張をしているとする。これに対するAの主張について検討しなさい。

　「地方公務員災害補償法は、優れて社会保障的性格を有するものであるところ、遺族補償年金もその一環であるから、遺族補償年金の受給要件をどのようにするかは、その時々の経済的・社会的条件、一般的な国民生活の状況等、そして国の財政事情を踏まえた高度の専門技術的な政策判断を必要とする。したがって、立法府の広い裁量に委ねられており、それが著しく合理性を欠き明らかに裁量の逸脱・濫用と見ざるをえないような場合を除き、裁判所が審査判断するのに適しないものと言わなければならない。」

参考　❶最大判昭和57年7月7日民集36巻7号1235頁（堀木訴訟）
　　　❷最二小判平成19年9月28日民集61巻6号2345頁（学生無年金障害者訴訟）
　　　❸最三小判平成29年3月21日判時2341号65頁
　　　❹大阪地判平成25年11月25日判時2216号122頁

▶▶解説

1. 最高裁は、社会保障立法の合憲性が問題となる事案で、❶を引用し、ことごとく違憲の主張を退けている。25条の具体化は、たしかに、「高度の専門技術的な……政策的判断」を伴い、立法裁量をある程度認めざるをえない。しかし、このような広い立法裁量については、学説から批判が寄せられ、立法裁量を縮減する試みが様々になされてきた。設例は、❸を素材に、こうした広い立法裁量を掲げる「国側の主張」とどのように向きあうかを検討することを狙いとしている。

2. 25条に関する立法裁量を縮減する試みの手がかりの1つとして、平等原則（14 I）によるアプローチが説かれたことがあった。しかしこれについても、❶は、社会保障給付の受給要件等について、「なんら合理的理由のない不当な差別的取扱」をした場合には14条違反となりうることは認めつつも、結局、25条に関する広い立法裁量をそのまま踏襲した。その姿勢は❷でも引き継がれ、❸でもほぼ同様であった。

3. 設例では、地方公務員災害補償法上支給される遺族補償年金について、地方公務員であった亡夫の妻と、同じく地方公務員であった亡妻の夫とで、支給要件に差異があることが問題とされている。この背後には、60歳未満の夫は独力で生計を維持することができるが、妻については一般に就労が困難であるという想定があると考えられる。そうすると、ここには、「夫（男性）＝独力で生計を維持しうる者、妻（女性）＝それが困難な者」という男女観が前提とされているのではないか。❹は、最高裁判例の平等原則審査の基本枠組みを維持しながらも、立法当初はこうした想定に合理性があったものの、女性の社会進出が進んだ今日、「配偶者の性別において受給権の有無を分けるような差別的取扱い」に合理性はないとして違憲とした。問題となる立法措置が時の経過に伴って合理性を失い、違憲とされる手法は、最高裁判例でもみられるが、25条にかかる審査においても援用する余地はあるだろう（ただし上告審の❸は、このような手法をとらなかった）。また、こうした差異を維持することは、国会が行っている他の立法措置と一貫性を欠くのではないか、という点も指摘しうる（男女共同参画社会基本4参照）。

　このように、問題となる法令の立法事実やその規定の具体的意味などを個別に検討することによって、立法裁量を狭めることは理論的にありうると考えられる。

[尾形　健]

132 　生存権と行政裁量

　　生活保護行政に関する次の場合に、Aは、どのような憲法上の主張が可能であるか。

(1)　生活保護受給者であるAは75歳であるが、老齢加算（原則として70歳以上の者を対象とする生活扶助の加算）を受給していたところ、生保法の保護基準が改定され、3年の間に段階的に減額され、最終的に老齢加算自体が廃止されたことにより、その分の生活保護受給額が減額された。

(2)　生活保護受給者であるAは、その長女の将来の教育資金のため、学資保険（子どもの教育費等の準備を目的とする民間の保険）に加入し、生活保護給付を原資として、保険料を納付していたところ、その満期が到来したため、満期保険金の返戻金を受領した。これに対し、B福祉事務所長は、この返戻金について、生保法4条1項・8条1項にもとづき、収入認定を行い、Aの生活保護支給額を減額した。

参考　❶最大判昭和42年5月24日民集21巻5号1043頁（朝日訴訟）
　　　❷最三小判平成16年3月16日民集58巻3号647頁
　　　❸最三小判平成24年2月28日民集66巻3号1240頁（老齢加算廃止違憲訴訟東京事件）
　　　❹最二小判平成24年4月2日民集66巻6号2367頁（老齢加算廃止違憲訴訟福岡事件）

▶▶解説

1. ❶は、傍論で、生保法の保護基準設定（同8Ⅰ）について、「現実の生活条件を無視して著しく低い基準を設定する等憲法及び生活保護法の趣旨・目的に反」する場合に司法審査の対象となるとし、25条を具体化する行政措置についても、広い裁量を肯定する。しかし、これについても、問題となる行政活動の性質などに応じて、司法審査のあり方を考えることもできるのではないか。設例は、この点について確認しようとするものである。

2. (1)は、❸❹を素材に、行政措置のうち、生活保護基準の設定行為を問題するものである。まず、老齢加算の段階的廃止であり、従前の支給水準を引き下げるという意味で、「制度後退禁止原則」との関係で裁量統制を考えることができる（項目**134**参照）。次に、保護基準設定行為の判断の過程に着目する審査手法がありうる（判断過程審査）。裁判所が、法令上抽出される考慮事項が行政判断の過程で適切に考慮されたか等を審査し、行政決定のプロセスをチェックするこの手法は、裁判所の審査密度を向上させるものといえる。❸（そして❹）は、老齢加算に見合う特別需要の存在にかかる厚生労働大臣の判断の「過程及び手続」に過誤等があったかを審査している。違憲の主張は退けられたが、考慮すべき事項として、憲法上要請される最低限度の生活の具体的保障等を読み込むことができれば、憲法的観点からも踏み込んだ審査が可能となるかもしれない。

3. (2)は、❷を素材に、個別の行政処分にかかる裁量統制を検討するものである。生保法は、保護を実施する前提として、保護を必要とする者に対し、「その利用し得る資産、能力その他あらゆるもの」を活用すべきことを定める（同4Ⅰ）。Aの学資保険のように、自身の家族を支援するため、自己の財産を、生保法の趣旨・目的にかなう仕方で形成・使用することは、憲法上の権利との関係でいえば、Aの財産権（憲29Ⅰ）の正当な行使にあたり、学資保険の返戻金を活用すべき「資産」に該当するとした行政の判断は、それを妨げることにならないだろうか。❷は、こうした憲法上の論点に言及せず、生保法の趣旨にかなった目的と態様で保護金品等を原資としてされた貯蓄等は収入認定の対象とすべき資産に含まれないとした（厳密には、❷は、行政による生保法の解釈を正したものであり、(1)のような「裁量」統制とは場面が異なる）。

　このように、問題となる行政活動の種類・性質等に応じて、個別具体的に検討することが、ここでも重要となる。　　　　　　　　　　　　　　　　　［尾形　健］

133 生存権の「自由権的効果」

介護保険の保険者であるＡ市は、Ａ市介護保険条例にもとづき、介護保険法上の第1号被保険者（市町村の区域内に住所を有する65歳以上の者。同法9条1号）であるＢに対し、20XX年度の介護保険料として28,000円とする賦課処分を行った（以下、「本件賦課処分」という）。これに対し、Ｂは、その所得が公的年金のみであって生活保護基準以下であり（ただし生活保護は受給していない）、住民税も非課税であったので、本件賦課処分は免除されるべきであるとして、本件賦課処分について審査請求等をしたがいずれも退けられた。

Ｂは、本件賦課処分により、最低限度の生活を営みえなくなるとして、本件賦課処分が憲法25条に反すると考えているが、Ｂの主張について、どのように考えるべきか。

参考　❶最三小判平成元年2月7日判時1312号69頁（総評サラリーマン税金訴訟）
　　　　❷最大判昭和57年7月7日民集36巻7号1235頁（堀木訴訟）
　　　　❸最三小判平成18年3月28日判時1930号80頁

▶▶解説

1．25条について、自由権に類似した法的保障がなされるべきことが、早くから主張されていた（生存権の「自由権的効果」）。具体的には、所得税法中の給与所得にかかる課税規定が、給与所得者の「健康で文化的な最低限度の生活」を侵害するとして争われた例がある（❶）。最高裁は、❷を引用し、上告人らは課税規定が「著しく合理性を欠き明らかに裁量の逸脱・濫用と見ざるをえないゆえん」を具体的に主張していないとして、訴えを退けている。ただし、この判示は、「最低限度の生活」を侵害する国の行為等が、「著しく合理性を欠き明らかに裁量の逸脱・濫用」となることの主張・立証ができれば違憲となりうるとも読め、その限りでは、判例も「自由権的効果」を認めているものとも読める。

2．社会保険料の賦課も、その程度によって最低生活保障を下回る結果をもたらしうる。設例は、介護保険料賦課処分が争われ、原告（上告人）は、保険料賦課によって自身の最低生活が下回ることを具体的に主張していた❸を素材にしている。介護保険制度は、第1号被保険者の保険料率を、被保険者本人と世帯の負担能力に応じて複数の段階に分け、また、本来適用されるべき段階の保険料を負担すると生保法上の要保護者（現に生活保護を受給しているか否かにかかわらず、保護を必要とする状態にある者。生保6Ⅱ）となるが、より負担の低い段階の保険料負担であれば保護を必要としない状態になる者（境界層該当者）への負担軽減措置も講じている。❸は、介護保険料賦課の仕組みに加え、最終的に生活保護を受給すればカバーされること（生活扶助による加算）や同制度の「国民の共同連帯の理念」にも言及し、Bのように、生活保護の要保護者で、地方税法上市町村民税が非課税とされる者について保険料を賦課しないまたは免除する規定がないとしても、「それが著しく合理性を欠くということはできない」などとして、25条・14条違反の主張を退けている。

　このように、判例は、①生存権の「自由権的効果」を否定しないが、結局は請求権的側面と同様、立法府の広い裁量を前提とし、また、②国の行為によって最低生活を下回ることが具体的に主張されている場合でも、問題となる制度全体の合理性を問題にしたうえで、憲法25条違反の主張を退けている。しかし、①の広い立法裁量論自体問題があることに加え、特に②については、当事者の個別的事情によっては、適用違憲的な論じ方もありうるように思われる。

［尾形　健］

134 制度後退禁止原則

　公的年金には、物価スライド（消費者物価指数の上昇・下降等に応じ、自動的に年金額の引上げ・引下げ等を行う仕組み）が採用されている。200X 年のデフレの際、物価が下落したので、本来なら年金額が引き下げられるべきところ、当時の厳しい社会経済情勢での公的年金受給者の生活状況に鑑み、国は、年金額を引き下げず、特例的に据え置いた。その後 3 年間デフレ状況が続き、この特例措置が継続されたため、結果として、年金額は、公的年金制度が当初想定していた給付額より、約 10 ％高いものとなった。

　20XX 年に景気が回復したため、国は、①この特例措置により、本来支給されるはずの公的年金額よりも多い額が支給されていること、②公的年金制度は、その時々の現役世代の年金保険料負担によってその時点の高齢世代が受給する公的年金給付費を賄う仕組み（賦課方式）といえるところ、①の状態は、現役世代に過剰な負担を強いることになり、世代間公平の観点から問題であること、などを理由に、20XX 年から 3 年間で、特例措置を段階的に解消し、その分だけ年金額を減額する措置を講じた（以下、「本件措置」という）。

　A は、公的年金受給権者であるが、本件措置により、自身の受給する年金額が最終的に 10 ％減額された。A は、本件措置が憲法 25 条に反するとして争おうとしている。これについて、どのように考えるべきか。

参考　❶最三小判平成 24 年 2 月 28 日民集 66 巻 3 号 1240 頁（老齢加算廃止違憲訴訟東京事件）
　　　❷最二小判平成 24 年 4 月 2 日民集 66 巻 6 号 2367 頁（老齢加算廃止違憲訴訟福岡事件）
　　　❸札幌地判平成 31 年 4 月 26 日訟月 65 巻 8 号 1183 頁

▶▶解説

1．ある制度の創設やその制度での一定の利益の供与自体は、立法・行政の措置により裁量的に行うことができるが、ひとたびなされた以上は、制度の廃止や縮減など、制度内容を「後退」させる場面では、立法・行政の裁量は狭まり、合憲性は慎重に検討されるべきである、とする考え方がある（制度後退禁止原則）。25条との関係では、生保法上の老齢加算（原則として70歳以上の生活保護受給者に対してなされた生活扶助の加算）が減額・廃止されたことの合憲性が争われた❶❷をめぐって論じられた。

2．これに対しては、制度の創設等が憲法の内容を規定してしまい、憲法より下位にあるはずの制度が憲法規範の内容を規定することにならないか、25条1項は「最低限度の生活」水準を下回ることを禁止するにとどまり、立法・行政は、それに触れなければ制度の向上・後退を裁量的になしうるので、制度の後退それ自体に必要性・合理性を要求するのはおかしいのではないか、といった疑問が出されている。❶❷では、生活保護基準の加算の減額が争われたが、厚生労働大臣の判断（生保8Ⅰ）について、①判断の過程および手続における過誤・欠落の有無の観点、②被保護者の期待的利益や生活への影響等の観点から審査している。最高裁は制度後退禁止原則を採用するものではないが、上の②は、制度後退の場面で、受給者に対する適切な考慮がなされたかを検討するものといえる。

3．1999〜2001年の間、物価が下落したにもかかわらず公的年金給付の額を特例的に据え置いた影響で、制度が本来予定している水準よりも2.5%高い水準となったため、2013〜2015年にかけて、これを段階的に解消する立法措置が講じられた。この措置が25条等に反するとして争われたのが❸であり（判決は違憲の主張を退けている）、設例はこれをもとにしている。

　特に最低生活保障に関わる施策の場合、「後退」は最低限度の生活を脅かす可能性が高く、また、25条2項の文言（国は社会保障等の「向上及び増進」に努めるべきこと）に照らすと、25条の趣旨にかなう立法措置等を、およそ国会が随意に縮減しうるというのも、妥当とはいえないだろう。このため、ⓐ社会保障給付を縮減する判断に合理的理由・根拠があるか、ⓑ給付縮減によって当事者にもたらされる不利益はどれほど深刻か、といった観点からの検討が求められる。設例に即していえば、ⓐ①②の理由の合理性の有無、ⓑ結果として10%の減額となることが公的年金受給者に与える影響を検討することになる。　　　　　［尾形　健］

135 公務員の労働基本権

非現業の国家公務員Aは、その所属する官庁のB労働組合の役員である。Aは、「日本国憲法の改正手続に関する法律」の改正に反対する職場大会に参加するよう、同組合員に対しeメールで具体的な日程や行動内容を示し、相当数の組合員から当日に参加するとの返答を得た。また、Aは、その当日に同官庁の庁舎入り口を封鎖し、登庁してきた職員に対し同職場大会に参加するよう反復説得した。このため、Aは国公法110条1項17号違反で起訴された。

この場合において、Aの労働基本権と国公法との関係について考えなさい。

参考 　❶最大判昭和44年4月2日刑集23巻5号685頁（全司法仙台事件）
　　　❷最大判昭和48年4月25日刑集27巻4号547頁（全農林警職法事件）
　　　❸最二小判平成12年3月17日判時1710号168頁（全農林人勧凍結反対スト事件）

▶▶解説

1．判例によれば、28条の労働基本権は一般の勤労者だけでなく公務員にも保障される。ただし、争議行為による公務の停滞は国民全体の利益を害しかねず、また、人事院等の代償措置が用意されていることから、争議行為等やその「あおり」行為を国公法98条2項（❷の当時は98条5項）で禁止することは必要やむをえず、憲法28条に違反しないとされる（❷）。

　国公法110条1項17号は、同法98条2項前段の禁止する争議行為等を「あお」ったり、「企て」たりする行為に罰則を科している。判例では、「あおり」行為とは、「他人に対し、その行為を実行する決意を生じ」させるような「勢いのある刺激」を与えることをいい、「企て」る行為とは、そうした「あおり」行為を含めた違法行為の「遂行を計画準備」し「違法行為発生の危険性が具体的に生じたと認めうる状態に達したものをいう」（❷）。

　かつて最高裁は、「あおり」行為を処罰するのには、「あおり」行為の対象となる争議行為自体の違法性が強く、かつ、「あおり」行為が争議行為に「通常随伴」するとはいえないものであることを要するという限定解釈を行った（いわゆる「二重の絞り論」、❶）。しかし、最高裁は、判例変更を行い、争議行為の違法性の強弱は不明確であり、また、争議行為に「通常随伴」する「あおり」行為を罰しないとすることは「あおり」行為と国公法上不処罰の争議行為とを同一視することになるとして、「二重の絞り論」を否定した（❷）。

2．設例の場合、Aによる庁舎入り口の封鎖や反復説得は「あおり」行為に、eメールによる計画準備は「企て」る行為に該当するといえる。なお、設例では、本件職場大会の目的は政治的目的と考えられるところ、判例は、政治的目的のために争議行為を行うのは勤労者の特権ではなく、21条の表現の自由として特別に保障されることもないとして、許されないとしている（❶）。したがって、Aの一連の行為は違法といえる。

3．また、❷の岸盛一・天野武一裁判官追加補足意見は、代償措置の「実際上画餅にひとしいとみられる事態」が生じたとき、その正常な運用を求める「争議行為をしたことだけの理由からは、いかなる制裁、不利益をうけ」ないとしていた（❷）。

　この点、最高裁は、争議行為等の禁止違反への懲戒処分が争われた事件で、人事院勧告が全面的に凍結される事態につき「代償措置がその本来の機能を果たしていなかったということができない」としたことがある（❸）。　　　　　　［栗田佳泰］

136 労働組合の統制権

　インターネット上のアプリを利用しフリーランスの立場で料理配達代行サービスの仕事をしている A は、当該アプリを提供する企業に対し事故によるケガの補償等の充実といった労働条件の改善を求める B 労働組合に加入している。

　A は、C 市議会議員選挙にあたり立候補しようとしたところ、B 労働組合の役員 D から別の候補者を擁立するので立候補を断念するように再三求められ、断念しなければ統制違反者として除名することを示唆された。しかし、A は立候補を断念せず、選挙が行われ、当選した。すると、D は B 労働組合執行委員会に働きかけ、A の組合員としての権利を 1 年間停止する処分を決定した。

　この場合において、A の立候補の自由と B 労働組合の統制権との関係について考えなさい。

参考　❶最大判昭和 43 年 12 月 4 日刑集 22 巻 13 号 1425 頁（三井美唄炭鉱事件）
　　　　❷最三小判平成 23 年 4 月 12 日判時 2117 号 139 頁（INAX メンテナンス事件）

▶▶解説

1. 判例は、労働者が28条の団結権にもとづき労働組合を結成した場合、「労働組合の統一と一体化を図り、その団結力の強化を期するためには、その組合員たる個々の労働者の行動についても、組合として、合理的な範囲において、これに規制を加えることが許されなければならない」とし、組合員に対する組合の統制権を認める。他方、「立候補の自由は、選挙権の自由な行使と表裏の関係にあり、自由かつ公正な選挙を維持するうえで、きわめて重要」とし、15条1項から、「被選挙権者、特にその立候補の自由」を引きだす。そして、組合の統制権の行使にもとづく制約の必要性と立候補の自由の重要性とを「比較衡量」すべきとする。その結果、統一候補以外の組合員で立候補しようとする者に対して、組合が立候補を思いとどまるように勧告または説得することは当然に許容される。ただし、組合が立候補の取りやめを要求したり、その要求に従わないことを理由に統制違反者として処分したりすることは、組合の統制権の限界を超え、違法とされる（❶）。

2. 設例では、DはAに対し立候補を断念するよう再三求め、除名処分まで示唆し、従わなかったことを理由に組合員としての権利を1年間停止する処分を決定している。Dの一連の行為は勧告または説得の域を超え、違法といえる。

3. なお、設例のような、インターネットを利用し、フリーランスの立場で、単発あるいは短期のサービスを提供する「ギグワーカー」は、個人事業主とされる。個人事業主が労働基本権を具体化する諸法律の適用を受けるか否かは、個別の法律における「労働者」性が認められるかどうかにかかっている。たとえば、労基法における「労働者」は、事業等に「使用される者」（労基9）でなければならないが、28条を具体化した労働組合法における「労働者」にはそのような限定はなく、28条の「勤労者」と同視される広い概念であるとされる。

　この点、最高裁は、特定の発注者との間で雇用関係に類似する就労実態にある個人事業主の組織する労働組合が発注者に団体交渉を申し入れたところ、発注者が応じなかったことについて、①事業の遂行に不可欠な労働力として発注者の組織に組み入れられていたこと、②契約内容を発注者が一方的に決定していたこと、③報酬が労務の提供の対価としての性質を持っていたこと等から、労働組合法上の「労働者」性を肯定し、正当な理由のない団体交渉拒否として不当労働行為にあたるとしたことがある（❷）。　　　　　　　　　　　　　［栗田佳泰］

137 教科書検定

　学校教育法は、小・中・高校等では、文部科学大臣の検定を経た教科用図書か文部科学省が著作の名義を有する教科用図書の使用を義務付けている（学校教育法 34 条・49 条・49 条の 8・62 条・70 条・82 条）。

　A により高校教科書として執筆された『日本史』は、太平洋戦争末期の「沖縄戦」について次のように記述していた。「沖縄戦では、米兵約 13,000 人、日本人約 190,000 人が死亡した。日本人死者のうち、沖縄県出身の一般人は 94,000 人、軍人・軍属は約 28,000 人と、沖縄県民が多数犠牲になった。そのなかには、日本兵に殺されたり集団自決に追い込まれたりした人も少なくなかった」。この箇所のうち、特に最後の一文について、文部科学大臣は、沖縄戦の一部を特別に強調しすぎており、客観的な全貌をあいまいにしているとし、削除するよう修正意見（従わなければ検定不合格となる）を付した。A は、これにより自己の研究結果や教育的配慮にもとづく教科書執筆が妨げられ、精神的苦痛を被ったとして損害賠償を求めて訴えた。

　この場合において、教科書検定制度と A の教育の自由や表現の自由、学問の自由との関係について考えなさい。

参考　❶東京地判昭和 45 年 7 月 17 日民集 36 巻 4 号 616 頁（第 2 次家永教科書事件第 1 審）

❷最三小判平成 5 年 3 月 16 日民集 47 巻 5 号 3483 頁（第 1 次家永教科書事件上告審）

❸最三小判平成 9 年 8 月 29 日民集 51 巻 7 号 2921 頁（第 3 次家永教科書事件上告審）

▶▶解説

1. 教科書検定（以下、「検定」という）に関しては、26条（教育の自由）、21条（表現の自由）、23条（学問の自由）違反か否かが争われる。

最高裁の判断に先立ち、「審査が思想内容に及ぶものでない限り」検定は「検閲」に該当しないとした下級審判決が注目されていた。そこでの「思想内容」は広く「精神活動の成果」を指し、学説も含まれるものとされていた（❶）。

一方、最高裁は、26条に関しては、普通教育の場では、児童や生徒に十分な批判能力がなく教育の機会均等を図る必要があり、教育内容は「正確かつ中立・公正」・「全国的に一定の水準」で児童や生徒の心身の発達段階に応じたものでなければならないこと、教師は授業等で裁量を有することから、「単なる誤記、誤植等の形式的なものにとどまら」ない内容に及ぶ検定を合憲とした。21条2項前段に関しては、「一般図書としての発行を何ら妨げるものではな」いことから検定は「検閲」に該当しないとした。また、同条1項に関しては、いわゆる比較衡量論をとりつつ、検定は「教育の中立・公正、一定水準の確保等」の観点から不適切な図書のみを教科書として発行することを禁ずるものにすぎず、表現の自由に対する「合理的で必要やむを得ない限度」の制約であるとして合憲とした。23条に関しては、教科書は「学術研究の結果の発表を目的とするものではな」く、検定は「教科書の形態における研究結果の発表を制限するにすぎない」として合憲とした（❷）。

その後、最高裁は、検定が「教育に対する不当な介入を意図する目的のもとに、検定制度の目的、趣旨を逸脱して行われ」れば、違憲の問題を生じうるとしている。また、文部科学大臣の諮問する教科用図書検定調査審議会の判断過程に「看過し難い過誤」があり、文部科学大臣の判断がそれに依拠してなされた場合、その裁量権の範囲を逸脱したものと認められるともしている（❸）。

2. 設例では、教育に対する不当介入の意図は明らかでないが、「日本軍による住民殺害」や「集団自決」のような「異常な形」での死を教科書に記載することは沖縄戦の「悲惨な犠牲の実態」を教えるために必要という最高裁の判断（❸）からすると、設例のような修正意見には文部科学大臣の裁量逸脱の違法があるといえる。

［栗田佳泰］

138 全国学力テスト

文部科学省の実施する全国学力・学習状況調査（以下、「学テ」という）は、毎年度（2014年度から。それ以前は年度による）に実施され（ただし、2020年度は新型コロナウイルス禍のため実施されていない）、すべての教育委員会・学校・児童や生徒に対して具体的なメッセージを送ることができる、一人ひとりの児童や生徒に対する教育指導が改善できるなどといわれる一方、1回のテストで学力の実態把握だけでなく教育施策の課題発見・児童や生徒の学習改善などを図ろうとするのは無理がある、抽出調査や隔年・周期調査よりも人的・物的・時間的な限界からくるデータ誤差が増幅されがちで費用もかかるなどの指摘もある。

不正確で信頼に足らない学テの実施により招来される学校に対する偏見や序列化は生徒に好ましくない教育上の影響を与えると考えた公立中学校教師のAは、学テは文部科学省による学校教育への「不当な支配」（教育基本法16条1項）にあたり、その実施は適法な公務ではないと考えた。そこで、202X年、Aは、学テの実施にあたる中学校の校長Bに暴行を加え実力で阻止しようとし、公務執行妨害罪で起訴された。

この場合において、教育を受ける権利や、Aの教育の自由、教育内容決定権について考えなさい。

参考　❶最大判昭和51年5月21日刑集30巻5号615頁（旭川学テ事件）

▶▶解説

1. 最高裁は、❶で次のように述べた。教育を受ける権利や教育を受けさせる義務を定めた 26 条の背後には、国民の学習権、とりわけ、子どもの「学習要求を充足するための教育を自己に施すことを大人一般に対して要求する権利」がある。また、学問研究の自由を定めた 23 条は、その成果を「教授する自由」をも含み、普通教育の場でも、「公権力によって特定の意見のみを教授することを強制されないという意味」で、また、「子どもの教育が教師と子どもとの間の直接の人格的接触を通じ、その個性に応じて行われなければならないという本質的要請」から、教師に対し「一定の範囲における教授の自由が保障される」。ただし、児童や生徒に十分な批判能力がなく「教師が児童生徒に対して強い影響力、支配力を有」することや「全国的に一定の水準を確保すべき」であることに鑑みると、完全な教授の自由は認められない。子どもに対する教育内容を決定する権能については、国家と国民のどちらか一方にのみ属するという見解のいずれも採用できない。「親」は、主に「家庭教育等学校外における教育や学校選択の自由」にあらわれる教育の自由を、教師は上のような範囲での教授の自由を有し、国は、「子ども自身の利益の擁護」および「子どもの成長に対する社会公共の利益と関心にこたえる」ことのために、「必要かつ相当と認められる範囲」において、教育内容決定権を有する。ただし、「国家的介入についてはできるだけ抑制的であることが要請され」るだけでなく、「子どもが自由かつ独立の人格として成長することを妨げるような国家的介入、例えば、誤った知識や一方的な観念を子どもに植えつけるような内容の教育を施すことを強制するようなことは、憲法 26 条、13 条の規定上からも許されない」。

　上のような憲法論から、最高裁は、「全国中学校一せい学力調査」につき、文部大臣（当時）による過剰な権力的介入ではなく旧教育基本法 10 条 1 項（現 16 Ⅰ）のいう「不当な支配」にあたらないと判示した。ただし、同時に、「教育政策上はたして適当な措置であるかどうかについては問題がありう」るとも指摘していた。

2. 設例の A の主張する「好ましくない教育上の影響」は、学テが教育政策上適当か否かについては別論、上に述べた判例の立場からすれば、学テを違法と断じることができるほどのものではないといえる。

［栗田佳泰］

139 学習指導要領

　公立中学校教師 A は、「特別の教科　道徳」について、「道徳に教科書などありえない」という信念のもと、文部科学大臣による検定に合格した教科用図書をまったく用いることなく、学習指導要領に定められた当該科目の目標および内容とは無関係に、自己が「道徳」と考える特定の価値観にのみもとづいた授業を行い、指導要録の「特別の教科　道徳」にかかる「学習状況及び道徳性に係る成長の様子」に、担当したすべての生徒に対し「授業では、道徳性に特に問題は見受けられませんでした」との同じ記載を繰り返していた。このため、A は、当該地方公共団体の B 教育委員会から懲戒免職処分を受けた。

　この場合において、学習指導要領の法的拘束力と A の教育の自由について考えなさい。

参考　❶最一小判平成 2 年 1 月 18 日判時 1337 号 3 頁（伝習館高校①事件）
　　　　❷最一小判平成 2 年 1 月 18 日民集 44 巻 1 号 1 頁（伝習館高校②事件）
　　　　❸最一小判平成 24 年 1 月 16 日判時 2147 号 139 頁（「君が代」累積加重処分事件）
　　　　❹最大判昭和 51 年 5 月 21 日刑集 30 巻 5 号 615 頁（旭川学テ事件）

▶▶解説

1. 学習指導要領が「法規」として法的拘束力を持つことについて、最高裁は、旭川学テ事件（❹）を参照し、23条・26条に違反しないとしている（❶）。また、旭川学テ事件で最高裁は、教師の教育の自由を「一定の範囲」で認めており、それは教師の裁量を論じるうえでの前提となる。

　それでは、学習指導要領の法的拘束力とは具体的にはどのようなものか。最高裁は、（中学校のみならず）「高等学校においても、教師が依然生徒に対し相当な影響力、支配力を有しており、生徒の側には、いまだ教師の教育内容を批判する十分な能力は備わっておらず、教師を選択する余地も大きくない」こと等から、「教育の一定水準を維持」するためには、「高等学校教育の内容及び方法について遵守すべき基準を定立する必要があ」るとし、「特に法規によってそのような基準が定立されている事柄」につき、高校教師の裁量は制約に服するとした。そして、教科書使用義務違反や学習指導要領から著しく逸脱した授業内容、考査不実施、成績の一律評価を、「日常の教育のあり方を律する学校教育法の規定や学習指導要領の定め等に明白に違反する」とし、それらを理由とする重い処分（懲戒免職処分）を懲戒権者の裁量の範囲内とした。このように、学習指導要領は、学校教育法等と並ぶ教育の「内容及び方法について遵守すべき基準」を定めた「法規」として教師の裁量に限界を画しており、その意味で法的拘束力を持つ（❷）。

2. 設例では、高校ではなく、中学校教師の教科書使用義務違反や、学習指導要領の内容とは無関係の授業内容、成績の一律評価が問題となっている。中学校では高校以上に、教師の生徒に対する「影響力、支配力」が認められ、また、生徒の批判能力が育っていないと考えられるため、中学校教師の裁量が制約に服する度合いは高校教師に比して強いと考えられよう。また、Aは、教科書使用義務違反等に加え、「特定の価値観」にのみもとづいた授業を行い、その授業内容は「自己を見つめ、物事を広い視野から多面的・多角的に考え」るべきとする教科目標（中学校学習指導要領（平成29年告示）「第3章　特別の教科　道徳」の「第1目標」）から著しく逸脱している。判例上、「個人の歴史観ないし世界観等に起因する」等の一定の要件を満たした教師の行為に対する戒告を超える重い懲戒処分については、「慎重な考慮」が要求されうる（❸。項目45も参照）が、Aに対する懲戒免職処分は、❷の判断基準に照らせば、懲戒権者の裁量の範囲内といえる。

[栗田佳泰]

140 政党からの除名処分と比例代表繰上補充

　参議院議員の通常選挙は、現在、都道府県選挙と非拘束名簿式比例代表選挙により実施されている。Ａは、Ｂ党の参院比例代表選挙の候補者名簿に登載され、前回選挙の際、第５位で落選した後、Ｂ党から除名処分を受けた。Ａの除名後、比例代表選挙により当選していたＢ党所属の２名の参議院議員が相次いで辞職した。Ｂ党からＡの除名届を受理していた選挙会（投票総数を計算し、当選人を決定する機関〔公選法第８章参照〕）は、公選法の規定により、前回選挙時第５位で落選したＡではなく、第６位・第７位で落選したＣ・Ｄを繰上当選人と決定した。Ａは、Ｂ党による自らに対する除名処分は違法無効であるから、選挙会によるＤの当選決定は無効であるとして、当選訴訟（公選法207条・208条）を提起した。

(1)　司法審査は、選挙会による当選決定の形式的側面（除名届の形式的不備の有無）にのみ及ぶか、さらに、同決定の実質的側面（除名処分自体の適否）にまで及びうるか。

(2)　仮に上記の内容審査が可能だとして、政党の除名処分に対する司法審査にはどのような限界がありうるか。

参考　❶最三小判昭和63年12月20日判時1307号113頁（共産党袴田事件）
　　　　❷東京高判平成6年11月29日判時1513号60頁（日本新党繰上当選事件第2審）
　　　　❸最一小判平成7年5月25日民集49巻5号1279頁（日本新党繰上当選事件上告審）

▶▶解説

1. 設例は、「日本新党繰上当選事件」をモデルにしている。同事件を扱った**❷**
❸はいずれも、選挙会による除名に関する審査は、書類の不備等の形式的側面に
限定され、除名自体の当否に関わる実質的側面に選挙会は立ち入るべきではな
い、と判示する。政党の内部自治に対する行政権の介入は回避されるべきだから
である。しかし、選挙会の決定に形式的不備が認められない場合であっても、そ
の判断の前提となる除名の効力を、司法権に属する裁判所が審査できるか否か、
❷❸の判断は分かれた。**❷**は、当選訴訟の趣旨・目的を、選挙の公正確保、選挙
秩序の維持・実現と解する。そのうえで、名簿登載者の当選後の除名は、選挙人
の意思を無視することになりうるので、当該除名が「民主的かつ公正な」手続で
行われたか、司法審査を受ける余地があるという。その結論として、適正手続を
欠く A の除名を無効とし、選挙会の C・D を繰上当選とする決定もまた無効と
した。これに対して、**❸**は、当選訴訟における司法審査の範囲を、選挙会の決定
に違法があるか否かに限定する。「選挙会等の判断に誤りがないにもかかわらず、
当選訴訟において裁判所がその他の事由を原因として当選を無効とすること」は
できないと判示する。形式的不備のない除名届を前提にした選挙会の決定を裁判
所は覆す余地はない、というわけである。

2. **❸**は、選挙会には除名の形式的側面の審査権しかなく、司法審査もまた、そ
の形式的側面にのみ及ぶという公選法の解釈を前提にしつつ、これを**❶**の引用に
より補強しようとしている。**❶**によれば、憲法は政党の自律性を尊重すべきこと
を要請しており、政党による除名処分の当否は原則として、政党の自律的決定に
委ねられる。そのうえで、除名処分が仮に党員の「一般市民としての権利利益」
を侵害する場合であっても、公序良俗に違反するなど「特段の事情」のない限
り、政党の内部規範ないし条理に従っているか審査されるにとどまる、と判示す
る。**❶**は、民事事件であるが、**❷❸**は行政事件であるから、全く同列に扱うこと
はできない。しかし、**❸**によれば、**❶**が例外的であれ審査の余地を残していた、
政党による除名処分の手続審査の余地すら否定されることになる。これを、司法
権の特例としての当選訴訟（民衆訴訟）の構造上やむをえないと解するか、当選
後の除名処分に、選挙人の意思表明を左右する「公的ないし国家的性質」（**❷**）
を認めたうえで、せめて手続審査の余地を残すべきと解するか、評価は分かれ
る。 　　　　　　　　　　　　　　　　　　　　　　　　　　　　　　［山崎友也］

141 在外邦人の選挙権・国民審査権

(1) 最高裁大法廷は、平成17年に下した判決（❶）において、在外邦人の衆議院・参議院の選挙区選挙の各選挙権行使を停止する旧公選法附則8項を違憲として、上記各選挙権を原告が次回選挙時に行使できる地位を確認する一方、これまで上記各選挙権を行使できなった原告を慰謝する国家賠償を国に命じた。

在外邦人の選挙権行使の制限を審査する基準と、衆参の投票価値の較差を審査する基準とで、同じ選挙制度の憲法適合性を判断する基準として差異はありうるか。

これに対して、憲法79条2項・3項等が国民に保障する最高裁判所裁判官国民審査権（以下、「国民審査権」という）について、現行の最高裁裁判官国民審査法（以下、「国民審査法」という）は、在外邦人に一切国民審査権の行使を認めていない。

(2) 在外邦人の国民審査権行使を認めていない国民審査法は違憲か。

参考 ❶最大判平成17年9月14日民集59巻7号2087頁（在外邦人選挙権事件）
❷最大判昭和51年4月14日民集30巻3号223頁
❸東京地判平成23年4月26日判時2136号13頁（第1次在外邦人国民審査権訴訟）
❹東京地判令和元年5月28日判時2420号35頁（第2次在外邦人国民審査権訴訟）
❺東京高判令和2年6月25日判時2460号37頁（第2次在外邦人国民審査権訴訟）

▶▶解説

1. ❶は、在外邦人に対する公正な選挙の実施や候補者情報の適正な伝達は可能だとして、在外邦人の国政選挙権の全部または一部を制限し続けていた公選法を違憲と断じた。ここで、最高裁は、選挙の公正を確保するため「やむを得ないと認められる事由」がない限り、選挙権の制限は正当化できない、という厳格な姿勢を打ち出し、注目された。というのも、従来最高裁は、衆参の投票価値の不平等をめぐる訴訟に関しては、投票価値の不平等が「国会において通常考慮しうる諸般の事情をしんしゃくしてもなお、一般的に合理性を有するものとは到底考えられない程度に達して」はじめて、違憲と判断するという緩やかな基準により審査してきたからである（❷）。❶は、一人一票を投じる権利の直接的制限が問題になっている事例ゆえ審査の厳格度が上がったのに対して、後者の投票価値をめぐる訴訟は、一人一票原則を担保したうえで構築された選挙制度における一票の「価値」の不平等を審査する点で、❶のような事例ほど厳格な審査は不要と判断された可能性がある。

2. ❶以降も、同じ参政権である国民審査権を在外邦人は行使できない状態が続いている。❸は、在外審査制度を設けていない国民審査法の憲法適合性に「重大な疑義」があるとしながらも、国民審査権は議会制民主主義国家において選挙権ほど強い保障は受けないし、在外審査制度の創設にあたって「憲法上要請される合理的期間」を経過していないとして、合憲と結論した。

　これに対して、❹❺は、❶の厳格審査の手法をそのまま在外審査制度の不存在に適用し、これを明確に違憲と断じた。ただし、❹は、在外審査人名簿が法定されていない点で、❶の事案とは異なるとして、❶が認容したような、次回国民審査時に投票できる地位の確認請求、さらに在外審査制度不存在の違法確認請求のいずれも却下し、国賠請求を認容するにとどまった。❹の控訴審である❺は、❹と同様に地位確認請求は却下する一方、在外審査制度の不存在により、国が控訴人（原告）に次回国民審査において審査権の行使をさせないことの違法確認請求を認容した。❺は、在外審査制度の不存在の違憲性が国会にとって「明白」であったとはいえないとして、国賠請求を棄却したので、現在、原告・国の双方が最高裁に上告している。在外審査制度の不存在の憲法適合性について最高裁がどう判断するか。仮に違憲判断を示したとして、最高裁はどのような救済手段を選択するか。いずれも注目される。　　　　　　　　　　　　　　［山崎友也］

142 投票価値の平等(1)
——衆議院議員選挙

　衆議院の選挙区選挙における投票価値の不平等の憲法適合性は、これまで繰り返し裁判所で争われてきた。最高裁は、一貫して、選挙権の憲法上の保障は、一人一票の原則のみならず、その内容（「各選挙人の投票の価値の平等」）にも及ぶ、と判示してきた。もっとも、衆議院の選挙制度・議員定数配分の決定には、「多種多様で、複雑微妙な政策的および技術的考慮要素」が含まれるとして、投票価値の不平等は、国会が「通常考慮しうる諸般の要素をしんしゃくしてもなお、一般的に合理性を有するものとは到底考えられない程度に達しているときに」限って違憲になる、とも判示してきた。

(1)　一人一票の原則は強い保障を受けるが、一票の価値の絶対的平等まで必ずしも求められない。その理由は何か。一票の価値の不平等はどの程度まで許容されるか。

(2)　裁判所は、一票の価値の不平等が違憲状態に陥っていると判断した場合でも、事情判決（主文は違憲とするが、選挙自体の効力は肯定する）や、合理的期間論（違憲状態の定数不均衡を是正する一定の猶予期間を国会に与える）をとることがある。その根拠は何か。

参考　❶最大判昭和 51 年 4 月 14 日民集 30 巻 3 号 223 頁
　　　　❷最大判平成 27 年 11 月 25 日民集 69 巻 7 号 2035 頁
　　　　❸最大判平成 30 年 12 月 19 日民集 72 巻 6 号 1240 頁

▶▶解説

1. ❶は、衆議院の議員定数不均衡訴訟に関する法理を包括的に示したリーディングケースである。❶によれば、憲法は、「選挙権に関しては、国民はすべて政治的価値において平等であるべきであるとする徹底した平等化を志向」し、「選挙権の内容、すなわち各選挙人の投票の価値の平等もまた」要求している、とされる。もっとも、「投票価値の平等は、各投票が選挙の結果に及ぼす影響力が数字的に完全に同一であることまでも要求するもの」ではなく、「投票価値は、選挙制度の仕組みと密接に関連し、その仕組みのいかんにより……投票の影響力に何程かの差異を生ずることがある」。このように、判例理論は、投票価値の平等を、「適切な選挙制度」を構築する立法府の合理的な裁量権行使において考慮すべき、重要ではあるが「唯一絶対の基準」ではない、と解しているわけである。今日に至るまで、衆議院の投票価値の不平等が実際どこまで許容されるのか、明確な数値を判例理論は示したことはない。しかし、同時に最高裁は、2. で紹介するような、投票価値の不平等解消に向けた国会の努力や、最高裁判決に対する国会の対応ぶりを考慮要素とする裁量統制を強化する傾向を示している。

2. 事情判決・合理的期間論（参院では相当期間論）は、議員定数不均衡訴訟において、判例がほぼ決まって依拠する判断枠組みである。投票価値の不平等は、実際は、全国の選挙区のうち一部にのみ生じるが、判例は一貫して、そのような投票価値の不平等をもたらした公選法の定数配分規定が「全体として違憲の瑕疵を帯びる」と解する。しかし、選挙区割り全体を無効と解すると、衆議院議員がこの世に存在しないことになり、国政が混乱する。事情判決とは、そのような事態を回避し、立法府に投票価値の不平等の是正を促すテクニックの1つである。

　合理的期間論は、時間の経過による人口の暫時的移動を立法府が裁量権行使の考慮事項に入れる余地を認めたものである。❶は、違憲とされた選挙まで公選法改正が8年以上見送られてきたことを違憲の判断の根拠の1つとした。その一方で、❷❸は、「単に期間の長短のみならず」、国会の取組みが「司法の判断の趣旨を踏まえたものか」という観点も「合理的期間」経過の有無の考慮要素に加えた。その結果、国会による定数配分規定の「漸次的な見直し」が合憲判断に有利な要素としてしんしゃくされている。立法府の努力という主観的要素が、「期間」というそれ自体としては客観的な要素の判断に組み込まれるようになったわけである。

[山崎友也]

143 投票価値の平等(2)
——参議院議員選挙

　参議院の投票価値の不平等について、最高裁は、衆議院の投票価値の不平等に比べて、寛容な判断を示してきた。その結果、参議院の投票価値の不平等は、2010年7月実施の選挙まで衆議院の不均衡を上回る5倍前後の較差が続き、その後も衆議院を上回る3倍前後の較差が維持されている。最高裁は、その理由を、二院制を維持する以上、参議院は、衆議院とは異なる選出方法をとらざるをえないことに求める。つまり、選挙区選挙の区割りを都道府県単位で設定しつつ、憲法が要求する半数改選制に対応して、各選挙区の定数を偶数に設定しなければならないという制約を受ける限りで、参議院は衆議院と同程度の一票の価値の平等まで要求はされない、というわけである。

(1)　衆議院と同じ「全国民の代表」を構成する参議院であっても、投票価値の不平等の許容度は衆議院とは区別されるという判例法理はどのように正当化できるか。

(2)　参議院の投票価値の不平等を抜本的に改善するためには、都道府県ごとに選挙区を設定する仕組みを多少なりとも変更する必要がある。近時、特に有権者数の少ない一部の県選挙区を統合する「合区」により、定数不均衡の是正を図る改正公選法が実施されている（鳥取・島根・徳島・高知の4県の選挙区を合区した選挙区が2つ設けられた）。この「合区」には、逆に憲法上の問題点はないか。

参考　❶最大判昭和58年4月27日民集37巻3号345頁
　　　　❷最大判平成24年10月17日民集66巻10号3357頁
　　　　❸最大判平成29年9月27日民集71巻7号1139頁
　　　　❹最大判令和2年1月18日裁判所ウェブサイト

▶▶解説

1. ❶は、設例に挙げたような「二院制の趣旨」から、参議院における「投票価値の平等の要求は、人口比例主義を基本とする選挙制度の場合と比較して一定の譲歩、後退を免れない」として、都道府県選挙区制の合理性を一定程度認めていた。しかし、「ねじれ国会」を生み出した2010年参議院通常選挙に関する❷は、参議院を衆議院と「ほぼ等しい権限」を有すると判示する。そのうえで、参議院の「投票価値の平等の要請が後退してよいと解すべき理由」はない、と❶とむしろ逆の見解を示し、現行の都道府県選挙区制の見直しの可能性に言及した。ところが、❸は、❶と同じく、都道府県を「政治的に一つのまとまりを有する単位」であり、「その意義や実体等を一つの要素として考慮すること」が許されると判示する。❹もまた、憲法上「参議院が果たすべき役割等」を踏まえた「慎重な考慮を要する」と判示し、不平等解消の「実現は漸進的にならざるを得ない面がある」として立法府の判断に敬譲を示す。

2. 上記❷から❸❹の変化の背景には、2015年実施の上記「合区」に対する合区対象県民の反発があったのかもしれない。「合区」により、これまで各県の「単独代表」であった参議院議員が他県との「共同代表」になってしまう。合区対象の県民からすれば、自らが「代表」されているという感覚を、合区選出の参議院議員には持ちにくくなるかもしれない。たしかに、合区によって、参議院の投票価値の不平等は是正されうるが、その結果、合区の有権者は、県代表としての参議院議員を持てなくなる。むしろ、憲法が定める「地方自治の本旨」(92)に照らせば、参議院は都道府県代表により構成される機関として、衆議院と同程度の投票価値の平等は必要ないと解するべきだという見解もありうる。

　もっとも、参議院議員も衆議院議員と同じ「全国民」の「代表」(43) である以上、地方のことばかりではなく、防衛・外交など国全体に関わる議論も大いにする必要がある。また、地方の声を国会に伝えるといっても、都道府県単位ばかりを念頭におくのではなく、たとえば北東北ブロック・南東北ブロックなどと、より広域の単位から、参議院議員を選出するという手もある。❸❹は、合区に限らずより広い選択肢のもとで国会が参議院の選挙制度を構築する余地があることを判示しようとした可能性がある。ただし、その際に投票価値の平等とどう折り合いを付けていくか、引き続き問われることになるのはいうまでもない。

〔山崎友也〕

144 投票価値の平等(3)
──地方議会議員選挙

　衆議院・参議院の投票価値の平等は、憲法14条1項等の諸規定の解釈により導出されているが、都道府県議会の定数配分は、「人口に比例して、条例で定めなければならない」と公選法15条8項が定めている。ただし、同項但書は、「特別の事情があるときは、おおむね人口を基準とし、地域間の均衡を考慮して定めることができる」と述べている。さらに、公選法271条は、同法15条2項・3項によれば、隣接区との合区が強制されるはずの、人口の少ない選挙区であっても、単独の選挙区として維持しうると規定している（「特例選挙区」）。

(1)　都道府県議会の投票価値の不平等の憲法適合性に関する最高裁判例の判断枠組みは、衆議院・参議院のそれとどのような違いがあるか。

(2)　上記のように、公選法15条8項は、人口比例主義を一定程度緩和することを許容し、同法271条はさらに、原則合区が要請されるほど人口が少ない選挙区であっても、「特例選挙区」として維持可能な旨をそれぞれ規定している。このように「地域間の均衡」等を根拠にして、都道府県議会における投票価値の不平等を許容する現行法は、各選挙人の有する一票の価値の平等を侵害することにならないか。

参考　❶最一小判昭和59年5月17日民集38巻7号217頁
　　　　❷最一小判平成27年1月15日判時2251号28頁
　　　　❸最三小判平成31年2月5日判時2430号10頁

▶▶解説

1. 都道府県議会の選挙区割り・定数配分は、その基本原則を示す公選法（15 I 〜Ⅳ・Ⅷ）の枠内で、各都道府県が具体的な選挙区割・定数配分を条例により定める、2段階の決定方式となっている。❶以来、最高裁は、公選法の上記規定を、憲法が要請する平等原則を具体化した規定と理解し、そのうえで、条例の選挙区割・定数配分と投票価値の平等との関係を、条例の公選法適合性の問題として処理する傾向が強い。しかし、最高裁は、条例の公選法適合性の審査にあたり、都道府県議会の「合理的な裁量権の行使」を重視し、その延長で、比較的簡単に条例の憲法適合性もまた肯定する傾向にある。

2. もっとも、公選法によれば、都道府県議会の各選挙区を「議員一人当たりの人口」（当該都道府県人口を当該都道府県議会の議員定数で割った数）の「半数以上になるようにしなければならない」（15 Ⅱ前）。この配当基数 0.5 を割った選挙区は隣接する選挙区と強制的に「合区」される（同Ⅱ後）。この原則は、都道府県議会選挙における投票価値の最大較差を 2 倍以内に抑制する趣旨だと一般に理解されている。しかし、公選法は、上記のように、この比較的厳格な人口比例原則（15 Ⅷ）の例外を認める一方、同法 15 条 8 項但書は、人口比例主義を「おおむね」遵守すればいい場合がありうると規定し、同法 271 条は、上記の配当基数 0.5 を割った選挙区であっても、当面 1 選挙区として存置してもよいと認めている。

3. この点、❷は、都議会選挙において 2 倍以上の較差が認められた場合においても、その後の条例改正により、較差が 2 倍未満に減少し、逆転現象（人口の少ない選挙区が多い選挙区より議員定数が多く割り当てられている現象）を示す選挙区も減少傾向にあること等を理由に、条例の憲法適合性・公選法 15 条 8 項適合性を肯定している。

❸は、都条例が特例選挙区（公選 271）と定めた都議会島部選挙区の憲法適合性・公選法適合性が争われた事件である。島部選挙区の地理的孤立性や隣接選挙区との合区の困難さを訴えた都の主張を、最高裁は受け入れた。最高裁は、配当基数 0.5 を「著しく」下回る選挙区の存置を違法と匂わせつつ、配当基数を都議会の裁量権行使の一考慮要素とすることにより、公選法 18 条 5 項但書の場合に比して、より広範な裁量を都議会に認めた。しかし、このような特例選挙区の設定による人口比例主義からの離反をいかに正当化できるか、都道府県議会の条例制定に至る判断過程審査はありえないか、検討の余地が残る。　　　　[山崎友也]

145 選挙運動規制(1)
——事前運動の禁止・文書図画規制

(1) (2)の事例において問題となっている公選法129条および146条の合憲性について論じなさい。

(1) 東京都A区議会議員選挙に立候補したBは、立候補届出前に選挙運動（「特定の選挙について、特定の候補者の当選を目的として、投票を得又は得させるために直接又は間接に必要かつ有利な行為」）を行ったところ、公選法129条および239条1項1号に違反するとして起訴された。

(2) C労働組合書記長のDは、衆議院議員総選挙に際し、選挙運動期間中に、C労組がE県1区および2区において各1名の候補者の推薦を決定したという記事を掲載した労組機関紙を組合員らに配布したところ、公選法146条1項および243条1項5号に違反するとして起訴された。

(参考) 公職選挙法

129条 選挙運動は、各選挙につき、それぞれ第86条第1項から第3項まで若しくは第8項の規定による候補者の届出、第86条の2第1項の規定による衆議院名簿の届出、第86条の3第1項の規定による参議院名簿の届出（……）又は第86条の4第1項、第2項、第5項、第6項若しくは第8項の規定による公職の候補者の届出のあつた日から当該選挙の期日の前日まででなければ、することができない。

146条1項 何人も、選挙運動の期間中は、著述、演芸等の広告その他いかなる名義をもつてするを問わず、第142条又は第143条の禁止を免れる行為として、公職の候補者の氏名若しくはシンボル・マーク、政党その他の政治団体の名称又は公職の候補者を推薦し、支持し若しくは反対する者の名を表示する文書図画を頒布し又は掲示することができない。

参考 ❶最大判昭和30年3月30日刑集9巻3号635頁
❷最大判昭和30年4月6日刑集9巻4号819頁
❸最大判昭和44年4月23日刑集23巻4号235頁

▶▶解説

1. 代表民主制のもとでは、多様な国民意思が選挙を通じて国会に反映されなければならないため、各候補者が国民に政策を自由に訴え、主権者たる国民が意見を自由に表明し政治過程に参画する選挙運動の自由が不可欠である。ところが、現行の公選法は「べからず法」とも呼ばれるように、選挙運動に対してきわめて厳しい規制を定めている。このうち、**(1)** で問題になっているのが事前運動の禁止（129）であり、**(2)** で問題になっているのが文書図画規制（142 〜 147）である（なお、ネット上の選挙運動は 2013 年に解禁された）。

2. かかる規定の合憲性に対する判例の態度はどうか。この点、後者が問題となった❶は、文書図画の自由な頒布・掲示を認めると「選挙運動に不当の競争を招き、これが為却つて選挙の自由公正を害し、その公明を保持し難い結果を来たすおそれがある」ことから、公選法 146 条は憲法 21 条に反しないという（なお、公選法 142 条・143 条についても、❷が同じ文面により合憲としている）。これに対し、前者が問題となった❸では、常時選挙運動を行うことを許容すると不当、無用な競争を招いて「選挙の公正」を害するおそれがあるだけでなく、「徒らに経費や労力がかさみ、経済力の差による不公平が生ずる結果となり、ひいては選挙の腐敗をも招来するおそれがある」ことから公選法 129 条は憲法 21 条に反しないとされており、弊害の内容がやや具体的に述べられているものの、いずれも「選挙の公正」を妨げうる抽象的な「おそれ」を指摘するだけで直ちに規制の合憲性を導出しているという点に変わりはない。

3. もちろん、選挙運動に対する規制を一切なくせば、豊かな資金力や巨大な組織を背景に持つ候補者によって、「思想の自由市場」が歪められたり、公正な選挙が行われなくなったりするおそれがあることは否定できないが、学説は、選挙運動規制の合憲性を支える立法事実の存在を疑問視する傾向にある。すなわち、文書図画規制に対しては、そもそも選挙運動のなかで最も費用がかからない文書・図画の頒布は経済的不公正を導くものではないし、他に適切な手段がある以上は悪意の文書の横行を防止する効果的な方法ともいえないなどと批判されている。また、事前運動の禁止については、必ずしも選挙費用の増加防止に不可欠というわけではないだけでなく、選挙運動期間が極端に短い現行法のもとでは、現職議員や与党候補者に有利に作用して候補者間の不平等を生み、かえって選挙の公正を害するおそれがあるといった指摘がなされている。　　　　　　[西村裕一]

146 選挙運動規制⑵
―――戸別訪問の禁止

野党であった A 党の支持者である B は、衆議院議員総選挙の選挙運動期間中に、数軒の知人宅を、選挙以外の目的でごく短時間だけ訪問した。その際に交わされた会話のなかで、政治や選挙のことが話題に上ったために、B は、知人たちに A 党が推薦した候補者 C への投票を依頼したところ、公選法 138 条 1 項および 239 条 1 項 3 号に違反するとして起訴された。

この事例に含まれる憲法上の問題点を論じなさい。

参考 ❶最大判昭和 25 年 9 月 27 日刑集 4 巻 9 号 1799 頁
❷最二小判昭和 56 年 6 月 15 日刑集 35 巻 4 号 205 頁
❸最三小判昭和 56 年 7 月 21 日刑集 35 巻 5 号 568 頁
❹最大判昭和 49 年 11 月 6 日刑集 28 巻 9 号 393 頁（猿払事件上告審）

▶▶解説

1. 前問 145 で取り上げた事前運動の禁止および文書図画規制と並んで、公選法による選挙運動規制のなかで最も議論が多いのが、戸別訪問の禁止（138 I）である。これについて最高裁は、❶では抽象的な「公共の福祉」論によって簡単に合憲と判断していたが、下級審で違憲判決が散見されるようになったことを受けて、❷において詳細な正当化を行うに至った。それによれば、「戸別訪問の禁止は、意見表明そのものの制約を目的とするものではなく、意見表明の手段方法のもたらす弊害」の防止を目的としているところ、その目的は正当であり、戸別訪問の一律禁止とこの目的との間には合理的関連性があり、禁止によって得られる利益は失われる利益よりもはるかに大きいことから、公選法 138 条 1 項は「合理的で必要やむをえない限度」を超えるものではなく、憲法 21 条に反しないという。

2. これは、戸別訪問の禁止が意見表明の自由に対する間接的・付随的な制約にすぎないとして、同じく公務員の政治的行為の禁止を間接的・付随的な制約とした❹に依拠したものである。しかしこれに対しては、戸別訪問の禁止は内容に着目した規制ではないか、また仮に間接的・付随的制約であるとしても審査基準が緩やかにすぎるといった批判が加えられてきた。そこで注目されたのが、❷の論拠を不十分としつつ公選法 138 条 1 項の合憲性を弁証した、❸における伊藤正己裁判官の補足意見である。それによれば、選挙運動は各候補者が選挙の公正を確保するために定められたルールに従って行うものであり、そのルールの設定は憲法 47 条によって立法政策に広く委ねられているという。もっとも、選挙運動規制について広汎な立法裁量を認める「選挙のルール論」に対しては、結局、❷とほぼ同じに帰してしまうのではないかとの疑問も提起されている。

3. そもそも、選挙運動については規制をせずに自由に行わせることが憲法の想定するベースラインであるなどとして、戸別訪問の禁止を含む選挙運動規制については❷が採用している「合理的関連性の基準」よりも厳格な基準で審査すべきという点で、学説はおおむね一致している。実際、公選法による過度に広汎な規制は完全な執行を不可能にし、その結果、公正な選挙どころか取締り当局による恣意的な執行を可能にするであろう。そのような観点から、本設例については法令違憲だけでなく、本件起訴は A 党の支持者を狙い撃ちにしたものとして、適用（処分）違憲を主張することもできるように思われる。　　　　　　　[西村裕一]

147 国民投票運動規制

　国民投票法は、「憲法改正案に対し賛成又は反対の投票をし又はしないよう勧誘する行為」を「国民投票運動」と定義したうえで（同法100条の2）、いくつかの規律を行っている。このうち、国民投票運動のための広告放送については、国民投票広報協議会が行う広報放送を除き、国民投票の期日前14日間に限って禁じられているものの（同法105条・106条）、それ以前については原則として無制限で認められている。しかし、かように有料の広告放送をほぼ無制限に認めることに対しては、かねてより、資金量の多寡が投票結果に影響を及ぼすおそれがあるのではないかと指摘されてきた。そこで、同法を改正して、国民投票運動に対して次のような規制を加えることができるか。

(1)　政党は、憲法改正が発議された日から投票期日までの間、テレビおよびラジオにおいて、国民投票運動のための有料広告をしてはならない。

(2)　放送事業者は、憲法改正案に賛成の広告放送と反対の広告放送について、それぞれの時間帯および分量を同一にしなければならない。

▶▶解説

1. 国民投票法の改正問題をめぐる国会の議論において、与野党の間で特に争点となってきたのが、国民投票運動のための有料の広告放送に対する規制の是非であった。そもそも公選法とは異なり、国民投票法は国民投票運動にほとんど制限を課しておらず、さらに国民投票運動に関する一般的な費用規制も定めていないことから、賛成派と反対派との間で資金力による不公平が生じかねない。なかでも問題となるのが、受け手に対する影響力が大きく、しかも利用にあたり巨額の費用を要するテレビやラジオの CM である。

2. まず **(1)** については、政党の表現の自由に対する制約として許されるかが問題となる。この点、政党交付金は各政党の議員数と得票数にもとづいて配分されるところ（政党助成 8）、既に憲法改正が両議院の総議員の 3 分の 2 以上の賛成で発議されている以上、必然的に賛成派の方が国庫からの助成をより多く受けることになる。このように、政党間の資金力が制度的に公平ではないとすれば、政党による国民投票運動を無制限に認めることは、賛成派と反対派との平等で開かれた競争を阻害するおそれがあろう。また、仮に有料広告が禁じられたとしても、政党には無料の意見広告が認められるなど（国民投票 107 Ⅳ）、意見表明の機会が奪われるわけではない。もっとも、上記の弊害に対処するためには、政党による運動資金ないし CM 資金に上限を設けるといった手段も考えられよう。

3. 次に **(2)** についてであるが、放送法は広告を含む「放送番組」の編成について放送事業者の自主的な規律に委ねており（3）、本設例のような規制についても自主規制によって実現されるべきと一般に解されている。もっとも、放送事業者にとって、広告規制は経済的利益を追求する自由に対する制約にすぎない。したがって、仮に法による規制がなされたとしても、表現の自由への制約で妥当する厳格な基準は放送事業者との関係では適用されないと解すべきである（なお、国民投票運動については有料の広告放送を全て禁止すべきとの主張もあるが、それが放送事業者の自律を侵害するとは考えられていないようである）。他方、広告主の表現の自由や国民の知る権利との関係においては、かかる規制の正当性を支える立法事実の存否が鍵になると思われる。この点については、とりわけ賛成派陣営を中心に莫大な広告費が投じられ、イメージ先行型の CM が連日放送された「大阪都構想」に係る住民投票の事例（2015 年）が――憲法改正国民投票の「予行演習」として――参考になろう。　　　　　　　　　　　　　　　　　　　　　[西村裕一]

148 投票の秘密

(1) A町議会議員選挙において、最下位当選者と次点者の得票数の差は1票であった。ところがこの選挙において、選挙権のない者の投票、および第三者が選挙権のある者の名で行った投票が10票認められた。そこで、当選者を決定するために、選挙管理委員会が無資格者ないし不正投票者の投票用紙を調査することはできるか。

(2) B市議会議員選挙において特定の候補者Cを当選させる目的で、ある政治団体の構成員が集団で、B市に居住していないのにB市への転入届を出して投票を行ったとして、公選法237条2項所定の詐偽投票罪の捜査が行われた。そこで、この捜査のために、警察はCの氏名が記載された投票済み投票用紙を差し押さえることができるか。

参考　❶最一小判昭和25年11月9日民集4巻11号523頁
　　　❷最三小判昭和23年6月1日民集2巻7号125頁
　　　❸最大判昭和24年4月6日刑集3巻4号456頁
　　　❹最二小判平成9年3月28日判時1602号71頁

▶▶解説

1．選挙人の自由な意思にもとづく投票を確保するために、15条4項は投票の秘密を保障しているところ、これが実際に問題となるのは、選挙や当選の効力に関する争訟や、選挙犯罪に関する刑事手続において、無資格者もしくは不正投票者の投票用紙の検索が許されるかという点である。まず前者について、学説は一致して、不正投票者や無資格者の投票内容を確定するために他の正当な選挙人の投票の秘密を害するおそれがあるため、投票の検索は許されないとする。また、学説の多くは、被疑者以外の選挙人の投票の秘密を侵害するおそれがあることや、詐偽投票等の犯罪構成要件は投票の内容自体を審査せずに充足されるべきものであることから、後者についても投票の検索は許されないとしている。

2．前者が問題となった(1)の事案において、❶は「選挙権のない者又はいわゆる代理投票をした者の投票についても、その投票が何人に対しなされたかは、議員の当選の効力を定める手続において、取り調べてはならない」とする。それに対して、後者の論点に関する判例の態度は明らかではない。すなわち、❷は詐偽投票等の罪について投票の秘密の保障は及ばないと述べていたのに対し、公選投票賄賂罪（旧刑234）の合憲性が問題になった❸では、同規定の適用にあたっては「何人が何人に投票したかの審理をすることは許されない」とされていた。

3．(2)の事案において、警察がCの氏名が記載された投票済み投票用紙全部を差し押さえたうえで指紋照合を行ったところ、被疑者ではない選挙人が投票の秘密が侵害されたとして損害賠償を求めたのに対し、❹は、原告が「投票の秘密に係る自己の法的利益を侵害されたということはできない」として、本件差押えの合憲性について判断を示さなかった。もっとも、福田博裁判官の補足意見は、選挙犯罪の捜査において投票の秘密を侵害するような捜査方法が許されるのは「当該選挙犯罪が選挙の公正を実質的に損なう重大なものである場合において、投票の秘密を侵害するような捜査方法を採らなければ当該犯罪の立証が不可能ないし著しく困難であるという高度な捜査の必要性があり、かつ、投票の秘密を侵害する程度の最も少ない捜査方法が採られるとき」に限られるとしたうえで、本件差押えはこれにあたらず「憲法15条4項前段に違反する」と述べている。実際、本件においては、Cに投票した選挙人のみならず一般の投票者にとっても投票内容が知られる現実的・具体的な危険が生じていたと解する見解も有力である。

[西村裕一]

149 連座制

　株式会社Ａの代表取締役Ｂは、Ｃ県議会議員選挙に立候補したＤのた
め、会社を挙げて選挙運動を行うことを決意した。そこでＢは、従業員の
朝礼および下請業者との会食の席にＤを招いて立候補の挨拶をさせるなど
の計画を会社の幹部らに表明したうえ、これを了承した幹部らのうちＥお
よびＦに各人の役割等の概括的な指示をし、ＥおよびＦは、他の幹部や関
係従業員に指示するなどして、個々の選挙運動を実行させた。その要請に
応じたＤが出席した朝礼および会食の席上、Ｂが会社としてＤを応援する
趣旨の挨拶をし、Ｄ自らもＡ社の従業員または下請業者らの応援を求める
旨の挨拶をした。また、会食では１人当たり約6,000円相当の酒食等の供
応が行われた。これにより、Ｂら３名は、公選法221条１項１号の罪に問
われ、懲役刑が確定した。これを受けて、検察官Ｇは、Ｂらが同法251条
の３第１項のいう「組織的選挙運動管理者等」に該当するとして、同法
211条１項にもとづき、選挙に当選したＤの当選無効および５年間の立候
補禁止を請求する訴えを提起した。
　この事例に含まれる憲法上の問題点を論じなさい。

参考　❶最大判昭和37年3月14日民集16巻3号537頁
　　　❷最一小判平成9年3月13日民集51巻3号1453頁

▶▶解説

1. 当選者以外の選挙運動関係者の選挙犯罪によって当選を無効とする連座制について、**❶**は、「選挙運動の中心となつて、その運動の行われる全地域に亘り、その運動全般を支配する実権をもつ」者による買収等の「犯罪行為は候補者の当選に相当な影響を与えるものと推測され、またその得票も必ずしも選挙人の自由な意思によるものとはいい難」く、したがって「その当選は、公正な選挙の結果によるものとはいえないから」、「その当選を無効とすることが、選挙制度の本旨にもかなう」として憲法に反しないという。ただし、当時の規定は選挙運動の総括主宰者等を対象とするものであったのに対し、1994 年の公選法改正によって、連座対象者が拡大されるとともに、連座制の効果として 5 年間の立候補禁止が追加された。本設例ではかかる拡大連座制の合憲性が問題になっているところ、これについては**❶**の「当選結果・相当影響論」がそのままでは妥当しない。

2. そこで**❷**は、拡大連座制を「公明かつ適正な公職選挙を実現するため」候補者等に「選挙浄化の義務を課し」、候補者等が「選挙浄化の努力を怠ったときは、当該候補者等個人を制裁し、選挙の公明、適正を回復するという趣旨で設けられたもの」と位置付けた。もっとも、**❷**が「合理性の基準」を適用し、「民主主義の根幹をなす公職選挙の公明、適正を厳粛に保持する」という立法目的は合理的であり、当選無効および立候補禁止という規制も「立法目的を達成するための手段として必要かつ合理的」であるとして公選法 251 条の 3 の合憲性を導いたことについて、学説の評価は分かれている。すなわち、立候補の禁止が憲法 15 条 1 項で保障されている被選挙権の制約であることに照らしてより厳格な基準が用いられるべきとの批判がある一方、選挙制度設計は立法裁量に委ねられるべきという観点から**❷**の憲法適合性判断基準および結論に賛同する見解もある。

3. 仮に 5 年間の立候補禁止が過剰な規制とはいえないとしても、選挙浄化の義務が候補者等にとって過大になっていないかという問題は残る。この点、学説においては、公選法 251 条の 3 が定める「組織」や「意思を通じて」といった要件を限定的に解釈すべきとの主張もなされているが、**❷**はこれを否定した。たしかに、設例のように株式会社を利用した選挙運動を「組織的」ということは首肯できるとしても、「意思を通じ」を「組織の具体的な構成、指揮命令系統、その組織により行われる選挙運動の内容等についてまで、認識、了解することを」要しないと緩やかに解したことには批判もある。　　　　　　　　　　[西村裕一]

150 国家賠償請求権

　国営の郵政事業下における郵便法（旧）68 条・73 条は、郵便物を紛失・毀損した場合の、国による損害賠償責任を制限・免除しているが、さらに、特別送達の書留郵便にもその制限・免除が及ぶことを規定していた。しかし、特別送達の書留郵便にまでその制限・免除をすることは、憲法 17 条に定める公的機関に対する損害賠償請求権を侵害するのではないか。これに関して、次の **(1) (2)** について考えなさい。

(1)　国会は、公務員の不法行為に関して国または公共団体の損害賠償責任を負わないとする規定を法律により設けることができるのであろうか。

(2)　郵便法（旧）68 条・73 条の規定のうち、①書留郵便物につき、郵便業務従事者の「故意又は重大な過失」で損害が生じた場合、②特別送達郵便物につき、郵便業務従事者の「軽過失による不法行為」で損害が生じた場合につき、それぞれ国家賠償法にもとづく国の損害賠償責任を免除し、または制限する部分は、憲法 17 条に違反するか。

| **参考**　❶最大判平成 14 年 9 月 11 日民集 56 巻 7 号 1439 頁（郵便法事件）

▶▶解説

1. 憲法17条は、賠償を求める制度的条件を「法律の定めるところ」と規定する。また、❶は、「公務員の不法行為による国又は公共団体の損害賠償責任を免除し、又は制限する法律の規定が同条に適合するものとして是認されるものであるかどうかは、当該行為の態様、これによって侵害される法的利益の種類及び侵害の程度、免責又は責任制限の範囲及び程度等に応じ、当該規定の目的の正当性並びにその目的達成の手段として免責又は責任制限を認めることの合理性及び必要性を総合的に考慮して判断すべきである」とする。この判断枠組みをクリアする限り、憲法に照らし、損害賠償責任を負わない規定を法律で設けてよい。

2. ①書留郵便物とは、引受けから配達までの郵送記録をし、破損、未配送の場合に一定の実損額を賠償する郵便物を指す。❶は、記録がされる書留郵便物につき「郵便業務従事者の故意又は重大な過失による不法行為に基づき損害が生ずるようなことは、通常の職務規範に従って業務執行がされている限り、ごく例外的な場合にとどまるはず」であるとし、その場合にまで「国の損害賠償責任を免除し、又は制限しなければ〔郵便〕法1条に定める目的を達成することができないとは到底考えられず、郵便業務従事者の故意又は重大な過失による不法行為」に免責または責任制限を認める規定には合理性がないとする。

他方、②特別送達郵便物とは、裁判所が訴状や呼出状などの訴訟関係の書類を法律で定めた方法で送達する郵便物を指す（一般的にこれは書留で送られる）。❶は、特別送達が「書留郵便物全体のうちのごく一部にとどまる」うえ、「書留料金に加えた特別の料金が必要とされ」、裁判関係書類の「適正かつ確実な送達に直接の利害関係を有する訴訟当事者等は自らかかわることのできる他の送付の手段を全く有していないという特殊性がある」として、「郵便業務従事者の軽過失による不法行為」に生じた損害賠償責任を肯定しても目的の達成は害されず、「そのような免責又は責任制限の規定を設けたことは、憲法17条が立法府に付与した裁量の範囲を逸脱したものである」としている。

以上により①と②について賠償責任を免除、制限することは、17条に違反する（❶参照）。

［新井　誠］

151 刑事補償請求権

憲法 40 条は「何人も、抑留又は拘禁された後、無罪の裁判を受けたときは、法律の定めるところにより、国にその補償を求めることができる」と規定している。この規定に関して、次の **(1) (2)** について考えなさい。

(1) 被疑事実にもとづいて勾留された者が、当該事実について不起訴となった場合に、その者は憲法 40 条の適用を受けるのだろうか。

(2) 一定の法律違反をしたとして少年鑑別所に収容された少年が、出所後、少年審判手続では「非行事実なし」との不処分決定を受けた。ところが、（現在のような少年補償法がなかった時代には）こうした不処分決定については、刑事補償法 1 条 1 項にいう「無罪の裁判」には該当しないものと解釈されたとする。そのことは、憲法 40 条における「無罪の裁判」規定に抵触しないか。

参考	❶最大決昭和 31 年 12 月 24 日刑集 10 巻 12 号 1692 頁
	❷最三小決平成 3 年 3 月 29 日刑集 45 巻 3 号 158 頁

▶▶解説

1. 憲法40条には「無罪の裁判を受けたときは」補償を求めることができると規定する。そこで、無罪となった公訴事実による抑留や拘禁がなければ補償を求めることができないようにも読める。しかし、❶は「不起訴となつた事実に基く抑留または拘禁であつても、そのうちに実質上は、無罪となつた事実についての抑留または拘禁であると認められるものがあるときは、その部分の抑留及び拘禁も」憲法40条の「無罪の裁判を受けたとき」に入ると理解する。以上から **(1)** の場合、「実質上は、無罪となつた事実についての抑留または拘禁であると認められるものがあるとき」には、憲法40条の適用を受けると考えられる。

2. ❷は、刑事補償法1条1項における「無罪の裁判」とは「刑訴法上の手続における無罪の確定裁判」のことだとしている。そして、少年審判の「不処分決定は、刑訴法上の手続とは性質を異にする少年審判の手続における決定である上、右決定を経た事件について、刑事訴追をし、又は家庭裁判所の審判に付することを妨げる効力を有しないから、非行事実が認められないことを理由とするものであっても、刑事補償法1条1項にいう『無罪の裁判』には当たらないと解すべき」とする。さらに、刑事補償法1条1項にいう「無罪の裁判」をそのように解釈しても、「無罪の裁判」の意味が狭く解釈されてきた憲法40条に抵触しないとする。そこで **(2)** の後半部分は、基本的には抵触しないという解答になろう。他方で、**(1)** でみた場合と同様、国民が根拠のない公権力により拘束を受けたことが明らかであれば、実質上は、無罪の確定裁判を受けたのと同様の場合に補償を認める制度も可能だとする考え方が、❷の補足意見（園部逸夫裁判官）でみられたことから、これを参照した解答も可能であろう（ただし、同意見も「そのような制度を設けるか否かは、国の立法政策に委ねられた事柄であり、刑事補償法の規定に基づく申立人の本件補償請求は、結局、理由がないといわざるを得ない」とする）。

3. なお、1992年に公布・施行された少年補償法は、少年鑑別所に収容されながら少年審判手続で非行事実なしとの不処分決定を受けた場合につき、身体の自由の拘束等に対する補償措置を定めている。

［新井　誠］

152 裁判を受ける権利(1)
——非訟事件と「裁判」

　妻（A）が夫（B）に婚姻費用の分担金の支払いを求めた家事審判で、家庭裁判所は、Aに50万円を支払うことをBに命じた。これを不服としたBが抗告したところ、抗告審である高等裁判所は、Bに対し、抗告状や抗告理由書の副本を送達しなかったことに加え、反論の機会を与えることなく、Aに70万円を支払うことを旨とする、Bに不利益な判断をした。次の**(1) (2)** について考えなさい。

(1) 　家事審判のような非訟事件は、憲法32条にいう「裁判」に該当するのだろうか。

(2) 　本件のように、①抗告状や抗告理由書の副本を送達しないまま、②反論の機会を与えることなく、③抗告人であるBに不利益な判断をしたことは、Bの「裁判を受ける権利」（憲法32条）を不当に侵害することにならないのであろうか。

参考　❶最大決昭和40年6月30日民集19巻4号1114頁（家事審判事件）
　　　❷最大決昭和45年12月16日民集24巻13号2099頁
　　　❸最三小決平成20年5月8日判時2011号116頁（非訟手続事件）

▶▶解説

1. 非訟事件とは、純然たる訴訟による民事手続とは異なり、裁判所が、終局的な権利義務の存否を確認することを目的とせず、後見的立場で決定する事件をいう。❶で最高裁は、（旧）家事審判法に規定する婚姻費用分担に関する処分につき「婚姻から生ずる費用の分担額を具体的に形成決定し、その給付を命ずる裁判」の「性質は非訟事件の裁判であり、純然たる訴訟事件の裁判ではない。従つて、公開の法廷における対審及び判決によつてなされる必要はな」いとする。また、❷で最高裁は、「憲法32条にいう裁判とは……裁判所が当事者の意思いかんにかかわらず終局的に事実を確定し当事者の主張する権利義務の存否を確定することを目的とする純然たる訴訟事件についての裁判のみ」とし、「その本質において固有の司法権の作用に属しない非訟事件は、憲法32条の定める事項ではなく」、「非訟事件の手続および裁判に関する法律の規定について、憲法32条違反の問題は生じない」とする。以上のことから家事審判が非訟事件とされ、憲法32条にいう純然たる訴訟事件に関する「裁判」ではないとされる。しかし、適正な手続のもとでの非訟事件審判も憲法32条に含まれるとする学説も有力である。

2. ❸で最高裁は、「本質的に非訟事件である婚姻費用の分担に関する処分の審判に対する抗告審において手続にかかわる機会を失う不利益は、同条所定の『裁判を受ける権利』とは直接の関係がない」ので、「原審が、抗告人（原審における相手方）に対し抗告状及び抗告理由書の副本を送達せず、反論の機会を与えることなく不利益な判断をしたことが同条所定の『裁判を受ける権利』を侵害したものであるということはできず」憲法32条違反にはならないとする。このことから、(2)の解答も合憲になろう。ただし❸で最高裁は、「少なくとも実務上一般に行われているように即時抗告の抗告状及び抗告理由書の写しを抗告人に送付するという配慮が必要であったというべきである」と述べている。また、同判決には、非訟事件も憲法32条の「裁判を受ける権利」の保障対象になる場合があるとした反対意見（那須弘平裁判官）も付されていた。なお、従来の（旧）家事審判法に代わる、2011年公布・2013年施行の家事事件手続法88条では、抗告状の写しの送付等が明文化されていることも付言したい。

［新井　誠］

153　裁判を受ける権利(2)
——最高裁への上告理由の制限

　1996 年改正前の（旧）民訴法 394 条は、「判決ニ影響ヲ及ボスコト明ラカナル法令ノ違背アルコト」についても上告理由として認めていた。しかし、1996 年改正後の（新）民訴法は、上告に関する制度変更を行い、それを上告理由として認めないこととした。これに代わり（新）民訴法は、312 条 1 項で「判決に憲法の解釈の誤りがあることその他憲法の違反があることを理由とするとき」に限りながら、「法令の解釈に関する重要な事項を含むものと認められる事件」について最高裁が「決定で、上告審として事件を受理することができる」（同法 318 条 1 項）とする「上告受理制度」を設けた。
　こうした上告受理制度の導入に伴う上告理由の制限については、憲法 32 条に違反しないであろうか。

参考　❶最三小判平成 13 年 2 月 13 日判時 1745 号 94 頁（上告理由制限事件）
　　　　❷最三小判平成 21 年 7 月 14 日刑集 63 巻 6 号 623 頁
　　　　❸最大判昭和 23 年 3 月 10 日刑集 2 巻 3 号 175 頁

▶▶解説

1. 裁判を受ける権利と審級制度をめぐる問題につき、初期の判例は、審級制度をいかなるものにするのかについて基本的に立法政策に委ねてきた（❸など）。これを受けて民事訴訟に関する❶で最高裁も、「判決に影響を及ぼすことが明らかな法令の違反があることを理由として最高裁判所に上告をすることを許容しない民訴法 312 条及び 318 条が憲法 32 条に違反する」という主張につき、「いかなる事由を理由に上告をすることを許容するかは審級制度の問題であって、憲法が 81 条の規定するところを除いてはこれをすべて立法の適宜に定めるところにゆだねている」としながら、登場する民訴法の規定は憲法 32 条に違反しないとする。本設例の解答も、かような筋にもとづくものになろう。

2. 他方、刑事の即決裁判手続に関する控訴理由を制限する規定（刑訴 403 の 2）について、憲法 32 条に違反しないかどうかが争われた事例❷がある（ここにいう「即決裁判手続」とは、「検察官は、公訴を提起しようとする事件について、事案が明白であり、かつ、軽微であること、証拠調べが速やかに終わると見込まれることその他の事情を考慮し、相当と認めるときは、公訴の提起と同時に、書面により即決裁判手続の申立てをすることができる」とする刑訴法 350 条の 16 に定めた手続である）。

❷で最高裁は、従来の判例を参照しつつ、「審級制度については、憲法 81 条に規定するところを除いては、憲法はこれを法律の定めるところにゆだねており、事件の類型によって一般の事件と異なる上訴制限を定めても、それが合理的な理由に基づくものであれば憲法 32 条に違反するものではない」と示す。そして、「刑訴法 403 条の 2 第 1 項は……即決裁判手続の制度を実効あらしめるため、被告人に対する手続保障と科刑の制限を前提に、同手続による判決において示された罪となるべき事実の誤認を理由とする控訴の申立てを制限しているものと解されるから、同規定については、相応の合理的な理由がある」とし、「合理的な理由」にもとづく上訴制限の合憲性を述べる。この点、そうした留保をせずに上告制限の合憲性を述べた❶の場合との違いに注目したい。

［新井　誠］

154　請願権

　A市は、新たなゴミ処理施設の建設を目指している。建設予定地の周辺住民であるBは、これに反対する署名活動を行い、集まった署名簿をA市に提出した。A市は、同署名簿内に同一の住所・氏名の署名が複数あるほか、異なる住所・氏名の署名が同一の筆跡でなされたものがみられることから、同署名簿に署名した住民に対して、署名に関する聞き取り調査のための戸別訪問を実施した。署名活動を実施した人は、A市の行為の真の目的が、反対者・賛成者を把握し、署名者や署名活動者に対する圧力をかけることにあったのではないかとの危惧を抱いている。以上を踏まえ、次の(1) (2)について考えなさい。

(1)　署名をする行為（署名行為）や署名を求める活動（署名活動）は、憲法16条で保障されるであろうか。

(2)　A市による本件署名者への戸別訪問による聞き取り調査は、憲法上許されるであろうか。

参考　❶名古屋高判平成24年4月27日判時2178号23頁（署名活動調査事件）

▶▶解説

1．❶は、署名をした人々への戸別訪問が請願権その他の憲法上の権利からみて問題があるとし、違法であると判断した事例である。以下では、同事件の個別具体的な状況を踏まえ、問題に関する解答を導いてみたい。

　❶は、請願権を「国民の政治参加のための重要な権利」であるとし、「署名活動をする者らが官公署に署名簿を提出する行為（後記の請願権の行使）に参加する意味」を持つ署名行為や「署名活動をした者が、署名活動の結果を集めた署名簿を官公署に提出すること」は、16条の保障を受けるとする。

2．❶は、「仮に署名者の署名が真正になされたかに疑義があっても、請願者として署名がされている者を戸別訪問してその点を調査することは原則として相当でない」とし、「調査をする正当な目的があり相当の手段によるという厳密な要件を満たす場合に限り調査が可能となる」とする。そこで、請願権に関する「権利・利益が公共の福祉による内在的制約に服するとしても……最小限でなければならず、国家機関や地方公共団体は、上記の権利利益を制約するためには、その目的の正当性や手段の相当性について厳格な審査を受けその要件を充たすことが必要である」との枠組みを示し、次のように具体的に審査する。

　まず、目的の正当性につき「本件戸別訪問の真の目的は、民意を確認するということではなく」、署名活動の契機となった小学校の「統廃合に反対する住民が多くないこと、本件署名簿の記載が誤っていて、正しくは賛成者が多いことを間接的に聴取り調査によって明らかにしようとすること」にあり「本件戸別訪問は、正当の目的を有しないにとどまらず不当な目的を有していた」とする。また、手段の相当性につき、本件戸別訪問による調査でなされた質問内容や態様、時間帯など、今後の署名行為や署名活動に圧力を与えかねず、相当性に欠けるとする。さらに違法性の有無につき、上記「目的を有する本件戸別訪問は……不当な目的があるというべきであり、かつその手段としての態様には相当性も認められない」とする。

　以上を踏まえると、正当な目的、相当な手段があれば調査も可能だが、❶の事例の個別要素からは、A市による署名者への戸別訪問による聞き取り調査は憲法上許されないことになる。

［新井　誠］

155 天皇の公的行為

　内閣総理大臣Ａは、度重なる災害などで沈滞した国民のムードを活気づ
けるため、国威発揚を目的としたセレモニーを国の行事として計画し、天
皇Ｂにも出席と「お言葉」を要請した。これに対してＢは、セレモニーの
政治色が強すぎることを理由にこれを拒否した。
　ＡおよびＢの行為の憲法上の評価について論じなさい。

▶▶解説

1. 日本国憲法は、明治憲法下で統治権の総覧者であった天皇を「象徴」として位置づけるとともに、その権能を二重の形で制限する。第一は実体的制約であり、天皇はその権能を憲法上列挙された国事行為に限定され、国政に関する権能を有しない（4・7）。第二は手続的制約であり、この国事行為に内閣の助言と承認を要求するとともに、内閣がその責任を負う（3）。これらの仕組みは、天皇の非政治化・儀礼的存在化を一般の立憲君主政以上に貫徹するものと評価されている。

　ところが、ここには憲法が明示的に言及しない問題が伏在していた。天皇が、法的権能の行使を伴わない形で（たとえば、行事への出席や公的発言など）、公の場で一定の振る舞いをなすことに、憲法上の制約が存在しないのか、という問題である。これが重要なのは、この種の天皇の行動も天皇制のあり方に影響を与えうるからである。ここで可能な思考の筋道はいくつかに分かれる。第一は、憲法の列挙する国事行為に該当しない行為はあくまで許されない、という考え方であり（したがって、たとえば7条10号の「儀式」がどこまでをカバーしうるか等が重要となる）、第二は、この種の事実行為は天皇のいわば私的行為の一部として許容されうる、という考え方である。これに対して第三は、憲法の言及しないこの種の行為が一種の公的機能を持つことを認めたうえで、これを一定の限度で許容しつつ法的制約に服させる、という考え方である。これを天皇の「象徴としての地位」にもとづく行為と位置付けたうえで、内閣の統制と責任を要求する、という説が代表的である。これら諸説の争いは未だ決着しておらず、どの説をとるかで設例におけるセレモニーの位置付けも変わりうる。

2. ところで、これらの天皇に対する制約の仕組みは、内閣による統制という要素に重要な役割を与えていた。ここにさらに伏在するのは、もし内閣が自らの統制権限を不適切に行使した場合どうなるのか、たとえば、内閣が天皇を政治利用する目的で一定の振る舞いを要求したとき、天皇はこれを拒否できるのか、という問題である。論理的には、一切拒否できない、自由に拒否できる、一定の限度で（たとえば、一見明白に違憲な場合などは）拒否できるという考え方などがありうるが（上記の論点との関係でどう整合的に説明できるか、各自考えてほしい）、これは究極的には憲法における天皇の位置付けをどう考えるか、という問題に行き着く。こうした論点は、「統治機構の中の天皇」という観点が近時重要性を増しつつあることを示唆してもいる。

[林　知更]

156 国民主権(1)
——外国人の住民投票条例における投票権

　A市は、グリーンエネルギーを推進する目的で市内に風力発電所を誘致することを計画した。これに対して一部の住民は、巨大な風力発電機の存在が市の景観を破壊する、との立場から反対運動を組織した。賛否が拮抗する状況を前に、A市は住民投票で問題を決することに決め、このための条例を制定したが、この際、投票資格を市に居住する外国人にも認めたところ、住民Bらは、日本国籍を持たない者をこのような政治的決定に参加させることは国民主権原理に違反する、との見地からさらに反対運動を展開した。Bらの主張の適否を憲法上の見地から論じなさい。

▶▶解説

1. 憲法上の国民主権原理にいかなる法的性格があるかは、実は明確でない。日本国憲法は、前文で「主権が国民に存することを宣言し」、1条で「主権の存する日本国民」の総意に天皇の地位をもとづかせる。しかし、これらの命題は実定法的に何を意味するのか。

主権とは、長い歴史の中で形成された多義的な概念であり、戦後日本の憲法学説も様々にその概念規定を試みてきた。「国の政治のあり方を最終的に決定する力または権威」とする見解が通説を形成し、ここから権力的契機と正当性の契機という2要素が抽出される。別の試みは、フランス革命史から着想を得て、主権の主体である「国民」の区別（ナシオンかプープルか）から政治参加の範囲・射程等を導き出そうとする。他方、国民意思が歴史上しばしば権威主義的統治の正当化根拠として援用されることから、「主権より人権を」と主張する見解もある。が、ここからいかなる具体的な実定法上の規範内容が導出されうるのか。

日本国憲法は、普通選挙制を定め（15）、国民代表としての国会を設置し（43）、議院内閣制を法定する（66以下）ことで、民主的な統治の仕組みを具体的に形成している。国民主権とはこうした仕組み全体を背後で指導する基本原理を意味するが、既に各条文が具体的な規律を行っている以上、主権自体から新たな規範的内容を導き出す余地はない、というのが1つの考え方である。他方、国民主権は諸規定の解釈原理や憲法運用の指針を提供するのみならず、新たな規範内容を導出する根拠にもなる、という見方もありうる。後者の立場に立つ場合、いかなる場面でそれが問題となるのか。

2. 本項以下（項目 **157・158**）は、こうした観点からの架空設例である。本設例が問題とするのは政治社会のメンバーシップである。「国民」が主権者であるなら、国民以外の者に政治参加を認めることがどこまで可能なのか。この論点は既に外国人の地方参政権との関連で論じられており、15条が公務員の選定罷免権を「国民固有の権利」とするなか、地方自治には国とは別種の考慮が可能か否かをめぐり諸説存在している。では、住民投票の場合はどうか。これは公務員の選定に関わらない以上、15条ではなく直接に国民主権それ自体の問題となろう。国と地方自治で有意な違いはあるか、拘束的住民投票と諮問的住民投票とで違いはあるか等、可能な考え方を整理してみてほしい（なお、ドイツではこの外国人参政権問題が民主政原理の判例法理の発展の端緒となったことが知られる）。　　［林 知更］

157 国民主権(2)
——政府の広報活動と国民主権

　政党Ａは、過激な政治的主張によって急速に政治的支持を拡大している新興政党である。内閣総理大臣Ｂは、人種差別主義を掲げ、各種国際条約からの脱退を主張するＡ党がこれ以上勢力を拡大することは、日本の国際的地位を危うくすると考え、記者会見など様々な機会を通じて、選挙の際にＡ党には投票しないよう国民に呼びかけ、また政府広報を通じて「自由な社会を破壊する政党は認めません」というキャンペーンを行わせた。これに対してＡ党は、Ｂらの違法な行為によって損害を被ったとして国賠訴訟を提起し、そのなかで特にＢらの行為が国民主権原理に反する旨を主張した。その憲法上の適否について論じなさい。

▶▶解説

1. 民主政に関する憲法の規律は、2つの局面に分けられる。第一は制度の局面である。選挙・国会・内閣で展開される政治過程を支えるのは、公民の政治的平等という基礎のうえに展開される、法的手続に則った政治的競争、政治的責任とコントロールの過程等である。これに対して第二の局面は、上記の制度外で展開される国民の意思形成である。ここでは、表現の自由、集会・結社の自由などに支えられた「思想の自由市場」、人々の自由な討議過程が予定される。こうしたイメージを基礎に民主政に関する違憲審査の枠組みが学説上構想されていることは（二重の基準論）、改めて指摘するまでもない。

とりわけこの第二の局面で、政府が特定の立場にもとづいて表現の自由を内容的に制約する場合は厳格審査に服する、というのがアメリカ法に由来する学説上の法理である。では、政府自身が特定の政治的立場を擁護する広報活動などを展開した場合はどうなるか。公共的な主題につき市民を啓発する政府の活動は有意義でありうるし、ここでは誰の自由も直接的には侵害されていない。しかし、公金による討議過程への非中立的な介入に、何らの憲法上の限界も存在しないのか。

2. ドイツ憲法ではこの問題は、民主政原理（日本なら国民主権原理にほぼ相当しよう）などの問題として論じられる。1977年の判決で連邦憲法裁判所は、政府の広報活動が実質的に政府・与党の選挙運動と見なしうる場合には、民主政の要請や政党間の機会平等の原則に抵触して違憲であると判断した。選挙での意思形成は国民から国家機関に向けて行わなければならず、これが国家機関から国民へと向かう場合には選挙の民主的な機能が毀損されるからである。これは、選挙という制度的領域との関連性に政府の広報活動の限界を見出す考え方といえる。日本の国民主権原理から同じ考え方を導くことができるかが、本設例で考察されるべき第一の点である。

仮にこうした要請が認められる場合、そこに限界はないか。これが第二の論点である。民主政のプロセスは、政治的諸勢力が自由で民主的な社会の基本原理を共有し、政治的競争のルールを尊重することを前提とする。では、このような共通基盤を破壊しようとする勢力にはどう向き合うか。「自由の敵には自由を与えるな」という考え方には批判も根強いが、強制を伴わない形でその危険性を人々に警告するという目的は、例外的な正当化根拠を提供するか。各自、考え方を整理してみてほしい。

[林　知更]

158 国民主権(3)
——政党による所属議員への統制と 「全国民の代表」

　政党Aは、国会議員選挙の公認候補者に対して「当選後、党の方針に反する行動を取った場合は議員を辞職します」との誓約書を提出させ、また実際に当選した議員には日付を空欄にした議員辞職届を党に提出させた。A党の衆議院議員Bは、ある法案の議決に際して党の方針に反した投票を行ったため、A党はBを除名するとともに、Bの議員辞職届を衆議院議長に提出した。A党は、こうした方針は国民主権原理によって正当化される、と主張している。その憲法上の適否について論じなさい。

▶▶解説

1. 43条は国会議員が「全国民を代表する」旨を定める。これは、議員が選挙区や後援団体など特定の選出母体の代表ではなく、したがってその訓令に拘束されてはならない、という自由委任の原則を意味すると解するのが通説である。身分制議会と近代の国民代表議会との分水嶺をこの点に見出す歴史理解が、こうした解釈を支える。この見解に従えば、議員は議会での言動や出処進退を自ら決める自由を有し、その制約は基本的に許されない。設例におけるAの行為は違憲であるというのが、まず直観的に浮かぶ解答であろう。

2. しかし他方、これと対立する考え方も繰り返し提起されてきた。選挙で表明された有権者の意思を議員が代弁することこそが民主政の要請である、という考え方にも一定の理由があるからである。こうした観点から「代表」概念の再定義を試みる（半代表など）のみならず、命令委任やリコール制などによって議員を有権者の意思へと法的に拘束することを許容する見解も、少数説ながら提起されている。ところで、現代の民主政は政党間の競争という形態をとり、有権者も政党に着目して投票することが珍しくない。とすれば、ここでは議員が所属政党に拘束されることこそ民主政の要請である、という考え方も登場しうる。

　仮にこうした見解の根拠を国民主権原理に求めるなら、ここでは国民主権と国民代表の関係が問われることになる。これは一定の限度では既に現実上の問題でもある。現行法は、衆参の比例代表選出議員が当選後に所属政党を変更した場合には議員の地位を失うものと定めているからである（国会109の2、公選99の2）。この制度の憲法上の評価は定まっていないが、もし仮にこれが許容されるなら、さらに進んで党議拘束に違反したり党から除名された議員を失職させる制度はなぜ許されないのか。また、設例のような場合、Bが比例代表選出か選挙区選出かで評価は変わるか、AがBのやり方に同意している場合はどうか、等。ここには様々な問題が浮かび上がる。

3. 結局、自由委任原則が歴史上の分水嶺であったというのみならず、それが現代民主政（ひいては国民主権原理）にとっていかなる積極的意義を有するかを論じない限り、その限界をめぐる法理も明らかにならない。それは突き詰めれば、政党民主政において議員個人の自立性がなぜ、どこまで維持されるべきかという問題に行き着く。それは、個的な自由に支えられた多元的な政治的意思形成という公序が毀損されるのはどのような場合か、という問題でもある。　　［林　知更］

159 戦力の不保持

　以下の各設例について、憲法上の問題点を考えなさい。

(1)　「陸海空軍その他の戦力」の保持を禁じる憲法9条2項のもとで、日本の平和と独立を守り、国の安全を保つことを目的として、防衛を任務とする実力組織を保持することは可能か。

(2)　自国の防衛力の不足を補うために、他国と条約を締結し、日本国内に外国軍隊を駐留させることは可能か。

参考　❶札幌地判昭和48年9月7日判時712号24頁（長沼ナイキ事件第1審）
　　　❷最一小判昭和57年9月9日民集36巻9号1679頁（長沼ナイキ事件上告審）
　　　❸東京地判昭和34年3月30日判時180号3頁（砂川事件第1審）
　　　❹最大判昭和34年12月16日刑集13巻13号3225頁（砂川事件上告審）

▶▶解説

1. 9条1項は、国権の発動たる戦争、武力による威嚇、武力の行使の3点を「国際紛争を解決する手段としては、」永久に放棄すると定めており、放棄に一定の条件を設けている。この限定句は、1928年のパリ不戦条約や1945年の国際連合憲章にみられる国際法上の用例に由来するもので、政府は、同項を侵略は否定しつつ国家固有の自衛権を留保する規定と解してきた。問題となるのは「陸海空軍その他の戦力」の不保持を定める9条2項のもとで自衛目的の実力組織の保持を合憲と解しうるか否かだが、政府は、憲法制定時より一貫して、同項にいう「戦力」はその目的を問わず全面的に保持を禁止されているとする一方で、1954年の自衛隊発足以降は、自衛権の留保を認める点で広い合意のある上記の1項解釈を出発点に、「自衛のための必要最小限度の実力」を保持することは2項に反しないとの見解を新たに打ち出し、これを維持してきた（自衛力合憲論）。なお、過去の裁判例のなかには、自衛隊を9条2項にいう「戦力」に該当するとして違憲と断じた地裁判決もみられたが（❶）、同事件の上告審は憲法判断に立ち入らずに事案を処理しており（❷）、その後も、自衛隊の合憲性に関する最高裁の有権解釈は示されていない。こうした状況から、長く維持されてきた政府見解を前提にすれば、設例 (1) については、「自衛のための必要最小限度」を超えない範囲での実力組織の保持は可能と解答すべきだろう。

2. ❸は、旧日米安全保障条約にもとづく米軍の日本駐留を9条2項違反とするものであるが、検察による跳躍上告を受けて示された最高裁判決（❹）は、同項が「その保持を禁止した戦力とは、わが国がその主体となつてこれに指揮権、管理権を行使し得る戦力をいうものであり、結局わが国自体の戦力を指」すものであり、日本国内に駐留する外国軍隊はこれに該当しないとした。また、同条約は「主権国としてのわが国の存立の基礎に極めて重大な関係をもつ高度の政治性を有するもの」で、条約の憲法適合性に関する法的判断は司法裁判所の審査には原則としてなじまない性質のものであり、「一見極めて明白に違憲無効であると認められない限りは、裁判所の司法審査権の範囲外のもの」だとした。本判断を前提とすれば、外国軍隊に対して日本政府が直接的に指揮権、管理権を行使することを求めるような例外的条件を条約に規定しないかぎり、その政策的是非は別として、日本国内に外国軍隊の駐留を認めること自体は合憲と解される。

[鈴木　敦]

160 戦争・武力の行使・武力による威嚇の放棄

　以下の各設例について、憲法上の問題点を考えなさい。

(1)　日本が紛争を抱えているＡ国に対し、外交交渉を有利に進めるために、海上自衛隊のイージス護衛艦をＡ国の沿岸に派遣し、同海域において演習を行うことは可能か。

(2)　核兵器開発を公然と継続しているＢ国に対し、国際連合や有志国の協調による要請を受けて経済制裁を行うことは可能か。

▶▶解説

1. 政府によれば、9条1項にいう「国権の発動たる戦争」とは、伝統的な国際法上の意味での戦争をいい、宣戦布告や最後通牒の発出という一定の手続を踏んで行われる形式的概念とされる一方、同項の「武力の行使」は、こうした伝統的な国際法上の手続を踏むことなく行われてきた国際紛争の一環としての戦闘行為等を含む広義の概念とされてきた（平成14年2月5日内閣衆質153第27号答弁書）。また、同項の「武力による威嚇」とは、現実にはまだ武力を行使しないが、自国の主張・要求を受け入れなければ武力を行使するという意思や態度を示すことによって相手国を威嚇することとされる（平成4年5月29日工藤敦夫内閣法制局長官答弁）。これらの政府見解を前提に設例**(1)**をみると、イージス護衛艦のA国沿岸への派遣はたしかに軍事力を誇示することで同国に一定の圧力を与えることを意図したものと解されるが、他方で、護衛艦の派遣という事実のみでは特定の主張・要求を具体的に示したものとはいえず、武力を行使するという明白な意思表示とも断定しがたい。もっとも、後段にあるようにA国沿岸での演習が行われ、それがA国に対する明示または黙示の警告を伴う場合には、まさに自国の要求に相手国を従わせることを目的として武力による威嚇を行うものであり、自衛権の範疇を超えるため、9条1項のもとでは許されない活動というべきである。

2. 大量破壊兵器の開発は国際平和に対する深刻な脅威であり、主権国家の新たな核兵器開発は、1970年発効の核不拡散条約により禁止されている（日本は同年署名、1976年批准）。国連安全保障理事会は、こうした事態に対処し、国際の平和および安全の維持・回復を図るために、経済制裁をはじめとする様々な非軍事的強制措置を決定することができ（国連憲章41）、安保理の決定は全国連加盟国を法的に拘束する（同48）。この点につき、経済制裁は兵力の使用を伴わないため、憲法9条1項の武力不行使原則とも抵触せず、設例**(2)**の場合に、日本が経済制裁を行うことは可能といえる。実際に、安保理は2006年以降、条約締約国でもある朝鮮民主主義人民共和国の度重なる核実験等に対して制裁決議を繰り返しており（2006年10月以降全10回）、日本はこうした国際協調にもとづく経済制裁に加わっているほか、2004年には「外国為替及び外国貿易法」の改正と「特定船舶の入港の禁止に関する特別措置法」の制定を通じて日本単独の経済制裁を可能とし、現在も同国に対する制裁を継続している。

［鈴木　敦］

161　個別的自衛権

以下の各設例について、憲法上の問題点を考えなさい。

(1)　従来から政治的緊張関係が続いてきたＡ国から日本に対して弾道ミサイルによる武力攻撃が発生した場合、これを排除するために自衛隊がＡ国の当該ミサイル基地に対して武力を行使することは可能か。

(2)　Ｂ国が核その他の大量破壊兵器の開発を継続しており、将来的に日本に対する使用の危険性が予見される場合、これを中止させるために、自衛隊が同国のミサイル基地に対して先制的に武力を行使することは可能か。

(3)　日本が「我が国固有の領土」だとして領有権を主張している島嶼であるものの、現実にはＣ国が長期にわたり占拠している場合、本件島嶼の実効支配の回復のために、自衛隊がＣ国に対し武力による威嚇または武力の行使を行うことは可能か。

▶▶解説

1. 日本政府は、従来から、①自国に対する武力攻撃が発生し、②これを防ぐために武力行使以外の方法がないという切迫した状況にある場合には、③必要最小限度の範囲で自衛権の行使が可能であるとしてきた（いわゆる「武力行使の旧三要件」・昭和47年5月12日真田秀夫内閣法制局第一部長答弁）。これを設例 **(1)** についてみると、A国からのミサイル攻撃は既に発生しており、本要件①および②に照らせば、日本に向けて飛来するミサイルを迎撃し、当該ミサイル基地に対して武力行使を行うことは可能といえる。もっとも、要件③により、自衛権行使にはA国による武力攻撃との均衡性が求められるため、武力行使の目的をもって自衛隊をA国の領土や領海に派遣するようなことまでもが憲法上許されるわけではない（昭和60年9月27日内閣衆質102第47号答弁書）。

2. 上記三要件を設例 **(2)** についてみると、B国が大量破壊兵器開発をしていることが明らかだとしても、将来的な使用の危険性という段階にとどまり、具体的な武力攻撃はいまだ発生していない。この点につき、たとえば、開発中の同兵器による日本への攻撃が公に予告されているような場合に、これを国家の本質的な利益に対する急迫した侵害と解し、いわゆる先制的自衛が認められるとする国際法上の有力な議論もみられるが、政府は、武力攻撃のおそれがあると推量されるだけで他国を攻撃する先制攻撃は憲法上許されないとしている（昭和45年3月18日高辻正己内閣法制局長官答弁）。したがって、本見解を前提とすれば、設例 **(2)** は、上記要件①を満たさず、日本に対する将来的な武力攻撃への予防的対応としてB国のミサイル基地に対し先制的に武力を行使することはできない。

3. 日本が領有権を主張している島嶼であっても、実際に他国が長期にわたって占拠しているような場合に、その実効支配を回復しようと試みることは、一般に「国際紛争」に該当するものと解される。また、9条1項は、「国際紛争を解決する手段として」武力による威嚇や武力の行使に訴えることを禁止しているから、本件島嶼に対する実効支配の回復を目的としてC国を武力で威嚇し、同国に対し武力を行使することは9条1項に違反し許されない（昭和28年8月5日下田武三外務省条約局長答弁）。このため、国際紛争の平和的解決を求める憲法9条のもとで日本がとりうる措置は、外交交渉や国際裁判などの平和的解決手段に限られる（なお、国連憲章33条1項も参照）。

［鈴木　敦］

162 集団的自衛権

　以下の各設例について、憲法上の問題点を考えなさい。

(1)　日本の施政下にある島嶼について領有権を主張するＡ国が武力攻撃を通じてその奪取を企てる事態を想定し、日本が友好関係にあるＢ国との間に集団的自衛権の行使を求めることを内容とする安全保障条約を締結することは可能か。

(2)　日本政府は 2015 年の平和安全法制整備法により関係法令を改正し、「我が国と密接な関係にある他国に対する武力攻撃が発生し、これにより我が国の存立が脅かされ、国民の生命、自由及び幸福追求の権利が根底から覆される明白な危険がある事態」を新たに存立危機事態と位置付け（事態対処法 2 条 4 号）、本事態の発生時にも、自衛隊が防衛出動をし、必要な武力を行使することを可能とした（自衛隊法 76 条 1 項 2 号・88 条）。これらの関係法令のもとで、日本と密接な関係にあるＣ国の本土に対して第三国からの武力攻撃が発生した場合、日本がＣ国の領域内に自衛隊を派遣して集団的自衛権を行使することは可能か。

▶▶解説

1．集団的自衛権は、国連憲章 51 条により初めて明文化された国際法上の権利であり、政府はこれを「自国と密接な関係にある外国に対する武力攻撃を、自国が直接攻撃されていないにもかかわらず、実力をもつて阻止する権利」と定義してきた（昭和 56 年 5 月 29 日内閣衆質 94 第 32 号答弁書）。日本は、国際法上、主権国家として個別的自衛権および集団的自衛権を有しており（日本国との平和条約 5 条 (c) 項）、設例 **(1)** のような武力攻撃発生時には、個別的自衛権にもとづく自国独自の対応が可能であるが（項目 **161** 参照）、憲法 9 条 1 項は他国に軍事援助を求めることも禁じておらず、A 国による武力攻撃の抑止を目的として B 国との間に集団的自衛権の行使を求める安全保障条約を締結することも合憲といえる。

2．政府は長らく、前出の「武力行使の旧三要件」のもとで日本が行使できるのは個別的自衛権にとどまり、集団的自衛権の行使は憲法 9 条のもとで許容される必要最小限度の実力行使の範囲を超えるため許されないとしてきた（昭和 47 年 10 月 14 日政府提出資料）。これに対して、2014 年 7 月 1 日の政府閣議決定は、旧三要件の①を改め、日本への武力攻撃発生時に加え、「我が国と密接な関係にある他国に対する武力攻撃が発生し、これにより我が国の存立が脅かされ、国民の生命、自由及び幸福追求の権利が根底から覆される明白な危険がある場合」にも、必要最小限度の実力行使が憲法上許容されると判断するに至ったとして集団的自衛権の行使を限定的に容認した（武力行使の新三要件）。これを受け平和安全法制整備法を通じて関係法令が改正されると、設例のとおり、法律上も集団的自衛権の行使が可能となったが、設例 **(2)** の場合に日本が武力を行使できるかは C 国への武力攻撃が「存立危機事態」に該当するか否かによる。この点につき、同事態の認定は、C 国への武力攻撃の発生だけでは足りず、これにより日本の存立が脅かされ、「国民の生命、自由及び幸福追求の権利が根底から覆される明白な危険がある」場合に限られるため、たとえば、日本近海の公海上において日本防衛のために警戒監視活動にあたっている C 国艦船への武力攻撃が発生した場合に存立危機事態を認定することは考えられるだろうが、設例 **(2)** にいう C 国本土に対する武力攻撃が同事態に認定されるケースは容易には想定しがたく、さらに自衛隊を C 国の領海や領土内に派遣して武力を行使することは、憲法 9 条のもとで許容される必要最小限度の実力行使の範囲を超え許されないものと解される。

[鈴木　敦]

163 国際平和協力活動

以下の各設例について、憲法上の問題点を考えなさい。

(1) 日本は、1992年の国際平和協力法にもとづき、同法の定める「国際平和協力業務」の一環として、自衛隊を海外に派遣し、国連平和維持活動（Peacekeeping Operations=PKO）に従事させてきたが、PKO要員として派遣された自衛隊員が派遣先のA国内で突発的に生じた戦闘行為に巻き込まれた場合、自己防衛のために装備する武器を使用することは可能か。

(2) 2015年の国際平和支援法は、「国際社会の平和及び安全を脅かす事態であって、その脅威を除去するために国際社会が国際連合憲章の目的に従い共同して対処する活動を行い、かつ、我が国が国際社会の一員としてこれに主体的かつ積極的に寄与する必要があるもの」を国際平和共同対処事態と位置付け（1条）、こうした活動に従事する諸外国の軍隊等に対する協力支援活動等のために自衛隊の海外派遣を可能とした恒久法であるが、戦闘状態が継続しているB国内の地域において、国連決議にもとづき国際社会の平和および安全のために活動している外国軍隊に対して、自衛隊が協力支援活動を行うことは可能か。

参考 ❶名古屋高判平成20年4月17日判時2056号74頁（自衛隊イラク派遣差止訴訟）

▶▶解説

1. 日本政府は、海外における自衛隊活動が9条1項の禁ずる「武力の行使」に及ぶような事態を避けるため、自衛隊のPKO参加に、①紛争当事者間での停戦合意の成立、②受入国等による日本の参加への同意、③普遍性・中立的立場の厳守、④以上の原則のいずれかが満たされなくなった場合の撤収、⑤必要最小限度の武器使用という諸原則（いわゆるPKO参加5原則）を設けてきた。特に⑤について、国際平和協力法は、派遣先国において国際平和協力業務に従事する自衛官に対し、自己または自己とともに現場に所在する他の自衛官等の「生命又は身体を防護するためやむを得ない必要があると認める相当の理由がある場合」に、装備する武器を使用することを認めているが（同25Ⅲ）、政府は、こうした生命・身体の防衛は、「いわば自己保存のための自然権的権利というべきものであるから、そのために必要な最小限の『武器の使用』は、憲法第9条第1項で禁止された『武力の行使』には当たらない」としてきた（平成3年9月27日政府統一見解）。これに従えば、設例 **(1)** の場合も、自己防衛のための武器の使用は必要最小限にとどまる限り合憲と解すべきものだろう。

2. 国際平和支援法2条1項は、国際平和共同対処事態に際し、政府が協力支援活動や捜索救助活動等の対応措置を実施することを定めているが、これらの措置の実施は、「武力による威嚇又は武力の行使に当たるものであってはならない」（同Ⅱ）とされているほか、協力支援活動については例外なく「現に戦闘行為（国際的な武力紛争の一環として行われる人を殺傷し又は物を破壊する行為をいう。……）が行われている現場では実施しない」（同Ⅲ）とされ、他国に派遣された自衛隊が戦闘に巻き込まれないよう配慮がなされている。設例 **(2)** の場合、実際に戦闘行為が継続しているB国の地域における協力支援活動は、同法2条3項への抵触が明らかであり、本件活動の実施は法律上許されない。なお、判決（❶）は、2003年のイラク復興支援特措法にもとづき派遣された自衛隊がイラク国内で実施した多国籍軍の空輸活動の一部が、他国による武力行使と一体化した行動であったとして、「武力行使を禁止したイラク特措法2条2項、活動地域を非戦闘地域に限定した同条3項に違反し、かつ、憲法9条1項に違反する活動を含んでいる」ことを認定したものであるが、本判決の論理に従えば、設例 **(2)** の場合には、国際平和支援法のみならず、憲法9条1項との抵触も問題となりうる。

［鈴木　敦］

164 二院制の特徴

諸外国の憲法のなかには国民代表議会を一院制とするものもある。列国議会同盟によると、2021年4月末現在、一院制の国は114か国で、二院制の国は79か国である。日本国憲法では、草案の当初GHQは一院制を構想したが、日本政府の意向で衆議院と参議院の二院制として制度化された。

そこで、次の **(1)** ～ **(3)** について論じなさい。

(1)　一院制と比べて二院制には、どういう働きと効果があるか。

(2)　イギリス、アメリカ、ドイツ、フランスの議会制と比較して、日本国憲法における二院制の特徴は何か。

(3)　日本国憲法の条文では、「国会」(41条など)、「両議院」(42条)、「いづれかの議院」(53条)、「各議院」(96条) という規定が登場する。これらの規定には各々どういう意味があり、互いにどのような違いがあるか。

▶▶解説

1. 二院制は、下院と異なる選出方法を用いることで、民意をよりよく反映し、社会の階級や国家構造に対応し、国政に各界の叡智を結集することができる。また、2つの異なる議院で審議することで、議会の議事を慎重にすることができる。二院制の第一院（下院）と第二院（上院）の関係は、対等である場合もあるが、ほとんどの国では「非対等型両院制」であり、下院の権限が強い。

2. 下院のあり方は世界中でほぼ共通しているが、上院の権限および議員の選出方法、定数、任期は各国で異なり、多様である。各国の上院は、ⓐイギリス議会は貴族院である（貴族院型）。非公選で選出・任命される。全体の定数は変化する。聖職貴族以外は、任期は終身である。ⓑアメリカ連邦議会は元老院である（連邦型）。2年ごとに約3分の1ずつが改選される直接選挙制で選出され、定数は各州あたり2人ずつの計100人である。任期は6年間である。大統領指名人事と条約の批准について大統領に「助言と同意」を与える権限がある。ⓒドイツ連邦議会は連邦参議院である（連邦型）。各州は人口比に応じて決められた議席数の議員を派遣する非公選である。任期の制限はない。権限は、州に関連する連邦法案の審議に限定される。ⓓフランス議会は元老院である（民主的二院制型）。3年ごとに半数が改選される間接選挙制で選出され、定数は348人である。任期は6年である。ⓔ日本は参議院である（民主的二院制型）。3年ごとに半数が改選される直接選挙制で選出される。任期は6年である。衆議院が解散されて衆議院議員が存在しないときは、緊急集会によって国会の機能を担うことができる。

3. 規定の区別は、議会として意思決定が必要な国政の案件の重要度を示している。①「国会」は内閣総理大臣の指名など衆参両院の意思が一致して決定される重要案件を扱う機関である。一致しない場合は両院協議会を開催して協議し、それでも合意できない場合は「衆議院の優越」規定により衆議院の意思を「国会の意思」として決定し、国政を運営する。②「両議院」は衆議院と参議院の両方を、③「いづれかの議院」は衆議院か参議院かのどちらか、という意味である。④「各議院」は衆議院と参議院が各々独立して意思を示す際に用いられる。

　これらの意味合いの違いがよくわかる規定は96条である。憲法改正は国政の最重要案件なので、衆参「各議院」の意思は別々であることを前提としつつ、両院が一致して「国会」として発議することが必要とされる。　　　　　　　　[**大西祥世**]

165　衆参両院の関係

　衆議院と参議院は各々独立して活動するので、賛否を問う表決によって議院の意思を決めることも各々で行われる。そうすると、結果的に衆参両院で意思（結論）が一致するときもあれば、異なるときもある。たとえば、2008 年には法律案が衆議院で可決された後に参議院で否決されたため、51 年ぶりに衆議院で再可決が行われた。

　そこで、次の **(1)** 〜 **(3)** について論じなさい。

(1)　衆議院が優越する案件と、衆議院が優越せず衆参各院の権限が同等である案件は、それぞれどのようなものか。

(2)　両院協議会が必ず開催される場合はどのような場合か。任意の場合となぜ分かれるのか。

(3)　いわゆる「国会同意人事」など、衆議院と参議院の意思が異なった場合の両院協議会の開催が憲法でも法律でも規定されておらず、衆参両院の意思を調整する仕組みがないケースについて、法律で衆議院の優越を認めた場合にどのような問題があるか。

▶▶解説

1．衆議院の優越が認められる案件は3種類ある。第一に、衆議院にのみ与えられた権限で、予算先議権（60Ⅰ）および内閣不信任決議権（69）である。参議院が内閣総理大臣および各国務大臣の責任を追及する際は「問責決議」による。第二に、衆参両院の意思が一致しないときに、衆議院の議決を「国会」の議決とするもので、内閣総理大臣の指名（67Ⅱ）、予算の議決（60Ⅱ）、条約の承認（61）である。国会の会期の日数（臨時会、特別会のみ）や延長についても両議院の一致の議決が必要であるが、一致しないときは衆議院の議決にもとづいて決定される（国会13）。第三に、衆議院の再可決である。衆議院が可決した法律案を参議院が否決した場合に、衆議院が再び3分の2以上で可決した場合は「両議院で可決された」とみなされて、法律となる（59Ⅱ）。衆議院が可決した法律案を参議院が受け取ってから60日以内に議決せずに賛否を決めない場合は、衆議院はいわゆる「みなし否決」（同Ⅳ）を行ってから、再可決をすることもできる。

　衆議院が優越しない、すなわち、衆参各院の権限が同等である案件は、憲法改正の発議（96）、予備費の事後承諾（87Ⅱ）、決算の審査（90）、国会同意人事（会計検査院4Ⅰなど）である。

2．衆参両院の意思が一致しない場合、衆議院の優越という「数の論理」によって国会の意思を決める前に、憲法上、必ず両院協議会を開催して合意を模索しなければならない（必要的開催）のは、決めなければ国政が著しく停滞してしまう重要な案件である内閣総理大臣の指名、予算の議決、条約の承認である。参議院の求めにより開催できる（任意的開催）のは法律案の議決である。両院協議会は日本国憲法施行以降2021年4月末までに合計44回（内閣総理大臣の指名5回、予算20回、条約2回、法律案17回）開催され、うち15回で成案を得た。

3．いわゆる「国会同意人事」とは、一定の独立性、中立性が求められる公的機関の構成員の任命について、各機関の設置根拠法にもとづき、内閣が衆参両院の事前の同意または事後の承認を求めるものである。人事院の人事官、会計検査院の検査官、公正取引委員会委員長、日本銀行総裁・副総裁など、38機関、254人（委員空席の1機関を除く）が対象である。同意についての権限は衆参各院で同等である。かつて、人事官と検査官は衆議院の優越規定が存在したが、廃止された。法律を改正して衆議院の優越を認めることもできるが、制度の目的上、衆参両院で賛成できる候補者を立てることが内閣に求められるといえよう。　[大西祥世]

166 「全国民の代表」の意義

　Aは、自分の住む地域の課題が国政に十分に反映されていないと感じ、参議院を「都道府県を代表する議員」から構成される議会とするべきだと思っている。国会議員は、「全国民の代表」か、ある限定された地域の人々の代表だろうか。

　そこで、次の **(1)** ～ **(3)** について論じなさい。

(1)　憲法における「代表」の意味は何か。

(2)　身分制議会と国民代表議会の違いは何か。

(3)　参議院を「都道府県を代表する議員」から構成される「地方の府」の議会とみなしたとき、憲法上の論点は何か。

参考　❶名古屋地判平成 12 年 8 月 7 日判時 1736 号 106 頁

▶▶解説

1. 日本国憲法は代表民主制を基本とし、「両議院は、全国民を代表する選挙された議員でこれを組織する」（43 I）と定めて、議会を中心とする政治が行われている。国民の意思は議会に代表され、議会は公開の討論を通じて国政の基本方針を決定する。

2. 大日本帝国憲法下の帝国議会の上院である貴族院は身分制議会である。近代以前の身分制議会は、国王が各身分集団の意思を聞くために召集されたため、議員はそれぞれの選出母体（選挙人団）の訓令に法的に拘束される「命令的委任」の関係であった。近代市民革命後は、命令的委任は禁止され、選出母体からの自由が保障された（純粋代表）。議員は「表決の自由」を有し、選出母体の訓令や意向にかかわらず、賛否を自由に決めることができる。すなわち、議員は、選挙区の選挙民の具体的・個別的な指図に対して法的に拘束されず、自由・独立に行動することができる（自由委任）（**❶**）。

43条の「代表」とは、議員はいかなる選挙方法で選ばれた者であっても、すべて等しく全国民の代表であり、特定の選挙人・党派・階級・団体等の代表者ではない、近代的な意味における国民代表である（**❶**。項目 **143・158** 参照）。ただ、事実上は、選挙人団として構成された人々の意思を代表し、その意思に拘束されるようになった（半代表）。

3. 参議院は貴族院と異なり、国民代表議会である。参議院を「都道府県を代表する選挙された議員から組織する」とすれば、43条を改正する必要があろう。

では、同条の規定を維持したまま事実上の「地方の府」の議会を実現することは可能であろうか。たとえば、３年ごとに定員の半数を改選するという制度を維持しつつ、選挙区を各都道府県単位としてその定員をアメリカ連邦議会の上院のように同じ人数にすることができるだろうか。そうなれば、鳥取県など人口の少ない選挙区と東京都など人口の多い選挙区との１票の較差が大幅に拡大する。国民代表議会であることは、同時に、選挙民の投票価値の平等（14 I）が憲法上要請されるので、現状では違憲と評価され、これは実施できない。他方、１つの選挙区を複数の都道府県で構成される地域ごととし、さらに「大選挙区制限連記制」といった衆議院議員と異なる特色ある選挙制度を用いることにより「地方の府」を実現できるかどうかは、検討の余地があろう。　　　　　　[**大西祥世**]

167　国会の活動と会期

憲法53条は「内閣は、国会の臨時会の召集を決定することができる。いづれかの議院の総議員の4分の1以上の要求があれば、内閣は、その召集を決定しなければならない」と定めている。

参議院議員であるAは、国会閉会中に新法を制定して予算措置が必要となるような緊急の要件が生じたので、他の70人の参議院議員と一緒に、内閣に対して速やかに臨時会を召集するように要求した。内閣はその要求日から約3か月後に召集を決定した。しかし、その国会は開会した当日に衆議院が解散されて閉会し、参議院も活動ができなくなった。

そこで、次の**(1)**～**(3)**について論じなさい。

(1)　臨時会など、「国会」の種類とそれぞれの特徴は何か。また、議員は国会の召集を求めることができるか。

(2)　国会で議案や動議などの案件はどのように議論されるか。

(3)　衆議院が解散されて会期が突然終了したら、参議院では審議を継続できるか。

参考　❶那覇地判令和2年6月10日判時2473号93頁

▶▶解説

1. 国会は召集されることでその活動を開始できる。召集は天皇が行う（7②）。

　国会は召集される目的や時期によって、3つに分類することができる。第一に、毎年1月中に召集されて会期が150日間である常会である（52、国会2・10）。第二に、常会閉会後、臨時の必要に応じて召集される臨時会（53）である。第三に、臨時会のうち、衆議院が解散され総選挙が行われた後に召集されるものを特別会（国会1Ⅲ）という。

　日本の国会は会期制を採用している。会期とは、国会が憲法上の権能を行使できる、開会から閉会までの期間である。衆議院と参議院の会期が異なることはない（両院同時会期の原則）。

　会期は常会を除き、召集前に決められる。閉会は事情により延長されることもある。延長は常会では1回、臨時会と特別会は2回まで可能である。会期中に議決されなかった案件は、原則、その次の会期に継続しない（会期不継続の原則〔項目173参照〕。国会68）。会期以外に国会は活動できないが、例外として、会期中に所定の手続を経れば、閉会中審査（同47Ⅱ）という国政調査権を行使できる。

　いずれかの議院の総議員の4分の1以上の要求がある場合、内閣は臨時会の召集を決めなければならない（53）。衆参各院の少数会派への配慮であり、内閣にはすみやかな対応が求められ、合理的な期間内に召集されない場合は、憲法上の原則の根幹を揺るがしかねない重大な事態である（❶）。

2. 国会は、衆参各院において委員会で案件を審議し、可決すべきか否決すべきかの結論を本会議で報告し、本会議で採決して賛否を議決するという、委員会中心主義をとる。委員会は、常任委員会と特別委員会（国会40）である。憲法審査会、情報監視審査会、政治倫理審査会もある。なお、参議院は独自の委員会として「調査会」を設置できる（同54の2）。

3. 「両院同時会期の原則」の例外である参議院の緊急集会（54Ⅱ・Ⅲ）は、衆議院解散後にその総選挙を経て特別会が召集されるまでの間、法律の制定、予算の議決その他国会の開会を要する緊急の事態が生じたとき、内閣の求めにより、国会に代わって参議院がその権限を単独で行使するものである。

　ただし、緊急集会で議決された措置は臨時のものであり、次の国会開会後10日以内に衆議院の同意が必要とされ、事後的に「国会」および「両議院」の意思が形成される。これまでに2回開催された。　　　　　　　　　　［大西祥世］

168 法律案の提案権者

　与党の会派（政党）に属する衆議院議員Ａは、選挙中に主張した公約を実現するために必要な法律案を作成して、国会開会中に議案として議長に提出しようとした。ベテランの同僚議員に相談したところ、Ａの手法は与党における従来の政策立案プロセスとは異なることを指摘された。

　そこで、次の**(1)**〜**(3)**について論じなさい。

(1)　立法とはいかなる国家作用か。また、立法以外の国会の権限は何か。

(2)　法律案を発議・提案することができるのは誰か。法律案を議案として提出できる要件はどのように定められているか。また、発議・提案された法律案は、どのように審議されて、成立・不成立が決定されるのか。

(3)　法律案の与党による「事前審査」が、法律案の提案にどのように影響を与えているか。

▶▶解説

1. 立法とは、議会が定立する法規範という「形式的意味での立法」と、法規という特定の内容の法規範の定立という「実質的意味での立法」の2つの意味がある。国の立法機関は国会であり（41）、衆参両院が可決することにより成立する（国会中心立法の原則）。例外として、衆参各院の議院規則制定権、最高裁判所の最高裁判所規則制定権、自治体の条例制定権、行政機関の行政機関の命令制定権がある。また、法律の制定には、国会以外の機関の参与を必要としない（国会単独立法の原則）。

　法律の議決権（59）以外の国会の権限は、憲法改正の発議権（96）、内閣総理大臣の指名権（67Ⅰ）、条約の承認権（61・73③）、行政の監督権（66Ⅲ）、財政の監督権（86・87Ⅱ・90Ⅰ）、弾劾裁判所の設置権（64Ⅰ）、である。

2. 法律案が国会に提案される方法は2つある。1つは、衆参各院の議員による自ら所属する議院に対する発議（議員立法）である。発議の要件は、通常の法案は衆議院では20人以上・参議院では10人以上の賛成を、予算関連法案は衆議院では50人以上・参議院では20人以上の賛成を要する（国会56Ⅰ・57・57の2）。野党議員や与野党超党派による発議が多く、衆参各院の法制局がそれを補佐する。もう1つは、内閣による提出である（内閣5）。議院内閣制では、大統領制と異なり、行政権を担う内閣にも法律案の提出権がある。草案は各府省庁で作成され、閣議決定を経た法律案は、内閣から衆議院または参議院に提出される。

　法律案は衆参両院で可決または衆議院で再可決されると成立する。その際、制定責任および執行責任を示すため、主任の国務大臣および内閣総理大臣の署名・連署が必要とされる（74）。天皇の公布を経て（7①）、施行される。

3. 事前審査とは、与党の政治手法の1つである。国会提出前の、法律案や予算の草案を検討・作成している段階で各府省庁から非公開でその内容を聴取し、与党議員の意向を反映させる目的で行われる。事前審査においてその影響力を発揮しようとする与党議員と政府の間で事実上の審議が行われ、調整された案件が国会に提案されることから、衆参各院の議決はいわば「出来レース」となるため、衆参各院の審議を形骸化させるものとして批判されている。

　また、事前審査は、衆議院議員でも参議院議員でも「同じ政党に属する国会議員」としてともに行動・議論するため、あたかも一院制のような効果が生じ、衆参各院の独自性をみえにくくする一因となっている。　　　　　　　　　　［大西祥世］

169 国会議員の発言免責特権

　参議院議員である A_1（被告）は、参議院の厚生労働委員会において、医療法の一部を改正する法律案の審議に際し、美容医療トラブルを取り上げた。A_1 は、東京都で開業する特定の美容クリニック B を名指しして、B の患者の満足度が低いというデータ（以下、「本件データ」という）を用いながら、「B で行われている美容医療はほとんど詐欺行為というべきであり、B で働く医師たちは詐欺集団だ」と発言した（以下、「本件発言」という）。

　B の院長 C（原告）は、本件発言により、C の名誉を毀損されたとして、A_1 に対しては民法 709 条・710 条にもとづき、また、A_2（国・被告）に対しては国賠法 1 条 1 項にもとづき、それぞれ 5,000 万円の損害賠償を請求した。

(1) C の A_1 および A_2 に対する請求は認められるかを論じなさい。

(2) 　A_1 が、本件データが改竄された虚偽のものであると知りながら本件発言を行った場合、C の A_1 および A_2 に対する請求は認められるかを論じなさい。

参考　❶最三小判平成 9 年 9 月 9 日民集 51 巻 8 号 3850 頁（病院長自殺国賠事件）
　　　　❷東京地判平成 30 年 4 月 23 日 LEX/DB25560586

▶▶解説

1. 51 条は「両議院の議員は、議院で行つた演説、討論又は表決について、院外で責任を問はれない」と規定し、国会議員は国会での発言・質疑に関する免責特権を有する。判例によると、国会議員の発言・質疑が特定の個人・法人の名誉毀損にあたる場合、その発言・質疑が故意または過失による違法な行為であるとしても、国が賠償責任を負うことがあるのは格別、国会議員自身はその責任を負わない。国会議員の発言・質疑において、個別の国民の名誉や信用を低下させる発言があったとしても、これによって当然に国賠法 1 条 1 項の規定にいう違法な行為があったものとして国の損害賠償責任が生ずるものではなく、その責任が肯定されるためには、当該国会議員が、その職務とは関わりなく違法または不当な目的をもって事実を摘示し、あるいは、虚偽であることを知りながらあえてその事実を摘示するなど、国会議員がその付与された権限の趣旨に明らかに背いてこれを行使したものと認めうるような特別の事情があることを必要とする（❶）。他方、国会議員の質疑・発言が、特定の個人・法人に対する名誉毀損に該当しない場合、上記の特段の事情の有無を検討するまでもなく、国の損害賠償責任は認められない（❷）。

　設例の場合、国会議員 A₁ の本件発言が、C に対する名誉毀損に該当するとの前提に立つ。そのうえでまず、国会議員である A₁ は、個人として責任を一切負わないため、C の A₁ 個人に対する請求は認められない。次に、C の A₂ に対する請求に関して、A₁ が職務とは関わりなく違法または不当な目的をもって事実を摘示し、あるいは、虚偽であることを知りながらあえてその事実を摘示したかどうかが問題となる。設例の文章からはこれらのことが明白ではないので、C の A₂ に対する請求は認められないと解される（なお、仮に本件発言が C に対する名誉毀損に該当しないと解する場合には、A₁ について特別の事情があったかどうかを論ずるまでもなく、C の A₂ に対する請求は認められない）。

2. 国会議員である A₁ はいかなる場合にも責任を負わないために、C の A₁ に対する請求は認められない。他方、A₁ は本件データが改竄された虚偽のものであると知りながら本件発言を行っているために、A₁ には「虚偽であることを知りながらあえてその事実を摘示する」という国会議員がその付与された権限の趣旨に明らかに背いてこれを行使したものと認めうるような特別の事情があると認められる。したがって、C の A₂ に対する請求は認められる。　　　　　　[奥村公輔]

170 国権の最高機関と国政調査権

　東京地検は、汚職疑惑のある東京高検検事長Aについての捜査を始めた。捜査開始当時、国会で検察庁法改正法律案の審議が行われており、衆議院法務委員会も、憲法62条にもとづいて、当該汚職疑惑についての調査を始め、Aおよび担当検事らを証人喚問して調査にあたった。その後、東京地検は、Aを不起訴処分とした。これに対して、衆議院法務委員会は、この不起訴処分を不当とする決議を行った。

(1)　国政調査権の法的性質とその範囲について、憲法41条の定める「国権の最高機関」の意味を明らかにしながら論じなさい。

(2)　本件において衆議院法務委員会が行った調査・決議の憲法上の問題点を論じなさい。

(3)　本件の調査は衆議院法務委員会によって行われているが、仮に調査が一般の予算審議の際に衆議院予算委員会によって行われた場合、その法的性質・範囲・限界等についていかなる差異が生じうるかを論じなさい。

参考　❶東京地判昭和55年7月24日判時982号3頁（日商岩井事件）

▶▶解説

1．62条は、「両議院は、各々国政に関する調査を行ひ、これに関して、証人の出頭及び証言並びに記録の提出を要求することができる」と定め、各議院に国政調査権を付与している。国政調査権は、各議院が別個に独立して行使するものであり、日本国憲法下では委員会中心主義が採用されているため、各議院の委員会を通じて行使される。国政調査権の法的性質について、41条の「国権の最高機関」は政治的美称であるとの前提のもとに、国政調査権は国会や議院に認められた諸権能を実効的に行使するための補助的な権能であるとされる（❶）。そして、国会や議院に認められた権能は広範であるため、国政調査の範囲は国政のほぼ全般にわたることになる。しかし、国政調査権には他の国家機関との関係において限界がある。特に、司法権との関係で行使される国政調査は、司法権の独立（76Ⅲ）との関係で、事件を担当している裁判官に事実上の影響を及ぼすことのないように十分に配慮して行われなければならないとされる。

2．設例の国政調査権行使は、検察との関係で問題となる。検察作用も行政作用であるため原則として国政調査の対象となる。しかし、検察作用は裁判と密接に関連する準司法的作用であるため、司法権に類似した取扱いがなされるべきである。それ故、検察と同じ目的での並行調査は原則として許されるが、「起訴、不起訴についての検察権の行使に政治的圧力を加えることが目的と考えられるような調査」、「起訴事件に直接関連ある捜査及び公訴追行の内容を対象とする調査」、「捜査の続行に重大な支障を来たすような方法をもって行われる調査」は許されない（❶）。本件の国政調査権行使は、特定の汚職事案の調査という点で検察と同じ目的での並行調査にすぎず、検察との関係における限界を超えていない。

3．衆議院法務委員会で検察に対する国政調査権が行使された場合と、同予算委員会でそれが行使された場合とでは、国政調査権の法的性質・範囲・限界等についての差異は生じない。たしかに、予算委員会における国政調査の範囲は、他に特別の議案の付託を受けない限り、本来の所管事項である予算審議に限定されるべきである。しかし一般に、一会計年度における国の財政行為の準則たる予算の性質上、その審議は実質的に国政全般にわたることは避けられず、これに資する目的で行われる国政調査権行使の範囲も同様の広がりを持ち、予算委員会が検察に対して国政調査権を行使することは法務委員会と同等に可能である（❶）。

［奥村公輔］

171　国会法と議院規則

　　国会法と議院規則との関係について、次の問いに答えなさい。

(1)　国会法 25 条は、「常任委員長は、各議院において各々その常任委員の中からこれを選挙する」と定める。これに対して、衆議院規則 15 条は、1 項で「常任委員長の選挙については、議長の選挙の例による」と定めつつ、2 項で「議院は、常任委員長の選任を議長に委任することができる」と定めている。参議院規則 16 条も、これと同様に規定している。

　　議長が常任委員長を選任できることを定める衆議院規則 15 条・参議院規則 16 条の規定は、一見して国会法 25 条に矛盾抵触するように思われる。国会法と議院規則との関係について、①排他的議院規則説、②法律優位説、③規則優位説の 3 つの学説があるが、それぞれの学説に立った場合、衆議院規則 15 条・参議院規則 16 条と国会法 25 条の効力関係はどのようになるかを説明したうえで、どの学説に立つべきか論じなさい。

(2)　憲法 59 条 3 項・60 条 2 項・61 条・67 条 2 項は、「法律の定めるところにより」両院協議会を開くことを定め、これを受けて、国会法は、「第 10 章　両議院関係」において、両院協議会を含めて両議院間の関係を定めている。

　　両院協議会の議事手続を定める「両院協議会規程」も議院規則の 1 つと考えられているが、仮に「両院協議会規程」が国会法第 10 章で定める諸規定に矛盾抵触する場合、「両院協議会規程」の規定と国会法の規定との効力関係はどのように解すべきか論じなさい。

▶▶解説

1. ①排他的議院規則説は、そもそも議院の内部運営の規律は議院規則によるべきであり、国会法という法律の形式で各議院の内部運営を規律することは憲法58条2項の定める議院運営自律権を侵害するため、国会法は両議院の紳士協定にすぎないと説く。②法律優位説は、国会法は議院の内部運営事項をも定め、国会法と議院規則が矛盾抵触した場合、両議院の議決が必要である国会法が優先すると説く。③規則優位説は、国会法は議院の内部運営事項を定めうるが、国会法と議院規則が矛盾抵触した場合、両者は同位にあり、国会法を一般法、議院規則を特別法と解して、議院規則が優先的に適用されると説く。

①の場合、そもそも国会法は両議院の紳士協定に過ぎず、法的効力はないのであるから、国会法と議院規則の効力関係という問題自体が生じない。議院規則のみが法的効力を有するのであり、議院規則の規定にもとづき、議長が常任委員長を選任できる。②の場合、国会法が優先し、国会法は議長による常任委員長の選任を明示していないのであるから、国会法の規定にもとづき、常任委員長の選任は選挙によらなければならない。③の場合、議院規則が優先的に適用されるので、議院規則の規定にもとづき、議長が常任委員長を選任できる。

たしかに、国会法の制定・改正には両議院の議決を必要とするのに対して、議院規則の制定・改正には一院の議決のみで足りることを理由に、国会法が議院規則に優位すると解することもできる。しかしそれでは憲法58条2項の保障する議院運営自律権の意義が失われる。したがって、国会法が議院の内部運営事項を規律することができ、法的効力を有するとしても、その規定が議院規則と矛盾抵触する場合、議院規則が国会法に優位すると解すべきである。

2. 憲法は、「法律の定めるところにより」両院協議会が開かれることを規定（59Ⅲ・60Ⅱ・61・67Ⅱ）し、両院協議会は法律により運営される。国会法は第10章に「両議院関係」を置き、両院協議会に関する多くの事項を定めるが、これらの規定は憲法の諸規定の委任により具体化された規定である。他方、両院協議会規程は両院協議会に関する規則であり、58条2項の保障を受ける議院規則であるが、通常の議院規則と異なり国会法98条により両議院の議決が必要となる。両者の規定が矛盾抵触した場合、憲法の直接の委任にもとづき両議院の議決により定められた国会法上の両院協議会に関する規定が同条にもとづき両議院の議決により定められた両院協議会規程に優位すると解すべきである。　　　[**奥村公輔**]

172 議院自律権

2012年4月27日、議員定数500以下の一院制を2016年までに実現する内容の憲法改正原案が、120人の賛成者を得て超党派の議員から提出された。国会法68条の2は、議員が日本国憲法改正原案を発議するには、衆議院においては議員100人以上の賛成が必要であることを定めており、本来であれば本件では憲法改正原案は衆議院事務局により受理されるはずであった。しかし、衆議院の先例によれば議案の提出についての機関承認（会派承認）が必要であり、本件においては機関承認がないため議院運営委員会の理事会により憲法改正原案は受理しないことが会期末に至って確認された。

(1) 本事例における憲法上の問題点を論じなさい。

(2) 本事例において仮に提出議員が国家賠償訴訟を提起した場合、この訴訟が司法審査の対象となるか論じなさい（なお、この訴訟が法律上の争訟となるかどうかについては触れる必要はない）。

参考 ❶最大判昭和37年3月7日民集16巻3号445頁（警察法改正無効事件）
❷東京高判平成9年6月18日判時1618号69頁（国民投票法事件）

▶▶解説

1．96条1項前段は、「各議院の総議員の3分の2以上の賛成で、国会が、これを発議し、国民に提案してその承認を経なければならない」と定め、国会に憲法改正発議権を付与している。この発議とは、国民に提案される憲法改正案を国会が決定することをいう。一方、国会議員が国会に提出する憲法改正原案の提出要件は、国会法68条の2に定められ、この規定によれば、憲法改正原案と通常の議案とは区別され、憲法改正原案の提出には衆議院および参議院いずれにおいても通常の議案提出よりも多い賛成を要する。このような法律上の人数要件は設けられてはいるが、国会議員が憲法上当然に憲法改正原案提出権を有していると解されている。

　設例では、機関承認（提出者の所属政党または会派の承認）がなければ議案を受理しないという衆議院の先例により、国会法上の人数要件を満たしている憲法改正原案が衆議院事務局により受理されなかった。この先例にもとづく憲法改正原案の不受理は、国会議員の有する憲法改正原案提出権を侵害する可能性がある。

2．議事手続は、議院運営自律権の観点から、司法審査の対象とはならない。両院において議決を経たものとされ適法な手続によって公布されている限り、裁判所は両院の自主性を尊重すべく法律制定の議事手続に関する事実を審理してその有効無効を判断すべきでないからである（❶）。

　他方、国会法56条1項は通常の議案提出に関する人数要件を定め、この人数要件を満たしているにもかかわらず、機関承認がなかったとして法律案が衆議院事務局により受理されず、その不受理が国会議員の法律案提出権を侵害するかが争われた裁判例がある。事務局による法律案の不受理も議事手続であり、議院運営自律権の範囲内の問題であるため、事務局による法律案の受理には機関承認が必要であるとの趣旨の衆議院の判断が示された限り、この不受理はその憲法違反の有無を含めて司法審査の対象とはならない。ただし、議院運営自律権の範囲に属する事項についての議院の取扱いに、一見極めて明白な違憲無効事由が存在する場合には、司法審査の対象とする余地があると考えることもできる（❷）。

　設例の場合、先例にもとづき憲法改正原案を事務局が受理するかどうかは法律案の場合と同様に議院運営自律権の範囲の問題であり、司法審査の対象とならない。一見極めて明白な違憲無効事由が存在する場合、司法審査の対象とする余地があるとしても、設例の場合にそのような事由は見当たらない。　　　　［奥村公輔］

173 会期

国会法 68 条は、「会期中に議決に至らなかつた案件は、後会に継続しない。但し、……閉会中審査した議案及び懲罰事犯の件は、後会に継続する」と規定し、「会期不継続の原則」を定めている。

(1) 「会期不継続の原則」とはどのようなものか説明しなさい。

(2) 議案の慎重な審議を確保するために、国会法 68 条の規定を廃止し、衆議院議員の最大活動期間 4 年を単位とする「立法期」を導入し、その「立法期」においては会期継続の原則とする国会法改正を行うことは可能か論じなさい（なお、この最大 4 年の「立法期」においては、半数改選の参議院の通常選挙が行われることを前提とする）。

▶▶解説

1. 国会は常時活動しているわけではなく、一定の限られた期間で活動しており、この期間を会期という。日本国憲法は会期制度を採用することを明記していないが、「常会」(52) および「臨時会」(53) を明示的に設け、また、名称を付与してはいないが衆議院総選挙後の特別の国会を設け (54 I)、さらに、「会期前」、「会期中」という言葉を用いている (50) ことから、会期制度を前提としていると解されている。ただし、この会期は、会期延長の議決によって、延長可能である (国会12)。一方、この会期制度から、国会は会期ごとに独立して活動し、会期中に議決されなかった案件は後会に継続しないという会期不継続の原則が導き出される。この原則は、国会の意思は会期毎に各々独立であり、前の会期の意思は後の会期の意思を拘束するものではないこととするものであるが、憲法上の原則ではなく、国会法上の原則である (国会68本文)。会期の意思を基礎とする考え方は、会期制度をとることの必然的な帰結ではないので、憲法が会期制度を前提としているとしても、憲法上、会期不継続の原則が導き出されるわけではないと解されている。

　ただし、この法律上の会期不継続の原則には例外があり、憲法改正原案ならびに常任委員会・特別委員会が議院の議決により閉会中審査した議案および懲罰事犯の件は、後会に継続する (国会68但・102の9 II)。

2. 会期不継続の原則は憲法上のものではなく、あくまでも国会法68条本文で設定された原則である。したがって、国会法68条を改正し、衆議院議員の総選挙を単位とした「立法期」の制度を取り入れることは可能である。とはいえ、憲法は、52条の「常会」、53条の「臨時会」、54条1項の特別の国会 (国会法1条3項で「特別会」と明記) を定めているので、この憲法の前提とする会期制度の範囲内においてのみ、それぞれの「会期」の意思を継続させる「立法期」を導入することができるにとどまる。この点、衆議院議員の任期である4年を最長とする立法期の中では、半数改選の参議院の通常選挙が少なくとも1度は行われることが当然想定されるが、衆議院の参議院に対する優越が担保されている日本国憲法下においては、参議院の構成員の半数改選は、衆議院議員の総選挙に合わせた立法期の導入を妨げることにはならないと解される。

［奥村公輔］

174　行政権の概念

日本国憲法65条は、内閣に「行政権」を与えている。下記(a)〜(f)の行為について、それぞれが「行政権」の行使にあたるか否かを論じなさい。
(a)　法律を執行すること
(b)　法律案を作成し国会へ提出すること
(c)　予算案を作成し国会へ提出すること
(d)　外国政府と条約締結に向けた交渉を行うこと
(e)　衆議院を解散すること
(f)　中央省庁の幹部人事を決定すること

▶▶解説

1. 65条にいう「行政権」の定義については、いわゆる「控除説」が最も有力とされてきた。「控除」とは、要するに引き算のことで、〈すべての国家作用から立法と司法を差し引いた残余〉をもって「行政権」と定義づける論法がそれである。この見解に立てば、設例の (a) 〜 (f) はいずれも本条にいう「行政権」の行使と評価される。もっとも、こうした引き算の手法は、「立法権」や「司法権」との実質的な境界を画することに成功しておらず、およそ「定義」としての体を成していないようにも思われる。君主の包括的な支配権が分化してゆく史的経緯に符合する、との主張もさることながら、行政作用の雑多性を理由にもはや統一的な定義を断念した、というのが控除説の真相ではないかと考えられる。

2. 設例の (a) 〜 (f) はたしかに雑多ではあるものの、これらすべてを「行政権」に含めて統一的な定義を与えるべき、との前提は自明ではない。たとえば国会は、法律を制定することに加えて、予算を議決すること、条約を承認すること、内閣総理大臣を指名すること、憲法改正を発議すること等を憲法上の任務として負っているところ、41条にいう「立法権」の定義にあたっては、上記のなかでもっぱら「法律を制定すること」に焦点が絞られてきた。65条についても、内閣に付与された権限をすべてここでの「行政権」に含めて定義する必然性はないことが、まずもって確認されるべきであろう。

3. 設例の (b) 〜 (d) は、国家の針路を定め、実行可能な政策として練り上げてゆく高度に政治的な作用（いわゆる執政作用）である。他方、(e) は内閣と衆議院との機関間における権限行使、(f) は内閣を頂点とする行政機構の内部における組織編成の一環ということができる。これらはいずれも、国民の権利・利益と直接に関わる作用とはいえない。「立法権」(41)、「司法権」(76) がそうであるように、ここでの「行政権」は「対国民的作用」としてのそれを指すと解するならば、もっぱら (a) のみに照準を定める方が適切かもしれない。〈行政権＝法律の執行〉と定義付けるこの思考は、行政作用は常に先行する法律の授権にもとづいて行われなければならないこと（いわゆる「法律の留保」原則）を改めて自覚させる。これに対して、行政各部（官僚集団）とは峻別された、ほかならぬ「内閣の」権限が問われていることを強調する視角に立てば、むしろ執政作用こそを「行政権」の行使と位置付ける見解もあるいは成立可能かもしれない。　　　[村西良太]

175 議院内閣制

次の各問に答えなさい。

(1) 日本国憲法は議院内閣制を採用している、といえるか。理由とともに述べなさい。

(2) 国会は参議院議員を内閣総理大臣に指名することができるか。理由とともに述べなさい。

▶▶解説

1. 代表民主制における議会と政府の権限関係をめぐっては、大統領制と議院内閣制がしばしば対照されてきた。前者における政府の中心は独任制機関としての大統領であるのに対して、後者におけるそれは合議体としての内閣である。議会の構成員（議員）と大統領がそれぞれ別個に選挙される大統領制とは異なり、議院内閣制において選挙されるのは議員のみであり、かように直接の民主的正統性を独占する議会が内閣総理大臣（首相）を指名し、その首相が国務大臣を任命することによって、内閣が成立する。

2. 議院内閣制における議会と政府の相互関係を特徴づけるキーワードは、「信任」と「責任」である。内閣は、その成立のみならず、活動の全般において、議会の信任に依存する。議会は、報告の要求や質問によって内閣を統制し、最も尖鋭的な局面においては、内閣に対する不信任を議決できる。他方、内閣は答弁や情報の提供を通じて連帯して対議会責任を負い、終局的には総辞職する。憲法には「議院内閣制」という文言こそ登場しないものの、とりわけ 66 条〜 69 条をみれば、その採用は明らかといってよいだろう。なお、以上の説明から分かるように、議会内の多数派（与党）は内閣総理大臣および閣僚を擁立しつつ内閣と協働関係を構築するから、上に述べた内閣に対する国会の統制は、主として議会内の少数派（野党）によって担われる。したがって、内閣不信任の可決は、議院内閣制にとってはきわめてイレギュラーな事態ということができる。

3. ところで、内閣の存立は「国会の」信任に依存する、と説くのは、憲法の条文に照らせばむろん誤りではない。内閣総理大臣を指名するのは「国会」であり（67）、内閣が連帯して責任を負う相手方も「国会」とされているからである（66 Ⅲ）。とはいえ、内閣に対する最もクリティカルな統制手段と目される不信任決議権は、衆議院にしか与えられておらず（参議院による同様の決議は「問責決議」と称され、法的拘束力は否定される）、これに対応して内閣による解散の対象も、衆議院に限定されている。かように内閣の進退を左右すべき地位から参議院が排除されていることを顧みるならば、内閣総理大臣を「国会議員の中から」指名せよと定める 67 条 1 項前段についても、これを額面どおりに捉えるのは不適切であろう。つまり、参議院議員を内閣総理大臣に指名することは、およそ憲法の想定するところではないと解されるべきである。

［村西良太］

176 衆議院の解散権

野党Aは、現在の衆議院解散権の行使のあり方が日本政治に有害な影響を与えている、との問題意識から、「衆議院の解散に関する法律案」を衆議院に提出した。同法案は、内閣法の閣議に関する規定に対する特別法として、内閣総理大臣が閣議に衆議院の解散を発議できる要件を、①憲法69条の定める場合、②内閣が自らの信任をかけると宣言した重要法案が国会で否決された場合、③予算案が衆議院で否決された場合、の3つのみに限定している。これに対して与党Bは、同法案の違憲性を主張して、国会で論戦となった。ここに含まれる憲法上の論点を説明しなさい。

▶▶解説

1. 衆議院の解散権をめぐる日本国憲法の規律には一種の不備がある。どのような場合に天皇が内閣の助言と承認にもとづいて衆議院を解散しうるかが、一義的に明確でないからである。69条は衆議院による内閣不信任の場合に解散権を行使しうる旨を定めるが、ではそれ以外の場合はどうか。69条限定説、7条説などの諸説があるなか、実務上はいわゆる抜き打ち解散（1952年）以降、内閣には7条を根拠に自由に解散を決定する権限があるとする考え方が定着している。

2. この議会（特に下院）の解散権は、歴史上、統治機構論の最重要論点の1つでもある。ヨーロッパの君主政的伝統では、元来君主の助言機関であった議会を召集し解散するのは君主の大権とされた。19世紀には君主が徐々に政治的実権を失うなか、ここでなお君主が果たすべき役割は何かをめぐって議論が積み重ねられる。諸機関の均衡や協働関係が良好に機能することを保障する局外的な中立権力、という捉え方はその有力な1つであり、ここでは君主の解散権は、選挙を通してこの均衡を回復する手段と位置付けられた。統治構造の民主化が進むなかで、政府と議会が対立した際に解散によって国民の政治的判断を仰ぐ、という解散権の民主的機能を謳う学説もこの系統に属する。こうした見方に立つ場合、天皇が完全に非政治化した日本国憲法下でも、解散権を広範に認めることが議院内閣制の趣旨に適合する、という考えも出てきうる。

　もっとも、これには異論も提起される。政党システムが安定化するほど、立法期の間に政府と議会が正面から対立することは稀になり、自由な解散権は両者の紛争を解決する手段よりも、むしろ一体化した政府・与党が政治的に有利なタイミングで選挙を行うことのできる特権と化する、という批判である。ここでは、解散権の制約こそが与野党間の平等な政治的競争に資する、との考えも生じる。

3. この対立は、同一の制度が文脈次第で異なる政治的機能を果たすことにも起因するため、今のところ一義的な解決をみていない。こうしたなか、日本で憲法改正を経ずに解散権の制約を図る方法がありうるのか、思考実験を試みるのが設例である。もし解散に関する規律が憲法の専管事項だと解する場合には、閣議に関する規律という迂回路によっても法律による制約は許されまい。逆に、憲法の規律の不明確さを下位規範による具体化によって解消することが許容されると解する場合には、法案の内容がこの憲法上の具体化権限の適切な行使であるかが問題となる。各自、検討してほしい。

[林　知更]

177 内閣の連帯責任

日本国憲法66条3項によれば、「内閣は、行政権の行使について、国会に対し連帯して責任を負ふ」。本規定との整合性の観点から、**(1)(2)** の当否を論じなさい。

(1) 衆議院解散の閣議決定に際して、国務大臣Aが異論を唱え、審議を尽くしたものの、全国務大臣の合意には至らなかった。そこで内閣は、従来の全員一致ではなく、多数決により解散詔書の閣議決定を行った。

(2) 民間病院の建設予定地として国有地が不当な廉価で払い下げられ、その売買交渉に係る財務省の公文書が改竄された、とする疑惑をめぐって、内閣総理大臣は内閣総辞職を拒否し、財務大臣が単独で辞職した。

▶▶解説

1. 内閣は、合議体である。つまり、内閣の意思決定は、合議（これを「閣議」という）によって行われる（内閣4Ⅰ）。その議決要件について、憲法も法律も明文規定を欠くなかで、従来の実務慣行は一貫して多数決制を排し、全員一致制を採用してきた。たとえば、衆議院の解散も全員一致の閣議決定によらなければならず、不同意を貫く国務大臣の存在にもかかわらず解散の断行が企図される場合には、内閣総理大臣は当該国務大臣を交代させなければ所期の目的を達せられない（その一例として、郵政民営化法案の参議院における否決を契機とする2005年8月の衆議院解散にあたって、閣議決定に反対した島村宜伸農林水産大臣〔当時〕を、小泉純一郎内閣総理大臣〔当時〕が罷免し、自身が新たにこれを兼務することによって閣議決定に漕ぎ着けたケースがある）。

　国会に対して内閣が負う「連帯」責任の概念には、進むにせよ退くにせよ一糸乱れぬ統一体としての内閣を想起させる傾きがあり、閣議の全員一致制も、このような意味での連帯責任の論理的帰結と解されてきたきらいがある。しかしながら、こうして閣議における特定の議決方式を憲法上の要請と位置付ける思考は、けっして自明とはいえない。どのような議決方式がとられるにせよ、すべての国務大臣は閣議決定に従って行動しなければならぬ、とのルールさえ遵守されれば、合議体としての内閣の責任は首尾よく果たされるように思われるからである。このように考えるならば、多数決制の採用も含めて、議決方式の決定は、第一次的には内閣の自律的な判断に委ねられているとみることも可能であろう。

2. 他方、連帯責任のあらわれとして分かりやすいのは、衆議院による内閣不信任決議案の可決（または信任決議案の否決）を受けての内閣総辞職であろう（69）。ただし、国会による責任追及の客体、すなわち行政活動に係る責任履行の主体が、常に合議体としての「内閣」に限られるわけではない。たしかに、衆議院による不信任決議の対象は「内閣」のみと解されるから、個別の国務大臣に対する同様の決議案は、たとえそれが可決されても辞職を強制するだけの法的効果を有しない。とはいえ、国会が「主任の大臣」（74、内閣3Ⅰ）たる個別の国務大臣への質問等を通じてその非を責めることはもとより可能であるし、個別の国務大臣が自己の行政所管に関して、またはその他の個人的な理由により、単独で辞職することもむろん妨げられない。

［村西良太］

178 行政各部の指揮監督

　内閣総理大臣Ａは、旧知の大学関係者Ｂとの会合において、大学の国際競争力を高めるために、入学・始業時期を現行の春（4月）から秋（9月）に移行させることが望ましい、との意見を耳にした。

　その翌日、Ａは教育行政を所管する文部科学大臣Ｃに対して、大学の入学・始業時期を秋に移行させたいとの方針を示し、そのために必要な法改正の準備をすみやかに進めるよう指示した。もっとも、この指示にあたって、閣議での審議・決定は一切行われていない。

　Ｃに対するＡの指示が正当な権限行使として認められるか否かについて、憲法の観点から検討しなさい。

| 参考 | ❶最大判平成7年2月22日刑集49巻2号1頁（ロッキード事件丸紅ルート）

▶▶解説

1. 日々の膨大な行政事務を実際に処理しているのは、内閣の統轄下で働く官僚組織である。憲法において「行政各部」(72) と称されるこの官僚組織は、複数の「省」を主軸に構成される (行組3Ⅱ)。各省の内部には上意下達のピラミッド型システムが形成されているところ、そのトップ (行政長官) には、国務大臣が据えられる (国務大臣行政長官兼任制＝内閣3、行組5)。憲法は法律および政令の施行にあたって「主任の国務大臣」による署名を求めており (74)、この文言からすれば、かように個々の国務大臣が原則的に各別の行政事務を分担管理する体制は憲法上の要請と捉えられうるだろう。

2. 各省大臣の分担管理にもとづく行政各部の事務処理は、ともすれば国家政策として必要な統一性を欠くことになりかねない。こうした事態を避けるべく、72条は、行政各部に対する指揮監督権を定めている。問題は、この権限の主体である。内閣総理大臣か、それとも合議体としての内閣か、いずれの掌中に帰するとみるのが妥当であろうか。この点について、❶の最高裁判決は、次のように判示した。「内閣総理大臣が行政各部に対し指揮監督権を行使するためには、閣議にかけて決定した方針が存在することを要するが、閣議にかけて決定した方針が存在しない場合においても、……流動的で多様な行政需要に遅滞なく対応するため、内閣総理大臣は、少なくとも、内閣の明示の意思に反しない限り、行政各部に対し、随時、その所掌事務について一定の方向で処理するよう指導、助言等の指示を与える権限を有する」。ここでは、設例がそうであるように、内閣総理大臣による「指揮監督」ならぬ「指導、助言等の指示」であれば、先行する閣議決定を欠いても合憲 (ただし、明示の閣議決定に反すれば違憲) であることが述べられている。「指揮監督」をあくまで内閣の権限と捉えつつ、内閣総理大臣にもこれと両立可能な範囲で一定の主導権を認定しようとする意図が垣間みえよう。

3. 指揮監督権の所在をめぐる上述の問題は、表層的には、72条の文言解釈の問題にすぎない。つまり、「内閣を代表して」の文言は本条のどこまでを修飾するのか (文末の「行政各部を指揮監督する」にまで係るのか)、が問われているようにみえる。けれどもその深奥には、合議体たる内閣への行政権の帰属を重視するか、それとも内閣の「首長」(66Ⅰ) たるにふさわしい内閣総理大臣の指導力を重視するか、という理論的対立が控えている。　　　　　　　　　　　[村西良太]

179 独立行政委員会

　2012年9月、「原子力規制委員会設置法」にもとづき「原子力規制委員会」が発足した。本委員会の特色は、次のとおりである。

(a)　国家行政組織法3条3項にもとづき、環境省の外局として設置される（2条）。

(b)　原子力利用における安全の確保を図ることを任務とし（3条）、そのために必要な行政事務をつかさどる（4条）。

(c)　委員長および委員4人をもって組織される（6条）。委員長および委員は、両議院の同意を得て、内閣総理大臣が任命する（7条1項）。委員長および委員の任期は5年で、再任されることができ、心身の故障等を除く外、その意に反して罷免されない（8条・9条）。

(d)　委員長および委員は、独立してその職権を行う（5条）。

(e)　法律もしくは政令を実施するため、または法律もしくは政令の委任にもとづいて、原子力規制委員会規則を制定できる（26条）。

　内閣または内閣総理大臣の指揮監督に服さず、独立して行政事務を遂行する本委員会の憲法適合性について、検討しなさい。

▶▶解説

1. 独立行政委員会とは、特定の行政作用を遂行しつつも、職権行使にあたって一定の独立性が認められた合議制機関のことである。その多くは、省（または内閣府）の外局として設置されている（行組3Ⅲ、内閣府設置49Ⅰ）。したがって上記の独立性は、第一義的には各省大臣からの独立性を指し、ひいては内閣からの独立性を意味する。上位機関の統轄のもとに置かれつつも「指揮監督」と称すべき強度のコントロールには服さない、という意味でのこうした独立性は、しばしば「所轄」という概念を用いて説明される。たとえば、原子力規制委員会は、環境大臣の所轄のもとに設置されているということができる。

2. かかる独立行政委員会に対しては、古くから憲法上の疑義が提起されてきた。これは、形式的には65条違反の疑いであるところ、実質的には次のような懸念に根ざしている。法律の執行を日常的に担当するのは、行政各部である。けれども行政権の主体は、あくまで内閣である。行政各部の行為であっても、国会に対して（ひいては国民に対して）政治的責任を負うのは、もっぱら内閣なのである（65・66Ⅲ）。こうした責任の履行（国会の側からすれば責任の追及）を可能ならしめるための不可欠の前提として、内閣には、行政各部に対する指揮監督権が与えられている（72）。つまり、行政各部の失敗は、内閣による指揮監督の失敗であり、内閣は連帯してその責任を負わなければならない。ところが独立行政委員会は、この指揮監督に服さない。このことは、国会を通じた民主的統制の及ばない行政活動の容認に等しく、上述の違憲論の本質は、このような意味でのデモクラシーの潜脱に対する異議申立てと解される。

3. これに対して、通説は合憲論に立つ。41条・76条のごとき権限の排他的帰属をあらわす文言が65条には欠けていること、人事や予算を通じた最低限の民主的統制は担保されていることに加えて、実質的な正当化根拠としては、党派的傾向を免れない政治部門による介入をなるべく排除することがむしろ適正な行政任務の遂行に資する分野（政治的中立性や専門技術性が特に強く要請される分野）もありうることが挙げられる。なお、独立行政委員会には、行政作用のみならず、準立法作用や準司法作用もしばしば授権される。このうち準司法作用は、公平な第三者による審判として行われることの必要に鑑みて、やはり政治部門による介入をあえて遠ざける正当化根拠となりうるだろう。

［村西良太］

180 裁判官の独立

地方裁判所の判事 A は、かねてより政府の安全保障政策に批判的であったところ、自衛隊のミサイル基地建設の合憲性・適法性をめぐる事件の審理を担当することになった。本件の係属中、A が所属する地方裁判所の所長 B は、A が自衛隊違憲論を根拠に基地建設を認めない判決を下すことを懸念し、原告の請求を却下すべきことを示唆する内容の書簡を A に送った。

B の行為には憲法上どのような問題があるか、考えなさい。

| 参考 | ❶札幌地判昭和 48 年 9 月 7 日判時 712 号 24 頁（長沼ナイキ事件第 1 審） |

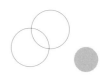

▶▶解説

1. 裁判の公正な運用が確保されるためには、公正無私の立場で裁判官が職責を果たすことが必要である。それを担保するための基本原則が司法権の独立であり、設例はこの原則に関わる問題である。

　一般に、司法権の独立には2つの側面があると説明される。第一に、権力分立システムのなかで司法機構全体を政治部門から分離・独立させ、司法の運用を司法府の自主性に委ねるという側面である。第二に、個々の裁判官が、裁判における自由な判断形成を確保するために、司法府の内外を問わず他の人物や機関からの指示・命令に服さず、事実上の影響力や干渉をも受けずに職務を遂行するという、裁判官の職権の独立である。実際、76条3項には「すべて裁判官は、その良心に従ひ独立してその職権を行ひ」と規定されている。そして、裁判官の職権の独立を制度的に保障するために、裁判官の罷免事由を限定する78条や、身分保障の経済的側面として、裁判官が定期に相当額の報酬を受けることを保障した79条6項・80条2項など、裁判官の身分保障に関する規定が存在する。

2. 設例は、❶の裁判長に対して裁判所長が原告の申立てを却下すべきことを示唆する内容の書簡を送った平賀書簡問題にもとづいているが、その背景としては、司法府に対する政治部門からの干渉という両者の緊張関係ではなく、政治部門の政策に対する配慮から、裁判所における司法行政の中心者が、特定の裁判官の職権行使に対して影響力を及ぼそうとしたことが挙げられる。したがって、設例につき、BがAに対し、訴訟内容たる争点に関し対立する見解の一方を支持することにより裁判の結論を方向づけるものと疑われてもやむをえない内容の書簡を送付し、もってAの職権の独立を侵害したと評価しうる。

3. 設例とは直接の関連を有しないが、裁判所法80条では、裁判官その他の裁判所職員の任免等に関わる司法行政監督権が各裁判所に帰属し、当該裁判所の職員および下位にある管轄区域内の裁判所ならびにその職員に対して行使されることが規定されている。その一方で、同法81条では、司法行政監督権が裁判官の裁判権に影響を及ぼし、あるいはそれを制限することが禁じられており、法律上、司法行政監督権と裁判官の具体的な職権行使との区別が意識化されている。司法行政監督権における階層関係が、個々の裁判官が保持する裁判権の行使に投影されないための防波堤としての、裁判官の独立の意義を再確認する必要がある。

[江原勝行]

181 裁判官の良心

　高等裁判所の判事 A は、第 1 審の裁判員裁判によって被告人に死刑判決
が下され、量刑不当を理由に被告人が控訴した強盗殺人事件の審理を担当
することになった。控訴審の審理過程において A は、第 1 審による死刑判
決が裁判所の合理的な裁量の範囲内にあることを疑わせる事情は窺われな
いという心証を担当判事として持った。

　ところが、A は、いかなる場合であっても人間生命の尊厳性を重視する
立場にもとづき、判事に任用される以前から死刑制度そのものを廃止すべ
きとの思想を抱いていたため、控訴を棄却し、死刑判決を維持することに
かなりの躊躇を覚えた。

　この場合、A はそのような個人的な思想を反映させた判決を下すことが
憲法上許されるか、考えなさい。

参考　❶最大判昭和 23 年 11 月 17 日刑集 2 巻 12 号 1565 頁
　　　　❷最大判昭和 23 年 12 月 15 日刑集 2 巻 13 号 1783 頁

▶▶解説

1．76条3項には、「すべて裁判官は、その良心に従ひ独立してその職権を行ひ、この憲法及び法律にのみ拘束される」と規定されている。したがって、裁判官にはその職権行使における独立性が保障されるが、その独立した職権行使にとって「良心」が持つ意義が問題となる。

　従来、その「良心」の意義をめぐっては、客観的良心説と主観的良心説とが対比的に語られてきた。客観的良心説とは、良心の意義について、法の客観的意味を探究し適用するという裁判官の職業倫理としての良心と解する見解である。他方、主観的良心説は、19条によりその自由を保障された良心と同様、個人的・主観的意味での良心として76条3項における良心を解する。

2．判例に目を転じると、❶では、裁判官が良心に従うとは「裁判官が有形無形の外部の厭迫乃至誘惑に屈しないで自己内心の良識と道徳感に従う」こととされ、ここでは裁判官が発揮する良心について積極的意味づけはなされていない。また、❷では、「凡て裁判官は法（有効な）の範囲内において、自ら是なりと信ずる処に従つて裁判をすれば、それで憲法のいう良心に従つた裁判といえる」とされ、「有効な法」が裁判官の個人的・主観的良心に優位するというように、上記の学説の対立に決着をつけているようにも読める。

　しかし、主観的良心説も、「憲法及び法律に……拘束される」裁判官が、一義的に確定できる法の規範内容を無視して自身の主観的良心を優先させることを主張するわけではないであろう。「有効な法」の内容につき解釈の争いがある場合に、76条3項は、裁判官が自身の主観的良心に従うことを許容しているのか、それとも主観的良心を超えた何らかの客観的な良心を含意しているのかが問題となる。設例との関連では、刑事法が死刑制度を前提としていることが明らかであっても、死刑制度と人権保障との適合性については憲法解釈の余地があろう。

3．この点で重要なのが、裁判官の職権行使に正当性を与える選択という視点である。裁判官の最終的判断が正当性を持つとすれば、それは単なる個人的な思想・信条に従ったからではなく、法秩序全体と整合的に説明しうる選択を裁判官が導き出したと思われる場合であろう。そのような判断や選択を「客観的良心」と呼びうるなら、裁判官の「主観的良心」にもとづく職権行使は否定されるべきであり、Aが抱く死刑廃止論が純粋に個人的信条にもとづくのであれば、原判決を破棄すべきではないということになろう。　　　　　　　　　　　　［江原勝行］

182 裁判官の政治的中立性

　地方裁判所の判事Ａは、国会において審議中の政府提出法案の成立に反対するために開催された市民集会に一般の参加者として出席した。その際、Ａは、自分の身分を明かしたうえで、「当初、この集会においてパネリストとして参加する予定であったが、自分が勤務する裁判所の所長Ｂから、この集会に参加すれば懲戒処分が下されることもありうるとの警告を事前に受けたため、パネリストとしての参加は取りやめた」と発言し、当該法案に対する賛否を直接表明することは控えていた。

　ところが、上記所長Ｂは、Ａのその言動が、裁判所法 52 条 1 号によって裁判官に対し禁止されている「積極的に政治運動をすること」に該当すると考え、Ａに対して懲戒処分を下すことを目的として、裁判官分限法にもとづき分限裁判を申し立てた。Ａに対する懲戒処分の実体面での当否について考えなさい。

| **参考**　❶最大決平成 10 年 12 月 1 日民集 52 巻 9 号 1761 頁（寺西判事補事件）

▶▶解説

1． Bによる懲戒処分の申立ては、裁判官が職務上の義務に違反した場合の懲戒処分につき規定した裁判所法49条にもとづくものであり、その理由は同法52条1号における禁止である。Aが一般市民として有する政治活動の自由を制限する同号が、裁判官の中立・公正を根拠に許されるべき正当な制限であるのか、また、同号を適用してAの言動を懲戒処分の対象とすることが21条1項による保障に反しないのか、それらの問題が設例における実体面での論点となる。

2．❶において最高裁は、裁判所法52条1号を立法目的の観点から正当化しようとする際、外見的に中立・公正な態度を含んだ裁判官の中立・公正の観念を正当な立法目的の1つとして提示した。すなわち、裁判官の中立・公正は、裁判の内容や運営についてのみ求められるのではなく、職務を離れた場面においても特定の政治勢力に与しないことを裁判官に求めるのであって、そうでなければ裁判に対する国民の信頼を揺るがすことになるという。この解釈に対しては、外見上の政治的中立性の維持が表現の自由の規制目的として正当といえるのか、裁判官の市民としての活動をその内容によっては懲戒処分に直結させうる裁判所法の解釈は適切か、裁判官の外見上の中立・公正と裁判に対する国民の信頼を関連づける思考法は、裁判官の私人としての政治活動を軽視する民主主義の成熟度の低さという不確かな前提によるものではないか、などの批判を提起しうる。

3．また、❶では、積極的な政治運動とは「組織的、計画的又は継続的な政治上の活動を能動的に行う行為であって、裁判官の独立及び中立・公正を害するおそれがあるもの」と定義づけられ、法律実務家としての個人的意見の表明はそこに含まれないとされる。設例におけるAの言動は、特定の意見の表明にも至らない、参加の経緯について説明したものといえるだろう。とすれば、Bによる懲戒処分の申立ては、集会ないしそれを運営する団体の政治的傾向への着目に立脚した、52条1号該当性に関する評価によるものと考えられうる。かかる内実の申立ては、裁判官の個別的言動の52条1号該当性に関する判断を裁判官の外見的中立性の有無に回収し、上記の定義の前半部分が有効に機能することを妨げることに帰着しないか、疑問が残る。

　以上により、Aに対する懲戒処分は、裁判官の中立・公正に関する解釈および禁止内容へのAの言動の該当性双方の観点から、違憲・違法との評価を受ける蓋然性がある。

[江原勝行]

183 裁判員制度

　暴力団員Ａは、外国籍の貨物船を利用して、営利目的でけん銃を密輸入
しようとしたところ、当該船舶が日本に入港する際に行われた税関検査に
おいて、けん銃が隠匿されているのが発見された。その後の捜査の結果、
Ａは逮捕され、銃刀法違反および関税法違反により起訴された。

　なお、銃刀法31条の2によれば、営利目的でのけん銃等の輸入について
は、罰則として無期懲役も規定されている。そのため、Ａに対する刑事裁
判は、裁判員法2条1項1号にもとづき、第1審地方裁判所において裁判
員裁判対象事件となった。

　裁判員裁判の結果、Ａは、不当に重い量刑を言い渡されたと考え、そも
そも裁判員制度自体が、特に裁判官による職権行使の独立を定めた憲法76
条3項、および特別裁判所の設置を禁止している同条2項に違反するとの
理由で控訴した。Ａのこの主張の当否について考えなさい。

| 参考　　　❶最大判平成23年11月16日刑集65巻8号1285頁

▶▶解説

1. 2004年の裁判員法の制定により、国民の司法参加を可能にする裁判員制度が導入されたが、この制度は、裁判所において裁判を受ける権利を保障した32条や、意に反する苦役を禁止した18条との関連など、合憲性に関わる多くの論点を提起されてきた。本項では76条との関連について取り上げる。

2. 裁判員制度のもとでは、裁判体に裁判官の2倍の国民が加わり、裁判官1人以上が多数意見に賛成することが必要とされるものの、多数決にもとづき評決が下される。この方式は、裁判官の多数の見解と異なる結論を裁判所が下すことを許容し、裁判官の職権行使の独立を保障する76条3項に違反するという主張がある。この点に関し、❶では、憲法は国民の司法参加を許容しているという前提にもとづき、憲法に適合するように法制化された裁判員法が規定する評決制度のもとで、裁判官が自身の意見と異なる結論に従わざるをえない場合があるとしても、それは憲法に適合する法律に拘束される結果であるため、76条3項違反とはならないとされた。特に、裁判員制度のもとでも、法令解釈や訴訟手続に関する判断が裁判官の権限とされるなど、裁判官が裁判の基本的主体であることに変わりはなく、このことは、法にもとづく公正中立な裁判の実現という76条3項の企図に反するものではないというのが、最高裁の論理である。

　裁判制度一般の制度設計としても、合議制や審級制が採用されている以上、裁判官が合議制の裁判体の多数意見や上級審の判断に服従せざるをえない場合があるという、司法権の合理的行使に随伴して76条3項に課される制約を指摘しうる。さらに、裁判官の独立は、司法権行使への権力的介入を防止することを主眼とするのであって、司法についての国民感覚と職業裁判官の専門的知見との相互補完を通じて結論を導く裁判員制度によって害されるものではなく、むしろ裁判官の専門的知見に対する国民参加を通じた補完により強化されると考えうる。

3. 76条2項が禁じる特別裁判所とは、一般に、最高裁判所を頂点とする通常裁判所の系列に属さず、かつ、司法権の行使として適切な手続を持たない裁判所を意味すると理解されている。裁判員裁判は、高等裁判所や最高裁判所への上訴に開かれた地方裁判所において、公開や対審等の司法の基本原則に則って実施されるため、76条2項違反を問うことは困難である。

　以上により、裁判員制度に対する根本的批判としてのAの主張の妥当性については否定的とならざるをえない。　　　　　　　　　　　　　　　　[江原勝行]

184 裁判の公開

　暴力団の幹部であるＡは、対立する暴力団の事務所に火炎びんを投げ込み、当該事務所の一部を破壊したことにより、火炎びんの使用等の処罰に関する法律違反の罪で起訴された。その裁判の第１審では、かつてＡと同じ暴力団の構成員であったＢが、Ａ本人から本件犯行を告白されたことを証言したことが決め手となり、Ａに対し有罪判決が下された。ところが、Ｂに対する証人尋問は、刑訴法157条の５にもとづき、被告人および傍聴人との間で遮へい措置がとられつつ行われた。

　そのためＡは、かかる証人尋問の方法が、裁判の対審・判決を公開法廷で行うことを定めた憲法82条１項、および刑事事件において公平な裁判所による迅速な公開裁判を受ける権利を保障した憲法37条１項に違反するとの理由で控訴した。Ａのこの主張の当否について考えなさい。

参考　❶最一小判平成17年4月14日刑集59巻3号259頁
　　　❷最大判平成元年3月8日民集43巻2号89頁（レペタ事件）
　　　❸大阪高判平成29年1月20日 LEX/DB25545254

▶▶解説

1. 2000 年の刑訴法改正により、証人尋問の際、被告人の面前や訴訟関係人が在席する場所での供述が証人に対して圧迫や精神の平穏の侵害をもたらし、裁判所が相当と認める場合に、検察官と被告人または弁護人の意見を聴いたうえで、一方から、または相互に相手の状態を認識しえないようにするための遮へい措置（現在の刑訴 157 の 5 Ⅰ）が可能となった。また、証人と傍聴人との間でも遮へい措置をとることが認められるようになった（現在の同 157 の 5 Ⅱ）。

遮へい措置が講じられた場合、証人に対する被告人や傍聴人からの視認が妨げられることになるため、その措置が裁判の公開について規定する 82 条 1 項に特に違反しないか否かを検討する余地が生じる。

2. ❶によれば、証人尋問が公判期日において行われる場合、特に傍聴人との関係で証人の遮へい措置がとられても、あるいは映像と音声の送受信により相手の状態を相互に認識しながら通話するビデオリンク方式による尋問（現在の刑訴157 の 6）が行われても、審理の公開性は担保されているとされる。しかし、裁判の公開の目的が「裁判が公正に行われることを制度として保障し、ひいては裁判に対する国民の信頼を確保しようとする」（❷）ことにあるとするなら、訴訟関係人による裁判の進行、特に裁判官がたどる心証形成過程を傍聴人＝国民が十分に共有することの妨げとなりうる措置の正当性に関するさしたる基礎付けが行われていないことについては、疑問なしとはいえない。

3. この点に関し、❸では、82 条 1 項や 37 条 1 項にいう「公開」のなかには、傍聴人に対して証人の供述態度・表情を認識させるという要件までは含まれないとされる。この論理に従えば、設例の場合への遮へい措置の適用が犯罪の性質や証人の心身の状態・名誉等という刑訴法上の要件に鑑みて相当性を認められるとき、裁判の公開原則への抵触を問う可能性は存在しない。他方で、「公開」の要請のなかに上記の要件が含まれると解する場合には、遮へい措置により公開原則が制約を受けていると考えられ、刑訴法に示された証人保護の必要性と裁判の公開原則とが衡量判断にかけられる余地が生じる。しかし、この場合でも、裁判の公開原則が公正な裁判の保障という目的に仕えるものであることに鑑みると、証人保護の必要性のなかに裁判の公正性に照らしての合理性を見出す限り、公開原則が証人保護のための措置に劣後することを認めざるをえず、設例における A の主張は首肯されにくいであろう。

[江原勝行]

185 客観訴訟

20XX 年、A 議員らは国の違法行為を客観的に問うために国民訴訟制度を設ける法案を衆議院に提出した。それは、国の違法な財務会計上の行為に対し、それが個人の権利利益と関係なくても、客観的な法秩序の維持のために訴訟を提起することを可能にするものであった。しかし、委員会の審議において客観訴訟は司法権の範囲を超えているのではないかという意見が出され、議員の間でも意見が分かれた。

この法案は司法権の範囲を逸脱しているか。

▶▶解説

1. 一般に、司法権は、具体的争訟について、法を適用し、宣言することによってこれを裁定する作用と定義されてきた。ここでいう具体的争訟は、裁判所法3条1項の法律上の争訟と同義と解され、当事者間の具体的な権利義務または法律関係の存否に関する紛争であって、法令の適用によって終局的解決が可能なものとされている。そのため、この要件を満たさない事件は司法権の範囲外ということになるが、裁判所法3条1項後段は裁判所が「その他法律において特に定める権限を有する」としていることから、法律上の争訟にあたらない事件についても取り扱う余地が残されている。

法律上の争訟は個人の権利利益に関わる主観訴訟を念頭に置いているため、客観的な法秩序の維持を目的とする客観訴訟はその他法律が定めた類型ということになる。具体的には民衆訴訟（住民訴訟や選挙無効訴訟など）や機関訴訟がある。

2. しかし、司法権の範囲が法律上の争訟と同一であるとすれば、それ以外の権限行使にあたる客観訴訟は司法権の範囲を超えることになる。そのため、本設例にあるような国民訴訟は司法権を逸脱し違憲ではないかという問題が生じる。

客観訴訟の合憲性をめぐっては、既に存在する住民訴訟などを素材にして様々な議論が展開されており、法律上の争訟の本質たる事件性（争訟性）の周縁部分を含めて司法権と解する説、事件性の要件を緩和する説、事件性の要件を不要とする説などがある。事件性を維持する見解が有力であるが、客観訴訟が事件性を擬制する理由については、具体的な争いがあればよいとする見解や法の解釈適用による法的紛争の解決という作用を要求する見解など様々な説がある。

もっとも、いずれの説をとっても客観訴訟を合憲とする点では一致しており、結局は司法権をどのように解するかという問題に帰着する。この点につき、従来の司法権の定義自体、そもそも司法権の作用からアプローチすることが正しいのか、具体的争訟の中身を法律に委ねてしまっていいのかなどの問題を抱える。これについては司法が果たす権利義務の確定のみならず、救済作用などについても含めて考える必要がある。

［大林啓吾］

186 法律上の争訟

20XX 年、深刻な財政難に陥った政府は社会保障費の削減をはかるため、家族は高齢者を施設に入れるのではなく、原則として家族内で高齢者のケアを行うべきであるとし、それこそが忠孝の精神という日本人の美徳に適うものであるとする提言を国民に対して発表した。これに対して、野党が多数派を握る参議院は、忠孝の精神を説くことは古い価値観を押し付けるものであり、現行憲法の趣旨に違反するとして内閣総理大臣の問責決議を行った。

歴史学者の A は忠孝の精神は憲法に反するとはいえないと思っており、むしろ参議院の問責決議の方に問題があると考えた。そこで A は違憲の問責決議により精神的苦痛を被ったとして、参議院を被告として決議の取消しを求める訴えを提起した。

裁判所は A が提起した訴訟について判断することができるか。

（なお、統治行為論は問わない）

参考 ❶最三小判昭和 28 年 11 月 17 日行集 4 巻 11 号 2760 頁（教育勅語事件）

▶▶解説

1. 本設例では、そもそもＡの具体的権利が侵害されたのかという点に加え、裁判所というフォーラムでこの問題を解決するのが適切なのかという問題を検討しなければならない。これを考えるにあたっては、司法権行使の対象となる事件がどのようなものなのかを明らかにする必要がある。

　裁判所はあらゆる事件を扱えるわけではなく、司法権行使の対象となるものでなければならない。司法権は具体的争訟に対して法を適用し解決するものであり、それは裁判所法３条１項「法律上の争訟」と同義とされている。そのため、法律上の争訟とは何かが問題となる。

2. その内容を最初に示したのが❶であった。すなわち、①当事者間の具体的な権利義務または法律関係の存否に関する紛争であって、②法律の適用によって終局的に解決できるもの、とした。この要件はその後の判例でも維持されており、両方を満たさなければならないとされる。

　❶では、教育勅語が現行憲法に反し失効したとする両院の決議に対し、原告が教育勅語は憲法に反せず、むしろこの決議の方が憲法に反するものであり、人権を侵害されたとして取消し等を求めて訴訟を提起したが、裁判所は原告の主観的感情にもとづくもので、政治のフォーラムで決める事柄であるとし、①と②の要件を満たさないとして請求を棄却した。

　したがって、本設例についても①と②を満たすかどうかを考えることになる。Ａは、違憲の問責決議により精神的苦痛を被ったとするが、具体的にＡのいかなる権利が侵害されたのかが明らかでなく、内容としては主観的感情にもとづく不満となっている。そのため、①の要件を満たすとはいえないだろう。また、家族内における高齢者のケア促進のために忠孝の精神を説くことが現行憲法の趣旨に適うかどうかは政策的問題であり、政治のフォーラムで決着すべき事柄であって、裁判所が解決することができない問題であるといえる。

［大林啓吾］

187 国家試験の合否に関する司法審査

　Ａは国家試験の１つである行政書士試験を受験した。Ａは受験後に自己採点したところ、合格点を満たしていた。しかし、試験結果は不合格であった。そこでＡは、不合格判定は誤りであるとし、合格判定への変更を求めると同時に、試験にかかった諸費用の損害賠償を求めて訴訟を提起した。

(1) 　Ａの訴訟は司法審査の対象になるか。

(2) 　もし、不合格となった理由が年齢や性別などのような学識や能力と関係ない事項であった場合はどうか。また、明白な事実誤認や手続違反があった場合はどうか。

参考 ❶最三小判昭和 41 年 2 月 8 日民集 20 巻 2 号 196 頁（技術士国家試験事件）
❷東京地判昭和 49 年 9 月 26 日判時 769 号 38 頁（司法試験事件）
❸東京高判平成 19 年 3 月 29 日判時 1979 号 70 頁（群馬大学医学部事件）
❹東京高判昭和 37 年 6 月 11 日行集 13 巻 6 号 1213 頁（博士学位不授与事件）

▶▶解説

1. 裁判所が判断する事件は法律上の争訟に該当するものでなければならず、項目 **186** で説明した通り 2 つの要件を満たす必要がある。学問上の問題は、このうち②を満たさない可能性が高い。なぜなら、学問上の問題は真理の探究、実証分析、理論考察などそもそも最適解があるかどうかも分からず、法規範を事実に当てはめて解決できるものではないからである。

　そこで国家試験も学術的判断が必要になってくることから学問上の問題として法律上の争訟にあたらないかどうかが問題となる。❶は、国家試験の合否判定も学問、技術、意見の優劣、当否の判断を内容とする行為であるとして、②の要件を満たさないとした。そのため、Ａの訴えは②の要件を満たさないとして棄却されることになる。

2. ただし、国家試験の合否に関する問題がすべて裁判所の判断になじまないというわけではない。設例 **(2)** のように、学識や能力と関係ない事由を理由に不合格となった場合には裁量権の濫用にあたり、裁判所の判断になじむ可能性があるからである。❷はこの点について言及しており、司法試験の合否判定において年齢、性別、社会的身分等によって差別が行われた場合には学識や能力と関係ない事柄によって合否判定が左右されたということになり、そうした他事考慮は裁判所の判断になじむ事柄であるとしている。❸も裁判所は国立大学医学部の合否判定において年齢差別等の他事考慮がなされたかどうかを審査しうるとしている。

　また、点数の転記ミスや受験番号の取違いなどによる明白な事実誤認がある場合や合否判定の判断過程に手続上の違法がある場合にも、裁量の濫用の問題として裁判所の判断になじむ可能性がある（❹）。

［大林啓吾］

188 宗教問題に関する司法審査

　A教は世紀末に世界中で大災害が起きるという「末世」のお触れを出していた。199X年、A教の末寺である宗教法人B寺の住職Cは大災害が迫っているとして、「災難厄除の仏」を祀った本堂を建立するために寄付を募った。なお、住職の地位にある者がその寺の代表役員も務めることになっていた。

　A教の信者であるDはCに100万円の寄付を行った。ところが、199X年が過ぎても大災害は起きなかった。Cは大災害が迫っていると言ったのは21世紀末のことを指しており、またB寺の「災難厄除の仏」はA教では仮の姿を意味するものであるとした。

(1)　Dは、「末世」や「災難厄除の仏」の理解についてCとの間で齟齬があり、Dの寄付が要素の錯誤にもとづいてなされたものであり、Cに対して不当利得返還請求訴訟を提起した。裁判所はこの問題を審査することができるか。

(2)　また、この問題を了知したA教は内規にもとづき住職の罷免事由の1つである信頼を損ねる行為にあたるとしてCの住職の地位を罷免したため、Cは宗教法人B寺の代表役員の地位も失うことになった。これに対してCは罷免事由にあたらないとしてA教に対して代表役員の地位にあることの確認の訴えを提起した。裁判所はこの問題を審査できるか。

参考　❶最三小判昭和56年4月7日民集35巻3号443頁（板まんだら事件）
　　　　❷最一小判昭和55年4月10日判時973号85頁（本門寺事件）

▶▶解説

1. 宗教上の教義や宗教上の価値などをめぐる問題は、法令を適用して解決できるものではないことから、裁判所はその問題を審査することができない。仮に裁判所がその判断をすることになると、政教分離の問題も生じるおそれがあり、その観点からも裁判所は判断すべきでないことが要請される。

もっとも、事案によっては当該請求が法律上の争訟の要件である①当事者間の具体的な権利義務または法律関係の存否に関する紛争を満たす場合もありうる。ただし、もう1つの要件である②法律の適用によって終局的に解決できるかどうかにつき、訴訟の当否を決める前提問題としての宗教上の価値や教義に関する判断が、訴訟の結果を左右する必要不可欠のものであるような場合は裁判所の審査になじまない。❶はまさにこのようなケースについて②を満たさないとした。

2. 設例(1)では、要素の錯誤にもとづく不当利得返還請求を行っており、それ自体はCの権利義務に関わる内容である。そのため、①は満たすことになるが、要素の錯誤があったかどうかの判断につき、災難厄除の仏が仮かどうかについては宗教上の価値に関する判断、末世の時期については宗教上の教義に関する判断が必要である。そしてそれが判決結果を左右する必要不可欠であると考えられるため、②の要件を欠き、裁判所は審査できないことになる。

設例(2)では、宗教法人の機関としての代表役員の地位を争うものであるが、住職がその任に就くことになっていることから、訴訟の当否を決める前提問題に住職という宗教上の地位が関わっている。そのため、裁判所が審査できるかどうかが問題となる。この点につき、❷は代表役員の前提となる住職の選任が宗教上の教義等に関わる問題ではなく、手続にもとづいて選任されたかどうかであれば裁判所の審査の対象になるとした。したがって、(2)についても手続にもとづいて罷免されたかどうかの問題であれば裁判所が判断できることになる。

［大林啓吾］

189 部分社会論

A教授はB国立大学の学部や大学院において「比較法」(自由選択科目) 等の授業を教えていた。しかし、Aの成績評価に不正があるとの疑惑が上がり、教授会の決定にもとづくC学部長の命令によりAはすべての担当科目から学期の途中で外されることになった。A担当の科目を履修していた学生らは別科目へ移るための措置が講じられたが、Aはその後も授業を行い、一部の学生はそれを履修し続けた。Aはその学生らに合格の判定を出したが、B大学はそれを認めなかった。その中の1人であるD(2年生)はAの「比較法」の単位認定を求めて訴訟を提起した。

(1) 裁判所はDが提起した訴訟について司法審査を行うことができるか。

(2) Dが専攻科の学生で、「比較法」の単位を修得しなければ専攻科を修了できず、専攻科修了が認定されなかった場合はどうか。

参考 ❶最三小判昭和 52 年 3 月 15 日民集 31 巻 2 号 234 頁(富山大学事件)
❷最三小判昭和 52 年 3 月 15 日民集 31 巻 2 号 280 頁(富山大学専攻科修了認定事件)
❸最三小判昭和 63 年 12 月 20 日判時 1307 号 113 頁(共産党袴田事件)
❹最大判昭和 35 年 10 月 19 日民集 14 巻 12 号 2633 頁(村議会懲罰事件)
❺最大判令和 2 年 11 月 25 日判タ 1481 号 13 頁(岩沼市議会出席停止事件)

▶▶解説

1. 本設例は部分社会の法理に関するものである。社会には多元的な法秩序があり、団体や組織等のなかには一般市民社会と異なる特殊な社会（部分社会）を形成していることがある。そして、そのような部分社会内で起きた問題についてはたとえ法律上の係争にあたる場合でもその解決を内部の自律的判断に委ねた方が適切なことがある。それが部分社会の法理と呼ばれるものである。

これを明らかにしたのが❶であり、自律的法規範を有する団体内部の紛争はそれが一般市民法秩序と直接の関係を有しない内部的な問題にとどまる限り、その自主的・自律的解決に委ねるべきであるとした。そして❶は、国立大学は教育研究のために学則等によってこれを規定・実施する自律的権能を有していることから特殊な部分社会を形成しているとしている。

このような部分社会における法律上の係争はすべてが裁判所の審査対象になるわけではなく、一般市民法秩序と直接の関係を有しない場合は司法審査の対象から外される。国立大学が部分社会とされる以上、問題となるのは当該問題が一般市民法秩序と関係するかどうかである。

2. (1)では自由選択科目である比較法の単位修得が問題となっている。自由選択科目である以上、この単位を修得しなくても卒業することができる。また、Xは2年生であることから、この単位を落としたとしても卒業までに必要単位数を履修すればよい。そのため、一般市民法秩序に関係するとはいえない。

一方、(2)では専攻科修了の要件として当該科目の単位修得が求められており、修了認定がなされなかったことが問われている。❷は、専攻科修了認定は一般市民法秩序に関するものであり司法審査の対象になるとしている。そのため、(2)は司法審査の対象になると考えられる。

なお、部分社会の法理が問題になる場面は、政党や地方議会の内部問題など他にも存在する。政党の内部問題については一般市民法秩序と直接関係しなければ政党の自律性を尊重し、仮に関係する場合でもその審査は手続事項などに限定するとされている（❸）。地方議会については従来除名処分のような議員の身分に関わる重大事項と出席停止のような内部規律の問題を区別する傾向にあったが（❹）、最近では先例変更が行われ、出席停止も司法審査の対象になるとされている（❺）。

［大林啓吾］

190　統治行為論

　A内閣は、「日本国憲法第7条により、衆議院を解散する。」との解散の詔書案を一部閣僚の賛成署名のみで閣議決定し、これを受けて天皇は衆議院を解散した。衆議院議員であったBは、衆議院の解散が認められるのは憲法69条所定の場合に限られる、またA内閣による助言と承認が適法になされていないと主張して、本件解散は違憲無効であることを理由に、任期満了までの歳費の支払いを国に求めた。これに対して国は、衆議院の解散は高度に政治性のある国家行為であり、裁判所の審判権が及ばないと主張している。裁判所はBの訴えをどのように扱うべきか。

参考　❶最大判昭和35年6月8日民集14巻7号1206頁（苫米地事件）
　　　　❷最大判昭和34年12月16日刑集13巻13号3225頁（砂川事件上告審）

▶▶解説

1. 資格争訟の裁判（55）や弾劾裁判（64）のほか、議院の自律権に属する事項、立法裁量・行政裁量、憲法が団体に自治を認める内部的事項のように、法律上の争訟（裁判所3Ⅰ）であるにもかかわらず事柄の性質上司法審査の対象とならない場合（司法権の限界）がある、とされてきた。そのうちで、高度に政治性のある国家行為（統治行為）について、裁判所が法律上の判断が可能である場合でも、判断すべきでないという「統治行為論」に対しては、その当否や根拠をめぐって、争いがある。

2. ❶は、設例の事実関係で、統治行為は裁判所の審査権の外にあり、その判断は主権者である国民に対して政治的責任を負う政府、国会等の政治部門の判断に、最終的には国民の政治判断に委ねられていると述べた。

　❶に先立つこと半年前に、❷は、旧日米安全保障条約の合憲性が争われた事件で、やはり司法審査を限定する立場をとっている。しかし、❷では、同条約の違憲合憲の判断が、内閣・国会の「高度の政治的ないし自由裁量的判断」と表裏をなしていることを理由に、「一見極めて明白に違憲無効であると認められない限り」司法審査権の範囲外であるとした。❷が裁量論を加味した統治行為論であるのに対して、❶は「司法権の憲法上の本質に内在する制約」であることを強調しており、純粋な統治行為論を採用したといわれる。

3. このような統治行為論のあり方に関連して、❷は、旧日米安保条約が憲法の趣旨に適合こそすれ、違憲無効であることが一見極めて明白であるとは認められないという形で、限定的な範囲での憲法判断を示していた。これに対して❶は、裁判所としては、解散を適法に行われたとしている政府の見解を否定して憲法上無効なものとすることはできない、と述べて、請求を棄却した。

4. 学説では、❶のように司法権の内在的制約に加えて、司法審査による混乱を回避するために裁判所が自制すべきであるとの立場をも加味して、統治行為論を認める見解が多数である。もっとも、多数説は、統治行為論の濫用を防ぐために、自律権や裁量論等の他の理由で説明できない場合に例外的に用いるべきであるとか、基本的人権（特に精神的自由権）の侵害が争点である事件では用いられるべきではないと説く。これに対して、統治行為論は法の支配の原理や裁判を受ける権利（32）、そして憲法が違憲審査権を裁判所に委ねた81条の趣旨に反するとして、統治行為論を否定する立場も有力である。　　　　　　[宍戸常寿]

191 付随的違憲審査制

(1) 衆議院で４分の１強の議席を占める野党の代表Ａが、内閣が閣議決定により、実質的には憲法９条の改正に等しい安全保障政策の変更をもたらし、国会の多数党が数を頼んで立法によるお墨付きを与えたとして、当該立法が違憲であることの確認を求めて最高裁に直接訴えを提起することは可能か。

(2) もし国会議員の４分の１以上の提訴により、憲法と法律との適合性審査を最高裁に求めることができるという抽象的規範審査手続が法律で定められたとしたら、憲法上許されるか。

参考　❶最大判昭和 27 年 10 月 8 日民集 6 巻 9 号 783 頁（警察予備隊訴訟）
　　　❷最大判昭和 23 年 7 月 7 日刑集 2 巻 8 号 801 頁（刑訴応急措置法事件）

▶▶解説

1. 81条の解釈として、判例は早い段階からアメリカ型の付随審査制をとる立場を示していた (❷)。日本社会党の鈴木茂三郎が、81条は抽象的規範統制の行使も認めており、法定の手続なく、憲法上当然に行使しうるという理解にもとづき、最高裁に直接、警察予備隊の設置および維持に関する一切の行為が9条に照らし違憲無効であるとして訴えを提起したところ、最高裁は却下した (❶)。

最高裁は違憲審査権の行使につき、「わが現行の制度の下においては、特定の者の具体的な法律関係につき紛争の存する場合においてのみ裁判所にその判断を求めることができるのであり、裁判所がかような具体的事件を離れて抽象的に法律命令等の合憲性を判断する権限を有するとの見解には、憲法上及び法令上何等の根拠も存しない」と述べている (❶)。

以上によれば、具体的な事件を離れて憲法適合性審査のみを直接最高裁に求める設例 (1) のような場合についても、81条のもとで認められる余地はなく、却下されることとなる。

2. では、法令により提訴要件や手続が定められていたとすればどうか (設例 (2))。もし81条が、具体的事件を離れて抽象的規範統制をすることを許しておらず、付随的違憲審査のみ認められていると解するなら (通説)、設例 (2) のような法律は違憲と判断されることになる。

次に、憲法81条は最高裁が抽象的規範統制をすることも認めているとしても、手続は法律ではなく憲法自身により定められている必要があると解するなら、設例 (2) のような法律は違憲と判断されることになる。

以上の2つの立場は、警察予備隊訴訟判決のいう「わが現行の制度の下において」、「法令上何等の根拠も存しない」に特段の意味を認めるものではない。

これに対して、81条は最高裁が抽象的規範統制をすることも認めており、手続は法律により定められると解するのなら、設例 (2) のような法律も合憲とされる余地がある。この立場は、警察予備隊訴訟判決のいう「わが現行の制度の下において」、「法令上の根拠も存しない」を、具体化する法律があれば81条のもとで可能であると理解するものである。

[青井未帆]

192　立法不作為

　公選法の規定によれば、「選挙人は、選挙の当日、自ら投票所に行き、投票をしなければならない」（44条1項）が、Aは加齢に伴い運動機能と認知機能が低下してきており、一人で投票所に出向くことが著しく困難となり、選挙権を行使することができない。

　憲法14条1項、15条1項および3項、43条1項ならびに44条但書は、成年者による普通・平等選挙の原則を掲げて、国民に対し普通かつ平等の選挙権を保障しているところ、選挙権行使の機会を確保するための立法措置を講ずることを怠っているという立法不作為は違憲・違法であるとして、Aが国家賠償請求訴訟を提起したとする。当該立法不作為は国賠法1条1項の規定の適用上、違法と評価されうるか。

　なお、Aは要介護認定を受けていないものとする。また、加齢による投票困難者への立法措置については国会で課題としては取り上げられてはいないものとする。

参考　❶最一小判昭和60年11月21日民集39巻7号1512頁（在宅投票制廃止事件）
❷最大判平成17年9月14日民集59巻7号2087頁（在外邦人選挙権事件）
❸最大判平成27年12月16日民集69巻8号2427頁（再婚禁止期間一部違憲判決）
❹最一小判平成18年7月13日判時1946号41頁（精神的原因による投票困難者選挙権訴訟）

▶▶解説

1. いついかなる立法をなすかは、原則として国会の裁量事項であるが、憲法の明文上、一定の立法をなすべきことが規定され、あるいは憲法解釈上そのような結論が導かれる場合には、国会は立法をなすべき責務を負い、立法不作為は違憲となると、一般に理解されている。

　裁判所は、立法不作為により憲法上の権利が侵害されている場合にも、救済する方法を編み出してきた。争い方は多種考えられるが、国家賠償請求訴訟が最も活用されてきている。国会議員の立法行為について、国の代位責任者としての損害賠償責任を追及するなかで、立法不作為の違憲・違法性を争うものである。

2. ❶から始まる判例の展開によれば、「立法内容の違憲」と「立法行為（立法不作為を含む）の国賠法1条1項の適用上の違法性」は区別される。

　国賠法上違法とされる要件につき❷では、「立法の内容又は立法不作為が国民に憲法上保障されている権利を違法に侵害するものであることが明白な場合や、国民に憲法上保障されている権利行使の機会を確保するために所要の立法措置を執ることが必要不可欠であり、それが明白であるにもかかわらず、国会が正当な理由なく長期にわたってこれを怠る場合など」とされ、立法がすでに存在する場合と存在しない場合とで前段と後段に分けて論じられていた。

　これをまとめる形で❸では、「法律の規定が憲法上保障され又は保護されている権利利益を合理的な理由なく制約するものとして憲法の規定に違反するものであることが明白であるにもかかわらず、国会が正当な理由なく長期にわたってその改廃等の立法措置を怠る場合など」と再定式化されている。

3. 判例によれば、国には、国民が選挙権を行使することができない場合、「そのような制限をすることなしには選挙の公正を確保しつつ選挙権の行使を認めることが事実上不能ないし著しく困難であると認められる場合でない限り、……国民の選挙権の行使を」可能にするための所要の措置をとるべき責務があるというべきである（❷）。

　もっとも、設例のような場合は、加齢を原因とした投票所に行くことの困難さについて、既存の公的制度による判定を受けておらず、客観的に判断することが困難である（❹参照）。また、加齢による投票困難者への立法措置について、国会で取り上げられていない。以上よりすれば、❸の要件を満たさず、国賠法1条1項の適用上違法とはならないと考えられる。

［青井未帆］

193 主張適格

　ソマリア国籍のＡらは、アラビア海の公海上でバハマ国船籍のオイルタンカーに海賊行為を行おうとしたが、同船の救助に駆けつけたアメリカ合衆国軍兵士に制圧され、目的を遂げることができなかった。身柄を拘束されたＡらは、海上自衛隊護衛艦に同乗していた海上保安官に引き渡され、海賊対処法３条２項・２条１号違反の運行支配罪の未遂により逮捕され、のちに起訴された。

　Ａらは、海上保安官の武器の使用や海上自衛隊の海賊対処行動を定める海賊対処法６条ないし８条が憲法９条に反するゆえに無罪との主張をできるか。

参考　❶最大判昭和 37 年 11 月 28 日刑集 16 巻 11 号 1593 頁（第三者所有物没収事件）
　　　❷東京高判平成 25 年 12 月 18 日判タ 1407 号 234 頁
　　　❸札幌地判昭和 42 年 3 月 29 日判時 476 号 25 頁（恵庭事件）
　　　❹最三小判平成元年 9 月 19 日刑集 43 巻 8 号 785 頁（岐阜県青少年保護育成条例事件）
　　　❺最大判昭和 59 年 12 月 12 日民集 38 巻 12 号 1308 頁（税関検査事件）
　　　❻最三小判平成 19 年 9 月 18 日刑集 61 巻 6 号 601 頁（広島市暴走族追放条例事件）

▶▶解説

1. 憲法上の論点を提起する資格は違憲主張適格と呼ばれている。自己に適用される法規定については違憲主張適格が認められるが、そうでない法規定についてはどうか。無許可行為処罰規定と許可制のように、自己に適用されないとはいえ、適用規定と不可分の関係にある同じ法令中の他の規定の違憲を主張することはできる。自衛隊法 121 条違反が問われた❸では、自衛隊法そのものの憲法 9 条違反の主張が許された。

2. 設例の場合、適用規定（海賊対処 2・3）が、同法 6 条ないし 8 条と不可分の関係にあるといえるかが問題となる。本件では、自衛隊の部隊が海賊対処行動として A らに対して武器を用いたものではない。とすると、適用規定との間の関連は希薄といわざるをえない。

設例類似事件で違憲主張について認めなかった❷は、付随的違憲審査制との関係で違憲主張の可否を位置付け、「当事者の違憲主張に対する裁判所の判断は、原則として当該事件の解決に必要な限度でなされるべきもので、抽象的にある法令の違憲性を主張したり、自己に適用されない規定の違憲を主張することなどは基本的に許されないものである」と述べている。

3. 自己に適用されない規定の違憲主張の可否を、判例は独立のカテゴリーとして展開してきているわけではない。第三者の権利の主張を特段の議論なく認めた例として、❹〜❻などがある。

特定第三者の権利援用を認めた判例と理解されている❶は、①没収は被告人に対する付加刑である、②被告人の占有権が剥奪されている、③被告人が第三者から賠償請求される危険がある、ことから第三者所有物没収は違憲であるという主張を上告理由として認めた。

学説においては、援用者の訴訟における利益の程度、援用される憲法上の権利の性格、援用者と第三者の関係、第三者が独立の訴訟で自己の権利救済をする可能性等を踏まえて、第三者権利主張の可否を判断するとの整理が一般的である。萎縮効果を避けるための不明確性や過度広範性を理由とする違憲主張は、不特定第三者の憲法上の権利侵害の可能性がある場合といえる。認められれば法令違憲（無効）が引き出されるため、援用者の行為が規制を受ける典型的なケースにおいても、違憲の主張は許されることになる。　　　　　　　　　　　［青井未帆］

194 適用違憲

国家公務員法102条1項は、人事院規則で定める政治的行為をしてはならないと定め、人事院規則14-7の5項3号は「特定の政党その他の政治的団体を支持し又はこれに反対すること」を政治的目的の定義の1つとして掲げ、同6項7号および13号において政党機関紙や政治的目的を有する文書の配布が政治的行為として定義されている。また、国家公務員法110条1項19号により同法102条1項に規定する政治的行為の制限に違反した者は、3年以下の懲役または100万円以下の罰金に処せられることが定められている。

以上を前提に、次の事案において**(1)**適用違憲を主張する場合と**(2)**限定解釈によりAを救う場合を考えよ。

管理職的地位にない国家公務員であるAは、勤務時間外に自己の居住地の周辺で、他人の居宅の郵便受けに、所属する労働組合の決定に従いB党を支持する目的で政党機関紙や政治的文書を配布し、国公法110条1項19号・102条1項、人事院規則14-7（政治的行為）6項7号・13号（5項3号）にあたるとして起訴された。

参考
- ❶最二小判平成24年12月7日刑集66巻12号1337頁（堀越事件上告審）
- ❷東京高判平成22年3月29日刑集66巻12号1687頁（堀越事件第2審）
- ❸旭川地判昭和43年3月25日判時514号20頁（猿払事件第1審）
- ❹最二小判平成20年4月11日刑集62巻5号1217頁（立川テント村事件）
- ❺最三小判昭和62年3月3日刑集41巻2号15頁（大分県屋外広告物条例事件）
- ❻東京高判平成22年3月10日判タ1324号210頁（遺留分減殺請求事件）

▶▶解説

1. ❶は表現の自由の重要性から国公法102条1項の「政治的行為」を、「公務員の職務の遂行の政治的中立性を損なうおそれが、観念的なものにとどまらず、現実的に起こり得るものとして実質的に認められるものを指〔す〕」と限定的に解釈した。そして当該事案は「管理職的地位になく、その職務の内容や権限に裁量の余地のない公務員によって、職務と全く無関係に、公務員により組織される団体の活動としての性格もなく行われたものであり、公務員による行為と認識しうる態様で行われたものでもないから、公務員の職務の遂行の政治的中立性を損なうおそれが実質的に認められるものとはいえない」と判断した。

設例(2)について限定解釈によりAを救う場合、以上に照らしながら公務員の職務の遂行の政治的中立性を損なうおそれが実質的に認められるものとはいえないと論じることとなる。

2. 適用違憲とは、当該法令の規定自体を違憲とはせず、当該事件における具体的な適用を違憲と判断する方法である。最高裁は適用違憲判決を下したことがないが、このような判断方法はわが国の裁判例でみられる。❷〜❹、❺の伊藤正己裁判官補足意見、❻など。

もっとも、適用違憲の意味内容は判例・学説で収斂してはおらず、今日なお芦部信喜による三類型が参照されている。①「法令の合憲限定解釈が不可能である場合、すなわち合憲的に適用できる部分と違憲的に適用される可能性のある部分とが不可分の関係にある場合に、違憲的適用の場合をも含むような広い解釈に基づいて法令を当該事件に適用するのは違憲である」、②「法令の合憲限定解釈が可能であるにもかかわらず、法令の執行者が合憲的適用の場面に限定する解釈を行わず、違憲的に適用した、その適用行為は違憲である」、③「法令そのものは合憲でも、その執行者が人権を侵害するような形で解釈適用した場合に、その解釈適用行為が違憲である」。

3. 設例(1)について上記三類型を参考に適用違憲を主張する場合、堀越事件での限定解釈を踏まえつつ、③においてAの行為を本件罰則の保護法益である国の行政の中立的運営およびこれに対する国民の信頼の確保に照らして評価し、行為に対する制裁として合理的で必要やむをえない限度を超えることを、❸と⓬の事案と比べながら論ずることになろう。

[青井未帆]

195　違憲判決の遡及

　最大判平成 14 年 9 月 11 日民集 56 巻 7 号 1439 頁（郵便法違憲判決。以下、
「平成 14 年判決」という）が下される直前に、次の類似事件の確定判決が
あったものとする。郵便法違憲判決を踏まえて A が再審の訴えを提起する
場合、違憲判決の遡及はどのように考えられるか。なお再審期間（民訴法
342 条）は考慮に入れないものとする。

　A が債権差押命令を申し立て、これにもとづいて裁判所が預金債権の債
権差押命令を発した。A の配達日の指定の上申に従い、第三債務者である
銀行に上記命令正本を特別送達するに際し、裁判所は上申どおりに配達日
を指定して郵便局に差し出したが、配達員のミスにより、指定日より早く
銀行に配達された。銀行が債務者にこれを通知したため、銀行の債務者名
義の預金口座に振り込まれる予定の金員の振込先が変更され、A は回収が
見込まれた債権の回収ができなかった。

　これに対し、A は国を被告として損害賠償請求訴訟を提起したが、国は
郵便法 68 条および 73 条を援用し、損害賠償責任を負わない旨の抗弁を主
張し、裁判所はこれを容れて、A の請求を全部棄却した（確定）。

参考　　❶最大決平成 25 年 9 月 4 日民集 67 巻 6 号 1320 頁（婚外子相続分格差違憲決
　　　　　　定）

▶▶解説

1．違憲判決の効力について、最高裁が違憲とした法令は当該事件に限って適用を排除されるとする個別的効力説をとるなら、違憲判決の効力は事件発生時に遡及するが、その効果は当該事件の当事者にとどまり、違憲とされた法律は当該事件についてだけその適用を排除され、一般的な遡及効は持たないこととなる。

2．もっとも、民法900条4号ただし書を違憲と判断した❶は、「憲法に違反する法律は原則として無効であり、その法律に基づいてされた行為の効力も否定されるべきものであることからすると、本件規定は、本決定により遅くとも平成13年7月当時において憲法14条1項に違反していたと判断される以上、本決定の先例としての事実上の拘束力により、上記当時以降は無効であることとなり、また、本件規定に基づいてされた裁判や合意の効力等も否定されることになろう」とした。「先例としての事実上の拘束力」から、違憲判決の効果が遡及することを原則としたものである。

そのうえで、①本件規定が「国民生活や身分関係の基本法である民法の一部を構成し」、②「相続という日常的な現象を規律する規定であって」、③「平成13年7月から既に約12年もの期間が経過している」ため、既に多くの遺産の分割が行われ、それをもとに広く新たな権利関係が形成されている。そして、④「長期にわたる社会状況の変化に照らし、本件規定がその合理性を失ったことを理由として、その違憲性を当裁判所として初めて明らかにするもの」であることから、「いわば解決済みの事案にも効果が及ぶとすることは、著しく法的安定性を害する」。そこで、事実上の拘束力を限定し、法的安定性の確保との調和を図るため、「既に関係者間において裁判、合意等により確定的なものとなったといえる法律関係までをも現時点で覆すことは相当ではない」として、遡及効を制限した。

3．平成14年判決は郵便法68条・73条の規定のうち、特別送達郵便物取扱いの際に郵便業務従事者の軽過失により損害が生じた場合にまで国の損害賠償責任を免除しまたは制限している部分が17条に違反し、無効と判断した。設例の事案の場合にも、同最大判の事実上の拘束力により、違憲判決の効果は遡及しよう。

4．では遡及効は制限されるべきか。平成14年判決の事案は❶の①〜④に該当しないが、設例の事案で再審を認めることが法的安定性を害するかは、再審制度の理解に関わり検討される必要がある。　　　　　　　　　　[青井未帆]

196 租税法律主義

　全国健康保険協会（協会けんぽ）や健保組合、共済組合など職場の健康保険に加入していない者は、国民健康保険への加入が義務付けられる（強制加入制。国民健康保険法5条・6条）。国民健康保険に関する費用は、市町村が保険料または保険税として徴収する（同法76条）。A市では、国民健康保険条例にもとづき保険料として徴収し、滞納の場合は税の滞納処分の例により処分される。保険料の金額は、次のように算出する。①A市が全体で徴収する「賦課総額」を、療養費・事務費など費用の見込み総額と患者の一部負担金など収入の見込み総額をもとに、保険料の予定収納率も勘案して算定する。②これを⒜「所得割」⒝「被保険者均等割」⒞「世帯別平等割」に分け、⒜は推計した被保険者の所得総額で割り保険料率を出し、この率を用いて各被保険者の負担金額を計算、⒝⒞は被保険者や世帯の数で割り各被保険者の負担金額を計算する。③⒜⒝⒞の金額を合計したものを、各被保険者の保険料とする。①～③の算定基準は条例で定められているが、①の算定の前提となる費用・収入の見込み総額、予定収納率は市長が決める（もっとも、これらは国民健康保険特別会計の予決算の審議を通じ市議会の審議対象となる）。そして、各被保険者の保険料を算出する直接の根拠となる⒜の保険料率や⒝⒞の金額は、市長が決定し告示する。

　これらの保険料率や金額を条例で定めず、市長の決定に委ねていることの憲法上の問題点につき論じなさい。

参考　❶最大判平成18年3月1日民集60巻2号587頁（旭川市国民健康保険条例事件）
❷最一小判平成25年3月21日民集67巻3号438頁（神奈川県臨時特例企業税事件）
❸最大判昭和60年3月27日民集39巻2号247頁（サラリーマン税金訴訟）

▶▶解説

1. A市国民健康保険条例が具体的な保険料率や金額を条例で定めず、市長の決定に委ねていることが、租税法律主義（84）に反しないかが問題となる（❶参照）。租税法律主義とは、租税の賦課・徴収は法律の定めにもとづくものでなければならないという原則である。地方公共団体は、地方自治の不可欠の要素として課税権を有するので、ここにいう「法律」には条例も含まれると解される（もっとも、この点に関する判例の立場は明確でない。❷参照）。

2.「租税」とは、国または地方公共団体が、課税権にもとづき、その経費に充当するための資金を調達する目的をもって、特別の給付に対する反対給付としてではなく、一定の要件に該当するすべての者に対して課す金銭給付のことをいう（❸など参照）。本設例についてみれば、国民健康保険の保険料は、保険金の支払いに充当するために徴収され、保険給付を受けられることに対する反対給付といえるので、租税にはあたらない。

3. しかし、判例によれば、租税以外の公課であっても、賦課徴収の強制の度合いなどの点で租税と類似する性質を持つものには、84条の趣旨が及ぶ（❶）。これは、84条が、国民に対して義務を課し権利を制限するには法律の根拠を要するという法原則を租税について厳格化した形で明文化したものだからである。賦課要件等の定めがどの程度明確でなければならないかについては、当該公課の性質、賦課徴収の目的、その強制の度合い等を総合考慮して判断すべきである（❶）。

これを本設例についてみれば、国民健康保険は強制加入でありその保険料には強制徴収の制度がある点で租税と類似するが、保険料は、偶発的な事故に対する負担を相互扶助の精神にもとづき社会で分担しあう目的で賦課されるもので、強制加入も加入者の母集団を大きくして各被保険者の保険料負担を軽くするとともに、保険加入が任意であれば病気になるリスクが高いと認識している者ほど加入しやすくなり保険が成立しなくなる逆選択を防ぐためのものである。各被保険者の保険料を算定する直接の基礎となっている@の保険料率やⓑⓒの金額は市長の定めに委任されているが、その計算方法は条例で定められている。また賦課総額の算定に必要な費用や収入の見込み額、また予定収納率の推計は市長が決定するが、細目の定めといえ、また市議会を通じた民主的統制に服している。したがって、A市健康保険条例が具体的な保険料率や金額を条例で定めず、市長の決定に委ねていることは、84条の趣旨にも反しない。　　　　　　　　　　［上田健介］

197 　国会の予算修正権

　20XX 年 2 月、まったく新しい感染症が世界中で急速にまん延し、日本でもこの感染症に罹患した者が急増したため、国会は新型インフルエンザ等対策特別措置法を急遽改正して政府は緊急事態宣言を行った。これにより、生活に必要な物資を扱う店以外の店舗は営業自粛が求められた。この結果、労働者のなかでは非正規雇用の者を中心に休業、解雇を強いられる者が急増し、自営業者にも大幅な収入減で事業の継続が困難になる者が続出した。国会では与野党の垣根を越えて、迅速に生活保障、休業補償を行うため、衆議院で審議中であった 20XX 年度予算（歳出が約 100 兆円）に「新型感染症対策費」という項を新たに設けて 30 兆円規模の歳出増額を行うべきだという声が高まった。

　この予算修正の合憲性について論じなさい。

▶▶解説

1. 予算は、内閣が作成して国会に提出し、その審議を受け議決を経なければならない（73⑤・86）。この憲法の枠組みのなかで、国会が予算を修正できるか、修正できるとしてその限界があるのかが問題となる。

2. 国会が予算修正権を持つこと自体は、実務・通説ともに一致してこれを認める。その理由として、日本国憲法が国会中心の財政処理を原則として掲げていることが挙げられる（83）。

3. これに対し、予算修正権の限界の存否については、様々な見解がある。①政府見解によれば、「国会の予算修正は内閣の予算提案権を侵害しない範囲内で可能である」とされる。具体的に「項の新設や付加は、項が予算の議決科目の単位であって政府の施策が表現されるものであるから、内閣の予算提案権を侵害し許されない」との解釈も示されたが、この解釈は後に改められ、ケース・バイ・ケースで判断するとされている（昭和52年2月23日第80回衆議院予算委員会議録12号28頁〔福田赳夫内閣総理大臣〕）。②学説にも、⑦法律執行に必要な予算の減額修正や、予算の同一性を損なう大きな増額修正は許されないという説がある。これは、予算の国会議決も法律により拘束されること、また予算を大きく修正して新しい提案に等しいものとするのは内閣の予算提案権に抵触することを理由とする。しかし、この説に対しては、明治憲法にあった法律費や義務費の廃除削減を禁止する条項が日本国憲法では消えており、また「予算の同一性」といっても抽象的であるため具体的な問題の判断に資さないとの批判がある。現在の多数説は、①国会の予算修正権に限界はないとする。これは、国会中心の財政処理の原則（83）を重視することによる。もっとも、①説に立つと、予算は内閣による1年間の政治計画の表現であるので、内閣との衝突をどう調整するかという実際上の問題が生じる。この点は、内閣が修正なしに議決を得られるよう与党を通じてはたらきかけ、また、万一内閣が承服しがたい修正が行われた場合には、衆議院を解散して修正の是非を国民に問うなどして調整されることになる。

設例の予算修正は、増額の規模が大きいことから、①・②⑦の立場からは、内閣の予算提案権を侵害して許されないことになるだろう。この場合、国会では、予算組替えを求める動議を可決して、内閣に審議中の予算を撤回したうえで当該動議の趣旨を踏まえた予算の再提出を求めることが考えられる。これに対し、②①の立場によれば、設例の予算修正も、当然に合憲となる。　　　　　　　［上田健介］

198　予算と法律の不一致

　20XX 年 5 月、前問 **197** で触れた新しい感染症の感染拡大防止のため多くの大学ではオンライン授業に切り替わった。学生のなかには、機材やインターネット環境の整備のための費用が用意できないため、またアルバイトができなくなったため、就学の継続が困難になる者も生じた。これらの学生の声を受けて、国会では野党が中心となり、「新型感染症の影響に対応するための学生支援特別措置法案」が作成された。これによれば、20XX 年度の授業料の半額以上を減免した大学に対し国がその減免金額を補てんすること、学生に一律 20 万円を支給することとされる（以下、これらをまとめて「学生支援特別措置」という）。この法律案の施行に要する経費は、2 兆 5,000 億円の見込みである。政府はこの提案に反対していたが、全国の大学生が SNS でこの法律案に賛成の投稿をし、それがニュースでも大きく取り上げられることとなったため、与党議員の一部がこの提案の賛成に回った結果、この法律案は両議院で可決、成立した（以下、成立した法律を「学生支援特措法」という）。しかし、既に成立して予算執行が始まっている 20XX 年度予算には、学生支援特別措置のための歳出は計上されていない。

(1)　内閣は、20XX 年度予算中に学生支援特別措置のための歳出が計上されていないことを理由にこの措置の実施を拒否することは可能か。

(2)　内閣は、学生支援特措法を根拠として直ちに学生支援特別措置のための費用を歳出することは可能か。内閣は学生支援特別措置のための費用を歳出するためにどのような方法をとることが考えられるか。

▶▶解説

1. 内閣以下の行政部が行政活動を行うには、通常、法律による権限の付与と予算による歳出の承認とが必要となる（行政活動に法律による授権がどこまで必要かは、法律の留保〔41 参照〕の問題であり、説により広狭がある）。しかし、法律と予算では制定手続が異なるため、一方しか成立していない事態が生じうる。本設例では、法律が成立したがその実施に必要な歳出予算が存在しない場合が問われている。

2. 歳出予算の不存在を理由に内閣が法律の執行を拒否することは、内閣には法律を誠実に執行することが憲法上要請されるため（73 ①）、たとえ内閣がその法律の実施に反対であっても許されない。それゆえ、本設例の学生支援特別措置の実施を内閣が歳出予算の不存在を理由に拒否することはできないと考えられる。

3. 歳出予算が計上されていない状態で法律実施のために歳出することは、上述のとおり歳出には予算の議決も必要であるので、それがない以上できない。既に成立している予算からの歳出も、歳出予算（および継続費）は各項に定める目的外の使用は認められないので（財政 32）、設例の学生支援特別措置が成立済みの予算のある項の目的に含まれているといえない限りできない。学生支援特別措置がある項の目的に含まれるといえても、予算の各項の上限額を超過する歳出はできず、別の項からの移用もあらかじめ国会の議決がないとできないので（財政 33）、兆を超える巨額の歳出が可能だとは想定しがたい。

　1 つの方法として考えられるのは、予備費の使用である。予備費は、予見し難い予算の不足に充てるために設けられる（87 Ⅰ）。ここには、実際の歳出が予算の各費目で定めた上限を超過する場合のほか、各費目に挙げられていない歳出を行う必要が生じた場合も含むと解される。予備費の具体的な設け方は憲法で定まっていない。恒常的な基金として設けることが想定されていたとの説もあるが、現在は毎年の歳入歳出予算に計上するかたちで設けることとされている（財政 24）。本設例の学生支援特別措置のための歳出も、もし成立済みの予算に予備費が計上されており、その範囲内であれば、直ちに行うことができる（もっとも、内閣は事後に国会の承諾を得なければならない〔87 Ⅱ〕）。予備費によっても賄えない場合、内閣は補正予算（財政 29）を作成し国会に提出して、学生支援特別措置のための歳出に対する承認を得ることが考えられる。　　　　　　　　［上田健介］

<table>
<tr><td>

199　決算

</td></tr>
</table>

　憲法 90 条 1 項は、「国の収入支出の決算は、すべて毎年会計検査院がこれを検査し、内閣は、次の年度に、その検査報告とともに、これを国会に提出しなければならない」と定める。

(1)　会計検査院による決算検査の意義について述べなさい。また、会計検査院は、検査の進行に伴い「会計経理に関し法令に違反し又は不当であると認める事項がある場合」、また決算の検査の結果、「法令、制度又は行政に関し改善を必要とする事項」があると認める場合に意見表示や処置要求（会計検査院法 34 条・36 条）を行うが、これらの行為の効果および意義について論じなさい。

(2)　決算の国会への提出は、実際には、両議院に同時に、別々に提出されており、一院で議決されても別の議院に送付しない。また、議決に至らなかった場合でも、次の会期で再び提出されず、引き続きこれを審査する（以上につき参照、衆議院先例集 349・351、参議院先例録 158）。すなわち、決算は報告案件として取り扱われている。このような取扱いの合憲性、妥当性について論じなさい。

(3)　決算について、衆議院ではこれを不法または不当との議決、参議院ではこれを是認しないとの議決さらに警告の議決をすることがある（衆議院先例集 350、参議院先例録 342・485。参議院では平成 18 年度・19 年度・21 年度の決算について是認しないとの議決が行われた）。これらの議決の効果と意義について論じなさい。

▶▶解説

1．決算とは、一会計年度の収入支出の実績を示すため一定の形式に従い作成された計数書である。会計検査院による決算検査（90Ⅰ）は、計数が正確か、収入支出が予算や法令に従った適法なものか、という点に加え、予算執行が不経済、非効率、またはその政策効果が不十分で、不当なものではないか、という観点から判定するものである（会計検査院20。会計検査院は、決算検査に加え、法律に定める会計検査を常時行う）。検査の対象は憲法上「すべて」とされる。それゆえ、たとえば特定秘密保護法にもとづき外交・防衛などに関し特定秘密に指定された情報であっても検査を拒否することは許されない。会計検査院が検査の終了を「確認」（同21）することにより、内閣は決算の国会提出が可能となる。会計検査院は、決算の確認、計数の不符合の有無や違法・不当と認めた事項の有無などを記載した検査報告を作成し（同29）、内閣は、決算を検査報告とともに国会に提出する（憲90Ⅰ）。会計検査院は、内閣に対し独立の地位を有する憲法上の独立機関である（参照、会計検査院1）。決算検査には、会計専門家の立場から会計処理を検証しその結果を国会に提出することで、内閣の国会に対するアカウンタビリティの確保に資するとともに、予算執行に緊張感を持たせる意義がある。検査の過程で会計検査院が出す意見表示や処置要求も、直ちに法的効果を発生させるものではないが、各省各庁の長等は、これを尊重して是正を図る必要があると解される。

2．決算は、国会で報告案件として取り扱われている。憲法は、決算について、「国会に提出しなければならない」（90Ⅰ）とだけ定め、予備費の支出や皇室費用のように「承諾」「議決」（87Ⅱ・88）を求めていないので、このような取扱いも合憲と解さざるをえない。しかし、国会中心の財政処理の原則（83）に照らせば、各年度の財政の総括として国会が意思表示を行うことが望ましい。

3．決算に対する、不法・不当または是認しない・警告の議決は、内閣の予算執行に対する非難の意思表示にすぎず、政治的な効果しか持たないと解されている。すなわち、たとえば不法な支出に対し損害を填補しなければならないといった法的効果を伴うものではない。しかし、内閣は、かかる議決に対し、内閣としての弁明を行い、必要ならば是正措置を講じるといった責任が生じると解される。参議院の警告決議に対し内閣が講じた措置については、内閣総理大臣から議長に対し文書により報告するのが例とされている（参議院先例録485）。　　　[上田健介]

200 公の支配

　A市は、学校法人Bがその運営するC大学の新学部として看護学部を設置しようとしていることを知り、若年層を市内に呼び込み市を活性するために、これを誘致しようとした。A市は、Bとの協議の結果、C大学の新キャンパスの建設に必要な費用20億円のうち10億円をBに補助することとし、A市長Dは、この10億円の補助金にかかる「大学学部等設置助成事業」を含む予算がA市議会で成立したことを受けて、Bに対し10億円の補助金交付決定を行った。本件補助金の交付が「公の支配に属しない」事業に対する公金支出にあたり、憲法89条に違反しないか、考えなさい。

　C大学の教育は、「世の為、人の為に尽くす」という建学の精神にもとづき行われているが、当然のことながら、教育基本法や学校教育法に従って実施されている。看護学部の設置に際しても文部科学省の設置基準に従い、その認可を受けている（学校教育法3条・4条参照）。また、Bには、私立学校振興助成法12条にもとづき、所轄庁である文部科学大臣が、業務・会計状況に関し、報告聴取、質問、帳簿・書類等の物件検査を行う権限（1号）、学則が定める収容定員を著しく超過して入学させた場合の是正命令権（2号）、予算が助成目的に照らし不適当である場合に変更を求める勧告権（3号）、役員が法令の規定、所轄庁の処分または寄附行為に違反した場合に解職を求める勧告権（4号）を持っている。

参考　　❶東京高判平成2年1月29日判時1351号47頁（幼児教室事件）
　　　　❷千葉地判昭和61年5月28日行集37巻4＝5号690頁
　　　　❸宮崎地判平成28年11月30日 LEX/DB25545025

▶▶解説

1． 89条後段が「慈善、教育若しくは博愛の事業」に求める「公の支配」の内容には、本条の趣旨の理解によって様々な解釈が存在する。本条の趣旨の理解には、大別して、ⓐ財政援助による事業主体の公権力への依存とその公権力による党派的な利用を防止し、私的な事業主体の自主性・独立性を確保することとする説と、ⓑ慈善、教育、博愛という美名に流され公費が濫用されることを防止する説とに分かれる（さらに、ⓒ 89条前段の政教分離原則と繋げ、国家の宗教的・思想的中立性の要請をⓑに加える説もある）。ⓐ説は、「公の支配」を、公権力が事業主体に対し決定的な支配力を持つ程度までその人事や予算に関与することと捉え、これを満たさない限り公の財産の支出等を許さないとして本条の要請を厳格に解する（もっとも、そのうえで、ⓓ生存権や教育を受ける権利の保障のための国の責務を理由に、この要請を緩和させる説もある）。ⓑ説は、当該事業ひいては当該財政援助が適正に実施され、公費濫用を防止しうる財政上の規律が存在していれば「公の支配」に属していると捉え、本条の要請を緩やかに解する。

2． この論点に関する最高裁判例はない。下級審裁判例には、本条の趣旨を、教育の名のもと公教育の目的に合致しない教育活動が行われ、公の財産が浪費されるのを防止することとしつつ、教育が重要な国家の任務であり私的な教育事業への公的な援助も一般的には公の利益に沿うので同条前段ほど厳格な規制を要しないとして、基本的にⓑ説の立場から本条の要請を緩やかに解するものがある（❶）。この裁判例によれば、公の支配とは、事業の実施が不適切である場合にそれを是正する方法が確保され、公費の濫用が防止できればよく、具体的な方法は、当該事業の目的、事業内容、運営形態等諸般の事情によって異なるが、事業主体の人事や予算への直接的な関与までは要求されない（なお、❷はⓐ～ⓓをすべて挙げ、目的効果基準を用いて判断している）。

3． これを本設例についていえば、ⓐ説に立てば、私立学校振興助成法12条が定める文部科学大臣の検査権や予算変更・役員解職の勧告権などでは国がBに対し決定的な支配力を行使しうるとはいえないので、本件補助金交付は違憲となる。これに対し、ⓑ説や上記裁判例によれば、C大学の教育には教育基本法や学校教育法など教育関係法規による一定の規律がはたらき、また文部科学大臣は私立学校振興助成法12条の諸権限によりBによる公費濫用を防止しうるといえるので、Bに対する補助金交付は合憲となるだろう（❸参照）。　　　　［上田健介］

201 憲法上の地方公共団体

　現在、大都市行政の合理的能率的運営を図ることを目的として、政令で指定する人口50万人以上の市につき、事務配分をはじめとする各種の特例が認められる制度（指定都市制度）が設けられている（地自法252条の19）。しかし、同一または類似の行政分野において指定都市と都道府県の間で事務権限が分かれていることによって、指定都市が効率的で効果的な行政運営ができない状況があると指摘されていた。

　そこで、新たに、政令で指定する人口100万人以上の市を「特別市」とし、都道府県から独立させることになったとする。これにより、特別市においては、都道府県が当該市域において従来実施していた事務や賦課徴収していた地方税を特別市に移譲し、従来の都道府県と指定都市の権限を特別市が併せて持ち、都道府県は従来の特別市において一切の権限を行使できないことになる。また、特別市設置のねらいが都道府県と指定都市との二重行政の解消にあることから、特別市には区の設置を認めないこととなった。なお、特別市の住民は都道府県の住民とはならず、知事や議会議員の選挙権等も持たないことになる。

　これにより、特別市の区域は都道府県・市町村や都・特別区のような二層からなる地方自治制度ではなく、特別市一層からなる制度となるが、この点が憲法92条に反するかを検討しなさい。

参考 　❶最大判昭和38年3月27日刑集17巻2号121頁（渋谷区長選任贈収賄事件）

▶▶解説

1. 92条は、「地方公共団体の組織及び運営に関する事項」について、「地方自治の本旨に基いて」、「法律でこれを定める」と規定する。

これを受けて、「地方公共団体の区分並びに地方公共団体の組織及び運営に関する事項の大綱」を定める地自法のほか、地方財政法、地公法、地方税法などの様々な法律が制定されている。

2. 本設例で問題になるのは、このうち「地方公共団体」（憲法上の地方公共団体）のあり方である。この点、❶は、「事実上住民が経済的文化的に密接な共同生活を営み、共同体意識をもっているという社会的基盤が存在」し、「沿革的にみても、また現実の行政の上においても、相当程度の自主立法権、自主行政権、自主財政権等地方自治の基本的権能を附与された地域団体」については、「その実体を無視して、憲法で保障した地方自治の権能を法律を以て奪うことは、許されない」と説く。地自法は、基礎的な地方公共団体として市町村および東京の特別区を挙げ（2Ⅲ・281の2）、市町村を包摂する広域の公共団体として都道府県を挙げるが（2Ⅴ）、これらはみな、❶にいう憲法上の地方公共団体であると考えられる。

3. もっとも、憲法は個々の公共団体が存続し続けることまでを保障するものではなく、憲法が地方自治を保障した趣旨に反しない限りは、都道府県や市町村の廃置分合（地自6・7参照）も許される。

しかし、憲法が地方自治を保障した趣旨から導かれる一定の限界がある。❶によれば、憲法が地方自治を保障した趣旨は、「憲法の基調とする政治民主化の一環として、住民の日常生活に密接な関連をもつ公共的な事務は、その地方の住民の手でその住民の団体が主体となって処理する政治形態を保障」しようとするところにある。言い換えれば、憲法は、国内の統治権を中央と地方に垂直的に分ける（垂直的権力分立）ことを通じて、民主主義や自由主義といった憲法の理念を実現しようとしているのである。

4. 地方自治制度に複数の層を設け、垂直的権力分立を実現しようとしたのが憲法の趣旨に適合すると解するのであれば、本設例のように、それを一層へと減らすことは違憲だということになるだろう。　　　　　　　　　　　［片桐直人］

202 地方公共団体の組織

近年、いくつかの市で、市長と議会との対立がみられ、市政の停滞が見られるようになった。そこで、全国的に、市長と議会との関係を見直すべきだという声が高まり、これを受けて、政府は、地自法161条以下を改正し、①市においては市長のもとに数名の副市長を必ず置くこと、②副市長は、市長が、市議会の議員から、議会の同意を得てこれを選任すること、③市長と副市長は合議体の内閣を組織し、内閣は予算案や条例案の作成のほか、規則等を制定すること、④市議会は、内閣に対する不信任案の可決もしくは信任案の否決をすることができること、⑤内閣不信任案の可決もしくは信任案の否決がなされた場合、市長は、10日以内に副市長を解職するか、議会を解散するかを選択できることなどを定めたとする。

このような仕組みの憲法上の問題を検討しなさい。

▶▶解説

1. 93条は、地方公共団体に、議事機関として議会を設置すること（Ⅰ）のほか、地方公共団体の長、その議会の議員および法律の定めるその他の吏員は、その地方公共団体の住民が、直接これを選挙することを定めている（Ⅱ）。

国政レベルでは、国会を構成する衆参両議院の組織について公選が求められる一方で（43Ⅰ）、行政権の帰属する内閣の首長たる内閣総理大臣は国会議員のなかから国会の議決で指名することとされており（66・67）、直接公選の対象とはなっていない。このような仕組みについては、衆議院の内閣不信任決議と内閣による衆議院の解散制度（69）と併せて、いわゆる議院内閣制が採用されているものと評価できる（項目 **175** 参照）。

2. これに対して地方公共団体の場合、93条2項がその長の選挙をも求めていることから、執行権を担う首長と立法権を担う議員とがそれぞれ住民に直接責任を負う仕組み（二元代表制）が予定されていると解される。このような二元代表制の代表的なモデルはアメリカにみられる大統領制である。地自法は、長が議会の議決に異議のあるときに再議を要求できるようにしており（176・177参照）、このような仕組みもアメリカ型の大統領制に類似したものといえる。

3. もっとも、アメリカ型の大統領制のみが憲法上許容される仕組みであるというわけではなく、憲法93条は長と議会の議員とが直接住民に責任を負いうる制度である限り、広く制度設計の余地を残しているものと考えられている。実際、地自法は議会に長に対する不信任議決を認めるとともに、それが可決された場合には長が議会を解散できるとしており（178）、議院内閣制の要素を一部取り込んでいる。また、現行の制度に代えて、シティマネージャー制などを採用すべきといった提案がある。本設例で提案されているのは、フランスなどにみられる半大統領制に近い仕組みであるが、このような仕組みも憲法上許容されると考えることができる。

4. なお、憲法93条1項によって設置が義務付けられる議事機関の議会につき、地自法89条以下は一院制として設計しているが、この点についても憲法上の要請ではなく、二院制を採用することも可能であると考えられる。

〔片桐直人〕

203 有権者団としての住民とその権能

　20XX 年、A 市では、A 市自治基本条例を定めることとし、そのなかで、住民投票に関する事項について規定を設けることとした。それによれば、住民投票は、市長が、重要な施策について、住民の意思を確認するために行うことができるものとされ、その結果について市長は尊重すべきものとされている。

　また、このような規定に合わせて制定されることが予定されている A 市住民投票に関する条例においては、A 市に引き続き 3 か月以上住所を有する満 16 歳以上の者を投票権者とすることとし、日本に在留資格をもって引き続き一定期間在留している外国人住民も投票権者とすることが予定されている。

(1)　A 市自治基本条例で定められている住民投票について、憲法上の問題があるかを検討しなさい。
(2)　A 市住民投票に関する条例において、外国人住民も投票権者とされていることにつき、憲法上の問題があるかを検討しなさい。

参考　❶最三小判平成 7 年 2 月 28 日民集 49 巻 2 号 639 頁
　　　❷那覇地判平成 12 年 5 月 9 日判時 1746 号 122 頁（名護市ヘリポート事件）

▶▶解説

1. 一般に有権者団は、公務員の選挙・解職のほか、政策形成に直接参加する権能を有しうる。政策形成への参加には表決（レファレンダム）のほか、議会で議論すべき案件を提案する発案（イニシアチブ）といった形態がある。日本国憲法は、憲法改正の国民投票だけを規定している。そこで、法律や条例により、レファレンダムやイニシアチブを創設できるかが問題となる。

このうち特に問題となるのがレファレンダムである。国政のレベルについていえば、日本国憲法は、国民の代表から組織される国会を「唯一の立法機関」(41)としており、国会の議決を拘束するようなものは憲法に反するが、国会が国民の意思を諮問するものであれば違憲とはならないと考える余地がある。

2. 地方公共団体の場合、長や議会の権限は法律で定められており、法律を改正すれば拘束的なレファレンダムも導入しうるかもしれない。しかし、93条が長や議会の議員の公選を定めるのは、地方政府も基本的には間接民主制が好ましいと考えたからだともいえよう。その場合、拘束的なレファレンダムは原則として違憲となろう。❷は下級審裁判例ながら住民投票の結果に法的拘束力を認めると、間接民主制と整合しない結果をもたらしうると指摘している。

もっとも、本設例のように諮問的なものであれば、長や議会の権限を侵害しない限り、条例で創設できる。現在、多くの公共団体が同様の住民投票制度を条例で創設している。

次に、このような住民投票を行う有権者団の範囲が問題になる。この点、公選法9条2項は、地方公共団体の長や議会の議員の選挙について、満18歳以上の日本国民で引き続き3か月以上市町村の区域に住所を有する者を有権者とする。

3. もっとも、この規定は条例で創設された住民投票制度には適用されない。本設例の制度が諮問的なものである点にも注目すれば、制度の趣旨を損なわない限りで年齢要件を引き下げたり、居住要件を緩和したりすることも可能であろう。

4. では、外国籍住民にも投票を認めるようにできるか。この点、❶では「我が国に在留する外国人のうちでも永住者等であってその居住する区域の地方公共団体と特段に緊密な関係を持つに至ったと認められるものについて……選挙権を付与」しても違憲ではないとされている。そうだとすれば、制度の趣旨を損なわない限り、外国籍の住民に投票権を付与しても違憲にはならないと考えられる（項目 **156** 参照）。　　　　　　　　　　　　　　　　　　　　　　　　［片桐直人］

204 法律と条例

団体規制法は、無差別大量殺人行為を行った団体につき、その活動状況を明らかにしまたは当該行為の再発を防止するために必要な規制措置として、公安調査庁長官による観察処分等を定めている。

団体 A は団体規制法にもとづく観察処分を受けている団体であるが、あるときその構成員らが、B 市所在の土地建物を取得し、そこに A の道場を建設することが報じられた。これを受けて B 市では、主として A を念頭に置きつつ、その活動および構成員の市への転入等に伴って生じる市民の安全や平穏に対する脅威・不安を除去するために B 市反社会的団体規制条例（以下、「条例」という）を制定した。

条例は、団体規制法にもとづく観察処分を受けた団体を「反社会的団体」とし、当該反社会的団体が市内で活動する場合に、当該反社会的団体の役職員の氏名、住所、役職名、氏名を市長に報告することを義務付けるほか、同法では報告すべきものとされていない施設の建築改修計画についても報告義務を課している。

条例が憲法 94 条に反しないかを検討しなさい。

参考 ❶最大判昭和 50 年 9 月 10 日刑集 29 巻 8 号 489 頁（徳島市公安条例事件）
❷東京高判平成 25 年 10 月 31 日判時 2217 号 3 頁
❸東京地判平成 24 年 12 月 6 日判時 2217 号 17 頁

▶▶解説

1. 地方公共団体は、「法律の範囲内で条例を制定することができる」(94)。ここにいう条例とは、地方公共団体が制定する自主法を意味し、議会の議決する（狭い意味での）条例以外にも、長が定める規則などを含む広い概念である。地方公共団体はその自治権にもとづき、法律の委任がなくとも、条例を定めることができるが、それは「法律の範囲内」でなければならない。

　この点について、（ア）条例と法律とが矛盾する場合にどのように調整すべきか、（イ）憲法が明示的に法律で定めるよう求めている事項について条例によって規制することは可能かが問題となる。本設例では、団体Aに対して、条例が法に重ねて制約をかけるものであり、主として（ア）が問題となる。

2. 94条にいう「法律の範囲内」とは「法令に違反しない限りにおいて」(地自14Ⅰ) ということであり、条例等が国の法律や命令に違反する場合には当該条例等は無効になる。❶によれば「条例が国の法令に違反するかどうかは、両者の対象事項と規定文言を対比するのみでなく、それぞれの趣旨、目的、内容及び効果を比較し、両者の間に矛盾牴触があるかどうかによってこれを決」すべきものとされる。これを本設例の条例に当てはめれば、法が団体の活動状況を明らかにして無差別殺人行為の再発を防止することを目的とするのに対して、条例は市民の安全や平穏に対する脅威・不安を除去することを目的としているのであって、相応の違いがある。また、団体は条例にもとづく報告義務が別途課されることになるが、これによって法の効果を阻害することもないだろう。これらの点に鑑みれば、両者は矛盾抵触するわけではなく、憲法上の問題はないといえる（なお、❷❸参照）。

3. ただし、法は、国民の基本的人権に重大な関係を有するものであるから、公共の安全の確保のために必要な最小限度においてのみ適用すべきものとしており、この点も踏まえると、条例の制約が必要最小限度を超えているといえる場合には、この観点から憲法違反だと評価される余地もある。

　なお、条例が罰則を定めていたり、施設の改修や使用を禁じたりする場合には、（イ）の論点も問題になる。というのも、31条は刑罰を、29条2項は財産権の内容を、それぞれ法律で定めるべきことを要求しているからである。もっとも、地方公共団体の住民の代表機関である議会が制定する条例は法律に準ずるものと考えられるから、いずれの点も問題にならない。　　　　　[片桐直人]

205　課税自主権

　　地方税法は、市町村の普通税の1つとして固定資産税を用意している。マンションに代表される区分所有の家屋の場合、各区分所有者は、家屋全体の固定資産税額を各区分所有者の専有部分の床面積の割合に応じて納付すべき義務を負う（地方税法352条1項）。

　　A市では、近年、超高層マンションの建築が相次いでいる。A市は、超高層マンションの上層階と下層階では物件の取引価格が違うのに、それが固定資産税額に十分に反映されていないことに着目し、法定外普通税（地方税法5条）として、総務大臣の同意を求めたうえで、居住用超高層マンションのうち、一定の階数以上に存在する専有部分の区分所有者に対して、各区分所有者が納めるべき固定資産税額に、当該固定資産税額の20%を上乗せして賦課徴収する条例を制定したいと考え、総務大臣に協議のうえ同意を求めた（同法669条以下）。これに対し、総務大臣は、同法671条1号にいう「他の地方税と課税標準を同じくし、かつ、住民の負担が著しく過重となる」場合にあたるとして、同意せず、法定外普通税の新設は認められなかった。

　　この事例に含まれる憲法上の問題を論じなさい。

参考　❶最大判昭和50年9月10日刑集29巻8号489頁（徳島市公安条例事件）
　　　❷最一小判平成25年3月21日民集67巻3号438頁（神奈川県臨時特例企業税事件）

▶▶解説

1. 地方公共団体が課税権を行使し、それによって自主的に財源を調達することを自主財政主義という。地方公共団体の賦課徴収する租税は、使途が定められておらずどのような目的にも使いうる財源（一般財源）であり、最も重要なものである。憲法は租税の賦課徴収につき、法律または法律の定める条件によることを求め（84）、地方公共団体の課税権について触れていないが、92条・94条に鑑みて、地方公共団体は自治権にもとづき当然に自主財政権を有し、条例を制定して税の賦課徴収を行うことができ、その意味で課税自主権が憲法上保障されているものと解される。

2. もっとも、地方公共団体による地方税の賦課徴収には、地方税法による「枠」がはめられており、このような枠組法としての地方税法と課税自主権にもとづき制定される条例との調整が問題となる。この点、❷は❶が示した条例と法令との調整の考え方を踏襲したうえで、地方税法が定める普通税についての規定は、「任意規定ではなく強行規定であると解されるから、普通地方公共団体は、地方税に関する条例の制定や改正に当たっては、同法の定める準則に拘束され、これに従わなければなら」ず、「法定外普通税に関する条例において、同法の定める法定普通税についての強行規定に反する内容の定めを設けることによって当該規定の内容を実質的に変更することも、これと同様に、同法の規定の趣旨、目的に反し、その効果を阻害する内容のものとして許されない」としている。

3. これを本設例に当てはめれば、条例が課税しようとしている超高層マンションの上層階部分にある専有部分については既に普通税として固定資産税が課されているところであって、地方税法と条例との調整が必要になる。条例が地方税法の規定を実質的に変更する効果を持つものとして法律に反することになるだろう。

［片桐直人］

206 憲法と条約の関係

　内閣は、国会の承認を得て、Ａ国との間で条約Ｂを締結した。この条約においては、その実施に際して必要な事項の策定を日・Ａ両国政府のさらなる実務的交渉に委ね、別に行政協定を締結する定めがあった。この定めに基づいて締結された行政協定Ｃは、国会の承認を経ることなく成立した。さらに、Ｃの国内実施法が国会で制定され、この法律には罰則を伴う禁止事項の規定（以下、「本件処罰規定」という）もあった。

　本件処罰規定に定める犯罪行為を行ったとして、Ｄは起訴された。

(1)　裁判所はＤの刑事裁判で本件処罰規定の合憲性を判断する前提として、条約Ｂの合憲性を審査することができるか。なお、統治行為論、あるいは政治問題の法理（これについては、項目**190**参照）について論じる必要はない。

(2)　行政協定Ｃは国会の承認を受けておらず、これを実施する本件処罰規定は無効であるという、Ｄの主張は認められるか。

| **参考**　❶最大判昭和 34 年 12 月 16 日刑集 13 巻 13 号 3225 頁（砂川事件上告審）

▶▶解説

1． 日本国憲法のもと、憲法と条約はどのような関係にあるのか。憲法が条約に優位すると理解するのが現在では一般的である。もっとも、憲法が条約に優位すると解する場合も、違憲審査制について規定する81条は、条文上違憲審査の対象に条約を含んでいない（ただし、条例も含まれない）ほか、相手国の存在などから一方的に違憲無効とすることが適切でないなどの理由で違憲審査の対象となることを否定する見解も有力である。それでも、違憲審査は国内法上の効力を問題とするに過ぎないとして、「法律」や、「規則又は処分」に含めて審査可能と解釈する見解があるほか、原則的には違憲審査の対象とならないものの、人権侵害などが問題となる場合には憲法全体の趣旨から違憲審査が可能となるとする見解も有力である。❶は、統治行為論により、審査の可能性を限定してはいるものの、一見極めて明白に違憲無効であると認められる場合には裁判所の審査権が及ぶことを認めており、理由は明らかではない（一部の個別意見には説明もある）が、条約一般が違憲審査の対象であることを前提としていると解される。

2． 次に、条約とは最広義には国際法主体間の約束一般（国際約束）を指すが、外交における迅速性、効率性等の要請と、国会による民主的統制の必要性のバランスから、憲法61条および73条3号但書に従って、締結について国会の承認を必要とする条約（国会承認条約）は、国際約束一般ではなく、一定の範囲の国際約束に限定されると解されている。1974年の大平正芳外務大臣の答弁（第72回国会衆議院外務委員会議録第5号2頁）は、ⓐ法律事項を含むもの、ⓑ財政事項を含むもの、ⓒ政治的に重要な国際約束が国会承認条約に該当するとし（「大平三原則」）、国際約束から国会承認条約を差し引いたものを、行政取極と呼ぶ。大平答弁は、とりわけ、「すでに国会の承認を経た条約や国内法あるいは国会の議決を経た予算の範囲内で実施可能な国際約束」について、外交関係の処理（73②）の一環として行政府限りで締結が可能であるとしている。砂川事件では国会の承認なしに締結された行政取極の効力が争点となったが、❶は旧日米安保条約3条における委任の範囲内であり、新たに国会の承認を経る必要はないとする。ただし、同時に国会の承認を経るべきとの決議が両院で否決されるなどの事情も指摘しており、そのような政治部門の判断を重視してこその結果であると理解する余地もある（この点について、❶の藤田八郎・入江俊郎共同補足意見も参照）。

[山田哲史]

207 条約と法律の関係

　衆議院総選挙後に新たに成立したＡ内閣は、選挙時の目玉政策の1つであった税制の抜本改革を行うことにし、法律案の作成が進められた。ところが、内閣法制局における法案審査の際に、この法案の一部の条項が、先に国会による承認を経て、締結、公布されていたＡ国との租税条約（課税を制限する規定が問題になっているものとする）と抵触する可能性が判明した。
　抵触する租税条約の規定と法律の規定の効力、適用関係はどのように考えれば良いか論じなさい。

参考　　❶最一小判平成21年10月29日民集63巻8号1881頁

▶▶解説

1. 条約、とりわけ国会承認条約と法律との国内法上の序列関係はどのように理解されるか。この点について、通説は、憲法前文や98条2項に現れた日本国憲法の国際協調主義を理由として、国会承認条約（項目 **206** 参照）が法律に優位すると説く。最高裁判所の先例のなかにも、国会承認条約が法律に優位することを当然の前提として判断をしているものがある（❶。なお、この判決については、本書の読者の学習段階で、後述の内容はもちろん、判決自体知っている必要はない）。したがって、原則的には、国会承認条約の内容に反する法律は無効となろう。

2. 以上が解答できれば差し当たりは十分だが、法律が憲法に違反する場合であっても、違憲な部分が一部に限定され、その部分を文言上、あるいは意味上分離可能で、立法者がその部分を除いたとしても立法を行ったと解される場合は、法律の一部が違憲無効とされる。そうすると、本件のように、特定の国家との関係のみを規律する条約の場合は、当該国家との関係に関する限りで、効力を持たないという処理がなされえよう。また、法体系の統一性維持といった観点から、下位法は可能な限り上位法に反しないような解釈が試みられるべきであると考えられており、法律の条約適合的解釈によって、両者の抵触を回避することも試みられるべきである。もっとも、❶で最高裁は、国家主権の中核に属する課税権に含まれる事項が租税条約等によって制約されるのは、当該国際約束に明文規定があるなど、十分な解釈上の根拠が存在する場合に限定しており、むしろ条約の解釈の幅を狭めて、条約と法律の抵触回避を試みている点が注目される。

3. ところで、本設例では、法案の作成段階での対応の検討が問題となっている。そうすると、逆に極力抵触が回避できる法律の規定が模索され、それが不可能であれば、立法自体が回避されることもありえよう。もっとも、❶を踏まえれば、租税条約が明示的に法案と抵触する規定になっているかも検討されることとなろう。内閣の目玉政策に関わり、総選挙における国民の支持を反映するような法案であれば、立法の見送り自体は回避され、抵触が避けられない場合は、条約と抵触する限りにおいて適用がないことを法文上明示することもありえよう。

4. なお、条約によって租税に関する事項を定めることが、租税法律主義（84）に反しないかという疑問も生じるが、通説は租税条約を、少なくとも課税制限要件について租税法の法源と認めており、❶も同様に考えていると解される。

[山田哲史]

208 日本国憲法施行以前の法令の効力

　Aは、Bなど5名を殺害したとして、第1審で死刑の判決を受け、量刑を不服として控訴したものの、Aの控訴は棄却された。

　Aは、死刑の執行方法について法律上の規定がなく、日本国憲法はおろか大日本帝国憲法の発布、施行以前の法令である太政官布告（明治6年太政官布告65号）にもとづき執行されていることは憲法31条に反するとして上告することを考えている。Aの主張は認められるか検討しなさい。

参考　❶最大判昭和23年3月12日刑集2巻3号191頁
　　　❷最大判昭和27年12月24日刑集6巻11号1346頁
　　　❸最大判昭和36年7月19日刑集15巻7号1106頁

▶▶解説

1. 死刑の執行については、刑法 11 条 1 項が絞首によることを定め、刑訴法 475 条が判決確定の日から 6 か月以内に（なお、実務上これが遵守されていないことは、よく知られている）法務大臣の命令によってことを定めるほか、その具体的な手法について法律の定めはなく、明治憲法制定以前に成立した、明治 6 年太政官布告 65 号（以下、「布告」とする。なお、明治 6 年は 1873 年である。）に従って行われているとされる。もっとも、その具体的手法について十分な情報公開はされておらず、現在の実際の手法については布告の通りではないところもあるとも言われ、詳細については必ずしも明らかではない。最後に触れた点は措くとしても、死刑の執行方法という、刑罰の執行をめぐる重要事項について法律の定めがないのは、31 条（や 41 条）に反するのではないかという問題がある。とりわけ、36 条との関係で、死刑の方法次第では違憲であるという❶を前提とすれば、執行方法の規律の重要性は否定できないだろう。

2. 実際、❸の事件の被告人は上告趣意のなかで、上記のような 31 条違反の主張を展開した。最高裁は、布告は死刑の執行方法についての重要な事項を含んでおり、明治憲法 23 条にもとづいて、明治憲法上も法律事項に該当し、明治憲法制定以前の法令の明治憲法下における効力について定めた、同法 76 条 1 項により、当該太政官布告は明治憲法下で法律と同様の効力を持っていたとする。他方で、判決は、布告が定める事項は日本国憲法下でも 31 条により法律事項に該当するとした。こうして、布告が日本国憲法下でも法律事項を定める法として有効なのか、すなわち、法律としての効力を有するものかが問題となる。「日本国憲法施行の際現に効力を有する命令の規定で、法律を以て規定すべき事項を規定するものは、昭和 22 年 12 月 31 日まで、法律と同一の効力を有するものとする」と規定する、日本国憲法施行の際現に効力を有する命令の規定の効力等に関する法律 1 条は、最高裁によれば明治憲法下の命令が日本国憲法下での法律事項を定めている場合についての規定であり（これについては❷も参照）、明治憲法下で法律としての効力を有していた布告の効力について定めるものではなく、日本国憲法下においても布告は法律としての効力を維持することとなり、日本国憲法上の法律事項を規律していても同憲法上違憲とはならないと判断している（以上について、❸）。

［山田哲史］

209　法律と裁判所規則

　Aは、強盗の容疑で起訴され、刑訴法316条の2ないし316条の12に定められる公判前整理手続を経て、第1審で有罪判決を受けた。Aは控訴したが、控訴は棄却された。

　Aは、上告審で公判前整理手続のような訴訟に関する手続のありようの基本的な部分を、最高裁判所の規則ではなく法律である刑訴法で規定することは憲法77条に違反していると主張することを考えている。Aの主張は認められるか検討しなさい。

参考　❶最大決昭和25年6月24日裁時61号6頁
　　　　❷最大判昭和25年10月25日刑集4巻10号2151頁
　　　　❸最二小判昭和30年4月22日刑集9巻5号911頁
　　　　❹最大決昭和33年7月10日民集12巻11号1747頁

▶▶解説

1. 77条1項は、「訴訟に関する手続、弁護士、裁判所の内部規律及び司法事務処理に関する事項」について、最高裁判所に規則制定権を認めている。この規定は、いわゆるマッカーサー草案69条に由来するものであり、英米法における裁判所の規則制定権の沿革等を踏まえたうえで、憲法が直接最高裁に規則制定権を認めていることから、77条1項に規定された事項の規律については、最高裁規則に独占されるという見解にも説得性があるとされる。本設例でのAの主張はこのような見解を下敷きにしたものである。

　もっとも、77条1項も最高裁判所規則に規律を独占させることを少なくとも明示するものではなく、国会が唯一の立法機関とされていること（41）などを背景に、法律（すなわち、国会制定法）が最高裁規則と競合的に規律を設けることができるというのが通説とされる。なお、裁判所の内部規律に関する事項については、司法府の独立性の確保に直接関わる「裁判所の内部規律及び司法事務処理に関する事項」については、規則の専管事項であるという見解も有力であるが、判例（**❶**）はこれに否定的である。

　さらに、通説は——それでは憲法がわざわざ77条1項を設けた意味が没却されるという有力な批判も存在するが——、41条を根拠に最高裁判所規則と法律が抵触する場合には、法律が優位すると考えているとされる。なかでも、刑事手続については、31条が法律によって定めることを求めており、少なくとも刑事手続については、その基本原理や基本構造について法律で規定する必要があるというのが一般的な見解となっている。

2. 判例（**❸**）も、最高裁判所規則が法律の範囲内で刑事訴訟について規律しているかを検討した先例（**❷**）を引用して、法律によって刑事手続について定めることは認められており、刑訴法は合憲であるとしている。ここからは、最高裁が刑事訴訟について、法律による規律が許容されていると解しているとともに、むしろ、最高裁判所規則は法律の範囲内での規定が許される、すなわち、法律が最高裁規則に優位するという見解を採用しているということが窺える。さらに、最高裁は、民事訴訟についても、最高裁判所規則であるところの民事訴訟規則の規定が、民訴法の委任の範囲内にあることを確認しており、31条の要請が及ばない場面においても、法律が裁判所規則に優位することを示唆している（**❹**）。

［山田哲史］

210 内閣の憲法改正原案提出権

内閣総理大臣Ａは、国会答弁において、「国政の舵取りをあずかる内閣が、その過程において現行の憲法規定に問題があると考えたのであれば、適切な解決策を提示することは内閣の責務であるということはできても、内閣にそのような権限が認められないというのは適切ではない」と発言して、憲法改正原案の提出権を国会議員あるいは両院の憲法審査会にのみ認める国会法を改正し、内閣にも提出権を付与する可能性を示唆した。

このような法改正は憲法上許容されるか検討しなさい。

▶▶解説

1. 憲法改正手続について規定する 96 条は、各議院の総議員の 3 分の 2 以上の賛成による、国会の発議、提案と、国民投票における過半数の賛成による承認、天皇による公布について定めるが、詳細な手続については規定していない。長らく憲法改正手続の詳細を定める立法はなされなかったが、2007 年に国民投票法が制定された。国会が国民に提案する憲法改正案の原案（憲法改正原案）の発議から改正案の国民への提案に至る、憲法改正の発議の手続については、国民投票法 151 条による国会法の改正で、国会法に定めが設けられている。

2. このうち、憲法改正原案の提案権に関して、国会法は衆参両院の議員（68 の 2。ただし、衆議院では 100 名以上、参議院では 50 名以上の賛成を要する）と衆参両院の憲法審査会（102 の 7）にこれを認めるものの、法律案（内閣 5 参照）とは異なり、内閣には認めていない。ここで、仮に現行法とは異なり、内閣に憲法改正原案の提出権を認めた場合、これは憲法違反となるだろうか。言い方を変えれば、憲法は内閣に憲法改正原案の提出権を認めることを許容するのか。

　唯一の立法機関としての国会の地位に注目するなどして、内閣に法律案の提出権を認める現行制度を違憲とする見解からは、国会単独立法の原則をここでは援用できないにしても、憲法上憲法改正の発議の権限を付与された国会の議員や議員から構成される国会内の組織にのみ憲法改正原案の提出権を付与できるという結論は導きやすいだろう。もっとも、72 条の「議案」に法律案も含まれると解しうること、内閣に法案提出権を認めたところで、審議、議決という立法作用の枢要な部分は国会に留保されること、国会議員である内閣の構成員あるいは与党の議員が法案を提出すれば実態は変わらないこと、議院内閣制のもとでは、内閣が法律案を提示することにより国政運営について責任を果たすことはむしろ憲法上要請されていると解しうるなどの理由から、内閣の法案提出権の合憲性を認めるのが通説である（項目 **168** 参照）。こういった理由は、基本的に憲法改正原案の提出に関しても妥当する。したがって、内閣による憲法改正原案の提出も憲法上許容されると考えることも不可能ではないだろう。もっとも、憲法改正は国民がその主権を行使する重要な場面であり、国家機関の中で国民に最も近く、国権の最高機関と位置付けられる国会の内部で憲法改正原案の提出も含めて、憲法改正の発議を完結させるのが憲法の趣旨だという議論も成り立ちえよう。

［山田哲史］

判例索引

【編著者】

宍戸　常寿　　東京大学大学院法学政治学研究科教授
曽我部真裕　　京都大学大学院法学研究科教授

憲法演習サブノート210問

2021（令和3）年7月15日　初版1刷発行
2024（令和6）年4月15日　同　3刷発行

編著者　宍戸常寿・曽我部真裕

発行者　鯉渕　友南

発行所　株式会社　弘文堂　　101-0062 東京都千代田区神田駿河台1の7
　　　　　　　　　　　　　　TEL03（3294）4801　　振替00120-6-53909
　　　　　　　　　　　　　　https://www.koubundou.co.jp

装　丁　笠井亞子

印　刷　大盛印刷

製　本　井上製本所

ISBN978-4-335-35861-6